DA TUTELA JURISDICIONAL
ÀS FORMAS DE TUTELA

R484d   Ribeiro, Darci Guimarães
         Da tutela jurisdicional às formas de tutela / Darci Guimarães Ribeiro. –
         Porto Alegre: Livraria do Advogado Editora, 2010.
             256 p.; 23 cm. – (Coleção Alvaro de Oliveira. Estudos de Processo e
                  Constituição; 2)
             ISBN 978-85-7348-682-7

             1. Tutela jurisdicional. 2. Processo civil. I. Título.

                            CDU – 347.91/.95

         Índices para catálogo sistemático:
         Tutela jurisdicional   347.91/.95
         Processo civil   347.91/.95

    (Bibliotecária responsável: Marta Roberto, CRB-10/652)

Coleção ALVARO DE OLIVEIRA 2
Estudos de Processo e Constituição

Darci Guimarães Ribeiro

DA TUTELA JURISDICIONAL ÀS FORMAS DE TUTELA

livraria
DO ADVOGADO
editora

Porto Alegre, 2010

Coleção ALVARO DE OLIVEIRA
Estudos de Processo e Constituição

Daniel Mitidiero
Coordenador

© Darci Guimarães Ribeiro, 2010

Projeto gráfico e diagramação
Livraria do Advogado Editora

Revisão
Rosane Marques Borba

Direitos desta edição reservados por
Livraria do Advogado Editora Ltda.
Rua Riachuelo, 1338
90010-273 Porto Alegre RS
Fone/fax: 0800-51-7522
editora@livrariadoadvogado.com.br
www.doadvogado.com.br

Impresso no Brasil / Printed in Brazil

In memoriam
J. J. Calmon de Passos
Ovídio A. Baptista da Silva,
homens bondosos e juristas excepcionais
que terão a humanidade como memorial.

Ao meu irmão catalão
Joan Picó i Junoy,
processualista de renome internacional.

À Alessandra, amiga e companheira,
fonte permanente de alegria e compreensão.

Ao Nícolas, meu filho,
minha maior razão de bem viver.

Apresentação da Coleção Alvaro de Oliveira – Estudos de Processo e Constituição

O ano de 1996 ficará gravado em minha memória: assomava o Professor Carlos Alberto Alvaro de Oliveira à orientação dos mestrandos do Curso de Pós--Graduação da Faculdade de Direito da Universidade Federal do Rio Grande do Sul.

À época, encontrava-me justamente às voltas com a elaboração de minha dissertação de mestrado, que haveria de concluir e defender sob a orientação do Professor Alvaro de Oliveira.

Contam-se, assim, quase 15 anos de minha profunda amizade e admiração pelo Professor Alvaro de Oliveira. Incansável na correção, na orientação e no incentivo, assim fora comigo nos idos de 1996; assim têm sido, ano após ano, com uma verdadeira legião de acadêmicos que concorrem à sua abalizada, firme e segura orientação, não só na Pós-Graduação, mas, também, na pesquisa científica de forma geral.

Amigo de seus alunos, sem jamais transigir com o rigor científico; compreensivo com suas vicissitudes, sem abandonar o nível da excelência, Alvaro de Oliveira foi conquistando, por suas qualidades, méritos ímpares e genuína vocação, uma verdadeira legião de leitores e alunos.

A propósito, magistério tão singular como o do Professor Alvaro de Oliveira pode ser surpreendido, em primeiro lugar, pelo número de trabalhos que orientou: se não me equivoco, contam-se mais de 60 dissertações de mestrado e teses de doutorado concluídas, várias das quais hoje publicadas e consagradas como obras de inegável qualidade teórica e excelência acadêmica.

Esse número – malgrado eloquente – não traduz verdadeiramente a densidade do magistério de Alvaro de Oliveira. Com efeito, impressiona – e muito – o ambiente cultural, acadêmico e dialético que ele soube pôr em movimento. É o que tenho visto e testemunhado enquanto seu colega em nossa querida Faculdade de Direito da Universidade Federal do Rio Grande do Sul: deu-se que a sua profissão de fé transcendeu a cada orientação singular, a cada dissertação, a cada tese orientada, galgando os píncaros de uma genuína escola de pensamento, o que só aos grandes e verdadeiros mestres, de tempos em tempos, culmina por ocorrer.

Figurando em seu *curriculum lattes*, para minha honra, como a primeira dissertação concluída sob sua orientação em nossa estimada Faculdade de Direito da UFRGS, senti-me lisonjeado ao receber o convite – formulado por seu dileto aluno e discípulo, Prof. Daniel Mitidiero – para escrever estas breves linhas, em coleção que, com justiça, mas atraso, homenageia o nosso Professor.

Numa modernidade tão volátil e instável como a nossa, é reconfortante ter a certeza de que o magistério do Prof. Alvaro de Oliveira, entendido em seu sentido mais nobre, continuará a servir de exemplo, referência e inspiração para todos nós, seus (sempre) alunos de hoje e de amanhã.

Esta coleção, que o homenageia, revela, pois, a admiração, o reconhecimento e a gratidão de todos nós.

Danilo Knijnik
Professor Adjunto da UFRGS

Sumário

Prólogo 13

Capítulo 1 – O Processo na Teoria Geral do Direito e do Processo 17
1. Esboço de uma Teoria Processual do Direito 17
   1.1. Necessidade, bem e interesse 17
   1.2. Conflito de interesses 24
   1.3. Direito objetivo 28
   1.4. Dupla função do ordenamento jurídico 29
      1.4.1. Função psicológica 29
      1.4.2. Função judicial 34
2. Acesso aos Tribunais como pretensão à tutela jurídica 35
   2.1. Monopólio da Jurisdição 35
   2.2. Conceito de pretensão à tutela jurídica e análise de seus elementos 43
   2.3. Pretensão à tutela jurídica e pretensão material 46

3. Contribuição ao estudo das sanções desde a perspectiva do Estado Democrático
de Direito 47
   3.1. Prolegômenos 47
   3.2. Finalidade do Ordenamento Jurídico 48
   3.3. Conceito de Sanção 50
   3.4. Espécies de Sanções 53
      3.4.1. Sanções Repressivas 54
      3.4.2. Sanções Premiais 55
   3.5. O Estado Democrático de Direito e as sanções premiais 57

Capítulo 2 – O Processo Civil no Estado Democrático 61
1. A garantia constitucional do contraditório e as presunções contidas no § 6º do art. 273
do CPC 61
   1.1. Introdução 61
   1.2. Os princípios constitucionais da efetividade e do contraditório 61
   1.3. O surgimento do § 6º do art. 273 do CPC 65
   1.4. As presunções no direito brasileiro 66
   1.5. Das formas de incontrovérsia contidas no pedido incontroverso 69
   1.6. Pedido incontroverso e presunções relativas 71
   1.7. Pedido incontroverso e presunções absolutas 75
   1.8. Conclusões 76
2. A garantia constitucional do postulado da efetividade desde o prisma das sentenças
mandamentais 77

2.1. Noções gerais 77
2.2. O Postulado da efetividade 79
2.3. As sentenças mandamentais 81
    2.3.1. Origem 82
    2.3.2. Contribuição da doutrina brasileira 85
    2.3.3. Características 87
    2.3.4. Diferença das demais espécies de sentenças 92
3. O papel do processo na construção da democracia: para uma nova definição da democracia participativa 95
3.1. Introdução 95
3.2. Pressuposto democrático: o povo 96
3.3. Participação e democracia 99
    3.3.1. Democracia vigente 101
    3.3.2. Democracia participativa e processo como instrumento de concretização da democracia 103
4. La sentencia ejecutiva como garantia constitucional del princípio de la efetividad 107
4.1. El principio de la efectividad 107
4.2. Pretensión de ejecución 109
4.3. El origen romano 109
4.4. Características 113
5. O sobreprincípio da boa-fé processual como decorrência do comportamento da parte em juízo 121
5.1. A boa-fé como conceito ético-social do homem 121
5.2. A boa-fé processual nos Direitos estrangeiro e brasileiro 123
5.3. A boa-fé processual como sobreprincípio do ordenamento jurídico ... 126
5.4. O comportamento processual da parte como dimensão objetiva do conceito de boa ou má-fé processual 127
    5.4.1. A valoração do comportamento processual das partes 128
    5.4.2. Obrigação, dever ou ônus de lealdade processual 133
6. Teoria geral da ação cautelar inominada 138
6.1. Introdução 138
6.2. Escorço histórico da origem de tutela cautelar 138
    6.2.1. Medidas com efeitos cautelares na lei das XII tábuas 138
    6.2.2. A tutela cautelar no Direito romano 139
    6.2.3. A influência do Direito germânico 140
    6.2.4. A "référé" francesa 141
    6.2.5. Os primórdios do Direito italiano 142
6.3. Condições gerais da ação 143
6.4. Duas características específicas da ação cautelar 145
    6.4.1. *Fumus Boni Iuris* 145
    6.4.2. Perido de dano iminente e irreparável ou de difícil reparação 148
6.5. Teoria Geral da Ação Cautelar 152
    6.5.1. Prolegômenos 152
    6.5.2. Função jurisdicional cautelar 154
    6.5.3. Autonomia do processo cautelar 156
7. Audiência preliminar e oralidade 160
7.1. Introdução 160
7.2. A oralidade e o direito antigo 160

7.3. Bentham, F. Klein e a oralidade 162
7.4. Os valores da oralidade 164
7.5. Audiência preliminar 168
   7.5.1. Noções gerais 168
   7.5.2. Direito comparado 173
      7.5.2.1. Direito austríaco 173
      7.5.2.2. Direito alemão.. 175
      7.5.2.3. Direito italiano.. 175
      7.5.2.4. Direito espanhol 176
      7.5.2.5. Direito português 177
      7.5.2.6. Direito uruguaio 178
   7.5.3. Fases da audiência preliminar 179
      7.5.3.1. Conciliação 179
      7.5.3.2. Saneamento do processo...................................... 181
      7.5.3.3. Fixação dos pontos controvertidos 184
      7.5.3.4. Determinação das provas a serem produzidas 185

Capítulo 3 – O Processo no Direito Comparado 187
1. A concretização da tutela específica no Direito comparado 187
   1.1. A tutela específica na nova ordem constitucional 187
   1.2. O Direito francês e as "astreintes" 190
   1.3. O Ordenamento Inglês e o *Contempt of court* 195
   1.4. O Sistema tradicional italiano 199
      1.4.1. Aplicação do *Contempt of Court* 199
      1.4.2. Doutrina conservadora 201
      1.4.3. Considerações 203
   1.5. O sistema misto alemão 204
2. La Ejecución Civil: Experiencia del Derecho Brasileño 206
   2.1. Crisis de la Justicia.. 206
   2.2. El tecnicismo de la dualidad de procesos 209
   2.3. Breves consideraciones sobre las reformas en materia de ejecución en el
      derecho comparado 211
      2.3.1. Derecho alemán 212
      2.3.2. Derecho portugués 214
   2.4. Las reformas procesales que alejaran la *actio iudicati* del campo de las sentencias
      de condena 215
      2.4.1. Primera fase: tutela anticipada 217
      2.4.2. Segunda fase: tutela especifica *in simultaneus processus* 219
      2.4.3. Tercera fase: obligaciones de dar 221
      2.4.4. Cuarta fase: cumplimiento de la sentencia 222
   2.5. Conclusión 227
3. La tutela judical del crédito en el Código Procesal Civil modelo para iberoamerica:
   desde la perspectiva del proceso de ejecución, cautelar y monitorio 228
   3.1. Antecedentes históricos 228
   3.2. Líneas Básicas 229
   3.3. La tutela judicial del crédito en el Código Tipo desde el punto de vista de la ejecución
      provisional y definitiva 230
      3.3.1. El crédito, la sentencia y su ejecución: apreciación histórica 230

3.3.2. La ejecución provisional dentro del Código Tipo 233
3.3.3. La tutela del crédito en el Código Tipo a través de la ejecución definitiva 234
3.4. La preservación del crédito en el Código Tipo desde una perspectiva cautelar 236
3.5. La protección del crédito en el Código Tipo desde la óptica monitoria 240
4. O processo cautelar no Mercosul 243
4.1. Noções gerais 243
4.2. Natureza jurídica das normas do Mercosul 244
4.3. Protocolo de medidas cautelares 245
4.3.1. Noções gerais 246
4.3.2. Objeto 247
4.3.3. Espécies 248
4.3.4. Princípio *locus regit actum* 250
4.3.5. Autonomia da cooperação cautelar 251
4.3.6. Cautelares *ex officio* 252
4.3.7. Procedimento 252

Prólogo

Duas são as razões pelas quais este livro nasceu. Uma de ordem prática e outra teórica. Pode ser creditada na primeira razão a necessidade constante, de minha parte, em buscar novos horizontes para alguns dos problemas pelos quais o processo atualmente passa. E, na razão teórica, o fato principal foi o apelo por parte dos colegas e, em especial, dos alunos para fornecer subsídios ao aprofundamento de determinados temas relacionados ao processo.

Estas razões me impulsionaram a reunir, sob um mesmo título, diversos artigos que nos últimos anos exigiram a minha constante atenção e que estão intrinsecamente relacionados ao processo e a sua função dentro do ordenamento jurídico.

Esta sociedade pós-moderna na qual estamos ineludivelmente inseridos e que no direito brasileiro finca raízes no modelo constitucional denominado Estado Democrático de Direito, exige de nós, operadores do direito, uma visão do processo, no mínimo, conformada à realidade. Para os operadores do direito e, em especial, do processo, a força da vida é, na linguagem kantiana, um imperativo categórico do qual nos é impossível escapar e não levar em consideração na hora de propormos soluções.

Estes artigos foram escritos dentro dos mais diversos contextos, para conferências nacionais ou estrangeiras, mas sempre com a preocupação de colocar o processo como elemento central na realização da tutela jurisdicional.

O livro foi divido em três capítulos. O primeiro deles destinado à estrutura do ordenamento jurídico com vistas à função ocupada pelo processo na teoria geral do direito e do processo. O primeiro texto deste capítulo é fundamental para uma adequada pré-compreensão dos demais, pois é a partir dele que tento explicar o surgimento dos conflitos de interesses em sociedade e suas formas de composição, sempre na perspectiva da teoria monista do ordenamento jurídico, na qual o processo passa a ser o instrumento através do qual o juiz efetivamente cria os direitos subjetivos. O segundo texto parte do monopólio da jurisdição para mostrar quais as consequências deste ato não só para o Estado mas também para as partes. Já o terceiro texto procura estudar a finalidade do ordenamento jurídico na perspectiva das sanções, demonstrando assim que o Estado Democrático de Direito privilegia as sanções premiais.

O capítulo segundo situa o processo civil no Estado Democrático e estabelece as relações necessárias entre ambos. No primeiro texto, são analisados os princípios constitucionais da efetividade e do contraditório e suas relações diretas com as diversas presunções existentes nas várias formas de incontrovérsia contidas em um pedido incontroverso. O segundo texto parte do postulado normativo da efetividade para examinar pormenorizadamente as sentenças mandamentais desde sua origem até as características diferenciadoras das outras modalidades de prestação de tutela. O terceiro texto apresenta uma crítica à forma representativa de democracia, propondo um novo paradigma calcado na participação que encontra no processo o mais legítimo instrumento para concretizar a verdadeira democracia. O quarto texto versa sobre a controvertida sentença executiva e realiza um estudo minucioso dela desde o direito romano e suas relações jurídicas reais e obrigacionais, com aportes de Satta e Carnelutti, até sua configuração moderna realizada pela doutrina de Pontes de Miranda e Ovídio Baptista. O quinto texto realiza uma análise da boa-fé como conceito ético-social do homem, levando-a para o processo como sobreprincípio do ordenamento jurídico, onde o comportamento processual da parte pode ser classificado como obrigação, dever ou ônus de lealdade processual, representando sua dimensão objetiva. O sexto texto trata da teoria geral da ação cautelar inominada, desde sua origem romana à autonomia do processo cautelar, passando pelos pressupostos e condições, gerais e específicas, da ação cautelar, bem como da função jurisdicional cautelar. O sétimo texto parte do princípio da oralidade desde o direito antigo, com aportes de Bentham e F. Klein, para analisar detalhadamente a audiência preliminar não só no direito comparado, mas especialmente no direito brasileiro; para isso, realiza um estudo pormenorizado das suas quatro fases.

No capítulo terceiro, o processo é estudado na perspectiva inicial do direito comparado, pois é cediço que sobre determinados temas a doutrina estrangeira é capaz de fornecer valiosos subsídios para uma melhor resolução dos problemas processuais. O primeiro texto trata das formas de realização das tutelas específicas no âmbito do direito comparado, especialmente naqueles países que exercem forte influência no ordenamento brasileiro, como os sistemas francês, italiano, alemão e inglês. Para tanto, fez-se necessário à conformação das tutelas específicas na nova ordem constitucional. O segundo texto aborda a crise da justiça em geral e do processo de execução em especial, apontando para algumas diretrizes surgidas com as reformas ocorridas na Alemanha e em Portugal, e mostra as reformas processuais havidas no Brasil que afastaram a *actio iudicati* do campo das sentenças condenatórias. O terceiro texto cuida do Código de Processo Civil Modelo para América Latina, mais conhecido como "Código Tipo", desde a perspectiva da tutela judicial do crédito realizada na forma cautelar, monitória e executiva, seja definitiva ou provisória. O quarto texto parte da natureza jurídica das normas no Mercosul e do protocolo de medidas cautelares para tratar do cumprimento dessas medidas entre os Estados-Membros do Tratado de Assunção.

Não poderia encerrar este prólogo sem antes agradecer ao amigo Mauro Fonseca Andrade por ter dialogado comigo aspectos substanciais dos vários temas que aqui foram tratados.

Agradeço, também, a Daniel Mitidiero, que em diversas ocasiões me propiciou um aporte significativo de ideias inovadoras sobre o processo civil.

E, por fim, agradeço a minha querida esposa, Alessandra, que em diversas oportunidades me colocou no rumo certo com seus comentários pertinentes.

E o agradecimento maior deve ser tributado ao Nícolas, filho querido que sempre me enche de alegria e orgulho.

Porto Alegre, primavera de 2009.

Darci G. Ribeiro
darci@darcigribeiro.adv.br

Capítulo 1

O Processo na Teoria Geral do Direito e do Processo

1. Esboço de uma Teoria Processual do Direito[1]

> *Más allá del derecho procesal no
> hay derecho civil o derecho penal,
> sino pura y simple sociología.*[2]

1.1. NECESSIDADE, BEM E INTERESSE

Para compreender melhor o direito, deve-se partir do princípio. E o que se pode entender por princípio, tratando-se de direito? Certamente que não é definindo-o, pois para isso já existem muitos estudos. A questão deve ser delineada sobre a forma de conceber-se o direito, e dizer, como surge o direito? Com toda a certeza se pode afirmar que o direito não se encontra na natureza, pois não é nem sólido, nem líquido, nem gasoso, nem tampouco apresenta estrutura molecular, nem atômica, nem celular, não pertence nem ao reino animal, nem ao mineral, nem tampouco ao vegetal.[3] Então, o que é o direito? O direito é um produto criado pelo homem e para o homem,[4] está diretamente vinculado a ele, pois como já disse

---

[1] Publicado originalmente na *Revista da Ajuris*, 2008, vol. 111.

[2] GUASP, *La pretención procesual, en Anuário de Derecho civil*, 1952, t.V, fasc.1º, p. 26.

[3] De igual modo, RECASÉNS SICHES afirma: "Presentimos que en ningún sector de la naturaleza, ni física, ni química, ni orgánica, hallaremos al Derecho". *Tratado general de filosofía del derecho.* Porrua, México, 1975, 5ª ed., p. 53.

[4] Para RADBRUCH, "El Derecho es obra humana, y como toda obra humana sólo puede ser comprendida a través de su 'idea'". *Filosofía del derecho.* (s/t), Comares, Granada, 1999, 4ª ed., § 1º, p. 4. Esta é também a ideia que recorre na obra de DÍEZ-PICAZO, quando afirma: "El derecho es fundamentalmente un conjunto de experiencias vividas".*Experiencias jurídicas y teoría del derecho.* Ariel, Barcelona, 1993, 3ª ed., p. 8. Assim como a opinião de CESARINI-SFORZA, para quem a experiencia jurídica representa "el efectivo desarrollo de la vida del derecho en las cotidianas relaciones humana". *Filosofía del derecho.* (traducción de Marcelo Cheret), Ejea, Buenos Aires, 1961, nº 48, p. 174; e de LOIS ESTÉVEZ, ao dizer que "el Derecho es un fenómeno de la experiencia humana, y que, por ende, su estudio científico no debe efectuarse sino de cara a la realidad social empírica". *Problemas do objeto do processo em nuestro sistema legal*, en Anuario de Derecho Civil, 1955, t. VIII, fasc. I, p. 81. Porem, o que devemos entender por *experiencia jurídica*? Qual seu significado? A resposta pode ser encontrada nas brillantes palavras de PAOLO GROSSI, para quem: "Experiencia jurídica significa, de hecho, un modo peculiar de vivir el Derecho en la historia, de percibirlo, conceptualizarlo, aplicarlo, en conexión con una determinada visión del mundo social, a determinados presupuestos culturales; significa, por tanto, un conjunto de elecciones peculiares y de soluciones peculiares para los grandes problemas que supone la creación del Derecho en conformidad con los distintos contextos históricos". *El orden jurídico medieval.* (traducción de Francisco Tomás y Valiente y Clara Álvarez), Marcial Pons, Madrid, 1996, cap. II, nº 3, p. 45. E mais adiante continua evidenciando que: "La experiencia jurídica es sin embargo, una orientación y actitud general que se

Protágoras, "*El hombre es la medida de todas las cosas*".[5] Para entender realmente o direito é necessário conhecer, em primeiro lugar, a natureza daquele que o concebeu para seu melhor desenvolvimento, o homem,[6] e, para tanto, quanto mais se conheça a natureza do homem, mais se conhecerá seu produto: o direito. Não é nosso propósito, com base nesta afirmação, fazer uma investigação sobre a natureza do homem, mas somente destacar algumas de suas características essenciais que nos ajudarão a compreender melhor o direito.

Nós sabemos que todos os homens possuem necessidades,[7] sem nenhuma exceção, e que estas necessidades podem ser das mais diversas for-

---

convierte, por decirlo así, en el clima general de una determinada civilización histórica; vinculada a la vida de esta civilización en el tiempo y en el espacio, expresa vívidamente las fuerzas históricas – materiales y espirituales – que la recorren, traduciéndolas en opciones de vida jurídica. Es, por tanto, un conjunto de directivas fundamentales, casi una gran 'koiné' antropológica, que tiene necesidad, para realizarse, de un prisma que la especifique y la concretice, que traduzca actitudes y orientaciones de la acción jurídica en esquemas eficaces de vida". *El orden jurídico medieval.* ob. cit., cap. II, n° 5, p. 51.

[5] *Protágoras de Abdera, Dissoi Logoi.* Textos relativistas, edición de José Solana Dueso, Akal, 1996, p. 98. A este respeito, afirma acertadamente FERNÁNDEZ-GALIANO y CASTRO CID, que: "Desde el punto de vista filosófico, los sofistas aportan, por primera vez, la tesis relativista en orden al conocimiento humano, plasmada crudamente en la conocida expresión de PROTÁGORAS. El hombre es la medida de todas las cosas. en la que queda patente la negación de toda verdad permanente y absoluta". *Lecciones de teoría del derecho y derecho natura.* Universitas, Madrid, 1999, 3ª ed., lección XXII, p. 404. Deste modo, se todo o conhecimento humano é relativo e mutável, o direito, como obra humana que é, não admite uma verdade universal, absoluta e permanente, antes ao contrário, admite exclusivamente uma "verdade" verosímil, circunscrita a uma realidade e temporariamente, efêmera, ja que nasce de uma sociedade dinâmica que se desenvove permanentemente e desprende uma complexidade cada vez maior de situações jurídicas que necessitam ser acolhidas e adecuadamente resolvidas pela mesma sociedade. Pretender que o direito possua uma verdade universal, absoluta e permanente, significa imobilizar o desevolvimento social das pessoas que estão em constante evolução.

[6] Do mesmo modo, CICERÓN, quando disse: "Así, hemos de explicar la naturaleza del derecho, deduciéndola de la naturaleza del hombre". *Las leyes,* (traducción de Alvaro D'Ors), Centro de Estudios Políticos y Constitucionales, Madrid, 2000, 3ª ed., p. 71 (en el original L. I, 17). No mesmo sentido, CARNELUTTI, afirma dentro de sua metodologia, que para conhecer o direito "debemos estudiar los actos de los hombres como el botánico y el zóologo estudian la vida de las plantas o de los animales, y no importa nada, sostengo ahora, que estos actos sean manifestaciones del espíritu y que como tales los debamos considerar, porque si el espíritu no es conducta – como hoy alguno prefiere sostener –, se manifiesta, no obstante, en la conducta y no hay más que observar ésta para poderlo estudiar". *Nuevas reflexiones sobre el juicio jurídico.* en Rev. Der. Proc., 1957, n° 1, p. 24. Para um estudo mais profundo sobre as diversas características do homem desde uma perspectiva filosófica, vid. PERPIÑÁ RODRIGUEZ. *Los problemas del hombre y de la vida humana.* C. S. I. C. Instituto 'Balmes' de Sociología, Madrid, 1949, t. I, p. 19 y ss.

[7] O primeiro jurista a estudar o conceito de necessidade para determinar o conceito de interesse foi ROMAGNOSI, no ano de 1840, quando publicou, "Genesi del diritto penale", segundo nos informa ARTURO ROCCO. *L'oggetto del reato e della tutela giuridica penale.* en *Opere Giuridiche,* Foro Italiano, Roma, 1932, vol. I, p. 259, nota 41. O estudo da necessidade é muito conhecido, e hoje já tradicional, entre os economistas, como se pode comprovar nas obras de BODIN. *Principios de ciencia econômica,* (traducción de Luis de Garay). Jus, México, 1946, p. 99 y ss.; UGO PAPI. *Principii di economia.* Cedam, Padova, 1953, 12ª ed., vol. I, p. 23 y ss.; COSCIANI. *Elementi di economia política.* Cedam, Padova, 1965, 8ª ed., p. 25 y ss.; BRESCIANI-TURRONI. *Corso di economia política.* Giuffrè, Milano, 1953, v. I, p. 62 y ss.; DUE. *Análisis económico.* (traducción de Enrique Silberstein), Eudeba, Buenos Aires, 1967, p. 4 y ss.; McCORMICK; B.J.; KITCHIN, P.D.; MARSHALL, G.P.; SAMPSON, A. A.; SEDGWICK, R. *Introducción a la economía,* (traducción de Miguel Paredes). Alianza, Madrid, 1965, vol.1, p. 43 y ss. A noção de necessidade ocupa uma posição chave na economia porque é a primeira causa de toda a atividade econômica, razão pela qual pode ser definida, segundo DUE, como "el estudio de la organización que tiene por objeto dirigir la utilización de los recursos escasos para satisfacer necesidades humanas". *Análisis económico.* ob. cit., p. 4.

formas;[8] para tanto, é fácil concluir que as necessidades são parte da natureza humana,[9] sendo uma regra básica para o homem e constituem um pressuposto das ações humanas que estão condicionadas por elas e que segundo Arturo Rocco, *"procede dall'istinto"*.[10]

A necessidade é um estado afetivo,[11] de caráter subjetivo e pessoal,[12] que é suscetível de variação e intensidade, qualidade e quantidade, de indivíduo para indivíduo, e dentro do indivíduo em ambientes e tempos diversos. Pode ser definida, segundo o conceito de Bodin, como *"un estado afectivo debido a una ruptura de equilíbrio"*.[13] Quando o homem se encontra, momentaneamente, sem nenhuma necessidade, se pode dizer que está em perfeito equilíbrio não somente físico, mas também psíquico, porém quando surge nele a necessidade, qualquer que seja, este

---

[8] Entre os economistas a classificação das necessidades varia de autor para autor. Segundo BODIN, as necessidades podem classificar-se em *atrativas* e *repulsivas, físicas* e *psíquicas, presentes* e *futuras, esenciais* e *secundarias*. *Principios de ciencia econômica*. ob. cit., p. 107 y 108; COSCIANI As classificam em necessidades de *existencia* (que pueden ser de primer o de segundo grado) e de *civilidade, individuais* e *coletivas* (que pueden ser colectivas privadas o públicas). *Elementi di economia política*. ob. cit. p. 27; y UGO PAPI en necessidades de *existencia* e de *luxo*. *Principii di economia*. ob. cit., p. 25. O que é certo, e não se pode negar, e é fato de que sendo essencias ou secundárias, presentes ou futuras, individuais ou coletivas, de existência ou de luxo, nenhuma das necessidades deixa de ser, sendo assim, qualquer das qualidades que se ponha nas necessidades não faz com que se altere a substância delas.

[9] E não só a natureza humana, pois como disse LEONARDO DA VINCI, "Maravillosa necesidad; tú, con la razón suprema, obliga a que todos los efectos sean resultado directo de sus causas y a que cada una de las acciones de la naturaleza te obedezca siguiendo el proceso más corto posible por medio de una ley suprema e irrevocable. (...). La necesidad es la maestra y guía de la naturaleza. La necesidad es la materia y la inventora de la naturaleza, su freno eterno y su ley". *Cuadernos de notas*, (traducción José Luis Velaz). Edimat, Madrid, 1999, p. 207 y 208.

[10] *L'oggetto del reato e della tutela giuridica penale*. ob. cit., p. 260. Adotando também este ponto de vista, encontramos a UGO ROCCO. *Tratado de derecho procesal civil*. t. I, Depalma, Buenos Aires, 1983, p. 16. De igual modo, para ALF ROSS, *"las necesidades tienen sus raíces en un mecanismo biológico de autorregulación (necesidad en sentido biológico)"*. *Sobre el derecho y la justicia*, (traducción de Genaro R. Carrió). Eudeba, Buenos Aires, 1997, 2ª ed., cap. XVII, nº LXXXIV, p. 437.

[11] Este termo é aplicado aqui no sentido psicanalista, sendo assim, "Cualquier estado afectivo definido como traducción subjetiva de la cantidad de energía pulsional, no necesariamente unido a una representación". en *Diccionario general de la lengua española*. Larousse, 1997, p. 26.

[12] Não é correto falar de necessidades coletivas, pois conforme BRESCIANI-TURRONI, "L'espressione è impropria perchè la 'collettività' è un concetto astrato, e non un organismo superiore, dotato di organi sensori suoi propri". *Corso di economia política*, ob. cit., v. I, p. 65, nota 35. Além do mais, toda necessidade coletiva é uma necessidade sentida pelo homem enquanto ser social, neste sentido UGO PAPI. *Principii di economia*, ob. cit., p. 27 y COSCIANI. *Elementi di economia politica*, ob. cit., p. 27. De igual modo, CARNELUTTI destaca que: "Todas las necesidades son individuales. La necesidad es una actitud del hombre, en singular; no existen 'necesidades de la colectividad' como tal. Cuando se habla de 'necesidades colectivas' se emplea una expresión traslaticia, para significar necesidades que son sentidas por todos los individuos pertenecientes a un grupo dado. Existen, en cambio, 'intereses individuales' e 'intereses colectivos'". *Sistema de derecho procesal civil*, (traducción Niceto Alcalá-Zamora y Castillo y Santiago Sentís Melendo). Uthea, Buenos Aires, 1944, v. I, p. 12 y también en *Lezioni di diritto processuale civile*. Cedam, Padova, 1986, v. I, p. 6.

[13] *Principios de ciencia econômica*, ob. cit., p. 102. Os economistas conceituam as necessidades de manera mais ampla ou mais sintetizada, como se pode perceber no conceito de BRESCIANI-TURRONI, que a define como: "Uno stato di insoddisfazione al quale si accompagnano la consapevolezza dell'esistenza di un mezzo – una cosa materiale o un servizio – atto a far cessare o ad alleviare quello stato, e il desiderio di possedere quel mezzo". *Corso di economia politica*, ob. cit., v. I, p. 63, também UGO PAPI, indica que: "I bisogni si presentano come stati di 'tensione' della volontà e dello spirito, dai quali l'uomo cerca di uscire per mettersi in condizione di appagamento e di quiete". *Principii di economia*, ob. cit., p. 24.

estado inicial de equilíbrio se rompe, sendo necessário, então, o restabelecimento daquele estado anterior. Este restabelecimento é alcançado através da satisfação da necessidade, razão pela qual a busca de satisfação aparece como uma tentativa de restabelecer o equilíbrio que se havia perdido.[14]

Quando a necessidade é satisfeita e o homem volta ao equilíbrio, gera ao homem um estado de prazer,[15] pelo simples feito de eliminar a necessidade, desaparecendo assim o estado de dor, que resulta da contínua falta de equilíbrio.[16]

O prazer e a dor são a causa de toda a atividade humana,[17] já que o homem age para escapar da dor e alcança assim o prazer.[18] Estes estados só podem ser

---

[14] BODIN. *Principios de ciencia económica*, ob. cit., p. 102. De igual modo, ALF ROSS. *Sobre el derecho y la justicia*, ob. cit., cap. XVII, n° LXXXIV, p. 437.

[15] Para KANT, o prazer é "aquella representación donde se da una coincidencia entre el objeto o la acción con las condiciones subjetivas de la vida, o sea, con la capacidad causal de una representación con respecto a la realidad de su objeto (o con la determinación de las fuerzas del sujeto para producirlo mediante su acción)". *Crítica de la razón práctica*, (traducción de Roberto Rodríguez Aramayo), Alianza, Madrid, 2000, p. 60 (en la edición del original alemán [A 16] y en la paginación de la Academia 'AK. V, 9').

[16] Para GUASP, a insatisfação humana nasce "de una insatisfacción profunda frente a otros hombres" y "(...) de esta insatisfacción del hombre arranca una de sus básicas actitudes sociales, la queja; la reclamación o protesta", razón por la cual "el hombre es un animal insatisfecho, el hombre es un animal que se queja, un ser plañidero". *La pretensión procesal*. Cívitas, 1985, 2ª ed., p. 39 y también en *Estudios Jurídicos*, Cívitas, 1996, Madrid, p. 582. É sugestivo notar o que escreveu LEONARDO DA VINCI sobre o prazer e a dor: "El placer y el dolor se nos presentan como dos hermanos gemelos. Nunca se da el uno sin el otro. Parece como si estuvieran unidos por la espalda, porque son contrarios entre sí. (...) Ambos, placer y dolor, coexisten en un mismo cuerpo, porque tienen el mismo origen: El origen del placer es el trabajo con dolor; los orígenes del dolor son los vanos y caprichosos placeres.". *Cuadernos de notas*, ob. cit., p. 183 y 184.

[17] Assim, desde uma perspectiva filosófica, KANT nos ensina que a experiência humana é o fator determinante do prazer ou de dor. Segundo este autor, "como es imposible apercibirse *a priori* de qué representación se verá acompañada por el 'placer' y cuál en cambio por el 'displacer', entonces le incumbiría exclusivamente a la experiencia estipular lo que fuera inmediatamente bueno o malo. La única propiedad del sujeto en relación con la cual puede hacerse dicha experiencia es el 'sentimiento' de placer y displacer, en cuanto receptividad propia del sentimiento interno, y así el concepto de lo que sea inmediatamente bueno sólo resultaría atribuible a cuanto se halle directamente vinculado con la sensación del 'deleite', mientras que el concepto de lo malo por antonomasia tan sólo habría de referirse a cuanto provoque 'dolor' sin más". *Crítica de la razón práctica*, ob. cit., p. 139 y 140 (en la edición del original alemán [A 102] y en la paginación de la Academia 'AK. V,58'). De acordo com a opinião de BENTHAM: "La naturaleza ha puesto al hombre bajo el imperio del 'placer' y del 'dolor': á ellos debemos todas nuestras ideas: de ellos nos vienen todos nuestros juicios y todas las determinaciones de nuestra vida. El que pretende substraerse de esta sujeción no sabe lo que dice, y en el momento mismo en que se priva del mayor deleite y abraza las penas mas vivas, su objeto único es buscar el 'placer' y evitar el 'dolor'. Estos sentimientos eternos é irresistibles, deben ser el grande estudio del moralista, y del legislador. El 'principio de la utilidad' lo subordina todo á estos dos móviles", (sic) *Principios de legislación*, en *Tratados de Legislación Civil y Penal*, (traducción de Magdalena Rodríguez Gil). Nacional, Madrid, 1981, cap. I, p. 28. Para SÉNECA, desde o prisma de sua filosofía moral, "todo cuanto hacemos lo realizamos por imperativo del vicio o de la virtud". *Epístolas morales a Lucilio*, (traducción de Ismael Roca Meliá). Gredos, Madrid, 2001, v. II, L. XVII-XVIII, *Ep*. 106, p. 281.

[18] Este ponto de vista, sobre a natureza da atividade humana, diverge do sustentado por SANTO TOMÁS y ARISTÓTELES. Para o primero, "Todo agente necesariamente obra por un fin". *Suma teológica*, (traducción de Fr. Teofilo Urdanoz). Biblioteca de Autores Cristianos, Madrid, MCMLIV, t. IV, p. 102 (Ia, IIæ, q.1, artículo 2, *ad Resp.*), e este fim, segundo o autor, é a *"felicidad"* que "puede considerarse como un bien final y perfecto". *Suma teológica*, ob. cit., t. IV, p. 252, (Ia. IIae., q.5, artículo 8, *ad* 2). Para segundo: "Si, pues, de las cosas que hacemos hay algún fin que queramos por sí mismo, y las demás cosas por causa de él, y lo que elegimos no está determinado por otra cosa – pues así el proceso seguiría hasta el infinito, de suerte que el deseo sería vacío y vano-, es evidente que este fin será lo bueno y lo mejor". *Ética Nicomáquea*, (traducción de Julio Pallí Bonet). Gredos, Madrid, 2000, L. I, n° 1094a-19, p. 24, e este sumo bem é a *felicidade*, *Ética Nicomáquea*, ob. cit., L.

considerados subjetivamente, é de dizer, quando falamos de prazer e de dor, nos referimos a estados anímicos, variáveis de pessoa a pessoa, porque aquilo que para um é capaz de propiciar o prazer, para outro pode propiciar a dor, e vice-versa, como por exemplo, a leitura, a comida, uma viajem, etc.[19]

A necessidade é determinada[20] (de comer, beber, vestir, etc.). De igual modo, se uma pessoa tem necessidade, esta, precisa ser satisfeita, se quer evitar a dor. E o que satisfaz uma necessidade? Sem dúvida alguma, o bem:[21] entre necessidade e bem existe uma estreita correlação, porque o bem é definido como tudo aquilo capaz de satisfazer uma necessidade humana, no sentido mais amplo da palavra,[22]

I, n° 1097b, p. 34. Discrepo da idéa de que toda atividade do homem vai para a felicidade, pois entendo como SCHOPENHAUER: "Se o sentido mais próximo e imediato de nossa vida não é o sofrimento, nossa existência é o maior contra-senso do mundo. Pois constitui um absurdo supor que a dor infinita, originária da necessidade essencial à vida, de que o mundo está pleno, é sem sentido e puramente acidental. Nossa receptividade para a dor é quase infinita, aquela para o prazer possui limites estreitos. Embora toda infelicidade individual apareça como exceção, a infelicidade em geral constitui a regra.", *Parerga e Paralipomena*, en los *Pensadores–Schopenhauer*. Nova Cultural, 1988, § 148, p. 216. Em minha opinião, a dor é da natureza do homem, e não a felicidade, razão pela qual toda atividade do homem tem por fim, essencialmente, fugir da dor, e quando se foge da dor se consegue o prazer, a felicidade, pois, quanto mais nos distanciamos da dor, mais próximos estamos do prazer e vice-versa. Dito em outras palavras, a felicidade se alcança de forma indireta, pelo feito de fugir da dor, tanto é assim que só teremos felicidade quando não sofremos, a vida e a história nos demonstram que o homem aprende muito mais com a dor do que aprende com o prazer. Neste sentido, ESQUILO ja em sua obra "*Agamenón*", ao falar de aprendizagem mediante a dor, afirma: "Porque Zeus puso a los mortales en el camino del saber, cuando estableció con fuerza de ley que se adquiriera la sabiduría con el sufrimiento". *Agamenón*, en *Tragedias*, (traducción de Bernardo Perea Morales). Gredos, Madrid, 2000, p. 112, en el original (177). Assim mesmo, NIETZSCHE, destaca que: "No llegamos a la 'sabiduría' sino por la desgracia, no somos 'buenos' sino por la maldad de los demás". *El viajero y su sombra*, en *Obras Inmortales*. Edicomunicación, Barcelona, 2000, t. 1, n° 62, p. 64; insiste nesta ideia na obra 'La gaya ciencia' al indicar que: "En el dolor hay tanta sabiduría como en el placer: ambas son las dos grandes fuerzas conservadoras de la especie. Si el dolor no fuese así, habría desaparecido ha mucho tiempo". *La gaya ciencia*, en Obras Inmortales, ob. cit., t. 1, n° CCCXVIII, p. 326. Além do mais, se a felicidade fosse da natureza do homem, porque, então, necessitaría buscar-la? Ja que so se busca aquilo que não se tem, e se a dor forma parte da natureza do homem, é lógico que o hommem busque aquilo que não tem, que é a felicidade. Tão certo é que toda atividade humana tem por fim essencial fugir da dor que KAUFMANN destaca: "yo me oriento por el 'utilitarismo negativo', que no se dirige al bien de todos, sino a la 'desgracia de muchos'. La felicidad, como queda dicho, no es susceptible de universalización, pero lo es la desgracia, más exactamente el esfuerzo de toda persona por no exponerse a la desgracia. (...) Vale más proteger de la desgracia que estimular la felicidad". *La filosofía del derecho en la posmodernidad*, (traducción de Luis Villar Borda). Temis, Bogotá, 1998, p. 84 y 85.

[19] Platão já disse que "es difícil, respecto de ciertos estados afectivos, decir que son agradables o dolorosos", ob. cit. por BODIN. *Principios de ciencia económica*, ob. cit. p.103, nota 95.

[20] De igual modo, UGO PAPI, que acrescenta: "*Bisogni inconsci non esistono: gli stati di tensione, ai quali gli uomini cercano di sfuggire, costituiscono dirette manifestazioni della nostra coscienza*", *Principii di economia*, ob. cit., p. 29

[21] A noção de bem é muito conhecida e estudada entre os economistas, BODIN. *Principios de ciencia económica*, ob. cit., p. 145 y ss.; UGO PAPI. *Principii di economia*, ob. cit., p. 29 y ss.; COSCIANI. *Elementi di economia politica*, ob. cit., p. 27 y ss.; DUE. *Análisis económico*, ob. cit., p. 5 y ss.; McCORMICK (en AAVV), *Introducción a la economía*, ob. cit., p. 48 y ss. E, segundo esclarece BODIN, "*la noción de bien es una noción económica y no jurídica*". *Principios de ciencia económica*, ob. cit., p, 145. Entre os juristas, o primeiro que utilizou este conceito foi IHERING. *El espíritu del derecho romano*, (traducción de Enrique Príncipe y Satorres). Comares, Granada, 1998, t. IV, § 70, p. 1034; e depois, ARTURO ROCCO. *L'oggetto del reato e della tutela giuridica penale*, ob. cit., n° 82, p. 260-262; e CARNELUTTI. *Teoria generale del diritto*. Foro Italiano, Roma, 1951, 3ª ed., n° 3, p. 13.

[22] Como se pode perceber do conceito de ARTURO ROCCO, para quem: "Bene può essere qualche cosa di attualmente esistente, di esistente nel passato o nel futuro. Breve: tutto ciò che, esista o no attualmente, abbia

pois um bem pode ser qualquer objeto do mundo *"exterior"* – incluindo o próprio homem[23] – e qualquer objeto do mundo *"interior"*, como por exemplo, um sentimento, uma ideia, etc.[24]

Como acabamos de ver, todo o bem tem a capacidade de satisfazer uma necessidade, mas não qualquer bem, e sim um bem determinado, ajustado a uma necessidade concreta. Este ajuste entre a necessidade e o bem é dado pela utilidade,[25] pois para que um bem possa satisfazer uma necessidade tem que ser útil, idôneo, e ajustado a um tipo determinado de necessidade em concreto. Isto não significa que a utilidade seja uma qualidade inerente do bem, pois conforme esclarece Bresciani-Turroni, a utilidade surge *"da una 'relazione' tra esse e l'uomo"*.[26]

---

esistenza materiale o inmateriale, può soddisfare un bisogno umano è bene; bene è tutto ciò che, esistendo come realtà di fronte alla considerazione della coscienza umana, è atto a soddisfare un bisogno umano". *L'oggetto del reato e della tutela giuridica penale*, ob. cit., p. 261. De igual modo BODIN mantem que o bem é "el medio, cualquiera que sea su naturaleza, del cual dispone el hombre para llegar a la satisfacción". *Principios de ciencia económica*, ob. cit. p. 153. A este respeito, SÉNECA afirma que o bem é um corpo –como estoico seu conceito corpóreo da realidade deve ser entendido em oposição ao idealismo platonico e não no sentido toscamente materialista – pois, "el bien opera, puesto que aprovecha; lo que opera es un cuerpo. El bien excita la actividad del ánimo y, en cierto modo, lo configura y refrena, acciones éstas que son propias del cuerpo. Los bienes del cuerpo son cuerpos; luego también los bienes del espíritu, ya que también éste es un cuerpo". *Epístolas morales a Lucilio*, ob. cit., v. II, L. XVII-XVIII, *Ep.* 106, p. 279.

[23] Assim, BODIN. *Principios de ciencia económica*, ob. cit., p. 145; ARTURO ROCCO. *L'oggetto del reato e della tutela giuridica penale*, ob. cit., p. 261.

[24] Existe uma questão bastante controvertida entre os autores em saber se o *direito* em uma *relação jurídica* é considerado bem ou não. Entendo que o *direito* em uma *relação jurídica* é um bem, se pronunciam ARTURO ROCCO. *L'oggetto del reato e della tutela giuridica penale*, ob. cit., p. 261; UGO ROCCO. *Tratado de derecho procesal civil*, t. I, ob. cit., p. 16; há tambem uma parte dos economistas, que sustentam principalmente que os direitos de crédito são capitais e por consiguiente bens. De outra parte, entendem que o *direito* ou uma *relação jurídica* não é um bem, BODIN, para quem: "si los derechos fueran bienes, el propietario de un inmueble dispondría no de uno sino de dos derechos: 1) el inmueble, 2) el derecho de propiedad sobre el inmueble",*Principios de ciencia económica*, ob. cit., p. 163. De igual modo, adotando também o argumento da duplicação de direitos, vid. UGO PAPI. *Principii di economia*, ob. cit., p. 34.

[25] Seguindo a opinião de BENTHAM, podemos definir *utilidade* como "un término abstracto que expresa la propiedad ó la tendencia de una cosa á preservar de algún mal ó procurar algún bien: 'mal', es pena, dolor, ó causa de dolor: 'bien', es placer, ó causa de placer. Lo conforme á la utilidad ó al interés de un individuo es lo que es propio para aumentar la suma total de su bien estar; lo conforme á la utilidad ó al interés de una comunidad, es lo que es propio para aumentar la suma total del bien estar de los individuos que la componen". *Principios de legislación*, en Tratados de Legislación Civil y Penal, ob. cit., cap. I, p. 28. Para evitar uma possível confusão entre o significado comum e o significado econômico da palavra *utilidade*, PARETO prefere, de forma mais correta, quando se trata de sentido econômico, substituí-la pela palavra *"ofelimità"*, que em grego significa relação de conveniência entre uma coisa e uma necessidade, ob. cit. por COSCIANI. *Elementi di economia politica*, ob. cit., p. 29. IHERING, na construção de sua teoria finalista do direito, coloca a *utilidade* como centro de gravitação do próprio conceito de direito, pois, "los derechos no existen de ningún modo para realizar la idea de la voluntad jurídica abstracta; sirven por el contrario, para garantizar los intereses de la vida, ayudar a sus necesidades y realizar sus fines. (...). Los derechos no producen nada inútil; la 'utilidad', no la 'voluntad', es la sustancia del derecho". *El espíritu del derecho romano*, ob. cit., t. IV, § 70, p. 1032. (Sobre ello, en sentido critico, WIEACKER. *Historia del Derecho Privado de la edad moderna*, (traducción de Francisco Fernández Jardón). Comares, Granada, 2000, § 22, p. 409 y ss). No direito, a expressão *utilidade* tem um significado mais amplo que na economia, pois, segundo JAEGER, aqui este conceito deve ser, "capace di includere anche il rapporto fra l'uomo e certi beni di ordine etico, idonei a soddisfare i suoi bisogni più nobili e più generosi". *Corso di diritto processuale civile*. La Goliardica, Milano, 1956, 2ª ed., p. 9.

[26] *Corso di economia politica*, ob. cit., v. I, p. 66. Com maior precisão, ARTURO ROCCO, destaca que: "Dei due termini di questo rapporto, l'uno, il *bisogno*, si riferisce al *soggetto*, l'altro, il *mezzo di soddisfazione*, si riferisce, invece, *all'oggetto*. L'utilità è dunque un *rapporto* tra un *soggetto* e un *oggetto*". *L'oggetto del reato e*

E qual é o mecanismo que faz com que o homem perceba que um bem é concreto e é adequado para suprir sua necessidade? Este mecanismo se chama *juízo de valoração*, que é o juízo feito pelo homem para determinar a aptidão de um bem em concreto, tomando por base sua necessidade atual.[27] Esse juízo de valoração é subjetivo e pessoal, como é a necessidade do homem.[28]

Feito o juízo de valoração, o homem pode chegar a duas conclusões: primeira, que aquele bem não lhe é útil, ou seja, não se ajusta a sua necessidade em concreto, e como consequência não sentirá nenhuma atração pelo bem; e segunda, que é útil adequar-se a sua necessidade. Neste caso, o homem sente uma atração por aquele meio capaz de satisfazer sua necessidade: quanto mais adequado e idôneo seja o meio de satisfação que suprime no homem a necessidade, maior será a atração que sentirá pelo bem.

Agora, quando o homem faz o juízo de valoração e chega a conclusão de que determinado bem é apto para satisfazer sua necessidade, isto gera subjetivamente nele uma atração pelo bem, ou seja, uma capacidade desejável que pode ser qualificada de interesse [29] [30]

Interesse é, segundo o conceito de Carnelutti, "la posición favorable a la satisfacción de una necesidad". Para chegar a este conceito, o autor utiliza a seguinte

---

della tutela giuridica penale, ob. cit., p. 263; en este punto, le sigue UGO ROCCO. *Tratado de derecho procesal civil*, t. I, ob. cit., p. 16.

[27] Para aprofundar o estudo da '*decisione*' e da transcendência do juizo para aquela, vid. por todos, SERGIO COSTA. *Decisione – giudizio – libertà*, en Riv. Int. Fil. Dir., 1968, p. 205 e ss.

[28] Se orienta neste sentido, SANTO TOMÁS, quando afirma: "Como el bien es el objeto de la voluntad, el bien perfecto de cada uno es el que da plena satisfacción a su voluntad". *Suma teológica*, ob. cit., t. IV, p. 251 (Ia. IIae., q.5, artículo 8, *ad Resp*).

[29] A este respeito, merece aprovação o exposto por KANT, ao dizer: "Pues el fundamento para determinar el albedrío es entonces la representación de un objeto y esa relación de tal representación con el sujeto es lo que determina a la capacidad desiderativa para materializar aquel objeto". *Crítica de la razón práctica*. p. 81 (na edição do original em alemão [A 39] e na paginação da Academia 'AK. V,21'). Para o autor, esta capacidade desiderativa para materialisar o objeto é o "fundamento subjetivo de la actividad, es decir, un 'móvil'", y "a partir del concepto de un móvil nace el concepto de un 'interés', el cual nunca se atribuye sino a un ser que posea razón, y dicho interés significa un 'móvil' de la voluntad en tanto que sea representado por la razón". *Crítica de la razón práctica*. p. 171 (na edição do original alemão [A 141] e na paginação da Academia 'AK. V,79'). Sendo assim, o interesse é "la conexión entre el placer y la facultad de desear, en la medida en que el entendimiento juzga esta conexión como válida según una regla universal". *La metafísica de las costumbres*, (traducción de Adela Cortina Orts y Jesús Conill Sancho). Tecnos, Madrid, 1999, 3ª ed., p. 15 (na edição do original alemão [VI, 212]); também existe uma obra que comprende a introdução geral à Metafísica de las Costumbres e a introdução em sentido estrito á Teoría do Direito, chamada *Introducción a la teoría del derecho*, (traducción de Felipe González Vicen). Marcial Pons, Madrid, 1997, p. 28. Nesta ordem de ideias, KALINOWSKI, afirma: "la réalité plus fondamentale du bien, c'est-à-dire de l'être en tant qu'objet du désir sensitif ou suprasensitif (appelé alors 'volonté)". *Logique et philosophie du droit subjectif*, en Archives de Philosophie du Droit, nº 9, Paris, 1964, p. 40.

[30] A relação entre bem e interesse é significativamente demostrada por JELLINEK, quando este afirma que: "Tutto ciò che, considerato obbietivamente, appare come un 'bene', subbiettivamente diventa un 'interesse'. 'Interesse' è l'apprezzamento subbiettivo di ciò che, per i fini dell'uomo, costituisce un bene". *Sistema dei diritti pubblici subbiettivi*, (traducción de Gaetano Vitagliano). Società Editrice Libraria, Milano, 1912, cap. IV, p. 47. A respeito, LESSONA define as necessidades a partir do interesse, pois, de acordo com o autor: "necesidades é intereses que tienden á sobreponerse en los individuos que las prueban y las sienten", (*sic*) *Los deberes sociales del derecho procesal civil*, en Rev. Gen. Leg. y Jur., t. 91, 1897, p. 469.

premissa: "Interesse não significa um 'juízo', e sim uma 'posição' do homem".[31] Na minha opinião, creio que o autor citado chega à conclusão correta partindo de uma premissa falsa, pois como acabamos de ver, o homem só terá interesse e para tanto uma posição favorável, quando haja um juízo de valoração e chegue à conclusão de que determinado bem é apto para satisfazer sua necessidade concreta, porque do contrário, o homem não terá nenhuma atração pelo bem, pois se o bem não é apto para suprimir a necessidade, não existirá posição favorável. Dito de outra maneira, para que exista uma posição favorável para a satisfação de uma necessidade é necessário que, antes de tudo, o bem seja apto para satisfazer essa necessidade (e essa atitude é feita por um juízo de valoração), porque se este bem não for apto para satisfazer essa necessidade, não gerará atração no homem, porque não trará nenhuma posição favorável nele.

O interesse, assim como, o juízo de valoração e a necessidade, é pessoal e subjetivo, variando de pessoa para pessoa (assim, por exemplo, um livro pode despertar interesse em uma pessoa e nada em outra); tudo dependerá do tipo de necessidade que se tenha em concreto e do bem que seja mais apto para satisfazer aquela necessidade específica. Logo o interesse é, nas palavras de Arturo Rocco, "un atto dell'inteligenza".[32] Com todo acerto destaca Carnelutti, que: "'Sujeto' del interés es el 'hombre', y el 'objeto' de aquél es el 'bien'".[33]

1.2. CONFLITO DE INTERESSES

Todas as pessoas possuem necessidades, e estas constituem uma lei básica para os homens, que são muito diferentes entre si, razão pela quais as necessidades não podem ser as mesmas, pois, ao variar os homens, variam também as necessidades.[34] As necessidades mudam constantemente, porque os homens estão em constante evolução, por isso as necessidades são ilimitadas,[35] isto é, as necessidades apresentam uma variação em intensidade, qualidade e quantidade, de

---

[31] *Sistema de derecho procesal civil*, v. I, ob. cit., p. 11.

[32] *L'oggetto del reato e della tutela giuridica penale*, ob. cit., p. 265.

[33] *Sistema de derecho procesal civil*, v. I, ob. cit., p. 11; e também em *Lezioni di diritto processuale civile*, ob. cit., p. 4.

[34] Sobre o estudo das necessidades desde a perspectiva econômica até a psicológica, passando pela análise jurídica do fenômeno, consultar o que escrevi em *La pretensión procesal y la tutela judicial efectiva: hacia una teoría procesal del derecho*, Barcelona: Bosch, 2004, p. 21 e ss.

[35] Neste sentido, encontramos KANT, que se refere ao homem como uma pessoa que "siempre es dependiente en lo tocante a cuanto exige para estar enteramente satisfecho con su estado y nunca puede verse por completo libre de deseos y inclinaciones", *Crítica de la razón práctica*. Trad. por Roberto Rodríguez Aramayo. Madrid: Alianza, 2000, p. 178 (na edição do original alemão [A 149] e na paginação da Academia 'AK. V,84'). HEGEL, quando compara as necessidades dos animais com as dos homens fala da "multiplicación de las necesidades" no homem, *Filosofía del derecho*. Trad. por Angélica Mendoza de Montero. México: Juan Pablos, 1998, § 190, p. 176. Entendendo que as necessidades são ilimitadas em número, COSCIANI, *Elementi di economia*. Padova: Cedam, 1965, 8ª ed., p. 26; UGO PAPI, *Principii di economia*. Padova: Cedam, 1953, 12ª ed., vol. I, p. 24; BODIN, *Principios de ciencia económica*, Trad. por Luis de Garay. México: Jus, 1946, p. 122; y CARNELUTTI, *Sistema de derecho procesal civil*. Trad. por Niceto Alcalá-Zamora y Castillo y Santiago Sentís Melendo. Buenos Aires: Uthea, 1944, v. II, nº 121, p. 7.

indivíduo para indivíduo, e inclusive do mesmo indivíduo em ambientes e tempos diversos.

E o que satisfaz uma necessidade? Um bem. Bem é, portanto, tudo aquilo capaz de satisfazer uma necessidade humana, no sentido mais amplo da palavra,[36] isto é, quando os homens possuem necessidades, que são ilimitadas, procuram satisfazê-las através de bens adequados, que podem ser qualquer objeto do mundo *exterior*, inclusive o homem mesmo[37] ou *interior*, como por exemplo, um sentimento, uma ideia.[38] Esta variação de bens faz com que uns sejam *limitados* e outros sejam *ilimitados*.

Os primeiros, os bens limitados, possuem grande relevância para o estudo do direito, porque se as necessidades são ilimitadas, e os bens são limitados, em um determinado momento necessariamente surgirá um *conflito de interesses*.[39] Este existirá quando *duas ou mais pessoas tenham interesse pelo mesmo bem, o qual só poderá satisfazer a uma delas.*[40] Pertence à classe dos bens limitados qualquer

---

[36] Como se pode perceber do conceito de ARTURO ROCCO, para quem: "Bene può essere qualche cosa di attualmente esistente, di esistente nel passato o nel futuro. Breve: tutto ciò che, esista o no attualmente, abbia esistenza materiale o immateriale, può soddisfare un bisogno umano è bene; bene è tutto ciò che, esistendo como realtà di fronte alla considerazione della coscienza umana, è atto a soddisfare un bisogno umano", *L'oggetto del reato e della tutela giuridica penale*. In: *Opere Giuridiche*, Roma: Foro Italiano, 1932, vol. I, p. 261. De igual modo BODIN mantém que o bem é "el medio, cualquiera que sea su naturaleza, del cual dispone el hombre para llegar a la satisfacción", *Principios de ciencia económica*, op. cit. p. 153. A este respeito, SÊNECA afirma que o bem é um corpo – como estóico, seu conceito corpóreo da realidade deve ser entendido em oposição ao idealismo platônico e não no sentido toscamente materialista – pois, "el bien opera, puesto que aprovecha; lo que opera es un cuerpo. El bien excita la actividad del ánimo y, en cierto modo, lo configura y refrena, acciones éstas que son propias del cuerpo. Los bienes del cuerpo son cuerpos; luego también los bienes del espíritu, ya que también éste es un cuerpo", *Epístolas morales a Lucilio*. Trad. por Ismael Roca Meliá. Madrid: Gredos, v. II, L. XVII-XVIII, *Ep.* 106, p. 279. Para LEIBNIZ, "il 'bene' di qualcuno è ciò che serve alla sua felicità", *La giustizia*. Trad. por Alessandro Baratta, Milano: Giuffrè, 1967, p. 67. De acordo com a terminologia empregada por ALF ROSS, "los objetos apropiados para extinguir el impulso, son conocidos en psicología como satisfacientes (satisfactors)", *Sobre el derecho y la justicia*. Trad. por Genaro R. Carrió. Buenos Aires: Eudeba, 1997, 2ª ed., cap. XVII, nº LXXXIV, p. 437.

[37] Assim, BODIN, *Principios de ciencia económica*, op. cit., p. 145; ARTURO ROCCO, *L'oggetto del reato e della tutela giuridica penale*, op. cit., p. 261.

[38] Existe uma questão bastante controvertida entre os autores para saber se o *direito* ou uma *relação jurídica* é considerado um bem ou não. Entendo que o *direito* ou uma *relação jurídica* é um bem, se pronunciam ARTURO ROCCO, *L'oggetto del reato e della tutela giuridica penale*, op. cit., p. 261; UGO ROCCO, *Tratado de derecho procesal civil*. Buenos Aires: Depalma, 1983, t. I, p. 16; há também uma parte dos economistas que sustentam principalmente os direitos de crédito são capitais e por conseguinte bens. De outra parte, entendem que o *direito* ou uma *relação jurídica* não é um bem, BODIN, para quem: "si los derechos fueran bienes, el propietario de un inmueble dispondría no de uno sino de dos derechos: 1) el inmueble, 2) el derecho de propiedad sobre el inmueble", *Principios de ciencia económica*, op. cit., p. 163. De igual modo, adotando também o argumento da duplicação de direitos, UGO PAPI, *Principii di economia*, op. cit., p. 34.

[39] Assim se expressa CARNELUTTI: "La ragione di tale conflitto è sempre quella limitazione dei beni, che determina pure il conflitto tra diversi interessi di un medesimo uomo", *Teoria generale del diritti*. Roma: Foro Italiano, 1951, 3ª ed., nº 4, p. 14; e também em *Sistema de derecho procesal civil*, v. II, op. cit., nº 121, p. 7.

[40] No mesmo sentido, CARNELUTTI, para quem surge o conflito entre dois interesses quando "la situación favorable a la satisfacción de una necesidad excluye la situación favorable a la satisfacción de una necesidad distinta", *Sistema de derecho procesal civil*, op. cit., v. I, p. 16; e também nas *Lezioni di diritto processuale civile*, Padova: Cedam, 1986., v. I, p. 14. Em igual sentido DÍEZ-PICAZO para quem "un conflicto existe cuando, sobre un objeto idéntico, que es un bien de la naturaleza o un bien cultural, apto para satisfacer necesidades o aspiraciones, dos o más personas ocupan posiciones y mantienen posturas que son entre sí antagónicas o incom-

objeto do mundo exterior, porque segundo Due "la mayoría de los bienes son 'bienes económicos', que existen en cantidades limitadas con relación a su demanda. La mayoría de los 'bienes de consumo' – los que satisfacen directamente as necesidades personales – no están disponibles en la naturaleza en la forma, lugar y tiempo deseados".[41]

Os segundos não apresentam nenhum problema para o estudo do direito, pois sendo ilimitados os bens, jamais haverá qualquer possibilidade de conflito entre dois ou mais interesses, por exemplo, se mais de uma pessoa tem a necessidade de rezar, esse feito não faz surgir nenhuma modalidade de conflito. São bens ilimitados quaisquer objetos do mundo interior.

A teoria do conflito de interesses possui cada vez mais defensores, entre os quais cabe destacar Díez-Picazo, para quem: "El derecho es un juicio valorativo sobre la tutela de um interés en conflicto con otro".[42] Modernamente, esta teoria é a única capaz de fazer frente a uma concepção puramente normativista do direito, que o entende somente como um conjunto de normas previamente estabelecidas.[43]

---

patibles", *Experiencias jurídicas y teoría del derecho*. Barcelona: Ariel, 1993, 3ª ed., p. 11 e 12. Limitando a existência do conflito ao obstáculo criado pela parte contraria, CALLEJAS; ANTONCICH; GORGET, quando afirmam que: "El conflicto se produce, cuando la pretensión extraprocesal (igual a pretensión material) encuentra un obstáculo, para su satisfacción, en el sujeto pasivo", *Nociones de derecho procesal*. Santiago: Jurídica de Chile, 1965, p. 20.

[41] *Análisis económico*. Trad. por Enrique Silberstein. Buenos Aires: Eudeba, 1967, p. 6.

[42] *Experiencias jurídicas y teoría del derecho*, op. cit., p. 15. Este mesmo autor entende que é possivel "pensar que la experiencia jurídica primaria o el fenómeno jurídico primario es, antes que cualquier otra cosa, el conflicto de intereses. (...) El derecho es fundamentalmente un conjunto de experiencias vividas. (...) La experiencia jurídica es, como decía, una concreta experiencia de conflictos de intereses", op. cit., p. 7 a 10. Assim também CARNELUTTI, quando nos diz: "Observo, en cuanto a la historia de mi pensamiento, que desde las primeras tentativas de teoría general he 'impostado' el concepto del derecho sobre el conflicto de intereses", *Derecho y proceso*. Trad. por Santiago Sentís Melendo. Buenos Aires: Ejea, 1971, n° 31, p. 60, nota 24. Para ALMAGRO NOSETE a temática do conflito aparece "no como una explicación del proceso (aunque sirva para entenderlo), sino como la ocasión o motivo que justifica el ejercicio del derecho a la jurisdicción", *El "libre acceso" como derecho a la jurisdicción*. In: *Revista de la Facultad de Derecho de la Universidad de Madrid*, v. XIV, 1970, n° 37, p. 125. De acordo com a opinião de BENABENTOS, o objeto de conhecimento do direito processual consiste "en la afirmación de la existencia de un conflicto intersubjetivo de trascendencia jurídica ante un órgano jurisdiccional", *Teoría general unitaria del derecho procesal*. Rosario: Juris, 2001, cap. VI, n° 2.1, p. 280. Em sentido contrário, BARRIOS DE ANGELIS, afirma: "Nuestra tesis teórica consta de dos manifestaciones bien definidas: 1) Ni antes del proceso ni después de la cosa juzgada o de la ejecución (forma de la satisfacción declarativa o constitutiva la primera, forma de la satisfacción ejecutiva, la segunda) existe, en el proceso contencioso, alguna forma de conflicto. 2) El objeto gnoseológico o de conocimiento consiste en que a toda afirmación de una parte contenciosa o de un gestor voluntario sigue, sin que sea necesario que otro sujeto la apoye, una negación (o viceversa, si se trata de una negación inicial); esta segunda manifestación vale tanto para el proceso contencioso – comprendidas sus especies judicial y arbitral – como para el voluntario", *Muerte y resurrección del conflicto*. In: *Revista de Derecho Procesal*, 2000, n° 2, p. 17.

[43] Com uma severa crítica as diversas teorias do conflito GUASP afirma que: "todas ellas se hallan por fuerza sometidas a una doble y decisiva crítica. De un lado resultan materialmente excesivas al atribuir al proceso una base sustancial más amplia de la que éste realmente exige. De otro lado resultan formalmente insuficientes al no dar explicación adecuada a la figura particular del proceso como construcción específica del ordenamiento jurídico", *La pretensión procesal*. Madrid: Cívitas, 1985, 2ª ed., p. 26 (e também nos *Estudios Jurídicos*. Madrid: Cívitas, 1996, n° 20, p. 574) . Também adota esta crítica ALMAGRO NOSETE, *El "libre acceso" como derecho a la jurisdicción*, op. cit., p. 125. A crítica de GUASP, seguida por ALMAGRO NOSETE, somente pode ser aceita se for utilizada a teoria do conflito de interesses únicamente para explicar a função do processo, porque

Diante disso, a existência de conflitos dentro de uma sociedade é algo natural, pois existindo necessidades ilimitadas e bens limitados sua aparição é inevitável, salvo se pudermos limitar as necessidades dos homens ou ampliarmos os bens limitados, do contrário o conflito é um produto natural da evolução da sociedade. Pois, o que não é natural nem saudável é a permanência do conflito dentro da sociedade e não sua aparição.

Todo conflito dentro de uma sociedade tem seu aspecto positivo e negativo. O positivo é que dinamiza a sociedade e a faz evoluir, enquanto negativo se concretiza no fato de provocar tensão e gerar insegurança entre seus membros, podendo gerar uma situação violenta no momento de sua composição.[44] Por essa razão, Díez-Picazo destaca que, "hay, pues, una cierta exigencia social de solución o, por lo menos, de ordenación de los conflictos".[45]

---

como bem afirma o autor, "lo importante para el proceso no es evidentemente el conflicto, que no resulta necesario que exista, sino la reclamación ante el juez, que puede ir o no ligada con aquél", *La pretensión procesal*, op. cit., p. 27 e 28. E acrescentamos, de nossa parte, que o processo é um instrumento de realização da justiça ou, melhor ainda, nas palavras de CAPOGRASSI, "il processo è vera celebrazione di giustizia", *Intorno al processo*. In: *Rivista Internazionale di Filosofia del Diritto*, ano XVIII, 1938, n° 10, p. 269, e não como queria Carnelutti,, um instrumento de composição de conflitos. A respeito, afirma acertadamente LOIS ESTÉVEZ que a teoria do conflito de interesse é "mais sociológica que jurídica", *La teoría del objeto del proceso*. In: *Anuário de Derecho Civil*, 1949, t. II, fasc. I, p. 615. Este ponto de vista em nada contradiz nossa afirmação sobre a teoria do conflito, já que esta se refere ao plano social, enquanto que a ideia de processo se refere ao plano jurisdicional propriamente dito. Além do mais, o processo pode conter uma determinada realidade social que não seja conflitiva, *v.g.*, separação consensual. Através da teoria do conflito não estamos explicando o que é a jurisdição, como fez Carnelutti, mas sim como surgem e como se desenvolvem os conflitos em sociedade. Esta é a razão pela qual a teoria de Carnelutti com sua visão 'funcional' da jurisdição não pode fazer frente ao que os italianos modernamente denominam "funzioni giurisdizionali sostanzialmente modificative", que, através do juiz, "sanziona o reprime, tra privati, lesioni di diritti o comunque situazioni antigiuridiche o attua diritti potestativi", MONTESANO, *La tutela giurisdizionale dei diritti*. Torino: Utea, 1985, n° 51, p. 123 e 124, pois aqui tecnicamente não existe uma pretensão resistida. No mesmo sentido de nossa crítica à teoria de Carnelutti, PEDRAZ PENALVA, *El objeto del proceso civil*. In: *El objeto del Proceso Civil, Cuadernos de Derecho Judicial*. Madrid: CGPJ, 1996, p. 24. De acordo com a opinião de CLÓVIS DO COUTO E SILVA, "a teoria da lide, como pretensão resistida, provém, decerto, da época em que as ações condenatórias eram o gênero por excelência de todas as ações que não fossem declaratórias". *A teoria da ação em Pontes de Miranda*. In: *Revista Ajuris*, n° 43, p. 73, nota 8. Estas confusões ainda existem na doutrina porque determinados autores não são capazes de entender que "estamos frente a dos aspectos diversos de un único ordenamiento", como corretamente destaca SERRA DOMÍNGUEZ, *Evolución histórica y orientaciones modernas del concepto de acción*. In: *Estudios de Derecho Procesal*. Barcelona: Ariel, 1969, p. 158.

A este respeito, convém citar a acertada opinião de RAMOS MÉNDEZ segundo a qual: "la controversia es una concepción larvada por el sentimiento de que el proceso surge de la violación del derecho privado. Esto es, se considera objetivamente existente el derecho y como medio para saldar la diversidad de pareceres se establece el proceso. Una vez más el dualismo preside un problema terminológico y de fondo", *Derecho y proceso*. Barcelona: Bosch, 1978, n° 53, p. 292.

[44] Para CARNELUTTI, "el empleo de la violencia para la solución de los conflictos hace difícil, si no imposible, la permanencia de los hombres en sociedad y, con ello, el desenvolvimiento de los intereses que por su naturaleza colectiva requieren esa permanencia", *Sistema de derecho procesal civil*, op. cit., v. I, p. 17 e 18.

[45] *Experiencias jurídicas y teoría del derecho*, op. cit., p. 12. Também CARNELUTTI fala da exigência social na composição dos conflitos, quando diz: "Desde un principio y por largo tiempo he considerado la composición, y se podría decir también la superación del conflicto, como una exigencia 'social' y no también e incluso como una exigencia individual...", *Derecho y proceso*, op, cit., n° 31, p. 60, nota 24. A este respeito, afirma corretamente LESSONA que: "Como la guerra, como la criminalidad, la litigiosidad es un fenómeno constante, un fenómeno interior y dañoso como aquéllos, pero que tiene raíces tan profundas en la naturaleza humana y en la organización social, que el Estado debe reglamentar del mejor modo posible, pero no puede pensar en arrancarlo de raíz;

1.3. DIREITO OBJETIVO

Esta exigência social na solução e ordenação dos conflitos vem assegurada no direito objetivo,[46] que, segundo Chiovenda, pode ser definido como: "La manifestazione della volontà colletiva generale diretta a regolare l'attività dei cittadini e degli organi pubblici".[47] Desta forma, é o direito objetivo a base da exigência social na solução e ordenação dos conflitos de interesses,[48] consequentemente todo conflito só pode ser composto, uma vez observadas, as regras contidas no ordenamento jurídico, pois a finalidade principal deste é hierarquizar os interesses da sociedade,[49] e não criar direitos.[50] Esta finalidade do ordenamento jurídico já

si el derecho es inseparable de la sociedad, los litigios son inseparables del derecho", *Los deberes sociales del derecho procesal civil*. In: *Revista General de Legislación y Jurisprudencia*, t. 91, 1897, p. 474.

[46] A expressão, *direito objetivo* admite muitas definições e historicamente é cenário de múltiplas controvérsias entre os autores. A respeito, *vid.* por todos, a clássica obra de VALLET DE GOYTISOLO, *Las definiciones de la palabra derecho y los múltiples conceptos del mismo*. Madrid: Real Academia de Jurisprudencia y Legislación, 1998, especialmente p. 15 e ss.

[47] *Istituzioni di diritto processuale civile*. Napoli: Eugenio Jovene, 1960, v. I, n° 1, § 1, p. 1. Ou, como quer IHERING, em sua clássica concepção: "El derecho representa la forma de la 'garantía de las condiciones de vida de la sociedad', asegurada por el poder coactivo del derecho", *El fin en el derecho*. Buenos Aires: Heliasta, 1978, v. I, n° 180, p. 213, e também significa, segundo o mesmo autor, "un organismo objetivo de la libertad humana", *El espíritu del derecho romano*. Trad. por Enrique Príncipe y Satorres. Granada: Comares, 1998, t. I, § 3, p. 21. Porém, sempre devem ser destacados dois elementos que são indispensáveis no conceito de direito, a "norma y la realización de ésta por la coacción", *El fin en el derecho*, op. cit., v. I, n° 145, p. 158. Com um conceito mais geral encontramos JAEGER, para quem "il diritto oggettivo como disciplina del comportamento degli uomini, dettata al fine di ottenere che tale comportamento determini o consenta, mediante azioni o almeno mediante la astensione da atti capaci di nuocere, la soddisfazione di interessi di altri soggetti, oppure comuni al primi e ad altri soggetti.", *Corso di diritto processuale civile*, Milano: La Goliardica, 1956, 2ª ed., p. 40; assim como GUASP, que o define nestes termos: "Derecho es el conjunto de relaciones entre hombres que una cierta sociedad establece como necesarias", *Derecho*. Madrid: Impreso por Gráficas Hergon, 1971, p. 7.

[48] Em sentido mais amplo, CARNELUTTI, para quem o direito objetivo em relação à composição dos conflitos de interesses é não somente a base, mas também o fim do direito, *Sistema de derecho procesal civil*, op. cit., v. I, p. 20. A necessidade do direito objetivo para a sociedade pode ser justificada, nas palavras de ROUSSEAU, na medida em que *"toda sociedad sin leyes o sin jefes, toda unión formada o mantenida por azar debe, necesariamente, degenerar en querellas y disensiones en cuanto empiecen a cambiar las circunstancias"*, *Extracto del proyecto de paz perpetua del Sr. Abate de Saint-Pierre*. In: *Escritos sobre a Paz e a Guerra*. Trad. por Margarita Moran. Madrid: Centro de Estudios Constitucionales, 1982, n° I, p. 7.

[49] Desde a perspectiva da hierarquização dos interesses em sociedade, devemos mencionar, ainda que brevemente, por sua originalidade, a tese desenvolvida por LOIS ESTÉVEZ, para quem: "'Forma' es el resultado de proteger la exteriorización de un estado de hecho. A este estado de hecho se denomina, por eso, 'equivalente jurídico', porque en la vida social vale como si fuera de Derecho", *Proceso y forma*. Santiago de Compostela: Porto, 1947, cap. III, p. 59. Por essa razão, "el obstáculo que interfiere la pretensión es un equivalente jurídico. El proceso se transforma así en un medio para la jerarquización de los equivalentes jurídicos", *La teoría del objeto del proceso*, op. cit., p. 625. Em sentido contrário, KELSEN, quando afirma que o ordenamento jurídico, por ser um marco aberto a várias possibilidades, não hierarquiza os interesses em sociedade. Para o autor, "la necesidad de una 'interpretación' resulta precisamente del hecho de que la norma o el sistema de normas por interpretar es un marco abierto a varias posibilidades y no decide, entre los intereses en juego, cuál es el que tiene mayor valor", *Teoría pura del derecho*. Trad. por Moisés Nilve. Buenos Aires: Editorial Universitaria de Buenos Aires (Eudeba), 1973, 11ª ed., cap. X, n° 4, p. 168 e 169.

[50] De igual sentido DÍEZ-PICAZO, quando destaca que: "Las estimativas o juicios de valor son proposiciones sobre la bondad, la conveniencia o la utilidad, y sobre su respectiva jerarquía. En sí mismos considerados, estos juicios de valor no establecen, por lo menos de una manera directa, ni una obligación ni una prohibición, ni tampoco una autorización o un derecho. Se limitan a fundar tal consecuencia, determinando el carácter positivo, negativo o neutro de una acción o situación dada, desde el punto de vista del valor de que se trate. Parece claro

foi destacada há muito tempo por Duguit, quando o mesmo afirmou que "le droit objectif, la loi positive qui le constate ou le met en œuvre est une règle générale, abstraite; en réalité, cette règle prise en elle-même ne fait naître ni droit ni obligation au profit ou à la charge de qui que ce soit".[51]

1.4. DUPLA FUNÇÃO DO ORDENAMENTO JURÍDICO

Essa hierarquia dos interesses em sociedade realizada essencialmente pelo direito objetivo apresenta uma dupla função. Esta dupla função do ordenamento jurídico pode ser observada, segundo Castanheira Neves, a partir da seguinte afirmação:

> Se a função prescritiva e reguladora do direito se caracteriza por uma intenção directamente orientadora e promotora da acção social, ou antes, por uma intenção directamente voltada para a resolução de conflitos sociais e, portanto, só indirectamente actuando como critério de conduta. Neste último caso, pode dizer-se que o direito é visto essencialmente na perspectiva do "processo".[52]

1.4.1. Função psicológica

A primeira função do ordenamento jurídico, que denomino *psicológica*, consiste na atividade através da qual o Estado hierarquiza os interesses das pessoas em sociedade, permitindo que estas cumpram voluntariamente com suas obrigações, na medida em que, conhecendo esta hierarquia, elas possam adequar sua conduta a estes valores, é a *Orientierungsgewissheit* (certeza de orientação),[53] que

---

que toda norma jurídica encuentra su raíz última en un juicio de valor, y que el conjunto de las normas jurídicas supone un conjunto de juicios de valor más o menos ordenado en relación con su respectiva jerarquía", *Experiencias jurídicas y teoría del derecho*, op. cit., p. 50.

[51] *Traité de droit constitutionnel*. Paris: Ancienne Librairie Fontemoing, 1928, 3ª ed., t. I, § 28, p. 298 e 299.

[52] *Curso de introdução ao estudo do direito*. Coimbra: Coimbra, 1976, p. 16 e 17, nota 14.

[53] De igual modo, CICERÓN, quando afirma que a lei é "la razón fundamental, ínsita en la naturaleza, que ordena lo que hay que hacer y prohibe lo contrario. Tal razón, una vez que se concreta y afirma en la mente humana, es la ley", *Las leyes*. Trad. por Álvaro D'Ors. Madrid: Centro de Estudios Políticos y Constitucionales, 2000, 3ªed., p. 71 (no original L. I, 18-19). A este respeito, HENKEL destaca que: "Dentro del Derecho establecido, la idea de la seguridad jurídica exige 'certidumbre jurídica', entendida ésta como claridad y univoquicidad y, en consecuencia, como posibilidad libre de dudas del contenido jurídico. Considerado desde el sujeto sometido al Derecho, se puede llamar a la certidumbre de contenido del Derecho 'seguridad de orientación'. El sujeto quiere saber cómo ha de comportarse según las exigencias del Derecho en determinadas relaciones sociales o situaciones de la vida y qué comportamiento puede esperar o pretender de los otros; con otras palabras: qué hechos y obligaciones existen para él y con que consecuencias jurídicas de su comportamiento tiene que contar. (...). También es evidente, sin más, que la certidumbre jurídica es la que más favorece la observancia voluntaria de las normas jurídicas", *Introducción a la filosofía del derecho*. Trad. por Enrique Gimbernat Ordeig. Madrid: Taurus, 1968, § 30, p. 547. No mesmo sentido, KELSEN, quando ao tratar da efetividade do ordenamento jurídico, disse: "Este orden es eficaz en la medida en que los sujetos de derecho son influidos en su conducta por el conocimiento que tienen de las normas a las cuales están sometidos", *Teoría pura del derecho*, op. cit., cap. XII, n° 2, letra 'e', p. 195; MERRYMAN, quando se refere a importância da certeza legal para as pessoas em sociedade diz que "los individuos deben conocer la naturaleza de sus derechos y obligaciones y deben ser capaces de planear sus acciones con alguna confianza acerca de las consecuencias legales", *La tradición jurídica romano-canonica*. Trad.

favorece a *"adesão espontânea"*,[54] e cria nas pessoas o *"hábito geral de obediên-*

por Eduardo L. Suárez. México: Fondo de Cultura Económica, 1994, cap. VIII, p. 97; CASTANHEIRA NEVES, que denomina esta função de "primária e prescritiva". Según el autor, "na função primária e prescritiva vemos o direito não só como 'princípio de acção', mas ainda como 'critério de sanção'. É princípio ou critério de acção, porque é fundamento, norma ou critério da nossa conduta, e isto na medida em que, quer impondo os sentidos e as intenções de um comportamento social válido ou legítimo, quer ajuizando sobre esse comportamento em termos de justiça ou injustiça, de validade ou invalidade, de licitude ou ilicitude, é decerto condição e determinante da nossa acção social, a qual justamente julga (avalia) e se propõe orientar no sentido da realização dos valores ou validade que pressupõe e fundamentam as suas intenções normativas", *Curso de introdução ao estudo do direito*, op. cit., p. 15 e 16; e PÉREZ LUÑO, quem distingue, de maneira correta, duas acepções básicas do termo seguridad jurídica. A primeira responde ao que o autor denomina de seguridad jurídica *'stricto sensu'* e "se manifiesta como una exigencia 'objetiva' de regularidad estructural y funcional del sistema jurídico a través de sus normas e instituciones", *La seguridad jurídica*. Barcelona: Ariel, 1994, 2ª ed., cap. I, nº 3, p. 29; a segunda, representa sua "faceta 'subjetiva', se presenta como 'certeza del derecho', es decir, como proyección en las situaciones personales de la seguridad objetiva. Para ello, se requiere la posibilidad del conocimiento del Derecho por sus destinatarios. Gracias a esa información, realizada por los adecuados medios de publicidad, el sujeto de un ordenamiento jurídico debe poder saber con claridad y de antemano aquello que le está mandado, permitido o prohibido. En función de ese conocimiento los destinatarios del Derecho pueden organizar su conducta presente y programar expectativas para su acción jurídica futura bajo pautas razonables de previsibilidad", *La seguridad jurídica*, op. cit., cap. I, nº 3, p. 30; e MIGUEL REALE, para quem "não existe possibilidade de 'comportamento social' sem norma ou pauta que não lhe corresponda", *Filosofia do direito*. São Paulo: Saraiva, 1969, 5ª ed., v. II, nº 147, p. 339 e 340. Adota a mesma ideia, porém desde um ponto de vista distinto, uma vez que realiza um conceito de certeza jurídica, contrapondo-o a um conceito históricamente relativo desta, MASSIMO CORSALE, quando afirma que, "al di là dei suoi aspetti meramente ideologici, la certezza come sicurezza, come univocità dell'ordinamento e come prevedibilità rappresenta, in ultima analisi, un elemento costitutivo del concetto stesso di diritto, un elemento immanente alla sua nozione. Ma essa non può esser cercata né perseguita con gli strumenti tradizionali della legge generale e astratta, del giudice 'bocca della legge', dell'amministrazione ispirantesi a un principio di legalità inteso come rigorosa osservanza della norma scritta", *La certeza del diritto*. Milano: Guiffrè, 1970, cap. I, nº 11, p. 58. Sem lugar a dúvida, para que esta 'certeza de orientação' seja eficaz é imprescindível, segundo ENGISCH, uma diversidade de exigências, entre as quais cabe citar: "el derecho debe ser conocido, debe ser técnicamente acertado, p. ej., debe ser claro, preciso y 'practicable', debe limitar sus pretensiones a las posibilidades humanas, y además debe tener en cuenta como un hecho de experiencia la humana fragilitas – y sobre ello se piensa precisamente cuando se exige su realismo –, debe considerar los impulsos humanos reales opuestos y contrarios a los imperativos normativos, que por lo demás pueden pertenecer enteramente a la esfera moral", *La idea de concreción en el derecho y en la ciencia jurídica actuales*. Trad. por Juan José Gil Cremades. Pamplona: Universidad de Navarra, 1968, cap. IV, nº 1, p. 200.

[54] BOBBIO, *Teoría general del derecho*. Trad. por Eduardo Rozo Acuña. Madrid: Debate, 1996, nº 43, p. 126 e ss. De igual modo, SANTO TOMÁS, quando afirma que: "Los hombres bien dispuestos son inducidos a la virtud por medio de consejos, voluntariamente, mejor que por medio de la coacción; pero hay algunos mal dispuestos, que no se inclinan a la virtud si no son coaccionados", *Suma teológica*. Trad. por Fr. Carlos Soria. Madrid: Biblioteca de Autores Cristianos, MCMLVI, t. VI, p. 165 (Iª, IIæ, q. 95, artigo 1, *ad* 1), pois, incluindo estes 'protervos', "finalmente, ellos mismos, por la costumbre, vendrán a hacer voluntariamente lo que en un principio hacían por miedo, y llegarán a ser virtuosos", *Suma teológica*, op. cit., t. VI, p. 165 (Iª, IIæ, q. 92, artigo 1, *ad resp*); LOPEZ DE OÑATE, ao dizer: "Non potrebbe non esser così, perchè ogni diritto è produzione ed espressione della società per la quale è vigente, in un dato momento della sua storia: e quindi sempre in quella società deve esservi rispondenza tra ordinamento e convinzione giuridica; potrà questa rispondenza essere più o meno accentuata, ma non si può concepire che al posto di essa vi sia, invece, una totale non rispondenza", *Compendio di filosofia del diritto*. Milano: Giuffrè, 1955, § 42, p. 185; ALF ROSS, para quem, "La mayor parte de las personas obedecen el derecho no sólo por temor a la policía y a las sanciones sociales extrajurídicas (pérdida de la reputación, de la confianza, etc.), sino también por respeto desinteresado al derecho. (...) Este componente de motivación desinteresada, de naturaleza ideológica, a menudo es descripto como conciencia moral producida por la observancia tradicional del orden jurídico", *Sobre el derecho y la justicia*, op. cit., cap. II, nº XI, p. 82; DABIN, para quem, "de ordinario la obediencia al derecho tiene lugar de un modo espontáneo, sin necesidad de la coacción, ya que no siempre con alegría", *Teoría general del derecho*. Trad. por Francisco Javier Osset. Madrid: Revista de Derecho Privado, 1955, nº 26, p. 47; GARCÍA MÁYNEZ, *Positivismo jurídico, realismo sociológico y iusnaturalismo*. México: Fontamara, 1996, 2ª ed., p. 19; e CALSAMIGLIA, *Justicia, eficiencia y derecho*. In: *Revista del Centro de Estudios Constitucionales*, nº 1, 1988, p. 329. Com razão BOBBIO destaca

cia".[55] Porém, este modelo de conduta, criado através da hierarquia de interesses da

que: "es evidente que la adhesión espontánea acompaña la formación y la perdurabilidad de un ordenamiento jurídico, pero no lo caracteriza, *Teoría general del derecho*, ob. cit., nº 43, p. 128. Para KANT, a 'legislación jurídica' só pode exigir do agente legalidade e não moralidade, pois "si exigen también que ellas mismas (las leyes) deban ser los fundamentos de determinación de las acciones, entonces son 'éticas', y se dice, por tanto: que la coincidencia con las primeras (jurídicas) es la 'legalidad', la coincidencia con las segundas (éticas), la 'moralidad' de la acción", *La metafísica de las costumbres*. Trad. por Adela Cortina Orts e Jesús Conill Sancho. Madrid: Tecnos, 1999, 3ª ed., p. 17 (na edição do original alemão [VI, 214]). Sendo assim, "a la mera concordancia o discrepancia de una acción con la ley, sin tener en cuenta los móviles de la misma, se le llama la 'legalidad' (conformidad con la ley), pero a aquélla en la que la idea del deber según la ley es a la vez el móvil de la acción, se le llama la moralidad (eticidad) de la misma", *La metafísica de las costumbres*, op. cit., p. 24 (na edição do original alemão [VI, 219]). Neste último caso se encontra o cidadão que se sente moralmente impelido a cumprir uma lei. Aqui, confluem dois modos de sanção, a jurídica, já que se vê externamente coagido, e a moral, posto que também se vê internamente coagido desde sua própria vontade legisladora. Esta adesão espontânea se justificaria, nas palavras de ARISTÓTELES, porque "en general, la pasión parece ceder no al argumento sino a la fuerza", puesto que "la mayor parte de los hombres obedecen más a la necesidad que a la razón, y a los castigos más que a la bondad", pois é natural nestes, "obedecer no por pudor, sino por miedo, y abstenerse de lo que es vil no por vergüenza, sino por temor al castigo", *Ética Nicomáquea*. Trad. por Julio Pallí Bonet. Madrid: Gredos, 2000, L. X, nº 1179b-25, nº 1180a-5, nº 1179b-10, p. 294 e 295. De igual modo HERÓDOTO, quando, o mesmo descreve a resposta dada por Demarato ao rei Xerxes: "Pues, pese a ser libres (los espartanos), no son libres del todo, ya que rige sus destinos un supremo dueño, la ley, a la que, en su fuero interno, temen mucho más, incluso, de lo que tus súbditos te temen a ti", *Historia*. Trad. por Carlos Schrader. Madrid: Gredos, 2000, L. VII, nº 104-5, p. 144. No mesmo sentido, THOMASIUS justifica a adesão espontânea com base na força, pois: "La obligación que corresponde al derecho siempre es externa, temiendo la coacción de otros hombres", *Fundamentos de derecho natural y de gentes*, Trad. por Salvador Rus Rufino e Maria Asunción Sánchez Manzano. Madrid: Tecnos, 1994, L. I, cap. V, § XXI, p. 216; SANTO TOMÁS, para quem "la ley induce a sumisión mediante el temor del castigo; por eso el castigar es un efecto propio de la ley", *Suma teológica*, op. cit., t. VI, p. 75 (Iª, IIæ, q. 92, artigo 2, *ad resp. in fine*), e também mais adiante quando disse: "Pues esta disciplina que obliga con el temor al castigo es la disciplina de las leyes", *Suma teológica*, op. cit., p. 165 (Iª, IIæ, q. 95, artigo 1, *ad resp.*). De igual modo CARNELUTTI confessa que: "la mia esperienza m'induce a credere che molto più della paura delle sanzioni opera in favore dell'obbedienza il consenso dell'obbligato, cioè il suo giudizio favorevole alla giustizia della legge", *L'esperienza del diritto*. In: *Rivista Internazionale di Filosofia del Diritto*, 1943, ano XXIII – série II, p. 112; e DABIN destaca que "el temor a la sanción figura entre los motivos más eficaces de la obediencia a las leyes, bien como estimulante en relación con las leyes que mandan algo, bien como fuerza de inhibición en las leyes que prohíben", *Teoría general del derecho*, op. cit., nº 26, p. 48. Para um estudo mais detalhado do conceito de lei, desde sua importância e significado constitucional até suas transformações atuais, vid. por todos, CABO MARTÍN, *Sobre el concepto de ley*. Madrid: Trotta, 2000, p. 15 e ss.

[55] HART, *El concepto de derecho*. Trad. por Genaro R. Carrió. México: Editora Nacional, 1980, 2ª ed., cap. II, p. 30. Para THON, este hábito geral de obediência nasce "della forza ideale, che il volere della società esercita su ognuno di coloro che ci vivono. Anche se nessuna conseguenza giuridica sia legata alla trasgressione della norma, tuttavia il solo fatto della sua esitenza è spesso praticamente d'inestimabile valore", *Norma guiridica e diritto soggettivo*. Trad. por Alessandro Levi. Padova: Cedam, 1951, p. 15 e 16. De acordo com MONTESQUIEU, "el pueblo romano poseía tan gran probidad que, con frecuencia, el legislador sólo tenía que mostrar el bien para que lo siguiera. Parecía que en lugar de ordenanzas bastaba con dar consejos", *Del espíritu de las leyes*. Trad. por Mercedes Blázquez e Pedro de Véga. Madrid: Tecnos, 1988, 4ª ed., L. VI, cap. XI, p. 61. Nesta ordem de ideias, HENKEL, quando afirma: "De la conformidad con el Derecho cuida ya, sobre la base más amplia, el mencionado instinto de imitación, y, además, el instinto de sometimiento encerrado en la naturaleza social del hombre, así como la tendencia, dirigida por la razón, de no apartarse de los modelos de comportamiento observados en la Sociedad para no entrar en conflicto con el grupo estamental o profesional o con la Sociedad como totalidad. En todo ello entra en juego, además, otro efecto profundo del Derecho: en cuanto que el hombre que creció dentro de la Sociedad – e incluso el adulto que posteriormente se integró en ella – es educado en una convicción jurídica por diversas y continuas influencias, de tal forma que con ello adquiere una 'actitud' que determina su actuación cotidiana en la vida", *Introducción a la filosofía del derecho*, op. cit., § 12, p. 172. De acordo com a tese do direito natural em sentido lato, segundo nos informa FERNÁNDEZ-GALIANO e CASTRO CID, "los hombres vienen obligados a realizar determinadas conductas y a abstenerse de ciertos comportamientos porque así lo ordenan unas normas no sancionadas por legislador humano alguno, sino procedentes de un conjunto de realidades en cuyo marco está inscrita la convivencia social: desde la naturaleza metafísica del hombre hasta las

sociedade, não seria completo se não tiver neste mesmo ordenamento jurídico um mecanismo capaz de tornar efetiva esta própria hierarquia, independentemente da vontade das pessoas, porque, de acordo com Del Vecchio, "el Derecho es por su naturaleza 'fisicamente violable'",[56] e por tanto, deve impor-se à vontade concreta das pessoas. Segundo Henkel, esta faculdade de impor-se é um "imprescindible 'presupuesto de validez del Derecho'".[57] O mecanismo criado pelo ordenamento jurídico para tornar efetiva a hierarquia dos interesses em sociedade, influindo na vontade das pessoas,[58] se denomina sanção,[59] que, de acordo com Castanheira

---

circunstancias meramente físicas, pasando por los factores sociológicos, psicológicos, etc.", *Lecciones de teoría del derecho y derecho natural*. Madrid: Universitas, cap. n. XX, p. 390.

[56] *Filosofía del derecho*. Trad. por Luis Legaz y Lacambra. Barcelona: Bosch, 1969, 9ª ed., p. 358. De igual modo, KELSEN, ao dizer que um homem quando viola o direito "no significa que el Derecho sufra un perjuicio. Por el contrario, es precisamente para este caso para lo que se ha establecido el Derecho", *Introducción a la teoría pura del derecho*. Trad. por Emilio O. Rabasa. México: Nacional, 1974, p. 23.

[57] *Introducción a la filosofía del derecho*, op. cit., § 12, p. 162. Com razão o autor acrescenta que: "Si le falta, no puede pretender vigencia como derecho positivo. La facultad de imponerse del Derecho, como pretensión, es sinónima, absolutamente, con su 'validez normativa'; la imposición general fáctica de Derecho, sinónima de su 'validez fáctica'", *Introducción a la filosofía del derecho*, op. cit., § 12, p. 162. Para DABIN, o poder que acompanha o direito é "*una condición no sólo de eficacia o de validez, sino incluso de la existencia del derecho*", *Teoría general del derecho*, op. cit., nº 16, p. 32.

[58] A razão pela qual o ordenamento jurídico nescessita de um mecanismo capaz de assegurar a realização dos interesses em sociedade, independentemente da vontade das pessoas, estaría justificada, segundo KELSEN, porque "al atribuir una sanción a una conducta de este tipo, la ley obliga a los hombres a ser cuidadosos, a fin de que efectos normalmente perjudiciales de su conducta puedan ser evitados", *Introducción a la teoría pura del derecho*, op. cit., p. 27. Por isso, afirma o autor, "el fin de esta amenaza coactiva, es provocar una conducta de los hombres, que haga innecesaria la coacción", *Compendio esquemático de una teoría general del estado*. Trad. por Luis Recaséns Siches e Justino de Azcárate Florez. Barcelona: Núñez y Comp. S. en C., 1927, nº 11, p. 41.

[59] Utilizamos o termo '*sanção*' em seu sentido mais amplo para incluir nele não só as consequências desagradáveis da inobservância das normas, senão também as consequências agradáveis da observância, ademais das sansões preventivas. No primeiro caso estamos diante das sanções que a doutrina sugere chamar *negativas*, por tratar-se, segundo BOBBIO, de uma "*respuesta a la violación*", *Teoría general del derecho*, op. cit., nº 39, p. 119, e representam a função *repressiva* do ordenamento jurídico, como bem demonstram ANGELO DE MATTIA, *Merito e ricompensa*, en Riv. Int. Fil. Dir., año XVII, fasc. VI, 1937, p. 608 y ss; CARNELUTTI, *Teoria generale del diritto*, ob. cit., nº 12, p. 28 y ss; BOBBIO, *Contribución a la teoría del derecho*, (traducción de Alfonso Ruiz Miguel), Fernando Torres, Valencia, 1980, p. 371 y ss, especialmente p. 377 y ss; *Sulla funzione promozionale del diritto*, en Rev. Trim. Dir. Proc. Civ., 1969, p. 1313 y ss, principalmente nos nº 2 y 4 (este artigo se encontra reproduzido no livro *Contribución a la teoría del derecho*, ob. cit., p. 367 hasta 381); e tambem na *Teoría general del derecho*, ob. cit., nº 39, p. 118 y ss; KANT, *La metafísica de las costumbres*, ob. cit., p. 35 (en la edición del original alemán [VI, 227]); y CASTANHEIRA NEVES, *Curso de introdução ao estudo do direito*, ob. cit., p. 23 y ss. Porém, esta função repressiva do ordenamento jurídico como resposta a uma violação não está diretamente relacionada com o ilícito imputável à uma pessoa, pois, como observa MINOLI, a sansão pode ser entendida "*non, rigorosamente, come reazione all'ilecito vero e proprio, imputabile ad una persona determinata, ma come reazione ad una situazione di fatto antigiuridica, che il diritto intende sia rimossa (almeno, ove ricorrano certi presupposti: ad es. la domanda di un interessato) anche se non è imputabile a titolo di 'illecito', a nessuno (si pensi ad un contratto annullabile per errore o rescindibile per sopravvenuta onerosità*", *Contributo alla teoria del giudizio divisório*, Guiffrè, Milano, 1950, cap. II, nº 7, p. 60 y 61. No segundo, caso nos encontramos com as sansões *positivas* que serven, segundo CARNELUTTI, para garantir o ordenamento jurídico "*creando a chi sia tentato di fare del male una situazione di 'imposibilità' o quanto meno di 'difficoltà física' a farlo, oppure una situazione di 'convenienza economica a non farlo*", *Teoria generale del diritto*, ob. cit., nº 12, p. 28, e representam a função *promocional* do ordenamento jurídico, como bem demonstram ANGELO DE MATTIA, *Merito e ricompensa*, ob. cit., p. 613 y ss; BOBBIO, *Sulla funzione promozionale del diritto*, ob. cit., principalmente p. 1320 y ss; *Contribución a la teoría del derecho*, ob. cit., p., 373 y ss; CARNELUTTI, *Teoria generale del diritto*, ob. cit., nº 12, p. 27 y ss; KANT, *La metafísica de las costumbres*, ob. cit., p. 35 (en la edición del original alemán [VI, 227]); y CASTANHEIRA NEVES, *Curso de introdução ao estudo do direito*,

Neves, é "o modo juridicamente adequando de converter a intenção normativa em efeitos práticos ou de garantir aos efeitos normativos a sua eficácia prática".[60]

ob. cit., p. 23 y ss. Esta função promocional do ordenamento jurídico se da através do expediente da assinatura de um *premio (praemium)* (que se divide, segundo ANGELO DE MATTIA em *"ritenzioni, compensi e premi"*, *Merito e ricompensa*, ob. cit., p. 621 y ss) a umcomportamento conforme a norma positiva, *v. gr.*, quando o obrigado paga de uma só vez o imposto devido obtém como prêmio um desconto sobre o valor total do imposto. A respeito, afirma acertadamente ANGELO DE MATTIA, que as sansões de premiar, é igual que as sansões represivas, possuem dois elementos: *"un elemento oggettivo: il vantaggio, e un elemento soggettivo: il merito"*, *Merito e ricompensa*, ob. cit., p. 614. De acordo com a opinião de BOBBIO, esta *función promocional* do ordenamento jurídico tende hoje a ampliar-se, uma vez que traz em si *"nuove tecniche di controllo sociale, che caratterizzano l'azione dello Stato sociale dei nostri tempi e la distinguono profondamente da quella dello Stato liberale classico: l'impiego sempre più diffuso delle tecniche di incoraggiamento in aggiunta, o in sostituzione di, quelle tradizionali di scoraggiamento"*, *Sulla funzione promozionale del diritto*, ob. cit., p. 1314. Para uma crítica ao *"Estado social, también denominado 'promocional'"*, vid. por todos, CAPPELLETTI, *Problemas de reforma do processo civil nas sociedades contemporâneas*, en Repro, n° 65, p. 136 y ss. No ordenamento jurídico, estas duas modalidades de sansões funcionam, de acordo com KANT, que foi o primero autor a desenvolver, da seguinte maneira: *"Es 'meritorio' (meritum) lo que alguien hace 'de más' conforme al deber en comparación con aquello a que la ley puede obligarle; lo que hace sólo conforme a esta última, es 'debido' (debitum); por último, lo que hace 'de menos' en comparación con lo que la última exige, es 'delito' moral (demeritum). El efecto 'jurídico' de un delito es la 'pena' (poena); el de un acto meritorio, la 'recompensa' (praemium) (supuesto que ésta, prometida en la ley, fue la causa de la acción); la adecuación de la conducta a lo debido carece de efecto jurídico"*, *La metafísica de las costumbres*, ob. cit., p. 35 (en la edición del original alemán [VI, 227-228]). De igual modo, ANGELO DE MATTIA, quando afirma: *"Si potrebbe dire figuratamente: il diritto impone all'individuo una serie di atti obbligatori, ed è la serie degli atti dovuti, i quali tracciano una linea mediana. Se l'individuo, volontariamente, si tiene al di sotto di questo limite, cade nell'atto illecito e va incontro alle sanzioni punitive; se, al contrario, si tiene volontariamente al di sopra, entra nella zona degli atti meritori, ai quali si accompagnano le sanzioni ricompensative"*, *Merito e ricompensa*, ob. cit., p. 615. Para GARCÍA MÁYNEZ, o termo 'sanção' deve reservar-se para o *"caso de las consecuencias jurídicas represivas. En cuanto al premio, estimamos que debe ser visto como una especie dentro del género de las medidas jurídicas"*, *Introducción al estudio del derecho*, Porrúa, México, 1996, 48ª ed., cap. XXI, n°160, p. 313. Em sentido contrário, entendendo que o prêmio não é uma sanção, SANTO TOMÁS, destaca que: *"También el premiar puede hacerlo cualquiera. Pero únicamente el administrador de la ley, en cuyo nombre se impone la pena, puede castigar. Por eso el premiar no se encuentra entre los actos de la ley, y sí sólo el castigar"*, *Suma teológica*, ob. cit., t. VI, p. 76 (Iª, IIæ, q. 92, artículo 2, *ad* 3).

[60] *Curso de introdução ao estudo do direito*, ob. cit., p. 29 y 30. A respeito, afirma acertadamente este autor: *"Com isto não dizemos que o direito é 'objecto' da sanção, que é 'sancionada', e sim que a sanção é a dimensão, intenção e conteúdo do direito. O que não implica que todas as normas jurídicas, individualmente consideradas, hajam de ter sanção"*, *Curso de introdução ao estudo do direito*, ob. cit., p. 22, nota 22. Para DUGUIT, toda norma jurídica traz em si uma sanção, já que, *"en réalité, il ne peut pas y avoir de loi sans sanction"*, *Traité de droit constitutionnel*, ob. cit., 1928, t. II, § 19, p. 202, y también en el t. I, § 8, p. 89 y ss. Para o autor, toda regra jurídica é *"une règle édictée 'sous une sanction sociale'"*, *Traité de droit constitutionnel*, ob. cit., t. II, § 19, p. 208 e também no t. I, § 13, p. 142 y ss, na medida em que *"si l'on fait un acte conforme à la loi, laquelle est par définition une règle sociale, cet acte est par là même un acte social, il a une valeur sociale et socialement reconnue; cette reconnaissance sociale de la valeur sociale de l'acte conforme à la loi constitue la sanction même de la loi. Par contre, l'acte contraire à la loi sera nécessairement un acte antisocial, sans valeur sociale, et par conséquent entraînera forcément une réaction sociale qui sera la sanction de la loi"*, *Traité de droit constitutionnel*, ob. cit., t. II, § 19, p. 202, e também no t. I, § 6, p. 74 y ss. De igual modo, KELSEN, para quem o ato legislativo que não enlace uma sanção à conduta oposta *"no es una norma jurídica; es un deseo del legislador sin importancia jurídica, un contenido jurídico indiferente de una ley"*, *Problemas escogidos de la teoría pura del derecho*, (traducción de Carlos Cossio), Guillermo Kraft Ltda, Buenos Aires, 1952, cap. III, n° 4, p. 63. Para nós, a intensidade ea sanção é um elemento fundamental para a eficácia de uma norma jurídica, porque, de acordo com CALSAMIGLIA, *"a veces las normas incentivan al incumplimiento del derecho porque los perjuicios de la sanción son inferiores a los beneficios que se siguen de su violación"*, *Justicia, eficiencia y derecho*, ob. cit., p. 329. Assim mesmo, CICERÓN, quando critica aqueles que defendem uma justiça baseada no interesse, pois, de acordo com ele, se a justiça pudera *"medirse por el interés, el que calcula que le ha de resultar ventajoso, despreciará las leyes y las quebrantará, si le es posible"*, *Las leyes*, ob. cit., p. 95 (en el original L. I, 42). Em sentido contrário, MONTESQUIEU, ao dizer que: *"La experiencia nos pone de relieve que, en los países*

1.4.2. Função judicial

A segunda função do ordenamento jurídico, que denomino *judicial*, consiste na função, através da qual, a hierarquia dos interesses em sociedade serve de diretriz ao juiz em sua tarefa de aplicar os valores que anteriormente essa sociedade estabeleceu como sendo essenciais.[61] Por isso afirma Aristóteles que "aquellos que discuten recurren al juez, y el acudir al juez es acudir a la justicia, porque el juez quiere ser como una personificacion de la justicia",[62] na medida em que ele juiz utiliza os valores do que é socialmente justo para criar o direito no caso concreto.

Na vida moderna dos Estados (principalmente nos países da *civil law*), onde ainda se faz presente o Estado Social de Direito, se manifesta uma imperiosa necessidade de normas jurídicas, através das quais as pessoas adquirem confiança na proteção de seus interesses, e essa confiança produz uma segurança que é base da vida em sociedade,[63] pois segundo esclarece Heck, "*lo necesario es tener seguridad y evitar conflictos*",[64] segurança que por sua vez faz com que apareça a paz.[65]

---

donde las penas son leves, éstas impresionan el espíritu del ciudadano, del mismo modo que las graves en otros lugares", Del espíritu de las leyes, ob. cit., L. VI, cap. XII, p. 61. Em sentido contrário, entendendo que a sanção não é um elemento essencial para o direito, entre outros autores, encontramos GARCÍA MÁYNEZ, para quem a sanção tem caráter secundário, pois, "*el deber cuya inobservancia determina la existencia de la obligación oficial de sancionar, tiene, naturalmente, carácter primario. La sanción es, en cambio, consecuencia secundaria*", *Introducción al estudio del derecho*, ob. cit., cap. XXI, nº 154, p. 295 y 296. De igual modo, THON afirma: "*La coazione non è affatto un elemento essenziale nel concetto del diritto*", *Norma giuridica e diritto soggettivo*, ob. cit., p. 16; e ALLORIO, que aporta un novo ataque ao conceito de sanção, porem em uma direção completamente nova, pois, o autor enfoca o problema não desde a perspectiva de saber se a sanção é um elemento que compõe o ordenamento jurídico, senão desde a perspectiva da natureza mesma da sanção como um conceito juridicamente consistente. Para o autor: "*Che valore ha dunque la 'sanzione' per siffatte norma? Non ha certo il valore di elemento intrinseco al congegno della norma, bensí semplicemente quello di contenuto delle norme stesse*", *Osservazioni critiche sulla sanzione*, en Riv. Dir. Civ., 1956, p. 16, deste modo, a "*nozione di 'sanzione', che del resto non considero una nozione giuridica rigorosa, anzi neppure una nozione corretta*", *Osservazioni critiche sulla sanzione*, ob. cit., p. 1. Para ALLORIO, portanto, o "*concepto de la sanción, lejos de poseer autonomía, tanto más de perfilarse como extremo esencial de la norma jurídica, se manifiesta así perfectamente reducible al normal mecanismo de la norma, entendida como juicio sobre comportamientos humanos*", *El ordenamiento jurídico en el prisma de la declaración judicial*, (traducción de Santiago Sentís Melendo), Ejea, Buenos Aires, 1958, nº 7, p. 35. A posição do autor, que é extremamente fecunda e ao mesmo tempo complexa, não pode ser reproduzida aqui de maneira completa, razão pela qual remetemos o leitor ao escrito original. Esta crítica de Allorio foi acolhida por BOBBIO, *Teoría general del derecho*, ob. cit., nº 47, p. 138 y 139. Para um estudo mais detalhado das normas jurídicas sem sanção, vid. por todos, BOBBIO, *Teoría general del derecho*, ob. cit., nº 44, p. 129; y CASTANHEIRA NEVES, *Curso de introdução ao estudo do direito*, ob. cit., p. 23 y ss.

[61] Assim mesmo RAMOS MÉNDEZ, quando disse: "El juez se enfrenta a la norma jurídica también como punto de referencia obligado en nuestra experiencia codificada", *El sistema procesal español*. Barcelona: Bosch, 1999, p. 300.

[62] *Ética Nicomáquea*. op. cit., nº 1132a-20, p. 140.

[63] Para aprofundar o estudo da segurança jurídica e sua função dentro do desenvolvimento da sociedade, vid. por todos, HENKEL, *Introducción a la filosofía del derecho*, op. cit., § 30, p. 544 e ss; e PÉREZ LUÑO, *La seguridad jurídica*, op. cit., principalmente cap. I, nº 1, 2 e 3, cap. II, nº 2, 3 e 4, e cap. III, nº 2, 3, 4 e 8.

[64] *El problema de la creación del derecho*. Trad. por Manuel Entenza. Granada: Comares, 1999, p. 28.

[65] Essa paz em sociedade deve ser entendida desde dois pontos de vista diferentes, segundo as palavras de GUASP: "La paz social, traducida al fundamento del derecho, es subjetivamente seguridad, objetivamente certeza", *La paz como fundamento del derecho*. In: *Estudios Jurídicos*, ob. cit., p. 167. Para PONTES DE MIRANDA, a "'paz', mais do que 'revide', é a razão da Justiça", *Tratado das ações*. São Paulo: RT, 1972, 2ª ed., t. I, § 43, p. 235.

2. Acesso aos tribunais como pretensão à tutela jurídica[66]

> *Mais malgré la meilleure législation,*
> *les procès naîtront toujours des intérêsts*
> *contraires et des passions humaines.*[67]

2.1. MONOPÓLIO DA JURISDIÇÃO

Na fase atual da história humana, o Estado, como ente encarregado da paz social, assume a solução dos conflitos de interesses e veda qualquer forma de justiça particular, de *agere* privada.[68] É o Estado que administra a justiça e detém o monopólio da jurisdição,[69] ou como prefere denominar Bourdieu, o "monopolio

---

[66] Publicado originalmente In: Lenio Luiz Streck; Jose Luis Bolzan de Morais. (Org.). Constituição, Sistemas Sociais e Hermenêutica. Porto Alegre: Livraria do Advogado, 2008, v. 5.

[67] BORDEAUX, *Philosophie de la procédure civile. Évreux: Auguste Hérissey,* 1857, cap. XVIII, p. 243.

[68] A este respeito, afirma acertadamente CALAMANDREI que "la historia de la lucha contra la autodefensa es la historia del Estado y de la misma civilización humana", *Instituciones de derecho procesal civil.* Trad. por Santiago Sentís Melendo. Buenos Aires: EJEA, 1986, v. I, § 28, p. 224. Nesta ordem de ideias, SANTO TOMÁS, quando afirma que "esta fuerza coactiva la tiene únicamente la comunidad o la persona pública a la que pertenece infligir penas", *Suma teológica.* Trad. por Fr. Carlos Soria. Madrid: Biblioteca de Autores Cristianos, MCMLIV, t. VI, p. 41 (numeração no original: Iª, IIæ, q. 90, artículo 3, *ad 2m*); especialmente para o direito de castigar, ver *Suma teológica,* ob. cit., t. VI, p. 76 (Iª, IIæ, q. 92, artículo 2, *ad 3m*). Para aprofundar melhor o estudo da prisão que o credor tomava autoritariamente sobre os bens móveis do devedor e seu posterior desenvolvimento no direito espanhol dos séculos XI e seguintes, vid. por todos, HINOJOSA, *El elemento germánico en el derecho español.* Trad. por Galo Sánchez. Madrid: Marcial Pons, 1993, nº IV, p. 79 e ss.

[69] Sobre a origem do monopólio da jurisdição é importante destacar que no período clássico (cerca de 150 a.C. a 284 d.C.), GAIO, que havia vivido neste século II, já indicava a necessidade do Estado, através da pessoa do pretor, para resolver os conflitos. Era o início do monopólio da jurisdição, pois, segundo ele, *'quien quiera actuar contra otro debe llamarlo a juicio' (Institutas 4.183)"*. No direito romano antigo se confundia a defesa privada com a defesa pública, ou seja, o próprio titular ativo do direito o exercia privadamente, e o titular passivo do direito, caso não concordasse com a atuação privada, deveria dirigir-se ao magistrado para fazer cessar a violência. O *agere* privado do titular foi proibido, segundo ULPIANO: L. 12, § 2º (Dig. XLVIII, 7, 7), a partir da *Lex Juliae,* e aperfeiçoado com o decreto de Marco Aurelio, o chamado *Decretum divi Marci,* que estabelecia o seguinte: *se crêen ter algum direito, o exercitem com ações, pois do contrario ficaram privados dele.* A respeito, vid. IHERING, *El espíritu del derecho romano.* Trad. por Enrique Príncipe y Satorres. Granada: Comares, 1998., t. I, § 14, p. 131; SCIALOJA, *Procedimiento civil romano.* Trad. por Santiago Sentís Melendo y Marino Ayerra Redin. Buenos Aires: EJEA, 1954, § 6, p. 72 e ss, principalmente p. 77 e ss; e CALAMANDREI, *Instituciones de derecho procesal civil,* ob. cit., v. I, § 28, p. 224 e 225. Modernamente, com a proibição da autotutela pelo Estado, o titular ativo do direito necessita da *ação processual* para exercê-lo. Esta transposição da defesa privada para a defesa pública se reflete em várias áreas do direito, como por exemplo, no conceito de ação, tanto material como processual, no entendimento do ônus da prova, etc. Para aprofundar melhor o estudo do monopólio da ju-

de la violencia simbólica legítima",[70] razão pela qual os mandatos utilizados por ele para dirimir os conflitos se realizam essencialmente através da jurisdição.[71]

O monopólio da jurisdição é o resultado natural da formação do Estado, que traz consigo consequências tanto para os indivíduos como para o próprio Estado. Para os primeiros, afastou definitivamente a possibilidade de reações imediatas por parte de qualquer titular, consequentemente eles se encontram impedidos de atuar privadamente para a realização de seus interesses.[72] Para o segundo, o monopólio criou o dever de prestar a tutela jurisdicional[73]

---

risdição nas diversas fases do processo, vid. por todos, GIMENO SENDRA, *Fundamentos del derecho procesal.* Madrid: Civitas, 1981, p. 107 e ss.

[70] *Poder, derecho y clases sociales.* Trad. por Mª José Gonzáles Ordovás. Bilbao: Desclée de Brouwer, , 2000, cap. V, p. 201. De acordo com a opinião do autor, a entrada do conflito de interesses "en el universo jurídico va acompañada de una redefinición completa de la experiencia ordinaria y de la situación misma que es el objeto en litigio, debido a que dicha entrada implica la aceptación tácita de la ley fundamental del campo jurídico. (...) Entrar en el juego, aceptar jugar el juego, de remitirse al derecho para solucionar el conflicto, es aceptar tácitamente la adopción de un modo de expresión y de discusión que implica la renuncia a la violencia física y a las formas elementales de la violencia simbólica, como la injuria. También, y sobre todo, significa reconocer las exigencias específicas de la construcción jurídica del objeto: habida cuenta que los hechos jurídicos son el producto de la construcción jurídica (y no a la inversa), una auténtica traducción de todos los aspectos del 'asunto' es precisa para 'ponere causam', como decían los Romanos, para constituir el objeto de controversia en tanto que 'causa', es decir, en tanto que problema jurídico apto para convertirse en el objeto de debates jurídicamente reglados y para retener todo lo que, desde el punto de vista de un principio de pertinencia jurídica, merezca ser enunciado; y de eso sólo lo que pueda valer como hecho, como argumento favorable o desfavorable, etc", *Poder, derecho y clases sociales,* ob. cit., cap. V, p. 191 e 192.

[71] Com razão, UGO ROCCO destaca que para ele, Estado, "la realización de los intereses individuales tutelados por las normas jurídicas pasó a ser un problema de alta importancia social y política", *Tratado de derecho procesal civil.* Buenos Aires: Depalma, 1983, t. I, p. 38 e 39. Nesta ordem de ideias, afirma DEL VECCHIO: "Si se quiere, pues, ver una dificultad en el hecho de que la coacción no es ejercitada directamente por el particular, a esto hay que contestar, de modo bien sencillo, diciendo que la avocación de la coacción al Estado, no es sino un perfeccionamiento o un refuerzo de la tutela jurídica", *Filosofía del derecho.* Trad. por Luis Legaz y Lacambra. Barcelona: Bosch, 1969, p. 362. Em termos similares, já BORDEAUX destacava que: "Les voies de droit à l'aide desquelles l'on poursuit ou l'on défend ses droits sont les actions et les exceptions. A la voie de droit, 'via juris', est opposée la voie de fait, 'via facti'", *Philosophie de la procédure civile.* Évreux: Auguste Hérissey, 1857, L. III, cap. II, p. 349.

[72] A esse respeito, merece aprovação o exposto por OVÍDIO B. DA SILVA, quando afirma: "A idéia de 'processo' afasta a idéia de 'instantaneidade' da reação que o titular do direito ofendido poderia ter, se não tivesse de submetê-lo, antes, ao crivo de uma investigação sempre demorada, tendente a determinar sua própria legitimidade", *Curso de processo civil.* São Paulo: RT, 1998, v. I, nº 1.1, p. 13. Assim mesmo, GARSONNET e CÉZAR-BRU, afirmam que fazer a própria justiça, hoje, é "chose intolérable dans un État policé", *Traité théorique et pratique de procédure civile et commerciale.* Paris: Sirey, 1912, t. I, 1ª parte, nº 351, p. 521.

[73] Segundo DENTI, "Il dovere costituisce, invece, la situazione del soggetto tenuto a porre in essere un dato comportamento per non incorrere in conseguenze sanzionatorie previste dall'ordinamento: più propriamente, si parla di 'dovere' quando il soggetto è vincolato al comportamento in forza dell'esercizio di una funzione pubblica", *La giustizia civile.* Bologna: Il Mulino, 1989, Cap. V, nº 2, p. 153. No mesmo sentido, A. ROCCO, *La sentenza civile,* Milano: Giuffrè, 1962, nº 42, p. 98; LESSONA, *Los deberes sociales del derecho procesal civil.* In: *Revista General de Legislación y Jurisprudência,* 1897, t. 91, p. 475; FERRARA, *Trattato di diritto civile italiano.* Roma: Athenaeum, MCMXXI, v. I, p. 303; CONIGLIO, *Lezioni di diritto processuale civile.* Padova: Cedam, 1939, p. 81; UGO ROCCO, *Tratado de derecho procesal civil,* ob. cit., t. I, cap. II, p. 251 e ss; LEGAZ Y LACAMBRA, *Filosofía Del derecho.* Barcelona: Bosch, 1979, 5ª ed., p. 679; CALMON DE PASSOS, *Ação.* In: *Digesto de Processo,* Rio de Janeiro: Forense, 1980, v. I, p. 5; e MERCADER, *La acción: su naturaleza dentro del orden jurídico.* Buenos Aires: Depalma, 1944, p. 163. É um dever porque se o Estado não prestar a tutela jurisdicional adequada ele é responsável pelos prejuízos gerados por sua conduta. No direito espanhol, o princípio

efetiva, a qualquer pessoa que o solicite.[74][75] A soma destas duas consequências gera, indistintamente, para todas as pessoas da comunidade, uma promessa de proteção a todos aqueles que necessitam de justiça, sendo assim, desde que o

---

geral da responsabilidade objetiva das Administrações Públicas, encontra-se no art. 106.2 da Constituição, que diz: "Los particulares, en los términos establecidos por la ley, tendrán derecho a ser indemnizados por toda lesión que sufran en cualquiera de sus bienes y derechos, salvo en los casos de fuerza mayor, siempre que la lesión sea consecuencia del funcionamiento de los servicios públicos", e, mais específicamente sobre o Poder Judicial encontramos o art. 121 da Constituição que establece: "Los daños causados por error judicial, así como los que sean consecuencia del funcionamiento anormal de la Administración de Justicia, darán derecho a una indemnización a cargo del Estado, conforme a la ley". Este último artigo da Constituição está mais amplamente desenvolvido nos art. 292 a 297 da Lei Orgânica do Poder Judicial de 1 de julio de 1985, que foi exaustivamente analisada por MONTERO AROCA, *Responsabilidad civil del juez y del Estado por la actuación del poder judicial*. Madrid: Tecnos, 1988, p. 101 e ss. No direito brasileiro, a responsabilidade civil do Estado encontra suas diretrizes no § 6°, do art. 37 da vigente Constituição Federal de 1988, dentro das quais cabe destacar, segundo o Min. RUY ROSADO DE AGUIAR JÚNIOR, que: "O Estado responde sempre que do seu funcionamento regular ou irregular decorrer prejuízo para o terceiro, independentemente de se questionar sobre a existência de culpa do serviço, bastando o fato do serviço", *A responsabilidade civil do Estado pelo exercício da função jurisdicional no Brasil*. In: Revista Ajuris, n° 59, 1993, p. 10.

[74] O monopólio não cria para o Estado o dever de prestar qualquer tutela jurisdicional, senão a tutela jurisdicional apropriada ao direito material que a parte traz a juízo, é dizer, o Estado que é titular da potestade jurisdicional deve colocar a disposição dos cidadãos um instrumento (processo) capaz de amoldar-se aos interesses em conflito, para poder assim proporcionar justiça em um tempo adequado aos consumidores dos serviços jurisdicionais, na feliz ótica de CAPPELLETTI, *Acesso alla giustizia come programma di riforma e come metodo di pensiero*. In: Rivista di. Diritto Processuale, 1982, p. 243 e ss; vid. também do mesmo autor, *Il processo civile come fenomeno sociale di massa*. In: *Studi in Memoria di Roberto Bracco*. Padova: Cedam, 1976, p. 73 e ss. A este respeito, merece aprovação o exposto por PERROT, quando estabelece como consequência do monopólio da jurisdição, o dever do Estado de prestar justiça "dans un 'délai raisonnable". Para ele, "Cette exigence n'est inscrite nulle part dans nos lois. Mais elle résulte d'une convention internationale,- la Convention européenne des droits de l'homme –, qui, dans son article 6, fait obligation à chaque État européen de prendre les mesures nécessaires pour que la justice ne soit pas rendue dans des délais anormaux", *Institutions judiciaires*. Paris: Montchrestien, 2000, 9ª ed., n° 59, p. 55. De igual modo, VINCENT e GUINCHARD, quando dizem: "Avec l'évolution de la jurisprudence de la Cour européenne des droits de l'Homme depuis l'arrêt 'Golden' du 21 février 1975, jusqu'à l'arrêt 'Horsby' du 19 mars 1997, les doses se précisent: le droit à un tribunal ou droit à un procès équitable au sens large comprend désormais trois volet: a) le droit d'accès à un tribunal; b) le droit à une bonne justice; y c) le droit à l'exécution des décisions de justice", *Procédure civile*. Paris: Dalloz, 1999, 25ª ed., n° 525-1, p. 463; e MARINONI, ao dizer: "Na verdade, o Estado, porque proibiu o agir privado, não pode se subtrair ao dever de viabilizar ao titular de um direito o mesmo resultado que ele obteria caso a ação privada não tivesse sido proibida, ou caso houvesse sido espontaneamente observada a norma de direito substancial", *Tutela inibitória*. São Paulo: RT, 1998, p. 52. Quando a justiça é prestada em um tempo adequado o Estado esta cumprindo satisfatoriamente com seus deveres, sem dúvida, quando a mesma não é adequadamente outorgada, o Estado incorre em um funcionamento defeituoso porque entrega a prestação jurisdicional com atraso aos consumidores. Segundo MONTERO AROCA, este atraso se traduz "en un proceso con dilaciones indebidas, en la terminología del artículo 24.2 CE, o fuera de un plazo razonable, en palabras del artículo 6°.1 del Convenio para la Protección de los Derechos Humanos y las Libertades Fundamentales de 4 de noviembre de 1950", *Responsabilidad civil del juez y del Estado por la actuación del poder judicial*, ob. cit., p. 132.

[75] Neste sentido, WACH, *La pretensión de declaración*. Trad. por Juan M. Semon. Buenos Aires: EJEA, 1962, p. 65; A. ROCCO, *La sentenza civile*, ob. cit., n° 42, p. 98; UGO ROCCO, *Tratado de derecho procesal civil*, t. I, ob. cit., p. 42; LENT, *Diritto processuale civile tudesco*. Trad. por Edoardo F. Ricci. Napoli: Morano, 1962, § 36, p. 146; LIEBMAN, *Manuale di diritto processuale civile*. Milano: Giuffrè, 1984, reedición 4ª ed., t. I, n° 73, p. 132; PRIETRO CASTRO, *Derecho procesal civil*. Madrid: Tecnos, n° 1, p. 33; ZAFRA VALVERDE, *Sentencia constitutiva y sentencia dispositiva*. Madrid: Rialp, p. 43; PONTES DE MIRANDA, *Tratado das ações*. São Paulo: RT, 1972, t. I, § 43, p. 232 e § 45, p. 249; e AVSOLOMOVICH CALLEJAS (en AAVV), *Nociones de derecho procesal*. Santiago: Jurídica de Chile, p. 22. Em sentido contrário, FAZZALARI, ao dizer que: "impongano di respingere la configurazione del processo di cognizione come uno strumento messo a disposizione di chiunque voglia adire il giudice, rivolgendogli una qualsiasi domanda", *Note in tema di diritto e processo*. Milano: Giuffrè, cap. III, n° 2, p. 116.

Estado monopolizou a distribuição da justiça se comprometeu, como consequência direta deste monopólio, a garantir e assegurar a proteção daqueles indivíduos que necessitem dela.[76] Por isso, afirma acertadamente Glasson e Tisser, que "le recours à la justice est une liberté donnée à tous et non une faveur".[77] Chamamos esta promessa de proteção jurídica de pretensão à tutela jurídica[78] que na terminologia francesa constitui o *"accès aux tribunaux"*.[79] Com razão Pontes de Miranda, quando indica: "Não depende da opinião dos juristas existir, ou não, a pretensão à tutela jurídica. Se não existisse, não teria o Estado o dever de julgar; e tem-no. Tem mais: tem a obrigação de julgar, através de seus órgãos. Se alguém exerce o direito correspondente àquele dever".[80]

A pretensão à tutela jurídica, assim como a ação processual, pertence tanto ao demandante que põe em movimento a jurisdição com a ação processual, como

---

[76] Se orienta neste sentido BORDEAUX, ao dizer: "La justice, comme le prince, doit être abordable à tous. L'Etat doit la faire distribuer à tous les citoyens, c'est son premier devoir", *Philosophie de la procédure civile*, ob. cit., L. II, cap. XVIII, p. 245; ZANZUCCHI, quando afirma que, "questo obbligo dello Stato di render giustizia si giustifica in quanto lo Stato ha posto ai privati il divieto di farsi giustizia da sè: divieto all'autodifesa", *Diritto processuale civile*. Milano: Giuffrè, 1964, 6ª ed., v. I, nº 51, p. 54; DE LA OLIVA, apesar de referir-se únicamente à proibição da justiça privada, disse: "En mi opinión, cuando la comunidad social organizada prohibe la llamada justicia privada o 'acción directa', es de necesidad que, mediante normas jurídicas, conceda a todos sus miembros, a todos los ciudadanos, derecho a acudir al proceso o derecho a acudir a los tribunales", *Sobre el derecho a la tutela jurisdiccional*. Barcelona: Bosch, 1980, cap. IV, p. 22. OVÍDIO B. DA SILVA vai mais longe ao dizer: "Não seria exagero, aliás, afirmar que o estado só existe como fenômeno histórico, por haver monopolizado a jurisdição e a própria produção do direito estatal como fonte exclusiva da norma jurídica", *Curso de processo civil*, ob. cit., v. I, nº 4.3, p. 84. De igual modo, PEDRAZ PENALVA, quando disse: "En verdad el Estado de derecho es el propio de un subsistente positivismo, extrapoladamente advertido con frecuencia como juridicismo", *El objeto del proceso civil*. In: *El objeto del proceso civil*. Cuadernos de Derecho Judicial. Madrid: CGPJ, p. 29, nota 47.

[77] *Traité théorique et pratique d'organisation judiciaire, de compétence et de procédure civile*. Paris: Sirey, 1925, t. I, 3ª ed., nº 170, p. 417. A este respeito, merece atenção o estudo levado a cabo por BORDEAUX sobre a 'nécessité de la procédure civile', *Philosophie de la procédure civile*, ob. cit., L. I, cap. II, p. 8 e ss.

[78] Confunde *pretensão à tutela jurídica* com *pretensão à sentença* GOLDSCHMIDT, quando disse: "la pretensión de tutela jurídica o, mejor dicho, de su primera y más importante forma de apariencia, la pretensión de sentencia, como derecho publicístico, perteneciente al derecho procesal civil", *Derecho justicial material*. Trad. por Catalina Grossmann. Buenos Aires: EJEA, 1959, p. 27. Como mais adiante veremos, a pretensão à sentença é diferente da pretensão à tutela jurídica, pois, enquanto a primeira refere-se ao direito processual e é mais conhecida pelo nome de pretensão processual, a segunda é anterior ao processo e pertence melhor ao direito político ou ao direito constitucional. Para aprofundar melhor sobre o tema consultar o que escrevi em RIBEIRO, *La pretensión procesal y La tutela judicial efectiva*. Barcelona: Bosch, 2004, especialmente nº 7.2, letra 'a', p. 82 e também nº 9.6.1, p. 200 e 201.

[79] Note-se que falamos de *acesso aos tribunais* e não *direito de acesso aos tribunais*, porque, segundo o ponto de vista que defendemos, a pretensão à tutela jurídica não representa um *direito* senão melhor um *poder*; reservamos a palavra *direito* para a ação processual, como se poderá ver mais adiante. Porém, se queremos falar de um direito de acesso aos tribunais, então teremos que considerar o acesso aos tribunais não somente em seu aspecto estático (pretensão à tutela jurídica), senão também em seu aspecto dinâmico ou processual (ação processual e pretensão processual). Também faz a distinção, porém com argumentos distintos, entre *"l'accès aux tribunaux"* e *"l'action en justice"*, MOTULSKY, *Le droit subjectif et l'action en justice*. In: Archives de Philosiphie du Droit, nº II, p. 223, e nos *Écrits-Études et Notes de Procédure Civile*. Paris: Dalloz, p. 93; GLASSON y TISSIER, *Traité théorique et pratique d'organisation judiciaire, de compétence et de procédure civile*, ob. cit., nº 169, p. 416 e 417. Em sentido contrário, OVÍDIO B. DA SILVA, *Curso de processo civil*, ob. cit., v. I, nº 4.3, p. 84. Este tema encontra-se melhor abordado no livro *La pretensión procesal y La tutela judicial efectiva*, ob. cit., *infra*, nº 9.4.1, p. 126.

[80] *Tratado das ações*, ob. cit., t. I, § 43, p. 232.

ao demandado[81] que apenas se defende[82] e, ainda que não exercite ação nenhuma, com sua presença em juízo, exige também do Estado sua tutela judicial mediante a improcedência da pretensão processual que o autor supostamente disse ser titular,[83]

---

[81] Com razão CONIGLIO, ao dizer que "il diritto d'azione del convenuto è condizionato dalla proposizione della domanda dell'attore. Dopo appare a sua volta autonomo", *Lezioni di diritto processuale civile*. Padova: Cedam, 1939, p. 76 e 77.

[82] Para aprofundar melhor no estudo da defesa em relação as demais garantias constitucionais da ação, vid. por todos CAROCCA PÉREZ, *Garantía constitucional de la defensa procesal*. Barcelona: Bosch, 1998, cap. II, p. 101 e ss.

[83] Do mesmo modo, entendendo que o direito de ação é bilateral: A. ROCCO, que foi um dos primeiros autores a manter a postura, afirma: "infatti il diritto d'azione spetta non solo all'attore, ma anche al convenuto, per l'accertamento negativo del rapporto, e perciò anche il convenuto ha diritto di fare domande ed eccezioni a questo scopo", *La sentenza civile*, ob. cit., n° 43, p. 100, nota 52; CALAMANDREI, sustenta que: "De este modo la acción, como actividad dirigida a presentar al juez una propuesta de providencia, no es solamente propia del actor: porque también el demandado, aún cuando se limite a pedir el rechazamiento de la demanda contraria, viene, en sustancia, a solicitar del juez que pronuncie una sentencia de declaración negativa de mera certeza, esto es, una providencia diversa de la pedida por el actor, y favorable, en lugar de a éste, a él como demandado", *Instituciones de derecho procesal civil*, ob. cit., v. I, § 33, p. 239; CHIOVENDA, ao afirmar: "La acción así entendida corresponde también al demandado, desde el momento en que es propuesta contra él una demanda 'infundada'; este derecho se nos manifiesta en las normas procesales que conceden al demandado convertirse en parte diligente, inscribir la causa en el registro, reasumir la causa y, sobre todo, no aceptar la renuncia a los actos (C.P.C., art. 345). Aquí no hay en el demandado sino un interés a la declaración negativa de certeza de la relación jurídica afirmada por el autor", *La acción en el sistema de los derechos*. Trad. por Santiago Sentis Melendo. Bogotá: Temis, p. 22; e também em *Principios de derecho procesal civil*. Trad. por José Casais y Santaló. Madrid: Reus, , 1977, t. I, § 11, p. 335; HABSCHEID, ao dizer que "une fois l'instance ouverte par la demande, ce droit appartient tant au défendeur qu'au demandeur", *Droit judiciaire privé suisse*. Genevè: Librairie de l'Université Georg et Cie S.A., 2ª ed.,1981, § 2°, p. 4; MOTULSKY, quando afirma que "l'action, enfin, est indépendent de la position procédural: la 'défense' constitue, elle aussi, l'exercice d'une action", *Le droit subjectif et l'action en justice,* ob. cit, n° II, p. 224, e nos *Écrits-Études et Notes...*, ob. cit., p. 95; JAUFFRET, ao dizer: "Le demandeur comme le défendeur exercent une action puisque l'un comme l'autre ils saisissent le juge d'une prétention", *Manuel de procédure civile et voies d'exécution*. Paris: Librairie Générale de Droit et de Jurisprudence, 1980, 13ª ed., n° 20, p. 11; ALMAGRO NOSETE, para quem, "el derecho a la jurisdicción es el medio de que se vale el Ordenamiento para hacer efectivo el derecho natural de defensa jurídica. Corresponde por igual a demandante y a demandado, a acusador y acusado", *El "libre acceso" como derecho a la jurisdicción*. In: Revista de la Facultad de Derecho de la Universidad de Madrid, v. XIV, 1970, n° 37, p. 109; e também quando disse: "la excepción no es más que una modalidad, también del ejercicio del derecho a la jurisdicción", *El "libre acceso" como derecho a la jurisdicción*, ob. cit., p. 132; CESARINI-SFORZA, *Filosofía del derecho.* Trad. por Marcelo Cheret. Buenos Aires: Ejea, n° 80, p. 260. Podemos encontrar também MANDRIOLI, *Corso di diritto processuale civile*. Torino: Giappichelli, 2000, v. I, n° 24, p. 86; MONTERO AROCA, *Introducción al derecho procesal*. Madrid: Tecnos, 1976, cap. II, p. 161 a 164; e também no artigo *En torno do conceito e conteúdo do direito* jurisdiciona. In: Revista de Derecho Procesal Iberoamericana, 1976, n° 1°, p. 170; ARAZI, *Elementos de derecho procesal*. Buenos Aires: Astrea, 1988, § 33, p. 67; ZAMORA PIERCE, *El derecho a la jurisdicción*. In: Revista de la Facultad de Derecho del México, 1979, n° 114, p. 972; PONTES DE MIRANDA, *Tratado das ações*, ob. cit., t. I, § 23, p. 114; e OVÍDIO B. DA SILVA, *Curso de processo civil*, ob. cit., v. I, p. 88. DE LA OLIVA sustenta um ponto de vista diverso, ao dizer que o direito de levar a qualquer um frente ao tribunal "se trata de una inevitable consecuencia jurídica del ejercicio del derecho al proceso", *Sobre o direito à tutela jurisdicional*. Barcelona: Bosch, 1980, cap. IX, p. 81. Para este, só é possível falar de bilateralidade da ação "en la medida en que la acción, aunque dirigida contra el Estado, siempre hace referencia a otro u otros sujetos jurídicos", *Sobre o direito à tutela jurisdicional*, ob. cit., cap. IX, p. 78. Porém, se o direito de levar qualquer pessoa frente ao tribunal é uma inevitável consequência jurídica do exercício do direito ao processo e só nesta medida cabe falar de bilateralidade da ação, existe, então, um direito do demandado ao processo?. O autor, férreo defensor da teoría concreta do direito de ação, contesta, baseado no direito positivo espanhol, que "el desistimiento es bilateral en atención al legítimo interés del demandado, pero ese interés se protege concediendo al demandado un derecho subjetivo a la sentencia de fondo", *Sobre el derecho a la tutela jurisdicional*, ob. cit., cap. IX, p. 85.

DA TUTELA JURISDICIONAL ÀS FORMAS DE TUTELA

como bem demonstra o art. 30 do CPC Francês.[84] Este princípio da contradição ou da audiência bilateral[85] pode ser encontrado, entre outras legislações, no art. 20.3 da atual LEC; no § 269, par. 1, da ZPO;[86] no art. 267, § 4º e 264, ambos do CPC brasileiro; e no art. 306 do CPC italiano. É por isso que também se proíbe a desistência da ação processual sem ouvir-se antes o demandado devidamente citado,[87] porque, segundo Ovídio B. da Silva, "neste caso, a oposição do réu coloca o Estado no dever de prestar-lhe a mesma atividade que a 'ação' do autor provocara. Sua discordância em que o autor desista da 'ação' traduz-se, portanto, numa efetiva exigência de tutela jurisdicional".[88]

O primeiro autor que desenvolveu o estudo da pretensão à tutela jurídica (*Rechtsschutzanspruch*)[89] foi Wach.[90] [91] Segundo destaca o autor:

---

[84] O art. 30, do CPC Frances, diz que: "*L'action est le droit, pour l'auteur d'une prétention, d'être entendu sur le fond de celle-ci afin que le juge la dise bien ou mal fondée. Pour l'adversaire, l'action est le droit de discuter le bien-fondé de cette prétention*".

[85] Para um estudo mais detalhado deste princípio, consultar o que já escrevi em *Provas atípicas*. Porto Alegre: Livraria do Advogado, 1998, nº 1.2.3. p. 30 e s.

[86] No direito alemão existe a diferença entre desistir e retirar a demanda. O desistir da demanda (*Klageverzicht*) encontra-se previsto no § 269, pár. 1, da ZPO, que diz: "I. La demanda puede ser retirada sin consentimiento del demandado sólo hasta el momento en que el demandado se oponga a la demanda", *Código procesal civil alemán*. Trad. por Emilio Eiranova Encinas y Miguel Lourido Míguez. Madrid: Marcial Pons, 2001, p. 80; enquanto que a retirada da demanda (*Klagerücknahme*) encontra-se prevista no § 269, pár. 3, que diz: "III. Si se retira la demanda, se considerará que el litigio ha pasado a no estar pendiente; una sentencia ya recaída, no firme todavía, cesa en sus efectos sin que sea necesaria su anulación explícita", *Código procesal civil alemán*, ob. cit., p. 80. De acordo com STEFAN LEIBLE, "El desistimiento de la demanda es la declaración del demandante, que la pretensión deducida no existe. Por petición del demandado conduce al rechazo de la demanda por sentencia de desistimiento, mientras que el retiro de la demanda conforme al § 269 párr. 3 debe concluir el proceso sin sentencia. La fuerza de cosa juzgada de la sentencia de desistimiento impide al demandante, reiterar su demanda con perspectivas de éxito. Por el contrario el retiro de la demanda no impide una nueva demanda", *Proceso civil alemán*. Trad. por Rodolfo E. Witthaus. Medellín: Diké, 1999, p. 242.

[87] Assim, cosultar o art. 20.3 da LEC 1/2000.

[88] *Curso de processual civil*, ob. cit., v. I, p. 88.

[89] Neste ponto, merece destacar-se as pertinentes observações de GUASP sobre a tradução do termo alemão *Rechtsschutzanspruch*; segundo o autor, "llamar a la acción 'pretensión de tutela jurídica' no quiere decir nada puesto que ya se comprende que siendo la acción una noción jurídica, la protección o tutela que mediante ella demanda su titular ha de ser jurídica también; en cambio cuando se dice 'pretensión de tutela del derecho' se aclara convenientemente el pensamiento fundamental de la teoría, puesto que se indica la materia sobre que la protección exigida recae, el derecho, no la clase de protección: de aquí que en alemán se diga siempre 'Rechtsschutzanspruch' y no 'Anspruch des rechtlichen Schutzes' como sería en el caso de concebir una 'pretensión de tutela jurídica'", *Comentarios a la ley de enjuiciamiento civil*. Madrid: Aguilar, 1943, t. I, p. 333, nota 3. Para uma crítica à "exegesis lingüística realizada por Guasp", DE LA OLIVA, *Sobre el derecho a la tutela jurisdiccional*, ob. cit., p. 16, nota 24.

[90] Em sua obra clássica intitulada: "*Handbuch des deutschen civilprozessrechts*", Leipzig, 1885. Existe tradução para o espanhol: "*Manual de derecho procesal civil*". Trad. por Tomás A. Banzhaf. Buenos Aires: Ejea, 1977. O estudo da pretensão à tutela jurídica foi aprofundado pelo mesmo autor em outro de seus posteriores escritos chamado "*Der Feststellungsanspruch*", Leipzig, 1889, que também teve tradução para o espanhol: "*La pretensión de declaración*". Tad. por. Juan M. Semon. Buenos Aires: Ejea, 1962, que traz como subtítulo "*Un aporte a la teoría de la pretensión de protección del derecho*", p. 5.

[91] De acordo com ROSENBERG, *Tratado de derecho procesal civil*. Trad. por Angela Romera Vera. Buenos Aires: Ejea, t. II, § 90, p. 58; CHIOVENDA, *La acción en el sistema de los derechos*, ob. cit., p. 15 e GOLDSCHMIDT, *Derecho justicial material*. Trad. por. Catalina Grossmann. Buenos Aires: Ejea, p. 26 e 27. Para PONTES DE MIRANDA, o primeiro foi OSCAR BÜLOW, em 1868, *Tratado das ações*, ob. cit., t. I, § 33, p. 168.

la pretensión de protección del derecho constituye el acto de amparo judicial que forma el objetivo del proceso. Ella va dirigida al Estado, el cual debe otogar tal amparo; y se dirige contra la parte contraria, frente a la cual debe ser otorgada dicha protección. Es de naturaleza de derecho público, y no es la emanación o expresión del derecho privado subjetivo.[92]

Esta teoria mereceu diversas críticas, entre as quais cabe destacar as de Rosenberg[93] e Chiovenda.[94]

A nosso entender, a teoria de Wach teve o mérito de demonstrar unicamente a autonomia do direito processual frente ao material,[95] sendo que seu maior erro consistiu em vincular o dever do Estado a uma prestação jurisdicional *favorável*.[96] Por nossa parte, entendemos que a pretensão à tutela jurídica, diferentemente de como a concebia Wach, não vai dirigida, nem contra a parte contrária (somente contra o Estado), nem tão pouco é uma pretensão a uma sentença *"favorável"*,[97] senão só a obter uma sentença,[98] pois como indica Prieto Castro, saber "si alguien

---

[92] *La pretensión de declaración*, ob. cit., cap. II, p. 39 e especialmente nas páginas 51 e ss, 59 e ss. É conveniente que se esclareça desde agora que para o autor a pretensão de proteção do direito significava o direito concreto de demandar, pois seu estudo corresponderia "a la teoría de la acción", *Manual de derecho procesal civil*, ob. cit., v. I, p. 42, nota 15. Entre os muitos autores que adotaram a teoria de Wach convém apresentar, por sua originalidade, o ponto de vista sustentado por GOLDSCHMIDT, segundo o qual: "Todo induce, pues, con imperiosa necesidad, a considerar la pretensión de tutela jurídica como derecho 'material', por supuesto, 'publicístico': con otras palabras, como un 'derecho justicial material'", *Derecho justicial material*, ob. cit., p. 43. Para uma análise mais detalhada sobre a teoria de Goldschmidt consultar DE LA OLIVA SANTOS, *Sobre el derecho a la tutela jurisdiccional*. ob. cit., cap. V, p. 49 a 66; e RAMOS MÉNDEZ, *Derecho y proceso*. Barcelona: Bosch, 1978, nº 29, p. 131 a 133.

[93] *Tratado de derecho procesal civil*, ob. cit., t. II, § 90, p. 59 e ss.

[94] *La acción en el sistema de los derechos*, ob. cit., p. 16 e ss.

[95] Como acertadamente foi colocado com relevo por SERRA DOMÍNGUEZ, *Evolución histórica y orientaciones modernas del concepto de acción*. In: *Estudios de Derecho Procesal*. Barcelona: Ariel, 1969, nº 3, p. 126. Segundo LENT, esta teoría também teria o mérito de demonstrar que "tale pretesa non si dirige contro la parte avversaria, ma veso lo stato rapresentato dal giudice", *Diritto processuale civile tedesco*, ob. cit., § 36, p. 147. A posição do professor alemão, neste particular, não é muito correta, pois, como bem demostrou CHIOVENDA, o primeiro a sustentar a direção da ação processual contra o Estado foi HASSE, em 1834, *La acción en el sistema de los derechos*, ob. cit., p. 97 a 99, nota 27. Para mais detalhes consultar o que escrevi em *La pretensión procesal y La tutela judicial efectiva*, nº 8.2, letra 'c', p. 87 e s.

[96] WACH, *Manual de derecho procesal civil*, ob. cit., v. I, p. 45 e p. 47, nota 27; e também na obra *La pretensión de declaración*, ob. cit., cap. III, p. 71 e s.

[97] Segundo PONTES DE MIRANDA, "Essa 'favorabilidade' denuncia que ainda os próprios descobridores da pretensão à tutela jurídica tinham os olhos atados à pretensão de direito material que predeterminaria o ser a favor a sentença", *Tratado das ações*, ob. cit., t. I, § 33, p. 172.

[98] Assim, HABSCHEID, ao dizer que "au moment de l'introduction de l'action, nul ne sait si le demandeur est bien titulaire d'un droit ou non: c'est précisément pour le faire constater que les parties ont recours à la justice et seul le jugement donnera la réponse", *Droit judiciaire privé suisse*, ob. cit., § 2º, p. 2; ROSENBERG, para quem existe o dever do Estado "al otorgamiento de la tutela jurídica pura e simplemente, no a la tutela jurídica favorable", *Tratado de derecho procesal civil*, ob. cit., t. II, § 90, p. 59; CONIGLIO, ao afirmar que "il giudice ha l'obbligo di emettere una pronuncia, anche per dichiarare di non potere provvedere in merito per difetto dei presupposti processuali", *Lezioni di diritto processuale civile*, ob. cit., p. 81; LIEBMAN, quando afirma que "la única cosa segura es que el Juez proveerá, y la acción tiene por objeto inmediato justamente esta su resolución, sea favorable o desfavorable", *La acción en la teoría del proceso civil*, ob. cit., p. 25; e SERRA DOMÍNGUEZ, quando disse: "el llamado derecho concreto de acción no pertenece al campo del derecho procesal, sino al del derecho privado. En derecho procesal no existen sentencias justas ni injustas, ni acciones fundadas o infundadas sino únicamente sentencias y acciones", *Evolución histórica y orientaciones modernas del concepto de acción*, ob. cit., p. 153; além de SATTA, *Diritto processuale civile*. Padova: Cedam, 1987,

tiene o no razón, si la postura que defiende es o no ajustada al Derecho (a la norma que regula el sector vital de que se trate), es algo que no saben ni los propios interesados, cuanto menos el Juez".[99] Esta, entre outras, é a razão pela qual a teoria da *Rechtsschutzanspruch* não tem sido acolhida nem pelo ordenamento brasileiro e muito menos pelo Tribunal Constitucional Espanhol,[100] e não é hoje a teoria mais aceita.[101] Também discordamos de Wach quando o mesmo afirma que "la pretensión de protección del derecho constituye el acto de amparo judicial que forma el objetivo del processo",[102] sendo assim, "el objeto del proceso es la relación jusprivadística respecto de la cual se busca obtener sentencia, o ejecución para realizarla, o sea, la relación jusprivadística como objeto de la 'pretensión de tutela jurídica' que tiene por contenido la sentencia favorable a la parte, o la ejecución querida".[103] Para nós, a pretensão à tutela jurídica não é o objeto do processo, é somente o poder que legitima o exercício da ação processual, porque o objeto do

---

n° 74, p. 135; ASENCIO MELLADO, *Cien años de derecho procesal en España.* In: *El Derecho Español en el Siglo XX.* Madrid: Marcial Pons, 2000, p. 281 e 282; ZAMORA PIERCE, *El derecho a la jurisdicción.* In: Revista de La Facultad de Derecho de México, 1979, n° 114, p. 971; CALMON DE PASSOS, *Ação,* ob. cit., v. I, p. 5; PONTES DE MIRANDA, que faz severas críticas em muitas passagens de seu livro *Tratado das ações,* ob. cit., t. I, § 33, p. 169 e 172; e § 43, p. 235 e 239; e OVÍDIO B. DA SILVA, *Curso de processo civil,* ob. cit., v. I, p. 95, entre tantos outros. Por isso, afirma acertadamente CARNACINI, que o processo civil é "un processo per antonomasia", é dizer, "senza riferimento al risultato che per eso si persegue", *Tutela guirisdizionale e tecnica del processo.* In: *Studi in Onore di Enrico Redenti.* Milano: Giuffrè, 1951, v. II, n° 1, p. 697, nota 3 (este artigo foi traduzido ao espanhol por A. Romo, na Revista de La Facultad de Derecho de México, 1953, n° 12), na tradução, n° 1, p. 99, nota 3). No mesmo sentido, é o entendimento do Tribunal Constitucional, segundo nos informa ORTELLS RAMOS (en AAVV), *Derecho jurisdiccional.* Valencia: Tirant lo blanch, 1998, t. I, lección 15ª, p. 259.

[99] *Tratado de derecho procesal.* Madrid: Sáez, 1952, t. I, p. 77. Assim mesmo, GUASP, quando se refere à relação jurídico-material, dizendo que: "ni siquiera se sabe se existe hasta la sentencia", *La Pretensión procesal.* Madrid: Cívitas, 1985, p. 58, e também nos *Estudios Jurídicos.* Madrid: Cívitas, 1996, n° 16, p. 594; PONTES DE MIRANDA, ao dizer: "Se só os que têm a pretensão tivessem direito ao uso dos remédios, haver-se-ia de começar do fim para o princípio: quem tem razão (direito, pretensão) tem ação, quem tem ação tem remédio processual. Ora, só se sabe quem tem 'razão' depois que se instaurou o processo (remédio), que se verificou ser procedente a ação (isto é, existir), por se terem produzido as provas, e se pronunciou a sentença, contendo o direito objetivo", *Tratado das ações,* ob. cit., t. I, § 46, p. 273.

[100] De acordo com a opinião de CHAMORRO BERNAL: "El TC se ha cuidado mucho de precisar que el derecho fundamental cualificado a la tutela judicial efectiva garantiza sólo una resolución fundada en Derecho, sea o no favorable y que incluso, excepcionalmente, puede ser de inadmisión", *La tutela judicial efectiva.* Barcelona: Bosch, 1994, p. 346. Para estudar a jurisprudência do Tribunal Constitucional Espanhol sobre o tema, vid. também PICÓ Y JUNOY, *Las garantías constitucionales del proceso.* Barcelona: Bosch, 1997, p. 63 a 65.

[101] Assim, MOTULSKY, *Le droit subjectif et l'action en justice,* ob. cit., n° II, p. 222, e nos *Écrits-Études et Notes...,* ob. cit., p. 93. Não obstante, somos conscientes de que na Espanha esta teoria é mantida, entre outros, por GÓMEZ ORBANEJA, *Derecho procesal civil.* Madrid: s/Edit., 1979, 8ª ed., v. I, § 24, p. 227; DE LA OLIVA, *Sobre el derecho a la tutela jurisdiccional,* ob. cit., cap. III, p. 10 e s; ORTELLS RAMOS, *Introducción al derecho procesal.* Granada: Comares, 1999, p. 103 e s; BONET NAVARRO, *Escritos sobre la jurisdicción y su actividad.* Zaragoza: Cometa, 1981, p. 67; e ACOSTA ESTEVEZ, *Líneas básicas del derecho a la tutela jurisdiccional: la garantía constitucional de la acción.* In: *Revista La Ley,* 1990, n° 3, p. 887.

[102] *La pretensión de declaración,* ob. cit., cap. II, p. 39. Anteriormente o autor já havia escrito que "el objeto de todo proceso es 'una pretensión', la pretensión de tutela jurídica, es decir, la pretensión del demandante, o en su caso del demandado, de que se conceda tutela jurídica procesal", *Manual de derecho procesal civil>,* ob. cit., v. I, p. 42.

[103] *Manual de derecho procesal civil,* ob. cit., v. I, p. 48 e 49.

processo é a pretensão processual.[104] Como podemos observar a teoria de WACH não distingue entre pretensão à tutela jurídica e pretensão processual, razão pela qual não podemos admiti-la.[105]

2.2. CONCEITO DE PRETENSÃO À TUTELA JURÍDICA E ANÁLISE DE SEUS ELEMENTOS

Para nós, pretensão à tutela jurídica *é o poder de exigir do Estado a realização de uma prestação positiva.*[106] Este conceito, para que se possa compreender melhor, exige de nossa parte, algumas explicações:

a) Utilizamos a palavra pretensão tanto para a tutela jurídica (pretensão ao processo), como para a sentença (pretensão processual),[107] porque, segundo Pontes de Miranda, "Toda pretensão tem por fito a satisfação. Ela é somente meio; a satisfação é fim".[108] Sendo assim, se utilizarmos a palavra pretensão diante da "tutela jurídica" estamos nos referindo a ela como o meio adequado para que a parte possa obter a satisfação, enquanto a utilização da palavra pretensão diante da palavra "sentença", significa que estamos nos referindo ao fim conseguido com a utilização do meio (satisfação dos interesses). Em definitivo, o fim da pretensão à tutela jurídica é obter o meio adequado para a satisfação da pretensão processual que se dá através da sentença;

b) A respeito de o termo poder, utilizaremos, por uma questão de lógica, alguns dos argumentos que empregamos para diferenciar pretensão material de seu exercício, com o cuidado de adaptá-los ao âmbito processual. A palavra *poder*[109]

---

[104] Para entender melhor a pretensão processual como objeto do processo consultar o que escrevi em *La pretensión procesal y La tutela judicial efectiva*, ob. cit., nº 9.4.2.2, p. 131 e s.

[105] Esta distinção pode ser mais bem observada em *La pretensión procesal y La tutela judicial efectiva*, ob. cit., nº 9.6.1, p. 200 e s.

[106] Com este conceito de pretensão à tutela jurídica nos afastamos definitivamente do entendimento tradicional da doutrina da "*Rechtsschutzanspruch*" de WACH, que, de acordo com a opinião de DE STEFANO, está "quasi interamente abbandonato", *L'oggetto del processo in un libro recente di Walter J. Habscheid*. In: Rivista Trimestrale di Diritto Processuale Civile, 1957, p. 328. Em consequência, partindo de nosso conceito de pretensão à tutela jurídica, entendemos que não é aplicável as críticas que à teoria de WACH formulou em seu dia ROSEMBERG, *Tratado de derecho procesal civil*, ob. cit., t. II, § 90, p. 59 e s.

[107] Para um estudo mais profundo sobre a pretensão processual, consultar o que escrevi em *La pretensión procesal y La tutela judicial efectiva*, ob. cit., nº 9.4, p. 126 e s.

[108] *Tratado das ações*, ob. cit., t. I, § 33, p. 170. A este respeito, afirma ALMAGRO NOSETE, que "El acceso a los Tribunales no puede tener otro fin que la obtención de un pronunciamiento judicial, y en último extremo, de una sentencia", *El "libre acceso" como derecho a la jurisdicción*, ob. cit., p. 98.

[109] Para PONTES DE MIRANDA, "O direito à tutela jurídica, com a sua pretensão e o exercício dessa pela 'ações', é direito, no mais rigoroso e preciso sentido", *Tratado das ações*, ob. cit., t. I, § 24, p. 116. A afirmação feita pelo autor, de que existe "direito à tutela jurídica, (...) no mais rigoroso e preciso sentido", merece ser reprovada, pois, existem diferenças entre *poder* e *direito* em sentido subjetivo, ou seja, não pode existir um direito à tutela jurídica senão um poder ou uma potestade que se traduz em uma pretensão à tutela jurídica, pelo simples fato de que o poder se desenvolve em uma direção no aspecto genérico, não tem objeto singularmente determinado, pois a pretensão à tutela jurídica é o acesso aos tribunais que todos os indivíduos possuem. De forma diferente ocorre com a ação processual que é um direito em sentido subjetivo, pois se desenvolve sempre em uma concreta e particular relação jurídica contra o Estado que, pelo contrário, tem suas correspondentes

antes do verbo *exigir,* serve para justificar meu ponto de vista, segundo o qual a pretensão à tutela jurídica, que é um poder,[110] pré-processual,[111] se distingue de seu exercício,[112] pois, enquanto a pretensão se caracteriza pelo fato de ser um poder,[113] que pode existir ainda sem exigibilidade,[114] o exercício da pretensão à tutela jurídica que origina a ação processual se caracteriza pelo fato de ser um direito, e não um poder.[115] Em outras palavras, enquanto a pretensão à tutela jurídica é um poder

obrigações. Entendendo que a pretensão à tutela jurídica é um poder OVÍDIO B. DA SILVA, *Curso de processo civil*, ob. cit., v. I, p. 88.

[110] A ideia de um poder extraprocessual capaz de provocar a atividade dos tribunais surgiu com GUASP, pois, segundo dizia o autor: "El poder de provocar la actividad de los Tribunales sin más, sea un auténtico derecho, sea una 'res merae facultatis', constituye un puro poder político o administrativo si se quiere supuesto de la actividad procesal, pero previo a la misma y fuera por ello del mundo procesal", *La Pretensión procesal*, ob. cit., p. 52 y 53, e também nos *Estudios Jurídicos*, ob. cit., p. 590 e 591. Esta ideia também foi reproduzida em seu livro, *Derecho procesal civil*. Madrid: Instituto de Estudios Políticos, 1956, p. 232. Para o autor, este poder extraprocessual era caracterizado pela ação processual, Derecho procesal civil, ob. cit., p. 232; *La Pretensión procesal*, ob. cit., p. 54, e também nos *Estudios Jurídicos*, ob. cit., p. 591.

[111] Assim mesmo, PONTES DE MIRANDA, *Tratado das ações*, ob. cit., t. I, § 5, p. 46; § 33, p. 170; § 44, p. 241 y 242; § 48, p. 289; CELSO NEVES, *Estrutura fundamental do processo civil*. Rio de Janeiro: Forense, 1995, p. 83; e também BOMFIM MARINS, *Tutela cautelar: teoria geral e poder geral de cautela*. Curitiba: Juruá, 2000, 2ª ed., n° 17, p. 61.

[112] Sobre este particular, afirma acertadamente SERRA DOMÍNGUEZ que Guasp proporcionou à doutrina processual, "la distinción entre derecho de acción y acción propiamente dicha", *Evolución histórica y orientaciones modernas del concepto de acción*, ob. cit., n° 10, p. 146 e 147. A ideia de separar direito de ação propriamente dita, foi acolhida, já no ano de 1962, por MORÓN PALOMINO, *Sobre el concepto del derecho procesal*. In: Revista de Derecho Procesal Iberoamericana, 1962, n° 3, p. 532. Também acolhemos esta distinção, com a particularidade de chamar pretensão à tutela jurídica o que o autor entende por 'direito de acionar', e de ação processual a 'ação propriamente dita'. Ademais, identificamos a primeira com o poder e a segunda com o direito, (consultar o que escrevemos sobre o tema em *La pretensión procesal y La tutela judicial efectiva*, ob. cit., n° 8.4.1, p. 98 e s). Utilizando a mesma nomenclatura e, por suposto, separando pretensão à tutela jurídica de ação processual, PONTES DE MIRANDA, *Tratado das ações*, ob. cit., t. I, § 23, p. 110 e 111; § 24, p. 116; § 44, p. 240; e OVÍDIO B. DA SILVA, *Curso de processo civil*, ob. cit., v. I, p. 84.

[113] A respeito, afirma acertadamente PONTES DE MIRANDA, que: "A exigibilidade potencial basta ao conceito de pretensão", *Tratado das ações*, ob. cit., t. I, § 23, p. 110.

[114] Aqui estamos frente a um caso no qual existe pretensão à tutela jurídica, porém não existe forma de exercitá-la, ou seja, não existe ação processual, como por exemplo, nos casos de prescrição pelo transcurso do tempo da ação processual. No mesmo sentido WACH, ao dizer que: *"Siendo la pretensión de protección del derecho de índole procesal, no procede la prescripción de la misma conforme los principios del derecho civil. Esta noción es absolutamente inaplicable a aquélla. Sólo hay una prescripción de pretensión necesitada de protección, es decir, su extinción por el transcurso de tiempo"*, *La pretensión de declaración*, ob. cit., cap. II, p. 69. Para o autor, a pretensão de proteção do direito é igual à ação processual, *La pretensión de declaración*, ob. cit., cap. II, p. 40. A este respeito, merece aprovação o exposto por DENTI, quando estabelece, com base em uma decisão da Corte Constitucional, os limites desta prescrição, pois, segundo o autor, "l'incongruità di un termine di prescrizione può ammettersi quando esso sia di tale durata da non rendere effettiva la possibilità di esercizio del diritto cui si riferisce e, di conseguenza, appaia inoperante la tutela accordata al soggetto titolare del diritto", *La giustizia civile*, ob. cit., cap. III, n° 11, p. 103.

[115] Neste sentido, RIBEIRO, *La pretensión procesal y La tutela judicial efectiva*, ob. cit., n° 8.4.1, P. 98 E s. No mesmo sentido, porém utilizando uma justificação diversa, FAIRÉN GUILLÉN, *Acción, derecho procesal y derecho político*. In: Revista de Derecho Privado, 1951, núm. 3, ano VII, n° 10, p. 423 e s. SERRA DOMÍNGUEZ prefere utilizar a palavra 'possibilidade', porque, segundo ele, "mientras no se establezca por los juristas una clasificación universalmente admitida de las diversas facultades subjetivas, será imposible aclarar si la posibilidad concedida por el ordenamiento jurídico constituye un derecho, una facultad o un poder, pues tales conceptos están sometidos a una constante revisión. Por ello nos hemos inclinado por emplear un término neutro como el de 'posibilidad', que puede ser admitido por no comprometer la cuestión, por lo demás prácticamente estéril", *Evolución histórica y orientaciones modernas del concepto de acción*, ob. cit., n° 11, p. 151, nota 294.

que pode existir ainda que não seja possível exercitá-la processualmente através da ação processual, esta é um direito público e subjetivo, imediato de exercer contra o Estado a pretensão à tutela jurídica.[116]

A ação processual e a pretensão à tutela jurídica têm em comum o fato de que ambas nascem do monopólio da jurisdição e permanecem ao *"commune genus* de los poderes em sentido amplio".[117] Enquanto a primeira é visualizada em um momento dinâmico,[118] a segunda o é em um momento estático: esta é a razão pela qual não se pode estudar individualmente nenhuma das duas, já que ambas pertencem ao mesmo conceito, apesar de apresentar funções distintas, pois a toda pretensão deve corresponder uma ação que a garanta;[119]

c) A palavra *Estado* foi utilizada para indicar a direção em que deve ser exercida a pretensão à tutela jurídica, sendo assim, a ação processual se dirige contra o Estado. O sujeito ativo é aquele que vai a juízo, e o sujeito passivo é o Estado. Esta é a razão pela qual a pretensão à tutela jurídica é de direito público;

d) Quando utilizamos a expressão *prestação positiva*, queremos dizer que a satisfação da pretensão à tutela jurídica depende de um *agere* com *prestare positivum*[120] por parte do titular do dever jurídico (obrigado, *latu sensu*) que se traduz na obrigação do Estado em ditar uma sentença, em qualquer tipo de processo e independentemente do resultado que ela possa ter. Sendo assim, o Estado, em virtude do monopólio da jurisdição, se compromete a garantir e assegurar a proteção daqueles indivíduos que necessitam de justiça, razão pela qual está obrigado a julgar. Por isso, a prestação não pode ser negativa, uma vez que o Estado não pode negar-se a ditar uma sentença. Já não mais vigora entre nós o princípio romano do *non liqued*.

---

[116] Para um estudo mais profundo sobre a ação processual, consultar o que escrevi em *La pretensión procesal y La tutela judicial efectiva*, ob. cit., n° 8, p. 85 e s.

[117] SANTI ROMANO, *Fragmentos de un diccionario jurídico*. Trad. por Santiago Santís Melendo y marino Ayerra Redín. Buenos Aires: Ejea, 1964, p. 299.

[118] Do mesmo modo, RAMOS MÉNDEZ, quando disse que a ação processual deve ser visualizada como um "agere dinámico y activo que exterioriza al individuo en movimiento sin resultado material", *El sistema procesal español*. Barcelona: Bosch, 1999, p. 97; e também em *Derecho y proceso*, ob. cit., n° 23, p. 109; e ZAMORA PIERCE, ao dizer: "La acción procesal es un concepto dinámico, y su ejercicio no se limita a la demanda", *El derecho a la jurisdicción*, ob. cit., p. 969.

[119] A necessidade de harmonizar os dois momentos também é defendida por PEDRAZ PENALVA, apesar de que o autor os conceitua de forma distinta, pois, segundo ele "la necesidad de armonizar el momento estático (o constitucional) y el dinámico (o procesal) resulta inmediatamente de la insuficiencia de pretender explicar el acceso procesal a la jurisdicción únicamente para 'excitar' la actividad de los órganos jurisdiccionales. La concepción abstracta de la acción se completa pues con la de pretensión (procesal)", *El objeto del proceso civil*, ob. cit., p. 20.

[120] Assim mesmo, A. ROCCO, ao dizer que a obrigação do Estado é um "obligo positivo e specifico", *La sentenza civile*, ob. cit., n° 35, p. 81; UGO ROCCO quando afirma que o objeto da prestação jurisdicional é "la acción positiva del Estado", *Tratado de derecho procesal civil*, ob. cit., t. I, cap. II, p. 258; e FERRARA, ao dizer, "Il dovere ha sempre per oggetto un contegno dell'obbligato, sia che consista in un'attività personale od in una prestazione", *Trattato di diritto civile italiano*, ob. cit., v. I, p. 305. Ou seja, o dever do Estado de oferecer a tutela jurisdicional é realizado através de uma prestação positiva comumente chamada 'sentença'.

2.3. PRETENSÃO À TUTELA JURÍDICA E PRETENSÃO MATERIAL

A única similitude que pode existir entre a pretensão à tutela jurídica e a pretensão material é a palavra *pretensão*, que, em ambos os casos, possui o mesmo conteúdo. Tanto ali como aqui, a palavra *pretensão* se caracteriza pelo fato de ser um poder, uma *facultas exigendi*, e, em ambos os casos, podem nascer ainda sem exigibilidade, já que exigibilidade é *posterius* com relação à pretensão, é seu momento posterior, com a diferença que na pretensão à tutela jurídica a ausência de exigibilidade ocorre em virtude da prescrição da ação processual, e na pretensão material isto ocorre em virtude da inércia do titular da pretensão, que não exige do obrigado o cumprimento da prestação devida.[121]

Também há diferença entre os dois institutos quanto à forma de exercer o poder, pois, enquanto na pretensão à tutela jurídica o poder é exercido através da ação processual, na pretensão material o poder é exercido direta e pessoalmente pelo titular da mesma.

De igual modo, existe outra diferença quanto à direção do poder exercido, pois, enquanto na pretensão à tutela jurídica esta se dirige contra o Estado, na sua qualidade de titular do poder jurisdicional, na pretensão material o poder se dirige contra outra pessoa, já que esta só pode ser exigida de *pessoa* a *pessoa*. Por essa razão, pode-se deduzir que a pretensão à tutela jurídica pertence a um maior número de pessoas (*rectius*, a todas as pessoas em virtude do monopólio da jurisdição) a respeito daquelas que têm pretensão de direito material.[122]

Uma distinção digna de ser mencionada é referente à satisfação ocorrida em uma e em outra pretensão, pois, enquanto a satisfação da pretensão material só pode ser alcançada com o ato voluntário do obrigado, a satisfação da pretensão à tutela jurídica se alcança através do ato do Estado, denominado *sentença*. Por esta razão, uma vez iniciado o processo, "el demandado puede satisfacer la pretensión de derecho material, pero no la pretensión de tutela jurídica" e "la satisfacción de la pretensión de derecho material no hace más que dejar sin objeto la pretensión de tutela jurídica".[123]

Finalmente, para concluir, podemos acrescentar que enquanto a pretensão à tutela jurídica pertence ao direito público, posto que é uma consequência natural do monopólio da jurisdição e está garantida na maioria das constituições modernas, a pretensão material pertence ao âmbito do direito privado, já que regula relações entre particulares.

---

[121] Também faz a distinção entre pretensão à tutela jurídica e pretensão material, PONTES DE MIRANDA, quando diz: "Os leigos estranham que o 'sem ação' vá a juízo e tenha direito a ter sentenciado o feito, isto é, direito à sentença. No fundo, confundem a 'pretensão de direito material' e a ação com a pretensão e o exercício da 'pretensão à tutela jurídica", *Tratado das ações*, ob. cit., t. I, § 21, p. 102 e também em § 43, p. 232.

[122] Também compartilha desta dedução, PONTES DE MIRANDA, *Tratado das ações*, ob. cit., t. I, § 33, p. 170 e 171.

[123] ROSENBERG, *Tratado de derecho procesal civil*, ob. cit., t. II, § 90, p. 58.

3. Contribuição ao estudo das sanções desde a perspectiva do Estado Democrático de Direito[124]

El más fuerte no es, sin embargo, lo bastante para ser siempre el amo, si no convierte su fuerza en derecho y la obediencia en deber...[125]

3.1. PROLEGÔMENOS

Este é um ensaio de Teoria Geral do Direito, que procura analisar uma das técnicas de controle social existentes no Estado Democrático de Direito: a técnica das sanções premiais.

Nosso principal objetivo é demonstrar a importância que possuem as sanções premiais para a efetiva realização do Estado Democrático de Direito. Não seria exagero afirmar que uma das finalidades essenciais deste Estado é a promoção de novas técnicas de controle social baseada no incentivo de comportamentos socialmente desejados.[126]

Para alcançar este desiderato, é mister uma análise do ordenamento jurídico, seu funcionamento e principalmente uma de suas mais eficazes técnicas de controle social: a sanção.

Este mecanismo criado pelo ordenamento jurídico para assegurar eficácia prática a um preceito normativo pode ser visto desde um prisma repressivo, em virtude da inobservância da norma, ou premial, como estímulo para a realização voluntária do mesmo. Constatamos que tanto as sanções repressivas como as sanções premiais podem possuir alta ou baixa intensidade.

E, por derradeiro, imergimos no estudo das sanções premiais e constatamos que elas representam uma forte característica do Estado Democrático de Direito, na medida em que este persegue novos fins para a realização do ordenamento

---

[124] Publicado originalmente em Gênesis. *Revista de Direito Processual Civil*, n. 36, 2005.

[125] ROUSSEAU, *El contrato social*. Trad. de María José Villaverde. 4ª ed. reimp. Madrid: Tecnos, 2000, L. I, cap. III, p. 7.

[126] Para BOBBIO, estas "nuove tecniche di controllo sociale, che caratterizano l'azione dello Stato sociale dei nostri tempi e la distinguono profondamente da quella dello Stato liberale classico", vêm representada no "impiego sempre più diffuso delle tecniche di incoraggiamento in aggiunta, o in sostituzione di, quelle tradizionali di scoraggiamento", Sulla funzione promozionale del diritto. In: *Rivista Trimestrale di Diritto Processuale Civile*, 1969, p. 1314.

jurídico através do incremento de normas de organização que incentivem os indivíduos em sociedade a cumprirem ou superarem as expectativas dos preceitos normativos. É a função promocional do ordenamento jurídico fomentada pelo Estado Democrático de Direito.

3.2. FINALIDADE DO ORDENAMENTO JURÍDICO

Não se pode negar que o conceito de ordenamento jurídico é polissêmico. Uma das suas vertentes mais destacadas encontra-se vinculada ao conflito de interesses. A teoria do conflito de interesses possui cada vez mais adeptos.[127] Para evitar certas confusões, é necessário esclarecer antes de tudo que através da teoria do conflito não estamos explicando o que é a jurisdição, como equivocadamente o fez Carnelutti,[128] mas sim como surgem e como se desenvolvem os conflitos em sociedade.[129]

A corrente que aborda o ordenamento jurídico pelo prisma exclusivo da solução dos conflitos de interesses em sociedade – função repressiva – vai ficando cada vez mais comprometida, na medida em que este tem sido interpretado a luz do que modernamente se denominou chamar Estado Democrático de Direito,[130] onde a realização da sua função preventiva no combate ao surgimento do conflito tem merecido destaque.

Esta dupla função do ordenamento jurídico, repressiva e preventiva, vem assegurada no direito objetivo[131] que, segundo Chiovenda, pode ser definido como "la manifestazione della volontà colletiva generale diretta a regolare l'attività dei cittadini e degli organi pubbici".[132] Esta é a razão pela qual o direito objetivo serve

---

[127] Entre os quais cabe citar, DÍEZ-PICAZO, para quem: "El derecho es un juicio valorativo sobre la tutela de un interés en conflicto con otro", *Experiencias jurídicas y teoría del derecho*. 3ª ed., Barcelona: Ariel, 1993, p. 15 e CARNELUTTI, quando nos diz: "Observo, en cuanto a la historia de mi pensamiento, que desde las primeras tentativas de teoría general he 'impostado' el concepto del derecho sobre el conflicto de intereses", *Derecho y proceso*. Trad. Santiago Sentís Melendo. Buenos Aires: EJEA, 1971, nº 31, p. 60, nota 24. Em sentido contrário, BARRIOS DE ANGELIS, *Muerte y resurrección del conflicto*. In: *Rev. Der. Proc.*, 2000, nº 2, especialmente p. 17.

[128] *Sistema de derecho procesal civil*. Trad. Niceto Alcalá-Zamora y Castillo y Santiago Sentís Melendo. Buenos Aires: UTHEA, 1944, v. I, pp. 155 e ss. Para um estudo mais aprofundado da doutrina de Carnelutti sobre jurisdição, vide por todos, SILVA, Ovídio B. *Curso de processo civil*. 6ª ed, São Paulo: RT, 2002, v. 1, nº 2.1.3, pp. 32 a 40.

[129] Tendo em vista a finalidade do presente trabalho e a complexidade com que se apresenta o estudo dos conflitos de interesses em sociedade, remeto o leitor ao que escrevi sobre o assunto em *La pretensión procesal y la tutela judicial efectiva: Hacia una teoria procesal del derecho*. Barcelona: Bosch, 2004, especialmente nº 1a 3.3.3, pp. 21 a 51.

[130] Vide *infra* nº 4.

[131] A expressão *direito objetivo* admite muitas definições e historicamente é cenário de múltiplas controvérsias entre os autores. A respeito, *vid*. por todos, VALLET DE GOYTISOLO, *Las definiciones de la palabra derecho y los múltiples conceptos del mismo*. Madrid: Real Academia de Jurisprudencia y Legislación, 1998, p. 15 e ss.

[132] *Istituzioni di diritto processuale civile*. Napoli: Eugenio Jovene, 1960, v. I, nº 1, § 1, p. 1. Ou como quer IHERING, em sua clássica concepção: "El derecho representa la forma de la 'garantía de las condiciones de vida de la sociedad', asegurada por el poder coactivo del derecho", *El fin en el derecho*. Buenos Aires: Heliasta, 1978, v. I, nº 180, p. 213, e também significa, segundo o mesmo autor, "un organismo objetivo de la libertad humana",

de base para a exigência social na solução ou prevenção dos conflitos, na medida em que estes somente podem ser reprimidos quando as regras contidas no ordenamento jurídico forem observadas.

Nesta perspectiva, o direito objetivo deve ser visto dentro do ordenamento jurídico como aquele mecanismo criado pelo homem para hierarquizar os seus interesses em sociedade, e não criar abstratamente direitos.[133]

Esta hierarquia, para nós, apresenta uma dupla função:[134] [135] a primeira, que denominamos *psicológica* e consiste na função através da qual o Estado hierarquiza os interesses das pessoas em sociedade permitindo que estas cumpram voluntariamente com suas obrigações, na medida em que conhecendo esta hierarquia elas possam adequar sua conduta a estes valores, é a *Orientierungsgewissheit* (certeza de orientação), que favorece a *adesão espontânea*, e cria nas pessoas o *hábito geral de obediência*. E a segunda, que nominamos *judicial* e consiste na função através da qual a hierarquia dos interesses em sociedade serve de diretriz ao juiz em sua tarefa de aplicar os valores que anteriormente essa sociedade estabeleceu como essenciais. Por esta razão, afirma Aristóteles, que "aquellos que discuten recurren al juez, y el acudir al juez es acudir a la justicia, porque el juez quiere ser como una personificación de la justicia",[136] na medida em que este utiliza os valores do que é socialmente justo para criar o direito no caso concreto.

Contudo, este modelo de conduta criado através da hierarquia dos interesses em sociedade não seria completo se não existisse no mesmo ordenamento jurídico um mecanismo capaz de tornar efetiva esta própria hierarquia independentemente da vontade das pessoas, porque, de acordo com Del Vecchio, "el Derecho es por

---

El espíritu del derecho romano. Trad. de Enrique Príncipe y Satorres. Granada: Comares, 1998, t. I, § 3, p. 21. Porém sempre devem destacar dois elementos que são indispensáveis ao conceito de direito, a "norma y la realización de ésta por la coacción", *El fin en el derecho*, ob. cit., v. I, nº 145, p. 158. Com um conceito mais geral encontramos GUASP, quando afirma que o "Derecho es el conjunto de relaciones entre hombres que una cierta sociedad establece como necesarias.", *Derecho*. Madrid: Gráficas Hergon, 1971, p. 7.

[133] Com este ponto de vista filio-me à teoria monista do ordenamento jurídico, largamente analisada em tese doutoral defendida na Universidade de Barcelona que saiu publicada com o título *La pretensión procesal y la tutela judicial efectiva: Hacia uma teoria procesal del derecho*, citada *supra* nota 4.

[134] Esta dupla função do ordenamento jurídico pode ser observada, segundo CASTANHEIRA NEVES, a partir da seguinte afirmação: "se a função prescritiva e reguladora do direito se caracteriza por uma intenção directamente orientadora e promotora da acção social, ou antes, por uma intenção directamente voltada para a resolução de conflitos sociais e, portanto, só indirectamente actuando como critério de conduta. Neste último caso, pode dizer-se que o direito é visto essencialmente na perspectiva do 'processo'", *Curso de introdução ao estudo do direito*. Coimbra: Coimbra, 1976, p. 16 e 17, nota 14.

[135] Sobre o que para nós representa esta dupla função do ordenamento jurídico com detalhada especificação de cada termo empregado remeto o leitor, tendo em vista a grande extensão das notas de rodapé com as diversas teorias ali expostas, ao que escrevi acerca do tema em *La pretensión procesal y la tutela judicial efectiva: Hacia uma teoria procesal del derecho*, ob. cit., especialmente nº 2, p. 28 a 35.

[136] *Ética Nicomáquea.* Trad. de Julio Pallí Bonet. Madrid: Gredos, 2000, nº 1132a-20, p. 140. *Filosofía del derecho*. Trad. de Luis Legaz y Lacambra. 9ª ed., Barcelona: Bosch, 1969, p. 358. De igual modo, KELSEN, ao dizer que um homem quando viola o direito "no significa que el Derecho sufra un perjuicio. Por el contrario, es precisamente para este caso para lo que se ha establecido el Derecho", *Introducción a la teoría pura del derecho*. Trad. de Emilio O. Rabasa. México: Nacional, 1974, p. 23.

su naturaleza 'fisicamente violable '",[137] e portanto deve impor-se à vontade concreta das pessoas. Segundo Henkel, esta faculdade de impor-se é um "imprescindible 'presupuesto de validez del Derecho'".[138]

O mecanismo criado pelo ordenamento jurídico para tornar efetiva a hierarquia dos interesses em sociedade, influindo na vontade das pessoas,[139] se denomina *sanção*.

3.3. CONCEITO DE SANÇÃO

Quando o Estado hierarquiza os interesses das pessoas em sociedade através de normas jurídicas, ele espera sinceramente que esta hierarquia seja por todos respeitada, mas para garantir e reforçar este respeito na observância das normas ele desenvolveu uma técnica de controle social chamada *sanção*.

Neste trabalho, utilizaremos o termo *sanção* em seu sentido mais amplo para incluir nele não só as consequências desagradáveis da inobservância das normas, senão também as consequências agradáveis da sua observância.[140]

Dentro desta perspectiva, a sanção pode ser entendida como o mecanismo criado pelo ordenamento jurídico para assegurar eficácia prática a um preceito normativo, seja ele repressivo, em virtude da inobservância da norma, ou premial, como estímulo para a realização voluntária do mesmo, isto é, são meios predispostos pelo ordenamento jurídico para garantir e reforçar a observância das normas jurídicas.[141] Neste contexto, podemos incluir o conceito exposto por Castanheira Neves, quando o mesmo afirma que a sanção representa "o modo juridicamente

---

[137] *Filosofía del derecho.* Trad. de Luis Legaz y Lacambra. 9ª ed., Barcelona: Bosch, 1969, p. 358. De igual modo, KELSEN, ao dizer que um homem quando viola o direito "no significa que el Derecho sufra un perjuicio. Por el contrario, es precisamente para este caso para lo que se ha establecido el Derecho", *Introducción a la teoría pura del derecho.* Trad. de Emilio O. Rabasa. México: Nacional, 1974, p. 23.

[138] *Introducción a la filosofía del derecho.* Trad. de Enrique Gimbernat Ordeig, Madrid: Taurus, 1968, § 12, p. 162. Com razão o autor acrescenta que: "Si le falta, no puede pretender vigencia como derecho positivo. La facultad de imponerse del Derecho, como pretensión, es sinónima, absolutamente, con su 'validez normativa'; la imposición general fáctica de Derecho, sinónima de su 'validez fáctica'", ob. cit., § 12, p. 162. Para DABIN, o poder que acompanha o direito é *"una condición no sólo de eficacia o de validez, sino incluso de la existencia del derecho", Teoría general del derecho.* Trad. de Francisco Javier Osset. Madrid: Revista de Derecho Privado, 1955, n° 16, p. 32.

[139] A razão pela qual o ordenamento jurídico necessita de um mecanismo capaz de assegurar a realização dos interesses em sociedade, independentemente da vontade das pessoas, estaria justificada, segundo KELSEN, porque "al atribuir una sanción a una conducta de este tipo, la ley obliga a los hombres a ser cuidadosos, a fin de que efectos normalmente perjudiciales de su conducta puedan ser evitados", *Introducción a la teoría pura del derecho,* ob. cit., p. 27. Por isso afirma o autor que "el fin de esta amenaza coactiva, es provocar una conducta de los hombres, que haga innecesaria la coacción", *Compendio esquemático de una teoría general del estado.* Trad. de Luis Recaséns Siches y Justino de Azcárate Florez. Barcelona: Núñez y Comp. S. en C., 1927, n° 11, p. 41.

[140] De igual modo, BOBBIO, quando afirma: "Nella letteratura filosofica e sociologica il termine 'sanzione' viene esato in senso largo per comprendervi non soltanto le conseguenze spiacevoli dell'inosservanza delle norme, ma anche le conseguenze piacevoli dell'osservanza, distinguendosi nel *genus* sanzione le due *species* delle sanzioni positive e delle sanzioni negative", *Sulla funzione promozionale del diritto,* ob.cit., p. 1318.

[141] Vide *infra* n° 3.

adequado de converter a intenção normativa em efeitos práticos ou de garantir aos efeitos normativos a sua eficácia prática".[142]

Com base nesse conceito, podemos afirmar, juntamente com Duguit, que toda norma jurídica para ser eficaz deve trazer em si uma sanção, já que, "en réalité, il ne peut pas y avoir de loi sans sanction".[143] Para o autor, toda regra jurídica é "une règle édictée 'sous une sanction sociale '",[144] posto que

> si l'on fait un acte conforme à la loi, laquelle est par définition une règle sociale, cet acte est par là même un acte social, il a une valeur sociale et socialement reconnue; cette reconnaissance sociale de la valeur sociale de l'acte conforme à la loi constitue la sanction même de la loi. Par contre, l'acte contraire à la loi sera nécessairement un acte antisocial, sans valeur sociale, et par conséquent entraînera forcément une réaction sociale qui sera la sanction de la loi.[145]

Há uma correspondência direta entre sanção e norma jurídica, pois para a eficácia desta a intensidade daquela é um elemento fundamental, isto é, a maior ou menor eficácia de uma norma jurídica está diretamente relacionada a maior ou menor intensidade da sanção. Do mesmo modo que uma norma jurídica ligada a uma sanção de baixa intensidade cria condições para o seu descumprimento, uma norma jurídica ligada a uma sanção de alta intensidade contribui para o seu cumprimento, tanto no caso de ela ser repressiva quanto no caso de ela ser premial.[146]

Para corroborar estas afirmações, indicaremos alguns exemplos.

a) Quando o legislador cria determinado imposto (norma jurídica) e estabelece que o não cumprimento desta regra legal gera um crime (sanção), temos, então, uma *sanção repressiva de alta intensidade* pelas graves consequências que o crime de sonegação representa para o ordenamento jurídico. Agora, suponhamos que o legislador resolvesse criar a mesma lei, mas estabelecesse que o descum-

---

[142] *Curso de introdução ao estudo do direito*, ob. cit., pp. 29 e 30. A respeito, afirma acertadamente este autor: "Com isto não dizemos que o direito é 'objecto' da sanção, que é 'sancionada', e sim que a sanção é a dimensão, intenção e conteúdo do direito. O que não implica que todas as normas jurídicas, individualmente consideradas, hajam de ter sanção", *Curso de introdução ao estudo do direito*, ob. cit., p. 22, nota 22. Nesta ordem de ideias, podemos citar também o conceito de ANGELO DE MATTIA, para quem a sanção pode ser definida como "la conseguenza giuridica di un atto, diretta a compensare la volontà", Merito e ricompensa. In: *Rivista Internazionale di Filosofia del Diritto*, 1937, ano XVII, fasc. VI, p. 609.

[143] *Traité de droit constitutionnel*. Paris: Ancienne Librairie Fontemoing & Cie, 1928, t. II, § 19, p. 202, e também no t. I, § 8, pp. 89 e ss.

[144] *Traité de droit constitutionne*, ob. cit., t. II, § 19, p. 208 e também no t. I, § 13, pp. 142 e ss.

[145] *Traité de droit constitutionne*, ob. cit., t. II, § 19, p. 202, e também no t. I, § 6, pp. 74 e ss. De igual modo, KELSEN, para quem o ato legislativo que não enlace uma sanção à conduta oposta "no es una norma jurídica; es un deseo del legislador sin importancia jurídica, un contenido jurídicamente indiferente de una ley", *Problemas escogidos de la teoría pura del derecho*. Trad. de Carlos Cossio. Buenos Aires: Guillermo Kraft Ltda, 1952, cap. III, n° 4, p. 63.

[146] Em sentido contrário, salientando que a intensidade da sanção não interfere no cumprimento da norma, MONTESQUIEU, ao dizer que: "La experiencia nos pone de relieve que, en los países donde las penas son leves, éstas impresionan el espíritu del ciudadano, del mismo modo que las graves en otros lugares", *Del espíritu de las leyes*. Trad. de Mercedes Blázquez e Pedro de Véga. 4ª ed., Madrid: Tecnos, 1988, L. VI, cap. XII, p. 61. Esta assertiva de Montesquieu deve ser entendida levando-se em consideração o nível cultural do país e não a intensidade da sanção.

primento desta geraria uma contravenção, certamente estaríamos diante de uma *sanção repressiva de baixa intensidade*, posto que a contravenção ocupa uma escala menor de gravidade dentro do ordenamento jurídico. Daí concluirmos que no primeiro caso a eficácia da norma jurídica se apresenta bem mais factível, porque a pressão psicológica que a sanção repressiva exerce sobre a vontade dos indivíduos, desencorajando-os a realizarem qualquer ato contrário ao preceito legal, é mais forte quando se trata de crime do que de contravenção;

b) Quando o legislador estabelece um desconto de 40% no pagamento do IPVA (sanção) para quem não tiver cometido nenhuma infração de trânsito (norma jurídica), estamos diante de uma *sanção premial de alta intensidade*, pois o incentivo criado com o elevado desconto encoraja os condutores a respeitarem as normas de trânsito. Agora, se o desconto fosse de apenas 5%, com certeza estaríamos frente a uma *sanção premial de baixa intensidade*, porque este reduzido desconto no pagamento do IPVA muito pouco estimula os condutores a respeitarem as normas de trânsito. Daí concluirmos, também, que no primeiro caso as normas de trânsito serão bem mais respeitadas, pois a pressão psicológica que a sanção premial exerce sobre a vontade dos condutores, estimulando-os ao cumprimento das normas, é bem mais eficaz quando o desconto for maior.

Com uma visão parcial do problema, posto que o enfrenta desde o prisma exclusivo da sanção repressiva, mas nem por isso menos acertada, Calsamiglia, quando diz "a veces las normas incentivan al incumplimiento del derecho porque los perjuicios de la sanción son inferiores a los beneficios que se siguen de su violación".[147]

Dentro deste contexto, é oportuno assinalar a crítica realizada por Cícero àqueles que defendem uma justiça baseada no interesse, pois, de acordo com ele, se a justiça pudesse "medirse por el interés, el que calcula que le ha de resultar ventajoso, despreciará las leyes y las quebrantará, si le es posible".[148]

Por outro lado, cumpre mencionar, mesmo que perfunctoriamente, a corrente que sustenta que a sanção não é um elemento essencial para o direito, entre estes cabe citar: García Máynez, para quem a sanção tem caráter secundário, pois, "el deber cuya inobservancia determina la existencia de la obligación oficial de sancionar, tiene, naturalmente, carácter primario. La sanción es, en cambio, consecuencia secundaria",[149] e principalmente Allorio, que ataca o conceito de sanção a partir de uma direção completamente nova. Este autor enfoca o problema não desde a perspectiva de saber se a sanção é um elemento que compõe o ordenamento jurídico, senão desde a perspectiva da natureza mesma da sanção como um conceito juridicamente consistente. Para ele: "Che valore ha dunque la 'sanzione' per siffatte

---

[147] Justicia, eficiencia y derecho. In: *Revista del Centro de Estudios Constitucionales*, n° 1, 1988, p. 329.

[148] *Las leyes*, ob. cit., p. 95 (no original L. I, 42).

[149] *Introducción al estudio del derecho*. 48ª ed., México: Porrúa, 1996, cap. XXI, n° 154, pp. 295 e 296. De igual modo THON quando afirma que: "La coazione non è affatto un elemento essenziale nel concetto del diritto", *Norma giuridica e diritto soggettivo*. Trad. de Alessandro Levi. Padova: Cedam, 1951, p. 16.

norma? Non ha certo il valore di elemento intrinseco al congegno della norma, bensí semplicemente quello di contenuto delle norme stesse",[150] deste modo, a "nozione di 'sanzione', che del resto non considero una nozione giuridica rigorosa, anzi neppure una nozione corretta".[151] Para Allorio, portanto, o "concepto de la sanción, lejos de poseer autonomía, y tanto más de perfilarse como extremo esencial de la norma jurídica, se manifiesta así perfectamente reducible al normal mecanismo de la norma, entendida como juicio sobre comportamientos humanos".[152]

Outro argumento utilizado para corroborar esta segunda concepção é aquele que afirma ser possível a existência de normas jurídicas sem sanção.[153]

Com base no que anteriormente ficou demonstrado, acreditamos que as objeções levantadas sobre o conceito de sanção e sua prescindibilidade para a realização do ordenamento jurídico, já foram suficientes rechaçadas.

3.4. ESPÉCIES DE SANÇÕES

De acordo com o exposto anteriormente, constatamos que as sanções se constituem no mecanismo desenvolvido pelo ordenamento jurídico para dar vida aos preceitos normativos pois, na medida em que exercem uma pressão psicológica sobre a vontade das pessoas em sociedade, são capazes de interferirem no seu comportamento fazendo que se ajustem à escala de valores realizada pela sociedade através das normas jurídicas. Esta adequação do comportamento das pessoas à escala de valores sociais pode ser obtida mediante o que se denominou chamar sanção repressiva ou premial.

O estudo do comportamento dos homens em sociedade e mais especificamente deste comportamento frente ao direito, onde cada atitude social é sopesada de acordo com o nível de exigência requerido pela lei, chamou a atenção inclusive de Kant, que foi o primeiro autor a estudar a adequação do comportamento das pessoas à lei. Para este autor:

> Es "meritorio" (*meritum*) lo que alguien hace "de más" conforme al deber en comparación con aquello a que la ley puede obligarle; lo que hace sólo conforme a esta última, es "debido" (*debitum*); por último, lo que hace "de menos" en comparación con lo que la última exige, es "delito" moral (*demeritum*). El efecto "jurídico" de un delito es la "pena" (*poena*); el de un acto meritorio, la "recompensa" (*praemium*) (supuesto que ésta, prometida en la ley, fue la causa de la acción); la adecuación de la conducta a lo debido carece de efecto jurídico.[154]

---

[150] *Osservazioni critiche sulla sanzione.* In: *Rivista di Diritto Civile*, 1956, p. 16.

[151] *Osservazioni critiche sulla sanzione*, ob. cit., p. 1.

[152] *El ordenamiento jurídico en el prisma de la declaración judicial.* Trad. de Santiago Sentís Melendo. Buenos Aires: EJEA, 1958, nº 7, p. 35. Esta crítica de Allorio foi acolhida por BOBBIO, *Teoría general del derecho.* Trad. de Eduardo Rozo Acuña. Madrid: Debate, 1996, nº 47, p. 138 e 139.

[153] Sobre este particular consultar BOBBIO, *Teoría general del derecho*, ob. cit., nº 44, p.129 e CASTANHEIRA NEVES, *Curso de introdução ao estudo do direito*, ob. cit., p. 23 e ss.

[154] *La metafísica de las costumbres.* Trad. de Adela Cortina Orts y Jesús Conill Sancho. 3ª ed., Madrid: Tecnos, 1999, p. 35 (na edição do original alemão [VI, 227-228]).

Outro autor que contribuiu significativamente para o estudo das sanções dentro do ordenamento jurídico, especialmente das sanções premiais, influenciando inúmeros estudiosos, foi Angelo de Mattia. Este autor teceu um minucioso estudo acerca dos conceitos de mérito e de recompensa. De acordo com ele:

> Si potrebbe dire figuratamente: il diritto impone all'individuo una serie di atti obbligatori, ed è la serie degli atti dovuti, i quali tracciano una linea mediana. Se l'individuo, volontariamente, si tiene al di sotto di questo limite, cade nell'atto illecito e va incontro alle sanzioni punitive; se, al contrario, si tiene volontariamente al di sopra, entra nella zona degli atti meritori, ai quali si accompagnano le sanzioni ricompensative.[155]

Estes vários comportamentos do homem diante das normas estão subjetivamente condicionados pelas sanções, que desencorajam procedimentos antijurídicos ou incentivam atitudes socialmente desejadas.[156] Com isto, se deve reconhecer que os meios utilizados pelo ordenamento jurídico para garantir e reforçar a atuação das normas jurídicas são constituídos não só de ameaças e constrições, mas também, e principalmente hoje, dentro do Estado democrático de Direito, de prêmios e recompensas.

3.4.1. Sanções repressivas

As sanções repressivas, ou também chamadas de negativas, punitivas, entre outras denominações, são os meios objetivos empregados pelo ordenamento jurídico para interferir subjetivamente na vontade das pessoas desencorajando-as a praticarem atos antijurídicos. Por esta razão, Bobbio as considera como sendo uma "respuesta a la violación".[157]

A estreita vinculação do ordenamento jurídico com este tipo de sanção fez surgir a teoria que considera o direito exclusivamente do ponto de vista da sua função repressiva:[158] é o *Zwangsordnung*.

O pressuposto da sanção repressiva está no ato ilícito, isto é, naquela conduta não permitida pelo ordenamento jurídico e, portanto, antijurídica. É a antijuridicidade o alvo desta sanção. Por isso mesmo que este tipo de sanção tenta interferir na vontade do indivíduo, desencorajando-o através de uma punição. Porém, esta função repressiva do ordenamento jurídico como resposta a uma violação não está diretamente relacionada com o ilícito imputável a uma pessoa, pois, como observa Minoli, a sanção pode ser entendida:

---

[155] *Merito e ricompensa*, ob. cit., p. 615.

[156] De acordo com CARNELUTTI, as sanções servem para garantir o ordenamento jurídico "creando a chi sia tentato di fare del male una situazione di 'imposibilità' o quanto meno di 'difficoltà física' a farlo, oppure una situazione di 'convenienza economica a non farlo'", Teoria generale del diritto. 3ª ed., Roma: Foro Italiano, 1951, nº 12, p. 28.

[157] *Teoría general del derecho*, ob. cit., nº 39, p.119.

[158] Entre os vários autores destacamos IHERING. As concepções de Ihering sobre o direito já foram anteriormente expostas, vide *supra* na nota 7.

non, rigorosamente, come reazione all'illecito vero e proprio, imputabile ad una persona determinata, ma come reazione ad una situazione di fatto antigiuridica, che il diritto intende sia rimossa (almeno, ove ricorrano certi presupposti: ad es. la domanda di un interessato) anche se non è imputabile a titolo di "illecito", a nessuno (si pensi ad un contratto annullabile per errore o rescindibile per sopravvenuta onerosità.[159]

É o que ocorre, por exemplo, quando determinada norma de trânsito prevê uma multa de R$ 500,00 para quem infringi-la. Neste caso, o desincentivo para o indivíduo não desrespeitar a norma encontra-se previsto na sanção punitiva da multa.[160]

De acordo com a opinião de Angelo de Mattia, o ato ilícito contém necessariamente dois elementos: "uno oggettivo: il danno, l'altro soggettivo: la colpa".[161]

Na linguagem jurídica, o termo *sanção* é utilizado quase sempre sem adjetivação e denota exclusivamente as sanções repressivas.

Esta função repressiva do ordenamento jurídico é bastante conhecida pela doutrina,[162] razão pela qual tornam-se desnecessárias maiores disquisições.

3.4.2. Sanções premiais

As sanções premiais, também conhecidas como positivas ou recompensatórias, são aquelas técnicas criadas pelo ordenamento jurídico para interferir subjetivamente na vontade das pessoas incentivando-as a cumprirem ou superarem as expectativas dos preceitos normativos. Com isso o Estado estará garantindo, de uma forma mais adequada, o bom funcionamento do ordenamento jurídico através de condutas voluntárias, isto é, por meio de ações concretas,[163] pois é mais fácil cumprir a lei tendo em vista um incentivo do que uma punição.

Esta técnica de incentivar a conduta das pessoas favorece mais o cumprimento das normas jurídicas do que a técnica de desencorajá-las mediante a ameaça. Nessas o cumprimento da norma geralmente depende de um "poder de polícia" fiscalizador, enquanto naquela este poder inexiste. Basta pensar no seguinte exemplo: a velocidade máxima permitida por lei numa autoestrada é de 100 Km/h. Se não

---

[159] *Contributo alla teoria del giudizio divisorio.* Milano: Guiffrè, 1950, cap. II, nº 7, p. 60 e 61.

[160] Para outras situações exemplificativas, vide *supra* nº 2.

[161] Ob. cit., p. 613 e 614.

[162] Entre os diversos autores encontrados na doutrina, merecem ser destacados os trabalhos de ANGELO DE MATTIA, *Merito e ricompensa*, ob. cit., pp. 608 e ss; CARNELUTTI, *Teoria generale del diritto*, ob. cit., nº 12, pp. 28 e ss; BOBBIO, *Contribución a la teoría del derecho*. Trad. de Alfonso Ruiz Miguel. Valencia: Fernando Torres, 1980, pp. 371 e ss, especialmente pp. 377 e ss; *Sulla funzione promozionale del diritto*, ob. cit., pp. 1313 e ss, principalmente nos nº 2 e 4 (este artigo se encontra reproduzido no livro: *Contribución a la teoría del derecho*, ob. cit., pp. 367 a 381); e também na *Teoría general del derecho*, ob. cit., nº 39, pp. 118 e ss; KANT, *La metafísica de las costumbres*, ob. cit., p. 35 (na edição do original alemão [VI, 227]); e CASTANHEIRA NEVES, *Curso de introdução ao estudo do direito*, ob. cit., p. 23 e ss.

[163] A este respeito merece aprovação o exposto por BOBBIO quando diz que: "un'azione o è il comportamento conforme a un comando o il comportamento non conforme a un divieto", *Sulla funzione promozionale del diritto*, ob. cit., p. 1317.

houver uma efetiva fiscalização, certamente esta norma será desrespeitada. Agora, se houver um desconto significativo para aquele condutor que respeitar o limite de velocidade, não haverá necessidade de fiscalização, porque ele estará respeitando a lei não pela ausência de fiscalização, mas sim pelo desconto.

Deste modo, podemos concluir que é economicamente mais vantajoso para o Estado e também mais eficaz para o ordenamento jurídico a existência de sanções premiais que estimulem os indivíduos a cumprirem ou superarem as expectativas da lei, do que a existência de sanções repressivas que desincentivem comportamentos contrários à norma.

Estas sanções estão diretamente relacionadas aos atos meritórios que possuem, de acordo com Angelo de Mattia, dois elementos constitutivos: "elemento oggettivo: il vantaggio, e um elemento soggettivo: il merito".[164]

O primeiro elemento consiste num ganho, num acréscimo resultante de uma ação concreta pelo cumprimento ou superação das expectativas contida na norma. Já o segundo elemento está relacionado a uma qualidade subjetiva de quem praticou um ato cumprindo ou superando as expectativas da lei.[165]

De acordo com Bobbio, as técnicas de encorajamento agem através de dois expedientes diversos "sia attraverso la risposta favorevole al comportamento una volta compiuto, in che consiste appunto la sanzione positiva, sia attraverso il favoreggiamento del comportamento quando è ancora da compiere".[166]

Estas sanções se distinguem das repressivas pelos fins, pelos meios e pela finalidade. No que se refere aos fins, as sanções premiais buscam de maneira essencial uma conduta socialmente desejada, enquanto que as sanções repressivas visam principalmente impedir um ato antijurídico. Quanto aos meios, as sanções premiais utilizam a técnica da promessa, enquanto que as sanções repressivas adotam o mecanismo da ameaça. E, levando-se em consideração a finalidade, podemos acrescentar que enquanto as sanções premiais através da técnica do estímulo possuem uma função inovadora ou modificadora realizada pela ação concreta, as sanções repressivas por meio do desencorajamento possuem uma função conservadora, já que estão baseadas geralmente na inércia.[167]

---

[164] *Merito e ricompensa*, ob. cit., p. 614.

[165] Para ANGELO DE MATTIA, o mérito implica "una valutazione della volontarietà", *Merito e ricompensa*, ob. cit., p. 614.

[166] *Sulla funzione promozionale del diritto*, ob. cit., p. 1326. Mais adiante, BOBBIO acrescenta de forma significativa que "si può incoraggiare sia intervenendo sulle conseguenze del comportamento, sia intervenendo sulle modalità, sulle forme, sulle condizioni dello stesso comportamento", idem ibidem. E exemplifica afirmando: "se voglio che mio figlio faccia una difficile traduzione del latino, posso promettergli, se la farà, di andare al cinematografo; oppure posso permettergli di usare una traduzione interlineare", idem ibidem.

[167] Em termos similares, encontramos BOBBIO, *Sulla funzione promozionale del diritto*, ob. cit., pp. 1324 a 1329.

A classificação das sanções premiais pode ser feita com base na distinção apresentada por Angelo de Mattia, que as concebia como "ritenzione, compensi, premi".[168] Na retenção o ato meritório está caracterizado na superação da expectativa legal, *e. g.*, no *ius retentionis* onde o inquilino, por vontade própria, acresce valor ao imóvel. Na compensação, a sanção consiste no cumprimento voluntário do preceito legal, *v. g.*, quando o obrigado paga de uma só vez o imposto devido obtém como recompensa um desconto sobre o valor total do mesmo. No caso do prêmio, a sanção está ligada a uma qualidade excepcional do comportamento humano: o valor, e portanto não encontra-se vinculada a compensação econômica, porque o ato meritório vai muito além da quantificação. Temos como exemplo as condecorações de toda ordem: militar, religiosa, civil, etc.

Por todas estas características é que as sanções premiais contribuem de uma forma significativa para a real compreensão do Estado Democrático de Direito.

3.5. O ESTADO DEMOCRÁTICO DE DIREITO E AS SANÇÕES PREMIAIS

Não é nossa intenção, neste breve ensaio, de fazer uma análise pormenorizada do Estado Democrático de Direito, basta para tanto identificar algumas características que se vinculem às sanções premiais.[169]

A Constituição brasileira acolhe expressamente o *Estado Democrático de Direito* em seu art. 1º, assim como a Constituição portuguesa, em seu art. 2º, ao dizer *Estado de Direito Democrático*, e também a Constituição espanhola, em seu art. 1º, quando fala do *Estado Social e Democrático de Direito*.

O Estado Democrático de Direito apresenta como princípios essenciais e conformadores: o princípio da constitucionalidade, o princípio democrático, o sistema de direitos fundamentais e o princípio da justiça social, entre outros.[170]

---

[168] *Merito e ricompensa*, ob. cit., p. 621.

[169] Para um estudo mais detalhado do Estado Democrático de Direito, consultar REIS NOVAES, Jorge. *Contributo para uma teoria do Estado de Direito*. Coimbra: Coimbra, 1987, especialmente os cap. II e VI; BIDART CAMPOS, German José. *Doctrina del Estado Democrático*. Buenos Aires, EJEA, 1961, especialmente os cap. I e IV; CANOTILHO, J. J. Gomes. *Direito Constitucional*. 5ª ed., Coimbra: Almedina, 1992, parte IV, especialmente os cap. I a III; *Estado de Direito*. 1ª ed., Lisboa: Gradiva, 1999; REALE, Miguel. *O Estado Democrático de Direito e o conflito das ideologias*. São Paulo, Saraiva, 1998, especialmente os cap. I, II e IV; STRECK, Lenio L. *Jurisdição constitucional e hermenêutica: uma nova crítica do direito*. 2ª ed., Rio de Janeiro: Forense, 2004, especialmente os cap. I a IV, entre tantos outros autores.

[170] Neste particular consultar por todos CANOTILHO, J. J. Gomes. *Direito Constitucional*, ob. cit., especialmente p. 349 a 711. De forma resumida podemos encontrar estas 'qualidades' do Estado de Direito, acrescida do comprometimento do Estado com a sustentabilidade ambiental, em *Estado de Direito*, ob. cit., p. 24 a 46. Para o autor, a melhor maneira que a contemporaneidade encontrou para albergar os princípios e valores de um Estado subordinado ao direito é a do *"Estado constitucional de direito democrático e social ambientalmente sustentado"*, *Estado de Direito*, ob. cit., p. 21,

Daí por que muitos autores não o diferenciam de maneira absoluta do Estado Social Democrático de Direito, mais conhecido como *Welfare State*.[171] [172]

Para a consecução deste desiderato, o Estado moderno vem buscando novas técnicas de controle social, pois quanto mais um Estado se torna economicamente avançado, mais ele tende a intervir nos diversos domínios. Por estas razões, Cappelletti destaca que:

> Constitui um dado da realidade que a legislação social ou de *welfare* conduz inevitavelmente o estado a superar os limites das funções tradicionais de "proteção" e "repressão". O papel do governo não pode mais se limitar a ser um "gendarme" ou "*night watchman*"; ao contrário, o estado social – o "*État providence*", como o chamam, expressivamente, os franceses – deve fazer sua a técnica de controle social que os cientistas políticos chamam de *promocional*.[173]

Esta técnica de controle social promocional apresentada pelo Estado Democrático de Direito o diferencia profundamente daquelas técnicas exibidas pelo Estado liberal clássico. Neste, o acento estava colocado na função repressiva do ordenamento jurídico mediante a utilização de técnicas que buscavam desencorajar a pratica de atos antijurídicos.[174]

Esta função promocional exibida pelo ordenamento jurídico já foi posta em evidência por Carnelutti,[175] Bobbio,[176] Castanheira Neves,[177] entre outros.

Por derradeiro, podemos afirmar juntamente com Bobbio que esta função promocional do ordenamento jurídico tende hoje a ampliar-se, uma vez que traz

---

[171] Para REIS NOVAES, "o estado de direito da nossa época é, por definição, *social* e *democrático*, pelo que, em rigor, seria desnecesaria, por pleonástica, a referida adjetivação", *Contributo para uma teoria do Estado de Direito*, ob. cit., cap. VI, nº 4, p. 224. No mesmo sentido, REALE, quando afirma que o Estado Democrático de Direito "traduz uma opção para a *democracia social*", *O Estado Democrático de Direito e o conflito das ideologias*, ob. cit., p. 43. Mas alerta que: "É óbvio que a *democracia social* não deve ser confundida com a *social-democracia*, que é sempre de cunho socialista", idem ibidem. Com um ponto de vista bastante particular encontramos CANOTILHO, para quem "o Estado de direito não pode nem deve ser um *Estado social*. O Estado de direito não pode nem deve ser um *Estado-providência*. (...). O Estado, sob a máscara de Estado-providência, alarga as suas malhas interventoras e asfixiantes, constituindo o perigo maior das liberdades. (...). Não é ao Estado, e muito menos a um Estado de direito, que pertence impor e realizar fins sociais. (...). O direito, o verdadeiro direito, é mais uma auto-regulação social do que uma regulamentação estatal. (...). Mas uma coisa é um 'Estado social ou Estado socialista' de não direito e outra, muito diferente, é um *Estado social de direito*. (...). Contudo, o Estado de direito só será social se não deixar de ter como objectivo a realização de uma democracia econômica, social e cultural e só será democrático se mantiver firme o princípio da subordinação do poder econômico ao poder político", *Estado de Direito*, ob. cit., p. 36 a 39. Esta conclusão também pode ser encontrada em *Direito Constitucional*, ob. cit., p. 471.

[172] Para uma análise mais aprofundada da origem, das causas de desenvolvimento e das crises do *Welfare State*, vide *Dicionário de Política*. 9ª ed., Coord. por BOBBIO, N., MATTEUCCI, N. e PASQUINO, G. Trad. Por Carmen C. Varriale, Gaetano Lo Mônaco, João Ferreira, Luís Guerreiro Pinto Caçais e Renzo Dini, Brasília: UNB, 1997, vol. 1, p. 416 e ss.

[173] *Juízes legisladores?*. Trad. Carlos Alberto Alvaro de Oliveira. Porto Alegre: Safe, 1993, nº 7, p. 41.

[174] Em igual sentido, BOBBIO, *Sulla funzione promozionale del diritto*, ob. cit., p. 1314.

[175] *Teoria generale del diritto*, ob. cit., nº 12, p. 27 e ss.

[176] *Sulla funzione promozionale del diritto*, ob. cit., principalmente pp. 1320 e ss; e também em *Contribución a la teoría del derecho*, ob. cit., p. 373 e ss.

[177] *Curso de introdução ao estudo del directo*, ob. cit., p. 23 e ss.

em si "nuove tecniche di controllo sociale, che caratterizzano l'azione dello Stato sociale dei nostri tempi e la distinguono profondamente da quella dello Stato liberale classico: l'impiego sempre più diffuso delle tecniche di incoraggiamento in aggiunta, o in sostituzione di, quelle tradizionali di scoraggiamento".[178]

---

[178] *Sulla funzione promozionale del diritto*, ob. cit., p.1314. Para uma crítica ao *"Estado social 'promocional'"*, vide por todos, CAPPELLETTI, Mauro. Problemas de reforma do processo civil nas sociedades contemporâneas. In: *Repro*, nº 65, p. 136 e ss.

Capítulo 2

O Processo Civil no Estado Democrático

1. A garantia constitucional do contraditório e as presunções contidas no § 6º do art. 273 do CPC[179]

1.1. INTRODUÇÃO

O presente ensaio visa a analisar a antecipação do pedido incontroverso contido no § 6º do art. 273 do CPC, na perspectiva do princípio constitucional do contraditório, que em face das várias modalidades processuais ensejadoras da incontrovérsia pode gerar diversos tipos de presunções e, de acordo com sua natureza, possibilitar ao juiz antecipar o pedido incontroverso a título de decisão interlocutória ou sentença parcial de mérito.

1.2. OS PRINCÍPIOS CONSTITUCIONAIS DA EFETIVIDADE E DO CONTRADITÓRIO

A questão de fundo que se apresenta para o debate reside na natureza da decisão que possibilita a antecipação do pedido incontroverso. Inicialmente cumpre destacar que esta questão está inegavelmente ligada à ideia de tempo do processo, que por razões metodológicas não poderei aprofundar.[180] O tempo sempre foi considerado um ônus que as partes devem suportar, porém o grande desafio está em distribui-lo entre as partes. Sabiamente, Carnelutti afirmou que "el valor que el tiempo tiene en el proceso es inmenso y, en gran parte desconocido", pois "el hecho, en último análisis, no es otra cosa que tiempo, precisamente porque el tiempo, a su vez, en último análisis, no es sino cambio. Por tanto, que el juez opere sobre el hecho, quiere decir que opera sobre el tiempo".[181] Cumpre ainda destacar

---

[179] Escrito em Homenagem ao Professor Ovídio Baptista da Silva, destinado a integrar livro em sua homenagem, coordenado pelo Professor Donaldo Armelin.

[180] Nesta ordem de ideias, é conveniente destacar as palavras de DENTI, para quem *"la durata del processo rappresenta de per si se stessa um fatto che può arrecare pregiudizio alla parte che ha ragione, poiché la sentenza che definisce il diudizio può operare su uma situazione che nel frattempo si è modificata parte (...)"*, *La giustizia civile. Lezioni introduttive.* Bologna: Il Mulino, 1989, p. 128 e 129. A este respeito merece aprovação as diversas relações havidas entre tempo e processo muito bem expostas por CRUZ E TUCCI, em seu livro *Tempo e processo.* São Paulo: RT, 1997.

[181] *Derecho y proceso.* Trad. Santiago Santis Melendo. Buenos Aires: Ejea, 1971, nº 232, p. 411 e 412. De aí concluir o autor que as exigências que se colocam ao juiz em ordem de tempo são três: *"detenerlo, retroceder, acelerar su curso"*, ob. cit. p. 412.

DA TUTELA JURISDICIONAL ÀS FORMAS DE TUTELA   **61**

as proféticas palavras de Nicolò Trocker, para quem: "a justiça realizada morosamente é sobretudo um grave mal social; provoca danos econômicos (imobilizando bens e capitais), favorece a especulação e a insolvência, acentua a discriminação entre os que têm a possibilidade de esperar e aqueles que, esperando, tudo têm a perder. Um processo que perdura por longo tempo transforma-se também num cômodo instrumento de ameaça e pressão, uma arma formidável nas mãos dos mais fortes para ditar ao adversário as condições da rendição".[182]

Não se pode negar que modernamente o juiz é considerado um administrador, um gestor do tempo mais do que um conhecedor do direito, pois sua função precípua no processo é retirar o ônus do tempo de quem não pode suportar e transferi-lo para aquele que pode arcar.

Para complicar ainda mais esta árdua tarefa para a doutrina, a Emenda Constitucional nº 45/2004 criou o direito fundamental à razoável duração do processo e aos meios que garantam a sua celeridade, acrescentando o inc. LXXVIII ao art. 5º da CF.[183] Reza o citado inciso que *"a todos, no âmbito judicial e administrativo, são assegurados a razoável duração do processo e os meios que garantam a celeridade de sua tramitação"*.[184] Não obstante a atual previsão constitucional da "razoável duração do processo", já era permitido sustentar, com anterioridade, esta possibilidade, através do § 2º do art. 5º da Constituição Federal, que possibilitava à parte alegar em seu benefício à Convenção Americana sobre Direitos Humanos, em que o Brasil é signatário, através do art. 8.1, que prevê o direito da parte de ser ouvida dentro de um prazo razoável.[185]

---

[182] *Processo Civile e Constituzione*. Milano: Giuffrè, 1974, p. 276 e 277

[183] A doutrina sobre o tema é bastante profícua, cabendo destacar no Brasil, entre outros, BARBOSA MOREIRA, O futuro da justiça: alguns mitos. In: *Temas de Direito Processual Civil*, São Paulo: Saraiva, 8ª série, 2004, p. 1 a 13; Efetividade do processo e técnica processual. In: *Temas de Direito Processual Civil*, ob. cit., 6ª série, 1997, p. 17 a 29; Notas sobre o problema da 'efetividade' do processo. In: *Temas de Direito Processual Civil*, ob. cit., 3ª série, 1984, p. 27 a 44; PAULO HOFFMAN, *Razoável duração do processo*. São Paulo: Quartier Latin, 2006; ANDRÉ NICOLITT, *A duração razoável do processo*. Rio de Janeiro: Lúmen júris, 2006; AURY LOPES JÚNIOR, et alii. *Direito ao processo penal no prazo razoável*. Rio de Janeiro: Lúmen júris, 2006. No direito espanhol, vide por todos, CHAMORRO BERNAL, La tutela judicial efectiva. Barcelona: Bosch, 1994; MORENO CATENA, Sobre el contenido del derecho fundamental a la tutela efectiva. *Revista Poder Judicial*, nº 10, 1984, p. 41 a 46. No direito alemão, entre outros, GRUNSKY, W. Reflexiones sobre la eficacia del derecho procesal civil en alemania. Trad. por Úrsula Vestweber. In: *Para um Proceso Civil Eficaz*. Barcelona: UAB, 1982, p. 143 a 154. No direito francês, consultar especialmente, ROGER PERROT, La eficacia del proceso civil en Francia. Traduzido por Manuel J. Cachón Cadenas. In: *Para um Proceso Civil Eficaz*, ob. cit., p. 181 a 202 e, mais recente, JEAN-CLAUDE MAGENDIE, *Célérité et qualité de la justice. La gestion du temps dans le procès*. Paris: La documentation Française, 2004.

[184] Sobre este princípio, consultar o que escrevi em "A garantia constitucional do postulado da efetividade desde o prisma das sentenças mandamentais". In: *Constituição, Sistemas Sociais e Hermenêutica*. Coord. por André Copetti, Lenio L. Streck e Leonel S. Rocha. Porto Alegre: Livraria do Advogado, 2006, p. 59 a 61. Também publicado no livro *Direito Processual Civil: As reformas e questões atuais do direito processual civil*. Coord. por Araken de Assis e Luís Gustavo Andrade Madeira. Porto Alegre: Livraria do Advogado, 2008, p. 139 a 141.

[185] Dispõe o art. 8.1 desta Convenção que: "Toda pessoa tem direito a ser ouvida, com as devidas garantias e dentro de um prazo razoável, por um juiz ou tribunal competente, independente e imparcial, estabelecido anteriormente por lei, na apuração de qualquer acusação penal formulada contra ela, ou para que se determinem seus direitos ou obrigações de natureza civil, trabalhista, fiscal ou de qualquer outra natureza". Esta possibilidade já

Não se pode negar que este princípio constitucional tem sido forçosamente imposto pela realidade que urge por uma maior efetividade na prestação jurisdicional,[186] já que o Estado, ao monopolizar a jurisdição, não se comprometeu a prestar qualquer tipo de tutela jurisdicional, senão uma tutela jurisdicional efetiva, adequada ao direito material postulado em juízo.[187]

Em contrapartida, o princípio constitucional do contraditório tem insistentemente cedido lugar a esta nova exigência legal.[188] Cumpre aqui estabelecer certos limites entre estes dois princípios constitucionais. Para tanto, devemos esboçar algumas noções básicas sobre este princípio[189] para posteriormente confrontá-lo com a efetividade.

Este princípio também é conhecido como princípio da *bilateralidade da audiência*[190] ou, como dizem os alemães, *Waffengleichheit,*[191] ou simplesmente *igualdad,*[192] traduzido no brocardo latino por *audiatur et altera pars.*[193] Ele é uma garantia fundamental da justiça, erigido em dogma constitucional na maioria dos países, *e.g.,* na Itália, art. 24 da *Constituzione della Repubblica;*[194] na Espanha,

---

foi por mim defendida quando escrevi, na década de noventa, "A instrumentalidade do processo e o princípio da verossimilhança como decorrência do *Due Process of Law*". In: *Revista de Jurisprudência Brasileira,* nº 173, p. 31 e 32; também publicado na *Revista Ajuris,* nº 60, p. 273 e 274. Sobre o tema, consultar, CRUZ E TUCCI, *Devido processo legal e tutela jurisdicional,* São Paulo: RT, 1993, p. 99 a 126.

[186] Isso fica evidente quando nos deparamos com as obras dos processualistas mais renomados do país, entre os quais cabe citar, JOSÉ ROBERTO DOS SANTOS BEDAQUE, em sua tese de titularidade na USP, *Efetividade do processo e técnica processual: tentativa de compatibilização.* São Paulo: Malheiros, 2006; LUIZ GUILHERME MARINONI, *Técnica processual e tutela dos direitos.* São Paulo: RT, 2004, especialmente, p. 165 a 247; CARLOS ALBERTO ALVARO DE OLIVEIRA, *El derecho a la tutela jurisdiccional efectiva desde la perspectiva de los derechos fundamentales,* palestra proferida no Congresso Iberoamericano, em 2008, no prelo, gentilmente cedida pelo autor. E, em certo sentido, CARLOS ALBERTO ALVARO DE OLIVEIRA, *Do formalismo no processo civil.* São Paulo: Saraiva, 3ª ed., 2009.

[187] Sobre o monopólio da jurisdição e a prestação da tutela judicial efetiva, consultar o que escrevi em *La pretensión procesal y la tutela judicial efectiva. Hacia una teoria procesal del derecho.* Barcelona: Bosch, 2004, especialmente, nº 7.1, p. 75 a 81.

[188] A desvalorização do contraditório começa a partir do final do século XIX, segundo o valioso estudo de NICOLA PICARDI, realizado em "*Audiatur et altera* pars. As matrizes históricos-culturais do contraditório". In: *Jurisdição e processo.* Coord. por Carlos Alberto Álvaro de Oliveira. Trad. por Luís Alberto Reichelt. Rio de Janeiro: Forense, 2008, p. 137 a 140.

[189] Para aprofundar o tema do contraditório, consultar o que escrevi em *Provas Atípicas.* Porto Alegre: Livraria do Advogado, 1998, nº 1.2.3., p. 30 a 35.

[190] ROBERT WYNESS MILLAR, *Los principios formativos del procedimiento civil.* Trad. por Catalina Grossmann. Buenos Aires: Ediar, 1945, p. 47.

[191] *Apud* NELSON NERY JUNIOR, *Princípios do Processo Civil na Constituição Federal,* RT, 1992, nº 22, p. 136.

[192] COUTURE, *Fundamentos del derecho procesal civil.* Buenos Aires: Depalma, 1988, p. 183.

[193] O contraditório é tão importante que os próprios gregos sobre ele se manifestaram, conforme esclarece NICOLA PICARDI, ob. cit., p. 130 e 131.

[194] O próprio *Codice di procedura civile Italiano,* no seu art. 101, define o princípio do contraditório, quando diz expressamente: "*Il giudice, salvo che la legge disponga altrimenti (p. c. 633, 697, 700, 703, 712), non può statuire sopra alcuna domanda, se la parte contro la quale è proposta non è stata regolarmente citata (p. c. 164) e non è comparsa (p. c. 181, 291)*". Esse princípio é tão influente na legislação italiana que, no processo de execução forçada, o juiz da execução, regra geral, não pode emanar nenhuma medida judicial sem ouvir as partes, *e.g.,* arts. 530, 552, 569, 590, 596, 600, 612 e 624.

art. 24 da *Constitución* Española; na Argentina, art. 18 da *Constitución Nacional*; no Brasil, encontra guarida no inc. LV do art. 5º da CF.[195]

O referido princípio caracteriza-se pelo fato de o juiz, tendo o dever de ser imparcial, não poder julgar a demanda sem que tenha ouvido autor e réu, ou seja, deverá conceder às partes a possibilidade de exporem suas razões, mediante a prova e conforme o seu direito, pois, doutrina Chiovenda: *"Como quem reclama justiça, devem as partes colocar-se no processo em absoluta paridade de condições"*.[196] Isso traz como consequência necessária a igualdade de tratamento entre as partes, *em todo o curso do processo, não se limitando somente à formação da litis contestatio.*[197] É o que se depreende do *caput* do art. 5º da CF, bem como do inc. I do art. 125 do CPC. Mas essa igualdade entre as partes, no dizer de Couture, *"no es una igualdad numérica, sino una razonable igualdad de posibilidades en el ejercicio de la acción y de la defensa"*.[198]

Apesar de certos princípios constitucionais processuais poderem, em certas circunstâncias, admitir exceções, o do contraditório é absoluto, não admite exceção, devendo sempre ser respeitado, sob pena de nulidade do processo. Por ser inseparável da administração da justiça, constitucionalmente organizada, Winess Millar considera esse princípio como *"el más destacado de los principios cuestionados"*,[199] enquanto Calamandrei o define como *"o mais precioso e típico do processo moderno"*.[200]

A partir da metade do século XX, o princípio do contraditório voltou a ser revalorizado, especialmente através de Carnelutti,[201] Satta[202] e Fazzalari,[203] na medida em que ficou evidenciado, ainda mais, o caráter dialético, dialógico do processo, numa relação simbiótica entre partes e juiz. Desde esta perspectiva, pois, é oportuno destacar a acertada advertência realizada por Carlos Alberto Alvaro de Oliveira, segundo a qual o contraditório é *"um poderoso fator de contenção do arbítrio do juiz"*.[204]

---

[195] *"... aos litigantes, em processo judicial ou administrativo, e aos acusados em geral são assegurados o contraditório e a ampla defesa, com os meios e recursos a ela inerentes"*.

[196] *Instituições de direito processual civil*, Trad. por. J. Guimarães Menegale. São Paulo: Saraiva, 1969, 1º v., nº 29, p. 100.

[197] Nesse sentido, J. PEYRANO, *El proceso civil*. Buenos Aires: Ástrea, 1978, p. 146; EISNER, Principios Procesales. In: *Revista de Estudios Procesales*, Buenos Aires, nº 4, p. 53.

[198] Ob. cit., nº 116, p. 185.

[199] Ob. cit., p. 47.

[200] Processo e Democrazia. In: *Opere Giuridiche*, Napoli: Morano, 1965, v.I, p. 681.

[201] Torniamo al giudizio. In: *Rivista di Diritto Processuale Civile*, 1949, p. 168 e ss.

[202] Para quem o processo *"não é outra coisa além de juízo e formação do juízo"*, escrito no artigo 'Il mistero del processo'. In: *Rivista di Diritto Processuale Civile*, 1949, 281.

[203] Diffusione del processo e compiti della doctrina. In: *Rivista Trimestrale di Diritto e Procedura Civile*, 1958, p. 861 e ss. É deste autor a ideia, hoje bastante difundida, de que o processo nada mais é do que o procedimento em contraditório.

[204] *Do formalismo no processo civil*, ob. cit., p. 133.

O núcleo inicial da garantia constitucional do contraditório reside no direito de defesa, previsto conjuntamente no inc. LV do art. 5º da CF. Este princípio, juntamente com o direito de defesa, é tão importante que o constituinte o considerou fundamental não só aos litigantes em processo judicial, mas também administrativo, amplificando, ainda mais, a qualquer acusado em geral. A amplitude desta garantia constitucional é inegável e inquestionável na ordem jurídica.

Por derradeiro, podemos concretamente afirmar que o juízo se constitui no momento fundamental do processo, enquanto o contraditório se constitui no momento fundamental do juízo.[205]

Com isso, as regras da Tutela Antecipada, contemplada no art. 273, do CPC, e, em especial a do § 6º, devem ser interpretadas tomando-se por base, de um lado, o direito fundamental ao processo dentro de um prazo razoável e, de outro, o direito fundamental ao contraditório e ao direito de defesa. Deste modo, qualquer interpretação autêntica e séria sobre a antecipação do pedido incontroverso da demanda deve ser analisada evidentemente com base nestes dois direitos fundamentais aparentemente antagônicos.

1.3. O SURGIMENTO DO § 6º DO ART. 273 DO CPC

Modernamente, ninguém mais pode negar o acertado da profética frase esculpida pelo gênio de Chiovenda, segundo a qual "el proceso debe dar en cuanto es posible practicamente a quien tiene un derecho todo aquello y precisamente aquello que él tiene derecho a conseguir".[206] Isto é, o processo não pode prejudicar o autor que tem razão.

A ideia de que o autor deve esperar o final do processo para ver realizado seu direito está baseada na necessidade que ele tem de demonstrar ao juiz a veracidade das suas afirmações, posto que seu alegado direito encontre no direito de defesa do réu sua antítese, vale dizer, a tese sustentada pelo autor encontra resistência na defesa do réu, gerando assim, no juiz, a dúvida. Se, diante da inexistência de dúvida na cabeça do julgador, porque sobre as alegações do autor não há controvérsia face à ausência de oposição do réu, nada justifica *a priori* que diante da incontrovérsia de um pedido do autor, o mesmo deva aguardar até o final do processo para ver realizado seu direito.[207] Em resumo, se é possível antecipar a tutela para o

---

[205] Neste sentido, NICOLA PICARDI, ob. cit., p. 141 e 143.

[206] De la acción nacida del contrato preliminar. In: *Ensayos de Derecho Procesal Civil*, Trad. Santiago Sentis Melendo. Buenos Aires: EJEA, 1949, v. I, p. 214. Este postulado também está descrito nas *Istituzioni di diritto processuale civile*. Napoli: Eugenio Jovene, 1960, v. I, nº 12, p. 40. Nesta mesma ordem de ideias DINAMARCO, para quem "*A força das tendências metodológicas do direito processual civil na atualidade dirige-se com grande intensidade para a efetividade do processo, a qual constitui expressão resumida da idéia de que o processo deve ser apto a cumprir integralmente toda a sua função sócio-político-jurídica, atingindo em toda a plenitude todos os seus escopos institucionais*", A Instrumentalidade do processo. São Paulo: Malheiros, 2003, 11ª ed., p. 330 e 331.

[207] Em igual sentido MARINONI, quando assevera que "*(...) o autor tem o direito de obter a tutela do direito material quando esse se torna incontroverso, ainda que o processo deva continuar (art. 273, § 6º). Não há lógica*

autor com base na verossimilhança de sua alegação, em que pese a controvérsia, quanto mais nas hipóteses em que não há controvérsia sobre o direito alegado pelo autor.[208] Esta hipótese pode ser encontrada, também, no §1º do art. 899 do CPC.[209]

Seguramente pode-se afirmar, de um lado, que o excesso de tempo na realização da prestação jurisdicional traduz-se em verdadeira sonegação de justiça, como muito bem destacou Rui Barbosa, ao dizer que "justiça atrasada não é justiça, senão injustiça qualificada e manifesta".[210] Mas também é verdade que a prestação jurisdicional apressada pode, em muitos casos, significar verdadeira injustiça, pois como bem adverte Miguel Reale, "não há nada pior que a injustiça célere, que é a pior forma de denegação de justiça".[211]

Estas são as razões pelas quais o legislador infraconstitucional resolveu insculpir no § 6º ao art. 273 do CPC que "A tutela antecipada também poderá ser concedida quando um ou mais dos pedidos cumulados, ou parcela deles, mostrar-se incontroverso".

1.4. AS PRESUNÇÕES NO DIREITO BRASILEIRO

As formas de raciocínio que o homem faz, e em especial o juiz, baseiam-se muito nas presunções, razão pela qual essa modalidade de prova indireta do conhecimento é, segundo Malatesta, "el triunfo de la inteligencia humana sobre la oscuridad que la circunda".[212]

O art. 334, inc. IV, do CPC, informa que: "Não dependem de prova os fatos: (...) IV- em cujo favor milita presunção legal de existência ou de veracidade"; para saber se as presunções independem de prova ou não, é necessário saber primeiro quais são os elementos que compõem a presunção, para, então, saber se necessitam de prova ou não.

Segundo esclarece Couture, "una presunción supone el concurso de tres circunstancias: un hecho conocido, un hecho desconocido y una relación de causalidad. Lo que en realidad queda fuera del campo del objeto de la prueba son los dos últimos de esos elementos: el hecho desconocido y la relación de causalidad. Pero nada sustrae de la actividad probatoria la demostración del hecho en que la pre-

---

em obrigar o autor a esperar para obter a tutela do direito que se tornou incontroverso no curso do processo apenas porque deve ser produzida prova para esclarecer a outra parcela da demanda", Abuso de defesa e parte incontroversa da demanda. São Paulo: Saraiva: RT, 2007, p. 37.

[208] Assim, entre outros, EDUARDO DA SILVA WINTER, *Medidas Cautelares e Antecipação de Tutela.* Porto Alegre: Sergio Antonio Fabris, 2007, p. 27 e 28.

[209] Reza o citado parágrafo que: "*Alegada a insuficiência do depósito, poderá o réu levantar, desde logo, a quantia ou a coisa depositada, com a conseqüente liberação parcial do autor, prosseguindo o processo quanto à parcela controvertida*".

[210] *Oração aos moços*. Rio de Janeiro: Edições de Ouro, MCMLXVI, p. 105.

[211] Valores fundamentais da reforma do judiciário. In: *Revista do Advogado*, São Paulo, v. 24, nº 75, p. 78.

[212] *Lógica de las Pruebas en Materia Criminal*. Buenos Aires: Gen. Lavalle, 1945, p. 150. Sobre o tema consultar o que escrevi em *Provas Atípicas*, ob. cit., p. 99 a 104.

sunción debe apoyarse",[213] ou seja, nenhuma presunção está livre da prova do fato conhecido,[214] pois, para que a parte se beneficie da presunção invocada, necessário se faz demonstrar a base em cima da qual ela vigora. O que efetivamente fica fora do campo da prova é a relação de causalidade e o fato desconhecido, mas não o fato conhecido.[215] Por isso a redação contida no inc. IV do art. 334 do CPC, está absolutamente correta, pois o que está dispensado da prova é exatamente o fato "em cujo favor milita presunção legal de existência ou de veracidade", e este é o fato desconhecido, posto que é em favor dele que a presunção legal de existência ou de veracidade milita, e não sobre o fato conhecido. Esta é a razão pela qual muitos doutrinadores entendem, equivocadamente, que a presunção não depende de prova.[216]

Por presunção entendemos "a dedução que identifica o fato desconhecido, a partir do fato conhecido".[217]

Nas *praesumptiones iuris*,[218] o raciocínio dedutivo é feito pelo legislador. Encontram-se estabelecidas na lei, e quem as tem em seu favor, segundo inc. IV do art. 334 do CPC, está dispensado do ônus da prova do fato desconhecido. Estas, por sua vez, se dividem em *iuris et de iure* (também chamadas *absolutas* ou *peremptórias*)[219] e *iuris tantum* (também chamadas de *relativas*), que se dividem em simples (*de contraprova livre*) e mistas (*de contraprova vinculada*).

As presunções *iuris et de iure* apresentam como características, mesmo sendo raras: a) não admitem provas em contrário;[220] b) não permitem ao juiz con-

---

[213] *Fundamentos del derecho procesal civil*, ob. cit., n° 147, p. 228.

[214] A legislação argentina, no art. 163, § 5° do *Código Procesal Civil y Comercial de la Nación*, prevê que "*Las presunciones no establecidas por ley constituirán prueba cuando se funden en hechos reales y probados y cuando por su número, precisión, gravedad y concordancia, produjeren convicción según la naturaleza del juicio, de conformidad con las reglas de la sana crítica*" (grifo nosso). Isso significa dizer, segundo o Direito argentino, que as presunções necessitam ser provadas.

[215] Assim se expressava, também, BONNIER, já no início do século passado, para quem o Código Civil francês, no seu art. 1.352, era nesse sentido. Segundo ele, "*no es exacto decir que el que invoca una presunción legal no tiene nada que probar, porque es preciso que acredite que se halla en posesión de invocar la presunción de la Ley*", Tratatado de las Pruebas en el Derecho Civil. Madrid: Hijos de Reus, 1914, t. 2°, n° 840, p. 462.

[216] Entre tantos autores podemos citar NELSON DOWER, *Curso Básico de Direito Processual Civil*, São Paulo: NELPA, 1997, v.2, n° 48.4.2, p. 148 e ROGÉRIO LAURIA TUCCI, *Curso de Direito Processual Civil*, SARAIVA, 1989, v. 2., p. 356

[217] DARCI G. RIBEIRO, *Provas atípicas*, ob. cit., p. 101.

[218] Para identificar as razões pelas quais uma presunção é *iuris et de iure* ou *iuris tantum*, consultar o que escrevi em *Provas atípicas*, ob. cit., p. 101, nota 344.

[219] Sobre esse tipo de presunção consultar obrigatoriamente MALATESTA, ob. cit., 3ª Parte, Cap. IV, p. 222 e ss.

[220] Neste particular, convém destacar que a não admissão de provas em sentido contrário se refere unicamente à impossibilidade de se atacar o fato desconhecido, não sendo lícito afirmar que a parte contrária esteja impossibilitada de atacar o fato conhecido, pois em virtude do sagrado princípio do contraditório, a parte contrária poderá se valer de todo tipo de prova em direito admitido para desqualificar o fato conhecido em cima do qual se baseia a presunção. Exemplificando, o art. 163 do CC diz que: "*Presumem-se fraudatórias dos direitos dos outros credores as garantias de dívidas que o devedor insolvente tiver dado a algum credor*". Aqui temos como fato desconhecido, a fraude a credores, e, como fato conhecido, que necessita ser provado pelo credor, se da presunção ele quiser se beneficiar, *primeiro*, que o devedor é insolvente, porque se não for insolvente e o bem

vencer-se em sentido contrário e c) limitam a liberdade do juiz na avaliação da prova;[221] são delas os exemplos dos arts. 163, 174[222] e parágrafo único, do art. 1.802,[223] todos do CC, entre outros.

As presunções *iuris tantum* apresentam como características: a) admitem prova em contrário para quebrar a presunção de verdade (*praesumptio cedit veritati*); b) invertem o ônus da prova,[224] não o eliminam, porque quem as têm em seu favor não precisa prová-la, mas quem quiser quebrá-la deverá fazer prova em sentido contrário. São delas os exemplos dos arts. 8º,[225] 133,[226] parágrafo único, do art. 1.201;[227] 1.203;[228] 1.231;[229] 324,[230] todos do CC, entre outros.

As presunções *relativas de contraprova vinculada* apresentam como característica: a) admitirem somente as provas previstas na lei; logo, se for apresentada

---

não estiver constrito, não há fraude; *segundo,* que tenha dado uma garantia de dívida a algum credor. Certamente o devedor, neste caso, poderá produzir prova em sentido contrário aos fatos conhecidos desta presunção, *e. g.,* que ele, devedor, não é insolvente, na medida em que possui outros bens para garantir o crédito ou então que ele não deu nenhuma garantia a outro credor. Agora, uma vez comprovado pelo credor que o devedor é insolvente e que efetivamente deu uma garantia a outro credor, nenhuma outra prova poderá ser feita pelo devedor para desconstituir o raciocínio presuntivo contido no fato desconhecido, qual seja, que ele, devedor, agiu em fraude a credores. Em sentido análogo, porém com argumentos distintos, ANTUNES VARELA, BEZERRA e NORA quando afirmam que: *"Se a parte contrária impugna a realidade do fato que serve de base à presunção, não é a presunção que ela ataca, mas a prova testemunhal, documental, pericial, etc., que convenceu o juiz da realidade desse fato",* Manual de Processo Civil. Coimbra: Coimbra, 1985, nº 165, p. 504. A impossibilidade de não admitir prova em contrário ao fato desconhecido é tão forte que, segundo PONTES DE MIRANDA, *"inclusive a notoriedade do fato não lhe pode ser oposta",* Comentários ao Código de Processo Civil. Rio de Janeiro: Forense, 1979, t. 4, p. 355.

[221] Nesse sentido, LOPES DA COSTA, *Direito Processual Civil Brasileiro.* Rio de Janeiro: José Konfino, 1946, v. II, nº 411, p. 428.

[222] Reza este artigo: *"É escusada a ratificação expressa, quando a obrigação já foi cumprida em parte pelo devedor, ciente do vício que a inquinava".* Mesmo aqui há necessidade de prova do fato conhecido, conforme acertada opinião de MARIA HELENA DINIZ, ao comentar o antigo art. 150 do CC de 1916, para quem: *"A prova da ratificação tácita competirá a quem a argüir",* Código Civil Anotado, São Paulo: Saraiva, 1995, p. 147.

[223] Esclarece o parágrafo único deste artigo que: *"Presumem-se pessoas interpostas os ascendentes, os descendentes, os irmãos e o cônjuge ou companheiro do não legitimado a suceder".* Segundo MAURO ANTONINI, *"A presunção de simulação é absoluta, não admitindo prova em contrário",* Código Civil Comentado. Coord. por Cezar Peluzo. São Paulo: Manole, 2008, p. 1962.

[224] Assim, entre outros, MICHELLI, *La carga de la prueba.* Colombia: Temis, 1989, nº 30, p. 177; LOPES DA COSTA, ob. cit., v. 2, nº 411, p. 429; PONTES DE MIRANDA, *Comentários ao Código de Processo Civil,* t. IV, p. 357. Diverge dessa possibilidade LESSONA, *Teoria general de la prueba en el derecho civil.* Madrid: Reus, t. 1, 1957, nº 145, p. 182.

[225] Reza o artigo: *"Se dois ou mais indivíduos falecerem na mesma ocasião, não se podendo averiguar se algum dos comorientes precedeu aos outros, presumir-se-ão simultaneamente mortos".*

[226] Determina o artigo: *"Nos testamentos, presume-se o prazo em favor do herdeiro, e, nos contratos, em proveito do devedor, salvo, quanto a esses, se do teor do instrumento, ou das circunstâncias, resultar que se estabeleceu a benefício do credor, ou de ambos os contratantes".*

[227] Assim esclarece o parágrafo único do citado artigo: *"O possuidor com justo título tem por si a presunção de boa-fé, salvo prova em contrário, ou quando a lei expressamente não admite esta presunção"*

[228] Diz o artigo: *"Salvo prova em contrário, entende-se manter a posse o mesmo caráter com que foi adquirida".* Para FRANCISCO EDUARDO LOUREIRO, *"A presunção, como se extrai do preceito, é relativa, comportando, portanto, prova em sentido contrário",* Código Civil Comentado, ob. cit., p. 1097.

[229] Assim expressa o artigo: *"A propriedade presume-se plena e exclusiva, até prova em contrário".*

[230] Reza o artigo: *"A entrega do título ao devedor firma a presunção do pagamento".*

a prova especial, a presunção estará quebrada; porém, se não for apresentada a prova especial, o juiz não poderá convencer-se em sentido contrário. Por conseguinte, limitar-se-á a liberdade do juiz na avaliação da prova. São delas os exemplos dos incs. I a V, do arts. 1.597,[231] que têm como prova especial as hipóteses dos arts. 1.598[232] e 1.599, todos do CC.

Nas *praesumptiones hominis*,[233] também conhecidas por *simples*, *comuns* ou *de homem*, e que para os criminalistas, chamam-se *indícios* e, para os ingleses, denominam-se *circunstâncias*, o raciocínio dedutivo é feito pelo homem. Aqui, o legislador não quis legalmente presumir o fato desconhecido, deixando, em especial, ao juiz fazer o raciocínio necessário, a fim de chegar à descoberta do fato desconhecido, utilizando a experiência comum ou técnica, a fim de obter o convencimento necessário. Enquanto as presunções legais servem para dar segurança a certas situações de ordem social, política, familiar e patrimonial, as presunções feitas pelo homem-juiz cumprem uma função exclusivamente processual, porque estão diretamente ligadas ao princípio da persuasão racional da prova, contido no art. 131 do CPC. Tanto é verdade que, para Carlo Furno, "Il comportamento processuale delle parti si presenta così come fondamento di una "praesumptio hominis".[234] Os requisitos para sua aplicação são os mesmos da prova testemunhal.[235] Seu campo de atuação é vastíssimo, tanto no processo civil quanto no processo penal, máxime para apreender os conceitos de simulação, dolo, fraude, má-fé, boa-fé, intenção de doar, pessoa honesta, etc.

1.5. DAS FORMAS DE INCONTROVÉRSIA CONTIDAS NO PEDIDO INCONTROVERSO

Não irei analisar aqui o direito comparado, *e. g.*, art. 186-*bis* e art. 277, 2°, ambos do CPC italiano, nem mesmo os arts. 771 e 809 do CPC francês.[236]

---

[231] Diz o artigo: "*Presumem-se concebidos na constância do casamento os filhos: I – nascidos cento e oitenta dias, pelo menos, depois de estabelecida a convivência conjugal; II – nascidos nos trezentos dias subsequentes à dissolução da sociedade conjugal, por morte, separação judicial, nulidade e anulação do casamento; III – havidos por fecundação artificial homóloga, mesmo que falecido o marido; IV – havidos, a qualquer tempo, quando se tratar de embriões excedentários, decorrentes de concepção artificial homóloga; V – havidos por inseminação artificial heteróloga, desde que tenha prévia autorização do marido*".

[232] Sobre este artigo, convém destacar o que diz MILTON DE CARVALHO FILHO: "*Não se pode deixar de notar que o sistema de presunção não prevalecerá diante da prova técnica, que, nos tempos atuais, permite com segurança identificara paternidade*", Código Civil Comentado, ob. cit., p. 1686.

[233] Para um melhor aprofundamento, consultar GORPHE, *La apreciación judicial de las pruebas*. Trad. por Delia Garcia Daireaux. Buenos Aires: La Ley, 1967, Cap. IV, da 2ª parte, p. 261 e ss.

[234] *Contributo alla teoria della prova legale*, Padova: Cedam, 1940, n° 18, p. 69.

[235] Essa exigência surgiu no art. 188, do Reg. 737. O Código Civil atual prevê norma expressa a esse respeito, art. 230 (*As presunções, que não as legais, não se admitem nos casos em que a lei exclui a prova testemunhal*), da mesma forma que o Código Civil português, art. 351.

[236] Neste particular, remeto o leitor ao excelente estudo realizado por DANIEL MITIDIERO, Direito fundamental ao julgamento definitivo da parcela incontroversa: uma proposta de compreensão do art. 273, § 6°, na perspectiva do direito fundamental a um processo sem dilações indevidas (art. LXXVIII, CRFB). In: *Processo*

De acordo com o que está estabelecido no § 6º do art. 273 do CPC brasileiro: "A tutela antecipada também poderá ser concedida quando um ou mais dos pedidos cumulados, ou parcela deles, mostrar-se incontroverso". O que pretendeu o legislador foi possibilitar a antecipação de um pedido incontroverso, quer esteja cumulado ou simplesmente parcela dele.

A primeira consequência que se pode extrair deste texto é que o pedido incontroverso engloba a incontrovérsia tanto das questões de fato quanto das questões de direito.

É cediço na doutrina que a parte autora tem o ônus de convencer o juiz sobre a necessidade de antecipar os efeitos da tutela, e, para tanto, deve deixar bem claro a ele, juiz, que o grau de convencimento para sua concessão não pode ser confundido com o grau de convencimento exigido para a sentença. Parafraseando Calamandrei quando o mesmo discorreu sobre a essência da tutela cautelar,[237] podemos dizer que a essência da tutela antecipatória é que elas representam uma conciliação entre as duas exigências, frequentemente opostas, de justiça: a celeridade e a segurança; entre fazer as coisas rápido, porém mal e, fazê-las bem, porém tarde, a antecipação de tutela tende, antes de todo, a fazê-las rápido, deixando que o problema do bem o do mal, isto é, da justiça intrínseca da decisão se resolva mais tarde com a necessária ponderação nas repousadas formas de sentença.

A redação não impõe nenhuma restrição ao objeto da tutela antecipatória, como diversamente existe no direito italiano (somente soma de dinheiro), contemplando não só os casos de soma e entrega de coisas fungíveis, mas também de obrigações de fazer e não fazer, entregar coisa infungível e coisa imóvel.

O pedido incontroverso pode decorrer de inúmeras situações contidas dentro do processo, entre as quais cabe destacar: a) ausência de contestação; b) contestação evasiva; c) contestação genérica; d) fato confessado; e) reconhecimento jurídico do pedido; f) transação; g) comparece e não contesta; e, finalmente, h) aplicação da pena de confesso.

Em todas estas situações, a antecipação do pedido incontroverso não se dá de imediato, devendo o juiz, por conseguinte, analisar, também, a idoneidade dos fatos deduzidos pelo autor, isto é, se daquele fato constitutivo do seu direito decorre a necessária consequência jurídica por ele pretendida.[238]

Civil e Estado Constitucional. Porto Alegre: Livraria do Advogado, 2007, p. 41 a 43, e MARINONI, *Abuso de defesa e parte incontroversa da demanda*, São Paulo: RT, 2007, p. 146 a 153.

[237] *Introducción al estudio sistemático de las providencias cautelares*. Trad. Santiago Santis Melendo. Buenos Aires: Bibliográfica Argentina, 1945, nº 7, p. 43. Também parafraseando Carnelutti quando o mesmo acentua o caráter do processo cautelar (*Derecho y proceso*, ob. cit., nº 241, p. 425), diante da tutela antecipada o juiz quase sempre está diante da seguinte situação: entre o decidir rápido e o decidir bem, a tutela antecipatória prefere o rápido, até porque provisória, enquanto a sentença prefere o bem; a sentença aspira, enquanto que a tutela antecipada renuncia a infalibilidade. O caminho da sentença se resume na investigação da 'verdade', que é uma fórmula bastante ambiciosa; a tutela antecipatória se contenta com a busca da 'probabilidade', que é uma fórmula muito mais modesta.

[238] Neste diapasão, PROTO PISANI, *Lezioni di diritto processuale civile*. Napoli: Jovene, 1994, p. 636; MARINONI, *Abuso de defesa e parte incontroversa da demanda*, ob. cit. p. 164 e 165.

Cumpre agora verificar, pormenorizadamente, cada uma das hipóteses que torna o pedido incontroverso.

1.6. PEDIDO INCONTROVERSO E PRESUNÇÕES RELATIVAS

Diante de um fato afirmado pelo autor, o réu pode não admiti-lo de três formas distintas: negando, o que torna o fato discutido, declarando que não sabe, o que torna o fato controvertido e silenciando. No que se refere ao silêncio, devemos averiguar se o réu que silenciou tinha ou não o ônus de manifestar em sentido contrário. Se ele tinha o ônus de se manifestar em sentido contrário e silencia, este fato se torna incontroverso, *v. g.*, *caput* do art. 302 do CPC, razão pela qual definimos fato incontroverso como "o silêncio de quem tinha o ônus de não silenciar".[239] Do contrário, se ele não tinha o ônus de manifestar em sentido contrário, *e. g.*, nas hipóteses contidas nos incs. I a III, bem como do parágrafo único do art. 302 do CPC, o seu silêncio faz com que o fato continue controvertido.

O silêncio de quem tem o ônus de se manifestar na contestação gera a revelia, art. 319, reputando-se verdadeiros os fatos afirmados pelo autor. Daí resulta presumirem-se verdadeiros somente os *fatos*, mas não o direito ou as consequências jurídicas que a parte extrai destes e, como ninguém quer a antecipação dos fatos – como qualidade fenomênica, mas sim das consequências jurídicas que a parte extrai dos fatos, de nada adiantaria para a parte o juiz antecipar o *fato,* já que este é irrelevante. O que a parte realmente quer é a antecipação da consequência jurídica pretendida, *v. g.*, no acidente de trânsito, o fato foi a batida ocorrida no dia tal, entre nas ruas 'X' e 'Y', etc, e a consequência jurídica pretendida é o pagamento da soma em dinheiro decorrente da culpa. O que a parte efetivamente quer é a antecipação da soma em dinheiro decorrente da presunção de culpa pela não contestação.

Resta claro que quando o pedido ou um dos pedidos se torna incontroverso por ausência de contestação, quer tenha o réu comparecido ou não, de quem tem o ônus de se manifestar, é possível sobre ele a antecipação dos efeitos da tutela, na medida em que há uma presunção relativa de veracidade sobre as consequências jurídicas pretendidas pelo autor. Porém, esta presunção relativa, por certo, admite prova em sentido contrário, senão estaríamos diante de uma presunção absoluta. Em que pese o juiz poder antecipar os efeitos da tutela com base em fato incontroverso, o réu poderá e, se quiser ganhar a causa, deverá produzir prova em sentido contrário à presunção relativa estabelecida. Nenhum juiz, nesta hipótese, poderá obstar o réu de produzir prova em sentido contrário a esta presunção. Não sendo isto admitido, estaríamos transformando uma presunção sabidamente relativa em absoluta, o que é inviável pelo ordenamento jurídico. O que está dispensado do ônus da prova é o fato constitutivo do direito do autor em cima do qual a presunção se apoia, ele, autor, não terá mais o ônus de provar este fato constitutivo (art. 334,

---

[239] *Provas atípicas*, ob. cit., p. 88. Sobre fatos incontroversos consultar o que escrevi nas p. 87 a 89.

DA TUTELA JURISDICIONAL ÀS FORMAS DE TUTELA

inc. III, do CPC), mas o réu sim terá o ônus de quebrar esta presunção, não podendo ser impedido pelo juiz, somente pela lei, *e.g.*, perda de prazo, etc.[240]

Cumpre destacar que o direito de defesa do réu, o seu direito ao contraditório, não se limita exclusivamente à fase inicial da resposta – contestação, devendo ser estendido a todo curso do processo, já que ele pode se defender utilizando todos os meios de prova em direito admitidos, inclusive trabalhar em cima da prova apresentada pelo autor.

Também gera presunção relativa baseada em fato incontroverso a contestação do réu realizada de forma evasiva ou genérica, já que esta contestação contraria literalmente o próprio art. 302 do CPC, que exige do réu uma manifestação *"precisa sobre os fatos narrados na petição inicial"*. Agora, o fato de o juiz antecipar o pedido incontroverso ao autor, não significa que o réu esteja proibido de produzir prova em sentido contrário à presunção relativa estabelecida em favor do autor. Como analisamos anteriormente, o direito de defesa e a garantia constitucional do contraditório, aliado ao direito à prova, deve se estabelecer durante todo o curso do processo, permitindo ao réu se valer de todos os meios em direito admitido para provar o seu direito, seja requerendo perícia, prova testemunhal, ou outra prova qualquer, inclusive, valendo-se da prova produzida pelo autor. Também aqui o convencimento do juiz sempre estará associado a uma alegação do autor que se tornou verossímil e não cabalmente certa, posto que esta certeza somente advirá depois de encerrada a instrução.

Outra hipótese que se revela no fato incontroverso é a aplicação da pena de confesso, estabelecida no § 1º do art. 343 do CPC. Tecnicamente não poderíamos falar de uma pena de confissão, na medida em que a confissão exige, necessariamente, uma declaração por expresso do confitente, já que não se pode confessar através do silencio, porque isso caracteriza um fato incontroverso. Portanto, a parte que não comparece ao depoimento pessoal ou comparecendo injustificadamente deixa de responder, ser-lhe-á aplicada a presunção relativa de veracidade dos fatos afirmados pela parte contrária, mas jamais os fatos podem ser tidos como *confessados*. Esta diferença existe na própria lei, entre o inc. II e o III do art. 334 do CPC.

No que se refere aos fatos confessados, cumpre delinear o seguinte: "Somente é confissão o que se refere à afirmação da parte quanto ao que a outra tinha de afirmar e provar";[241] *a contrario sensu*, se a outra parte não tinha o ônus de afirmar e provar, não pode ser confissão; não obstante o *"confitente"* afirme um fato desfavorável ao adversário, tal fato será favorável a si mesmo. A confissão exige, segundo Moacyr A. Santos, "uma declaração, não mera admissão"[242] sobre fatos

---

[240] En sentido contrário, DANIEL MITIDIERO, para quem *"as alegações incontroversas independem de prova (art. 334)"*, Direito fundamental ao julgamento definitivo da parcela incontroversa: uma proposta de compreensão do art. 273, § 6º, na perspectiva do direito fundamental a um processo sem dilações indevidas (art. LXXVIII, CRFB), ob. cit., p. 44.

[241] PONTES DE MIRANDA, *Comentários ao código de processo civil*, ob. cit. p. 424.

[242] *Comentários ao código de processo civil*, Rio de Janeiro: Forense, 1994, 7ª ed., p. 102.

disponíveis; é um *plus* a admissão, isto é, exige uma exteriorização do pensamento, que pode ser oral ou escrita, e tem como natureza jurídica ser uma declaração de ciência ou conhecimento, constituindo um meio de prova. Sua natureza é de um ato jurídico *stricto sensu*, e não um negócio jurídico, isto é, no momento em que a parte confessa, é-lhe proibido preestabelecer efeitos, condições ou termo. Caso o réu confesse, certamente o juiz poderá antecipar o pedido que se torna incontroverso, mas esta antecipação não tem o condão de *a priori* dispensar os demais tipos de prova que eventualmente podem existir nos autos, até mesmo a prova pericial, haja vista a confissão ser um meio a mais de prova, inclusive o juiz "não está obrigado a julgar contra o confitente, segundo se depreende do art. 131 do CPC".[243] Em que pese o alto grau de convencimento produzido pela confissão no espírito do julgador, esta certeza jamais será absoluta a ponto de permitir um julgamento antecipado da lide, razão pela qual a presunção dela decorrente é relativa. Certamente que pode ser aplicada, aqui, a dispensa da prova testemunhal, segundo inc. I do art. 400 do CPC.

Neste sentido encontramos a jurisprudência maciça do Superior Tribunal de Justiça, ao afirmar que nas hipóteses da ausência de contestação, tenha ou não a parte comparecido em juízo, apresente contestação evasiva ou genérica, ou lhe seja aplicada a pena de confesso, a presunção daí decorrente é sempre "*iuris tantum*, que admite prova em contrário",[244] razão pela qual esta presunção não "dispensa o juiz de bem instruir o feito, julgando necessário",[245] nem tampouco "conduz à presunção de veracidade das alegações do direito do autor".[246]

Dentro de uma visão mais acertada da prova, não é correto afirmar que o fato incontroverso não faça parte do objeto da prova; ele necessariamente faz parte do objeto da prova, em que pese não necessitar de prova. Não se deve confundir, como muitos autores desavisados o fazem, *objeto da prova* com *necessidade da prova* ou *thema probandum*. Enquanto o objeto da prova abrange qualquer fato que seja capaz de produzir no juiz um convencimento, a necessidade da prova está circunscrita àqueles fatos que dependem de prova no caso concreto. O primeiro é o gênero que abrange fatos controvertidos e incontroversos em geral, enquanto o segundo é espécie, já que se limita somente aos fatos controvertidos. Por isso, "ao falar de necessidade ou tema da prova, estamos selecionando os fatos que devem ser provados e que interessam para cada processo, atribuindo a cada parte o ônus da prova. E, quando nos referirmos ao objeto da prova, estamos apontando uma vastíssima e quase ilimitada possibilidade do que pode ser seu objeto".[247]

---

[243] Nesse sentido, MONIS DE ARAGÃO, *Comentários ao código de processo civil*, Rio de Janeiro: Forense, 1987, n° 550, p. 563; em sentido contrário FREDERICO MARQUES, *Manual de direito processual civil*, São Paulo: Saraiva, 1990, v. II, § 69, n° 469.

[244] STJ – 3ª T. – REsp 723.083-SP, rel. Min. Nancy Andrighi, j. 09.08.2007, DJ 27.08.2007, p. 223.

[245] STJ – 4ª T. – REsp 94.193-SP, rel. Min. Cesar Asfor Rocha, j. 15.09.1998, DJ 03.11.1998, p. 140.

[246] STJ – 4ª T. – REsp 55, rel. Min. Sálvio de Figueiredo Teixeira, j. 08.08.1989, DJ 06.11.1989, p. 16.689.

[247] DARCI G. RIBEIRO, *Provas atípicas*, ob. cit., n° 2.5, p. 75.

Por tudo isso não podemos concordar com a redação contida no § 2º do art. 277 do CPC, que permite ao juiz, diante da injustificada ausência do réu à audiência preliminar, proferir, desde logo, a sentença.

Por derradeiro, podemos concluir que nestas hipóteses a natureza da decisão que antecipa pedido incontroverso do autor tem natureza provisória sobre a causa, baseada em cognição sumária, desafiada pelo recurso de agravo.

Vejamos algumas hipóteses de cabimento. Como exemplo, podemos citar a situação bastante comum de um acidente de trânsito: o autor propõe uma demanda onde cumula danos materiais e morais causados em virtude de acidente de veículos:

A) O réu contesta o dano material e se esquece de contestar o pedido de danos morais. Logo, cabe antecipação dos efeitos da tutela quanto aos danos morais, pela própria literalidade do § 6º do art. 273 do CPC. Agora, esta antecipação implica a dispensa da prova testemunhal apresentada na inicial pelo autor, art. 276 do CPC, para comprovação dos danos morais? Entendo que não, pois em que pese o fato constitutivo do direito do autor estar provado pela existência de uma presunção relativa de veracidade, o réu terá o direito de poder realizar prova em sentido contrário ao da presunção estabelecida em favor do autor, utilizando para isso, inclusive, a prova testemunhal que agora pertence ao juízo e somente poderá ser dispensada com o seu consentimento. Ninguém pode duvidar que o réu possa quebrar a presunção de veracidade da existência dos danos morais exatamente em cima das testemunhas apresentadas pelo próprio autor. Isto é algo bastante comum no dia a dia forense. Quantas vezes nós nos beneficiamos da prova apresentada pela parte contrária. Ao se admitir uma sentença parcial de mérito, nesta hipótese, o réu jamais poderia quebrar a presunção que é relativa. O juiz estaria, com essa decisão, transformando uma presunção que é relativa em absoluta, o que é terminantemente proibido pela ordem jurídica.

B) O réu que não contestou os danos morais poderá requerer prova pericial?. Acredito sinceramente que sim, pelos mesmos motivos anteriormente apresentados, isto é, o fato de o réu não ter contestado um dos pedidos do autor gera para esse uma presunção relativa de veracidade quanto à existência dos danos morais permitindo, assim, a antecipação dos efeitos da tutela. Mas os danos morais antecipados ao autor não o são de forma definitiva, e sim provisória, e estão baseados em cognição sumária e não exauriente, razão pela qual o réu pode e deve quebrar a presunção relativa estabelecida em favor do autor por todos os meios de provas em direito admitido, seja ela pericial, testemunhal (se ainda possível), através do depoimento pessoal, inspeção judicial, etc., do contrário haveria presunção absoluta.

C) O fato de existir antecipação dos efeitos da tutela de pedido incontroverso ou de um dos pedidos incontroversos não significa que não haja necessidade de instrução probatória. Uma coisa não tem nada a ver com a outra. Mesmo quando ocorre antecipação dos efeitos da tutela de somente um dos pedidos, ambos necessitarão de instrução probatória com as seguintes peculiaridades: a instrução probatória existente no pedido incontroverso antecipado serve para que o réu possa quebrar a presunção relativa que milita em favor do autor e que por esta razão ele, autor, está com o bem da vida; enquanto a instrução probatória decorrente do pedido controvertido serve tanto para o autor quanto para o réu convencer o juiz sobre a veracidade de suas alegações e assim poder ganhar a causa, mas aqui o bem da vida estará com o réu, posto que ainda existe dúvida quanto à veracidade das alegações do autor, mantendo-se, assim, o *status quo*.

Estas soluções propostas não irão alterar nem o direito fundamental do autor em ver assegurado o seu direito dentro de um prazo razoável, como quer o inc. LXXVIII do art. 5º da CF, já que ele, autor, obteve a antecipação dos efeitos da tutela sobre o bem da vida pretendido, nem o direito fundamental de defesa do réu, como exige o inc. LV do art. 5º da CF, que não obstante ter perdido o bem da vida para o autor poderá durante a instrução probatória desconstituir a presunção relativa que milita em favor do autor.

1.7. PEDIDO INCONTROVERSO E PRESUNÇÕES ABSOLUTAS

Quando o autor alega determinado fato constitutivo de seu direito, e o réu reconhece juridicamente o pedido do autor, não resta a menor dúvida de que a decisão do juiz é uma sentença definitiva e está baseada em cognição exauriente, conforme determina o art. 269, inc. II, do CPC.

Em havendo reconhecimento jurídico do pedido realizado por pessoa capaz, o juiz está inegavelmente vinculado a ele, não podendo julgar a lide de modo diverso.

Nesta ordem de ideias, é conveniente diferenciar o reconhecimento jurídico do pedido da confissão, pois "enquanto a confissão é ato jurídico *stricto sensu*, o reconhecimento é negócio jurídico processual, ou seja, a parte, além de aceitar os efeitos contidos na lei, pode escolher outros, desde que haja anuência do autor. A confissão pode emanar tanto do autor quanto do réu; já o reconhecimento é ato privativo do réu, segundo se depreende do inc. II do art. 269 do CPC. A confissão versa exclusivamente sobre fatos, enquanto o reconhecimento versa sobre consequências jurídicas pretendidas pelo autor. Havendo confissão, o processo continua, enquanto, havendo o reconhecimento total, o processo extingue-se com julgamento de mérito, art. 269, inc. II, do CPC (sentença homologatória); e, se for parcial o reconhecimento, não há a extinção. Na confissão, o juiz não está obrigado a julgar contra o confitente, segundo se depreende do art. 131 do CPC, ao passo que, no reconhecimento, o juiz, de regra (tendo em vista que só cabe reconhecimento quando se tratar de direitos disponíveis), deve julgar procedente a ação. A confissão é meio de prova, enquanto o reconhecimento não o é".[248]

---

[248] DARCI G. RIBEIRO, *Provas atípicas*, ob. cit., nº 2.5, p. 75.

De acordo com exemplo anterior, se o réu na contestação reconhece juridicamente o pedido de danos morais, certamente não haverá instrução probatória, porque agora não mais estamos diante de uma presunção relativa, e sim de uma certeza absoluta, devendo o juiz, como determina o art. 269, inc. II, do CPC, proferir uma sentença, neste caso, parcial de mérito, já que permanece controvertido o dano material.

Em igual sentido ocorre quando há transação sobre um ou mais dos pedidos cumulados, ou parcela deles. Aqui o juiz poderá antecipar de forma definitiva, em face da certeza absoluta existente, o pedido ou parcela dele que se tornou incontroverso. Esta antecipação também está baseada em cognição exauriente, e é antecipada na forma de sentença definitiva de mérito, que poderá ou não ser parcial, conforme art. 269, inc. III, do CPC.

1.8. CONCLUSÕES

A antecipação dos efeitos da tutela com base em fatos incontroversos como ocorre na ausência de contestação, tenha o réu comparecido ou não, nas contestações evasivas ou genéricas, na confissão e na aplicação da pena de confesso, se dará através de uma *decisão interlocutória* que certamente poderá ser modificada ou revogada, como prevê o § 4º, do art. 273, do CPC, já que foi concedida com base em uma presunção relativa, baseada em cognição sumária, podendo futuramente a parte dela recorrer. Ao passo que a antecipação da tutela (e não antecipação dos efeitos da tutela) com base no reconhecimento jurídico do pedido e na transação se dará através de uma *sentença*, podendo ser parcial de mérito quando o reconhecimento ou a transação também for parcial, isto é, reconhecer somente um dos pedidos cumulados ou parcela deles. Nesta hipótese não existe a possibilidade desta decisão (*rectius*, sentença) ser revogada ou modificada, como quer o § 4º do art. 273 do CPC. Aqui cabe uma observação, pois se a antecipação da tutela se deu com base no reconhecimento jurídico do pedido do autor ou na transação, não cabe ao réu, neste particular, interpor recurso de apelação, por absoluta falta de interesse recursal, pois quem reconhece juridicamente o pedido do autor ou transaciona, produz uma causa impeditiva do direito de recorrer.

Para derradeiro, cumpre evidenciar que o reconhecimento jurídico do pedido e a transação geradora do julgamento antecipado do pedido cumulado podem ocorrer em qualquer tipo de pedido, seja ele declaratório, condenatório, constitutivo, executivo e mandamental; enquanto que na hipótese anterior, antecipação dos efeitos da tutela com base em presunções relativas, esta antecipação só será permitida quando o pedido for condenatório, executivo ou mandamental.

2. A garantia constitucional do postulado da efetividade desde o prisma das sentenças mandamentais[249]

> *¿Te parece posible que subsista sin arruinarse aquella ciudad en la que las sentencias pronunciadas nada pueden, sino que son despojadas de su autoridad y destruidas por los particulares?*[250]

2.1. NOÇÕES GERAIS

A sociedade brasileira vive um momento peculiar de transformação social. A partir dos anos 90, novos fatores sociais passam a destacar-se na sociedade civil organizada, sugerindo, por conseguinte, novas demandas sociojurídicas. Neste início de século XXI, deparamo-nos com várias crises nas sociedades de um modo geral e, em especial, na sociedade brasileira; estas crises evidenciam uma necessidade urgente de revisão de paradigmas,[251] bem como a construção de novos modelos, capazes de atenderem a uma demanda cada vez mais crescente e urgente de prestação de tutela jurisdicional. O acesso à justiça é inevitável e pressupõe um revisionamento nos sistemas jurídicos atuais. É neste contexto que emerge a construção de um direito processual constitucional[252] que passa a refletir estas e

---

[249] Publicado originalmente In: Araken de Assis; Luís Gustavo Andrade Madeira. (Org.). Direito Processual Civil: As reformas e questões atuais do direito processual civil. Porto Alegre: Livraria do Advogado, 2008.

[250] Sócrates, *apud* Platão, Critón. Trad. por Maria Rico Gómez. Madrid: Centro de Estudios Constitucionales, 1994, p. 13 (50b).

[251] De acordo com a clássica opinião do criador do conceito, TOMAS KUHN, podemos entender paradigma como: "as realizações científicas universalmente reconhecidas que, durante algum tempo, fornecem problemas e soluções modelares para uma comunidade de praticantes de uma ciência", *A estrutura das revoluções científica*. Trad. por Beatriz Vianna Boeira e Nelson Boeira. São Paulo: Perspectiva, 2003, p. 13.

[252] Neste particular, convém esclarecer algumas confusões terminológicas acerca dos institutos de Direito Processual Constitucional e Direito Constitucional Processual. Em que pese determinado setor da doutrina negar relevância prática a esta distinção – entre os quais, PAULO MEDINA, *Direito Processual Constitucional*. Rio de Janeiro: Forense, 2003, p. 5; – ou simplesmente negar a existência do Direito Constitucional Processual – entre eles, RODRÍGUEZ DOMÍNGUEZ, Derecho Procesal Constitucional: precisiones conceptuales. In: *Derecho Procesal Constitucional*. 4ª ed., México: Porrúa, 2003, t. I, p. 490; MARCELO CATTONI, Uma justificação democrática da jurisdição constitucional brasileira e a incontitucionalidade da Lei nº 9.686/99. In: *Rev. Fac. Dir. Univ. Fed. Paraná*, 2001, nº 36, p. 177 a 207 e WILLIS GUERRA FILHO, *Processo Constitucional e Direitos Fundamentais*. 4ª ed., São Paulo: RCS editora, 2005, Cap. I, p. 7 e 8 – o certo é que o tema apresenta grande importância prática, na medida em que possibilita a criação de um novo ramo do Direito Processual, o Direito Processual Constitucional. Este novo ramo do Direito Processual, mais do que permitir o enlace entre Processo e Constituição, revela uma mudança paradigmática na forma de conceber o próprio Direito Processual que passa a

outras questões, e gera um espaço de reflexão crítica dos problemas que afligem o processo como instrumento constitucional de realização da justiça,[253] que, além de denunciar os problemas sociais, deverá anunciar possibilidades concretas de acesso à justiça, buscando sempre unir teoria e prática.

Modernamente, os processualistas, preocupados com o fenômeno da efetividade do processo, estão recorrendo ao caminho inverso daquele utilizado pela doutrina processual do início do século, pois enquanto estes perseguiam o afastamento do processo a respeito do direito material, aqueles perseguem uma aproximação entre processo e direito.[254] Esta aproximação se deve, basicamente, a dois fatores: de um lado, o florescimento de novos direitos, nascidos, como é sabido, a partir da revolução tecnológica, onde a economia se expande progressivamente através de "prestações de fato", e traz consigo, em consequência, o crescimento das atividades econômicas de "prestações de serviços", que incrementam, sobremaneira, o número de prestações pessoais ou não fungíveis;[255] e de outro lado, a origem do Estado Democrático de Direito,[256] ou Welfare State,[257] que cria uma nova ordem de pensamento e concebe o acesso à justiça a partir da perspectiva dos justiciáveis,[258] ou seja, esta nova ordem de pensamento está comprometida

---

ser visto não mais como um simples instrumento de realização do ordenamento jurídico (concepção objetiva) ou dos interesses em conflito (concepção subjetiva), mas como um Direito Fundamental. Esta nova postura permite aos operadores do direito (re)interpretar os institutos processuais à luz da Constituição.

[253] Há mais de 50 anos, COUTURE já destacava esta faceta do processo como instrumento de realização da justiça e infelizmente apontava o seu afastamento deste desiderato, *Fundamentos del derecho procesal civil*. 3ª ed., Buenos Aires: Depalma, 1988, n° 93, p. 149.

[254] Esta aproximação entre direito e processo traz como consequência, inclusive, uma nova interpretação do *direito de ação* que hoje se encontra plasmado nas mais diversas constituições, entre elas, a Constituição espanhola, no art. 24.1; a Constituição italiana, no art. 24.1; e a Constituição brasileira, no inc. XXXV, do art. 5°. De acordo com a acertada opinião de RAPISARDA, modernamente: "Non basta, in proposito, richiamare l'attenzione sul fatto che la garanzia dell'azione atipica si trova oggi esplicitamente affermata nell'art. 24, I comma, Cost. È necessario aggiungere che l'idea dell'azione come entità astratta dal diritto sostanziale funziona come garanzia di tipicità della tutela 'solo' in relazione ad una logica dei rapporti tra diritto sostanziale e processo che costruisce le tecniche di tutela come mere proiezioni processuali della strutura del diritto tutelando", *Profili della tutela civile inibitória*. Padova: Cedam, 1987, cap. VI, n° 2, p. 218.

[255] Neste particular, consultar os valiosos estudos de CALVÃO DA SILVA, *Cumprimento e sanção pecuniária compulsória*. Coimbra: Coimbra, 1987, n° 3, p. 24 e RAPISARDA, *op. cit.*, n° 14, p. 75 e ss.

[256] Para um estudo mais detalhado do Estado Democrático de Direito, consultar REIS NOVAES, Jorge. *Contributo para uma teoria do Estado de Direito*. Coimbra: Coimbra, 1987, especialmente os cap. II e VI; BIDART CAMPOS, German José. *Doctrina del Estado Democrático*. Buenos Aires: EJEA, 1961, especialmente os cap. I e IV; CANOTILHO, J. J. Gomes. *Direito Constitucional*. 5ª ed., Coimbra: Almedina, 1992, parte IV, especialmente os cap.I a III; *Estado de Direito*. Lisboa: Gradiva, 1999; REALE, Miguel. *O Estado Democrático de Direito e o conflito das ideologias*. São Paulo: Saraiva, 1998, especialmente os cap. I, II e IV; STRECK, Lenio L. *Jurisdição constitucional e hermenêutica: uma nova crítica do direito*. 2ª ed., Rio de Janeiro: Forense, 2004, especialmente os cap. I a IV, entre tantos outros autores.

[257] Muitos autores não diferenciam Estado Democrático de Direito de Estado Social Democrático de Direito, mais conhecido como *Welfare State*. Para consultar as diversas opiniões a respeito, ver meu "Contribuição ao estudo das sanções desde a perspectiva do Estado Democrático de Direito". In: *Constituição, Sistemas Sociais e Hermenêutica*. Porto Alegre: Livraria do Advogado, 2005, p. 199, nota 47.

[258] Sobre o tema, consultar obrigatoriamente CAPPELLETTI, Acesso alla giustizia come programma di riforma e come metodo di pensiero. In: *Rivista di Diritto Processuale Civile*, 1982, p. 243 e ss. Ver também, do mesmo autor, 'Il processo civile come fenomeno sociale di massa'. In: *Studi in Memória di Roberto Bracco*. Padova: Cedam, 1976, p. 73 e ss; e Problemas de reforma do processo civil nas sociedades contemporâneas. In: Revista

com um processo de resultados, onde os consumidores do direito buscam instrumentos adequados à tutela de todos os direitos, com o objetivo de assegurar-se praticamente a utilidade das decisões judiciais, seja no âmbito repressivo ou preventivo.

Esta é a razão pela qual o estudo da garantia constitucional do postulado da efetividade será realizado a partir da sentença mandamental que, atualmente, é um dos meios mais eficazes na realização concreta do direito.

Este estudo nos conduzirá, necessariamente, a um redimensionamento da função jurisdicional, na medida em que essa função é avaliada não a partir dos mecanismos processuais abstratamente considerados nas leis infraconstitucionais, mas fundamentalmente a partir do grau de satisfação real que esses mecanismos produzem aos consumidores da justiça que tem ao seu alcance a Constituição Federal.

2.2. O POSTULADO DA EFETIVIDADE

No atual estágio da nossa civilização, o processo é considerado uma das maiores conquistas da humanidade, na medida em que a própria Constituição Federal assegura dentro de suas garantias fundamentais o sobreprincípio[259] segundo o qual "ninguém será privado da liberdade ou de seus bens sem o devido processo legal". Por esta razão, o processo passa a ser entendido como elemento indispensável para o exercício da liberdade ou a manutenção dos bens em sociedade, pois sem ele nossa liberdade e/ou nossos bens estariam seriamente comprometidos, na medida em que poderiam ser retirados sem a necessária observância de um procedimento legal.

Atualmente, por força da Emenda Constitucional nº 45, promulgada em 08.12.2004, a efetividade encontra-se positivada no inciso LXXVIII do art. 5º da Constituição Federal. Reza o citado inciso que "a todos, no âmbito judicial e administrativo, são assegurados a razoável duração do processo e os meios que garantam a celeridade de sua tramitação". Não obstante a atual previsão constitucional da "razoável duração do processo", já era permitido sustentar, com anterioridade, esta possibilidade, através do § 2º do art. 5º da Constituição Federal, que possibilita a parte em seu benefício à Convenção Americana sobre Direitos

---

de Processo, nº 65, p. 130 e ss. Desde esta perspectiva, pois, é oportuno assinalar a proposta defendida por MARINONI, segundo a qual: "As tutelas, assim, devem ser classificadas de acordo com os resultados que proporcionam aos consumidores dos serviços jurisdicionais", *A antecipação da tutela.* 5ª ed., São Paulo: Malheiros, 1999, nº 3.3.11, p. 111.

[259] De acordo com nosso entendimento, anteriormente defendido ('O sobreprincípio da boa-fé processual como decorrência do comportamento da parte em juízo'. In: *Anuário do Curso de Pós-Graduação em Direito da Unisinos*, São Leopoldo, 2003, especialmente p. 84 a 86), a palavra *sobreprincípio* indica que a garantia constitucional do *due process of law* se sobrepõe aos demais princípios processuais constitucionais condicionando-os, sempre que possível, em sua interpretação no tempo e no espaço. Nesta ordem de ideias HUMBERTO ÁVILA, para quem os sobreprincípios "funcionam como fundamento, formal e material, para a instituição de sentido às normas hierarquicamente inferiores", *Teoria dos princípios: da definição à aplicação dos princípios jurídicos*, 2ª ed., São Paulo: Malheiros, 2003, nº 3.1, p. 80.

Humanos, em que o Brasil é signatário, através do art. 8.1 que prevê o direito da parte ser ouvida dentro de um prazo razoável.[260]

Em se tratando de um tópico sobre efetividade, e não um estudo sobre a mesma, que comporta, pela sua amplitude, diversas formas de abordagem, limitar-nos-emos aqui simplesmente a sua natureza jurídica.

A efetividade se nos apresenta como um princípio, sobreprincípio ou postulado?. Para que a pergunta possa ser corretamente respondida é fundamental destacar a importância da efetividade dentro dos pressupostos constitucionais do Estado Democrático de Direito. De acordo com nosso entendimento, ela, a efetividade, compõe um dos elementos integrantes desta concepção de Estado, na medida em que contribui para a construção de uma sociedade mais justa (art. 3°, inc. I, da CF), baseada na dignidade da pessoa humana (art. 1°, inc. III, da CF), pois de acordo com Rui Barbosa, a justiça prestada de forma tardia equivale à injustiça qualificada.

Neste diapasão, podemos seguramente afirmar que existe o dever constitucional de promover a efetividade do direito quer em nível da função judicial, administrativa ou mesmo legislativa, em todas as esferas de poder: federal, estadual e municipal. Para o legislador, este dever lhe é imposto quando

> (...) al regular la constitución y funcionamiento de los Tribunales, debe considerar los posibles riesgos de inefectividad de la tutela y eliminarlos en la medida de lo posible, por lo que podría ser contraria a la Constitución una regulación que se despreocupase de la efectividad de la tutela, y ello aun al margen de si ese riesgo no resultase realizable en todos los casos (...)[261]

Também a função executiva deve promover a efetividade através da garantia dos meios estruturais adequados para que a justiça possa ser eficaz, evitando, com isso, que suas carências possam repercutir nos consumidores do direito. A efetividade também está presente na administração pública, tanto direta quanto indireta, através do art. 37 da Constituição Federal, que lhe determina obediência ao princípio da *eficiência*, entre outros.

O Poder Judiciário também se encontra submetido ao inarredável dever de propagandear a efetividade dos interesses que lhe são submetidos à apreciação. Este dever constitucional dos juízes de velar pela efetividade da tutela judicial não se limita somente ao aspecto processual – como a obrigatoriedade da realização da audiência preliminar –, mas também ao aspecto material, uma vez que exige dos

---

[260] Dispõe o art. 8.1 desta Convenção que: "Toda pessoa tem direito a ser ouvida, com as devidas garantias e dentro de um prazo razoável, por um juiz ou tribunal competente, independente e imparcial, estabelecido anteriormente por lei, na apuração de qualquer acusação penal formulada contra ela, ou para que se determinem seus direitos ou obrigações de natureza civil, trabalhista, fiscal ou de qualquer outra natureza". Esta possibilidade já foi por mim defendida quando escrevi "A instrumentalidade do processo e o princípio da verossimilhança como decorrência do *Due Process of Law*". In: *Revista de Jurisprudência Brasileira*, n° 173, p. 31 e 32; também publicada na *Revista Ajuris*, n° 60, p. 273 e 274. Sobre o tema, consultar, CRUZ E TUCCI, *Devido processo legal e tutela jurisdicional*, São Paulo: RT, 1993, p. 99 a 126

[261] CHAMORRO BERNAL, *La tutela judicial efectiva*. Barcelona: Bosch, 1994, p. 280.

juízes a obediência aos parâmetros de uma interpretação razoável do ordenamento jurídico.[262]

Identificada a real importância da efetividade na construção do Estado Democrático de Direito e sua extensão nas diversas áreas de poder, podemos concluir que pelo seu valor a efetividade se nos apresenta como *postulado*, pois de acordo com a opinião de Humberto Ávila, os postulados normativos "são normas imediatamente metódicas, que estruturam a interpretação e aplicação de princípios e regras mediante a exigência, mais ou menos específica, de relações entre elementos com base em critérios".[263]

2.3. AS SENTENÇAS MANDAMENTAIS

Sempre que empreendemos o árduo caminho da classificação de um instituto, as proféticas palavras de Carnelutti se nos assomam a memória, pois, de acordo com o prestigiado autor, "Conviene que los teóricos del Derecho se den cuenta de la función y de la importancia de la clasificación e igualmente comprendan cómo y por qué si la observación no va seguida de la clasificación, no sirve para nada. La clasificación debe hacerse según reglas que ellos mismos deben tratar de descubrir".[264]

O tema relacionado à classificação das tutelas demanda algumas precisões conceituais, entre as quais cabe destacar aquela segundo a qual podemos classificar tanto pretensões processuais[265] como sentenças, pois, de acordo com o art. 128 do CPC,[266] o juiz somente está legitimado a julgar o litígio dentro dos limites

---

[262] Neste sentido, CHAMORRO BERNAL, op. cit., p. 281.

[263] *Teoria dos princípios: da definição à aplicação dos princípios jurídicos*, op. cit., p. 120.

[264] *Metodología del derecho*. Trad. por Angel Osorio. 2ª ed., México: UTEHA, 1962, p. 52.

[265] De acordo com nosso entendimento, a classificação das tutelas que toma por base as diversas espécies de pretensão processual é a que melhor contribui, desde uma perspectiva metodológica, para a real compreensão da efetividade da tutela jurisdicional, já que esta é reflexo jurídico da ação material e representa um ato concreto e particular de declaração de vontade, além de manter em funcionamento o processo. Não é possível efetuar uma classificação partindo da ação processual devido ao seu caráter abstrato e universal: se a ação processual tem como característica o fato de ser abstrata e universal, estas qualidades por si só afastam qualquer intento de classificação, já que para classificar qualquer objeto se exige obrigatoriamente elementos concretos capazes de individualizá-lo dos demais, como ocorre, e. g., com a pretensão processual. Em consequência, a ser a pretensão processual um ato concreto e particular de declaração de vontade, permite, de maneira adequada, uma classificação a partir dos diversos tipos de declarações petitórias. Por isto esta classificação, que parte da pretensão processual como reflexo jurídico da ação material, é a única capaz de realizar adequadamente as garantias constitucionais asseguradas pelo art. 5º Constituição Federal, na medida em que se percebe a *"insufficienza del concetto meramente processuale dell'azione a realizzare la garanzia dell'art. 24, 1° comma"*, nas palavras de DENTI, quando se refere também às garantias do art. 24 da Constituição Italiana (Valori costituzionali e cultura processuale. In: *Sistemi e Riforme: Studi sulla Giustizia Civile*. Bologna: Mulino, 1999, p. 62). Desde esta perspectiva, pois, a classificação que toma por base a pretensão processual, contribui ineludivelmente à desejada efetividade da tutela jurisdicional. Para aprofundar melhor no estudo da classificação que leva em consideração às pretensões processuais, consultar o que escrevi em *La pretensión Procesal y la Tutela Judicial Efectiva: Hacia una Teoría Procesal del Derecho*. Barcelona: Bosch, 2004, nº 9.5.1, p. 158 e ss.

[266] No direito espanhol, o principio da congruência encontra-se fincado no art. 218 da nova LEC. Sobre o tema consultar PICÓ, Los princípios del nuevo proceso civil. In: *Instituciones del nuevo proceso civil. Comentários sistemáticos a la Ley 1/2000*. Barcelona: Difusión Jurídica, t. I, p. 27 e ss; e MONTERO AROCA, *Los principios*

impostos pelas partes, sendo-lhe vedado ditar decisões *ultra, citra ou extra petita*, é o chamado princípio da congruência.[267] Por isto, é correto aludir tanto a classificação de pretensões como de sentenças, tudo depende do ponto de vista desde o qual se analise o processo: se desde a ótica inicial, estaremos classificando as pretensões processuais, e se o é desde a ótica final, estaremos classificando as sentenças de procedência.[268]

2.3.1. Origem

As pretensões mandamentais provêm diretamente dos interditos romanos,[269] uma vez que nestes, segundo destaca Gandolfi, "l'ordeni del pretore era fondato, come vedremo, sull'imperium', quale potere di coercizione, e mirava ad as-

---

políticos de la nueva Ley de Enjuiciamiento Civil. Los poderes del juez y la oralidad. Valencia: Tirant lo Blanch, 2001, especialmente cap. X, p. 89 a 94.

[267] Sobre o tema, consultar meu *Provas Atípicas*. Porto Alegre: Livraria do Advogado, p. 22 a 28.

[268] É evidente que a classificação que toma por base a sentença refere-se unicamente àquelas que são procedentes, pois a improcedência de qualquer pretensão processual é classificada como sendo declarativa negativa, devido ao caráter da subsunção.

[269] Orienta-se neste sentido OVÍDIO B. DA SILVA, *Curso de processo civil*. 4ª ed., São Paulo: RT, 1998, v. II, p. 334. Os interditos, segundo JUSTINIANO, eram "unas fórmulas y concepciones de palabras, por las cuales el pretor mandaba ó prohibía que se hiciese alguna cosa. Se empleaban con más frecuencia en las contiendas acerca de la posesión ó de la cuasi-posesión", *Instituciones*. Trad. por Ismael Calvo y Madroño. Madrid: Góngora, 1915, IV, 15, p. 292. De igual modo, GAYO, ao dizer que: "En determinados casos el pretor o el procónsul imponen su autoridad para poner fin a la controversia, principalmente cuando la controversia es sobre la posesión o la cuasi-posesión, concretándose a mandar o prohibir que se haga algo. Las fórmulas y redacciones que emplean para ello se llaman interdictos 'o, para ser más exactos, interdictos y' decretos", *Instituciones*. Trad. por Alvaro D'Ors e Pérez-Peix. Madrid: Instituto Francisco de Vitoria, 1943, IV, 139, p. 210. Para BONFANTE: "Scopo essenziale dell'interdetto è mantenere lo stato di possesso come è attualmente costituito, impedire la turbativa futura, impetrandone anzi dal pretore il divieto, il 'vim fieri veto'", *Corso di diritto romano*. Milano: Giuffrè, 1972, v. III, p. 431. A este respeito, afirma acertadamente ALBERTARIO, que: "La procedura civile romana separava nettamente 'actiones' e 'interdicta'", 'Actiones' e 'interdicta'. In: *Studi di Diritto Romano*. Milano: Giuffrè, 1946, v. IV, p. 117, porém com o tempo os dois institutos acabaram confundindo-se. De acordo com a opinião do autor, esta confusão foi provocada pelos textos das '*Pandette*' e do '*Codice giustinianeo*' (*Instituciones*, IV, 15, 8) que "sono testi – come abbiamo cercato di dimostrare – interpolati per adattarli alla nuova realtà giuridica, nella quale l'interdetto non è più quell'istituto che nell'età classica era, ma si è trasformato, nella nuova procedura postclassica giustinianea, in una azione. (...) Ma la identificazione, che questi testi fanno di 'interdictum' con 'actio', è pur certamente dovuta non al giureconsulto classico, che non poteva farla se non incorrendo in un grossolano errore, ma a una mano postclassica, cioè a una tarda glossa o a un tardo rimaneggiamento del testo classico", *'Actiones' e 'interdicta'*, op. cit., p. 157. Corroborando estas interpolações nos textos pseudo-clássicos encontramos SCHULZ, *Derecho romano clásico*. Tad. por José Santa Cruz Teigeiro. Barcelona: Bosch, 1960, nº 113, p. 60; e COLLINET, *La nature des actions des interdits et des exceptions dans l'œuvre de justinien*, Paris: s/edit., 1947, p. 483 e ss. Daí conclui ALBERTARIO que "Se i giureconsulti dicevano che si poteva 'agere interdicto', non per questo gli 'interdicta' erano anche 'actiones'", *'Actiones' e 'interdicta'*, op. cit., p. 163. Esta ideia é repetida pelo autor em 'In tema di classificazione delle azioni. In: *Rivista di Diritto Processuale Civile*, 1928, nº 1, p. 200. No mesmo sentido, diferenciando as ações dos interditos, BISCARDI, *La protezione interdittale nel processo romano*. Padova: Cedam, 1938, nº 5, p. 14 a 16; GANDOLFI, *Contributo allo studio del processo interdittale romano*. Milano: Giuffrè, 1955, cap. III, nº 2, p. 36, e também em *Lezioni sugli interditti*. Milano: La Goliardia, 1960, cap. II, nº 5, p. 67 e ss; e BUONAMICI, *La storia della procedura civile romana*. Roma: L'Erma' di Bretschneider, 1971, v. I, p. 422. Para aprofundar melhor no estudo da proteção possessória através dos interditos no direito romano, ver por todos, MALAFOSSE, *L'interdit momentariae possessionis: contribution a l'histoire de la protection possessoire en droit romain* Roma: L'Erma' di Bretschneider, 1967, p. 29 e ss.

sicurare in modo energico, autoritativo e sollecito l'ordine giuridico".[270] Nesta espécie de tutela jurisdicional, o *praetor* ordenava geralmente ao demandado um determinado comportamento que poderia consistir em uma proibição (*interdictum prohibitorium*), ou retituição (*interdictum restitutorium*),[271] e jamais o condenava, posto que esta função, no período formulário, correspondia sucessivamente ao *index* privado.[272] Esta origem dos interditos romanos trazem consigo algumas consequências que também caracterizam as sentenças mandamentais, como por

---

[270] *Contributo allo studio del processo interdittale romano*, op. cit., cap. IV, n° 3, p. 98. Para BETTI, "l'imperium, questo potere che ha il proprio fondamento non in una legge ma nella magistratura come tale, è un residuo della costituzione regia nella costituzione repubblicana", *Istituzioni di diritto romano*. Padova: Cedam, 1947, v. I, § 11, p. 21.

[271] La división de los interdictos en *prohibitoria*, *restitutoria* y *exhibitoria* está en JUSTINIANO, *Instituciones*, IV, 15, 1, op. cit., p. 292.

[272] Esta segunda parte do processo, denominada *apud iudicem*, correspondia ao *iudex*, que, de acordo com a opinião de MURGA, "no es más que un ciudadano cualificado que asume la solución concreta del asunto litigioso emitiendo su opinión o *'iudicium'*", *Derecho romano clásico – II. El proceso*. 3ª ed., Zaragoza: Universidad de Zaragoza, 1989, p. 139. Daí que no direito romano antigo, a atividade do *praetor* (procedimento *in iure*) se diferenciava da atividade do *iudex* (procedimento *apud iudicem*), pois, enquanto o primeiro detinha o *imperium*, e era o responsável em redigir o documento conhecido como *formula*, em virtude da *litis contestatio*, o segundo detinha somente a *iurisdictio* (*ius dicere*), com seus poderes limitados pela *litis contestatio*. A atividade sucessiva do juiz com respeito a atividade do pretor nos é descrita por GAYO, quando o mesmo se refere ao procedimento dos interdictos "Pero el acto no se termina con el mandato o la prohibición de hacer algo, sino que el asunto pasa al juez o a los recuperadores y allí se presentan las fórmulas y se indaga si se hizo algo contra el edicto del pretor o no se hizo lo que éste mandó que se hiciera. (...)", *Instituciones*, op. cit., IV, 141, p. 210. Para analizar melhor a estrutura da magistratura romana e suas características, ver ARANGIO-RUIZ, *Storia del diritto romano*. Napoli: Jovene, 1950, cap. V, § 2°, p. 96 e ss. A este respeito, é conveniente desenvolver, mesmo que perfunctoriamente, a distinção existente entre as funções do pretor e as funções do juiz, isto é, a complexa questão de distinguir *imperium* de *iurisdictio*. De acordo com a opinião de VOCI, "sono di 'imperium' gli atti pretori che immediatamente impongono un ordine o creano una situazione giuridica diversa dal processo (da questi atti solo mediatamente ed eventualmente potrà sorgere un rapporto processuale); sono di 'iurisdictio' gli atti pretori che attengono al sorgere e allo svolgersi di un rapporto processuale, per la cui costituzione i privati si sono rivolti al magistrato. Qui risalta che 'imperium' vale come potere di ordinanza; per contro, 'ius dicere' non può essere inteso come esprimere, riconoscere il formulare un precetto di diritto oggettivo", *Per la definizioni dell'imperium*. In: *Studi in Memoria di Emilio Albertario*. Milano: Giuffrè, 1953, v. II, p. 98. Daí que para o autor se pode dizer que são "*'praetores' i magistrati 'cum imperio'*", *Per la definizioni dell'imperium*, op. cit., p. 84. De igual modo LAURIA, para quem a explicação do porque do nome *iurisdictio* é suficiente para esclarecer as dúvidas, uma vez que "il magistrato pronunziava dei 'verba legitima' (la sua funzione si esauriva in questa pronunzia), cioè 'dicebat ius'. Se questo era il significato originario della parola, si spiega agevolmente come mai all'esplicazione della 'iurisdictio' non fosse necessario adoperare potere di comando, e come restassero esclusi da essa tutti quegli atti nei quali non si usavano formole solenni; e si spiega anche perchè la 'iurisdictio' non ricevette mai attributi che la specificassero: 'ius dicere' indicava la forma con la quale quella funzione si esplicava, non il contenuto della funzione", Iurisdictio. In: *Studi in Onore di Pietro Bonfante*. Milano: Fratelli Treves, v. II, p. 529; e GROSSO, ao dizer que "l' *imperium* spettava ai consoli, detti in antico '*praetores*', ed al '*praetor* (...)'" *Lezioni di storia del diritto romano*. 3ª ed., Torino: Giappichelli, 1955, n° 85, p. 163, enquanto "agli altri magistrati non muniti di '*imperium*' (censori, edili, magistrati aventi la '*iurisdictio*') (...)", *Lezioni di storia del diritto romano*. op. cit., n° 91, p. 174. Para aprofundar melhor no tormentoso problema da *iurisdictio* e de sua relação com o *imperium*, ver também LUZZATTO, *Procedura civile romana*. Bologna: U.P.E.B, 1948, v. II, p. 163 e ss; GIOFFREDI, *Contributi allo studio del processo civile romano*. Milano: Giuffrè, 1947, p. 9 e ss; e MURGA, *Derecho romano clásico – II. El proceso*, op. cit., p. 36 e ss. Sobre os poderes do magistrado no direito grego a través da análise da constituição de Atenas, ver por todos, ENRICO PAOLI, *Les pouvoirs du magistrat de police dans le droit attique>, en Altri Studi di Diritto Greco e Romano*. Milano: Istituto Editoriale Cisalpino – La Goliardica, 1976, p. 221 e ss.

DA TUTELA JURISDICIONAL ÀS FORMAS DE TUTELA

exemplo, o *imperium*,[273] a realização forçosa da ordem *manu militar*,[274] e a *causae cognitio* ou cognição sumária,[275] que define esta pretensão como um processo sumário.[276]

A sentença mandamental foi descoberta por Georg Kuttner, em 1914, através de sua obra *Urteilswirkungen ausserhalb des Zivilprozesses* (Efeitos da sentença fora do processo civil).[277] O autor criou esta outra forma de tutela a partir da análise das eficácias contidas na sentença, já que a classificação por gênero e espécies era insuficiente para explicar aquelas eficácias existentes em algumas sentenças que não se identificavam com a eficácia meramente declarativa, nem com a constitutiva, e tampouco com a condenatória. Por isto, para Kuttner, as sentenças mandamentais (*Anordnungsurteile*)[278] devem ser entendidas como

> (...) as sentenças em que o juiz, sem proferir decisão com força de coisa julgada sobre a própria relação jurídica de direito privado, dirige imediatamente a outro órgão estatal, a uma autoridade pública ou a um funcionário público a ordem determinada de praticar ou omitir um

[273] Sobre este particular, consultar por todos, VOCI, Per la definizioni dell'*imperium*. In: *Studi in Memoria di Emilio Albertario*, op. cit., p. 67 e ss.

[274] Apesar das diversas formas de execução dos interditos romanos, podemos afirmar, seguindo a GANDOL-FI, que "il processo interdittale si concludeva con un ordine rivolto ad una parte privata; traeva fondamento dall'*imperium* del magistrato al quale il cittadino non può sottrarsi; mirava a garantire, sia pure attraverso la tutela di interessi privati, l'ordine sociale e l'ottemperanza a provvedimenti della pubblica autorità ('*bonorum possessio'*, '*missio in possessionem'*, concessioni pubbliche di uso, vendite all'asta pubblica ecc)", *Lezioni sugli interdetti*, op. cit., cap. III, n° 4, p. 124. Por isto, quando o autor analiza o conteúdo do texto de *Iulianus*, 48 dig., D.43,8,7, afirma que: "La menzione delle rovine fa suppore che la pronuncia venisse eseguita '*manu militari'* ('*cogendus demolire'*), se il destinatario non vi ottemperasse spontaneamente. Lo stesso significato sembra abbia il '*tollere debet'*: e tanto più in quanto messo in relazione all'*imperium del pretore*", *Lezioni sugli interdetti*, op. cit., cap. III, n° 4, p. 124 e 125.

[275] Orienta-se neste sentido, BISCARDI, quando disse: "La costante necessità di un sia pur sommario esame di merito da parte del magistrato adito dal ricorrente risulta implicitamente dalla possibilità, fatta al primo, di 'reddere' o 'denegare interdictum'", *La protezione interdittale nel processo romano*, op. cit., n° 10, p. 36. De igual modo, MURGA, para quem: "Esa es sin duda la característica más excepcional de estos actos donde tras la breve 'cognitio' del asunto – de ahí el calificativo de procedimiento cognitorio que reciben estos actos –, el magistrado por sí mismo concede o deniega el medio procesal que se le pide", *Derecho romano clásico – II. El proceso*, op. cit., p. 357.

[276] A característica do procedimento *ex interdicto* como uma forma de processo sumário levou BISCARDI a afirmar que: "Il carattere sommario del procedimento interdittale e la condizionalità della pronuncia favorevole al ricorrente ('interdictum') suggerirebbero dei facili riaccostamenti col procedimento monitorio o ingiuntivo delle legislazioni moderne", *La protezione interdittale nel processo romano*, op. cit., n° 11, p. 63, nota 5.

[277] Neste sentido, GOLDSCHMIDT, *Derecho Procesal Civil*. Trad. por Leonardo Prieto-Castro. Barcelona: Labor, 1936, § 15, p. 113; PRIETO-CASTRO, Acciones sentencias constitutivas. In: *Trabajos y Orientaciones de Derecho Procesal*. Madrid: Revista de Derecho Privado, p. 140, nota 23; PONTES DE MIRANDA, *Tratado das ações*. São Paulo: RT, 1976, t. IV, § 1°, p. 9; BARBOSA MOREIRA, A sentença mandamental. Da Alemanha ao Brasil. In: *Revista de Processo*, n° 97, p. 252; OVÍDIO B. DA SILVA, *Curso de processo civil*, op. cit., v. II, p. 359; e CLÓVIS DO COUTO E SILVA, A teoria das ações em Pontes de Miranda, In: Revista Ajuris, n° 43, p. 73.

[278] De acordo com a opinião de BARBOSA MOREIRA: "A dicção empregada pelo processualista alemão fora 'Anordnungsurteil'; uma das acepções de 'Anordnung' é 'ordem', no sentido de determinação dirigida a alguém", *A sentença mandamental. Da Alemanha ao Brasil*, op. cit., p. 252. Nesta ordem de ideias, PRIETO-CASTRO, quando disse: "El nombre, acción de mandamiento, fue introducido por nosotros en la trad. de Goldschmidt (p. 113) como correspondiente a 'Anordnungsklagen und, Urteile', denominación creada, como asimismo el tipo, por Kuttner, (...)", *Acciones y sentencias constitutivas*, op. cit., p. 140, nota 23. Também utiliza a denominação de *ação mandamental*, GUASP, *La pretensión procesal*. Madrid: Cívitas, 1996, p. 80, nota 80.

ato oficial, mais precisamente designado na sentença e contido no âmbito das atribuições desse órgão, e isso mediante requerimento especial e novo da parte vencedora.[279]

A partir deste conceito, podemos identificar quais são as características essenciais das *Anordnungsurteile* para o autor: a) não produzem coisa julgada; b) dirigem-se até outro órgão público alheio ao processo; c) necessitam uma ulterior solicitude da parte interessada.

Apesar da rigorosa análise levada a cabo pelo processualista alemão, sua doutrina teve escasso êxito, conseguindo somente a adesão de Goldschmidt, para quem, *"la 'acción de mandamiento' se encamina a obtener un mandato dirigido a otro órgano del Estado. Por médio de la sentencia judicial"*.[280] Esta nova forma de tutela jurisdicional influiu sobremaneira na doutrina do autor, até o extremo de sustentar, surpreendentemente, que as sentenças mandamentais são o gênero, e as sentenças condenatórias, simples espécies.[281] Desgraçadamente, seu estudo não foi mais adiante destas observações, pelo que o mesmo destacou: "Esta cuarta clase de acción, así calificada por Kuttner, está aún pendiente de investigación científica".[282]

2.3.2. Contribuição da doutrina brasileira

Modernamente, as sentenças mandamentais têm ressurgido com o vigoroso estímulo subministrado por parte da doutrina brasileira,[283] principalmente através

---

[279] Tradução direta do alemão por BARBOSA MOREIRA, *A sentença mandamental. Da Alemanha ao Brasil*, op. cit., p. 253. No mesmo sentido é a tradução realizada por CLÓVIS DO COUTO E SILVA, *A teoria das ações em Pontes de Miranda*, op. cit., p. 73.

[280] *Derecho procesal civil*, op. cit., § 15, p. 113.

[281] A explicação do autor reside no fato de que *"la acción de condena es ya una acción de mandamiento, puesto que en cuanto título ejecutivo contiene en sí también un mandato dirigido al órgano de ejecución, para que lleve ésta a efecto (cfs. también la acción derivada del § 731). Pero esta circunstancia se explica sólo por el hecho de que la 'condena' del proceso moderno ha sobrepasado los efectos privados de la 'condemnatio' del proceso romano, bajo el influjo de las concepciones jurídicas alemanas. Aun cuando no en la medida del Derecho procesal francés o del angloamericano, el Derecho procesal alemán conoce, además, otras acciones de mandamiento"*, *Derecho procesal civil*, op. cit., § 15, p. 113.

[282] *Derecho procesal civil*, op. cit., § 15, p. 113.

[283] Esta nova modalidade de sentença encontra grande respaldo na doutrina nacional, entre os quais cabe citar PONTES DE MIRANDA, *Tratado das ações*, op. cit., t. I, § 25, p. 122; § 27, p. 134 e 135; § 37, p. 211; OVÍDIO B. DA SILVA, *Curso de processo civil*, op. cit., v. II, p. 333 e ss; e também em *Do processo cautelar*. Rio de Janeiro: Forense, 1998, 2ª ed., nº 11, p. 84 e ss, e p. 164; BARBOSA MOREIRA, *A sentença mandamental. Da Alemanha ao Brasil*, op. cit., nº 97, p. 264; ADA PELLEGRINI GRINOVER, *Tutela jurisdicional nas obrigações de fazer e não fazer*. In: *Revista Ajuris*, nº 65, p. 26, também publicado em *Revista Forense*, v. 333, p. 11; ATHOS GUSMÃO CARNEIRO, *Da antecipação de tutela no processo civil*. Rio de Janeiro: Forense, 1999, nº 32.1 e 32.3, p. 40 e 41; MARINONI, *Tutela inibitória*. São Paulo: RT, 1998, p. 351; e também em *A antecipacão da tutela*, op. cit., nº 2.4.4, p. 49 e ss; KAZUO WATANABE, *Código brasileiro de defesa do consumidor. (Comentado pelos autores do anteprojeto)*. Rio de Janeiro: Forense Universitaria, 1991, p. 520 e ss; e também em 'Tutela antecipatória e tutela específica das obrigações de fazer e não fazer (art. 273 e 461 do CPC)'. In: *Revista Ajuris*, nº 66, p. 164 e ss; BEDAQUE, *Tutela cautelar e tutela antecipada: tutelas sumárias e de urgência*. São Paulo: Malheiros, 1998, cap. V, nº 2, p. 99 e ss; ZAVASCKI, *Antecipação da tutela*. São Paulo: Saraiva, 1997, p. 13; CARREIRA ALVIM, *Tutela antecipada na reforma processual*. Curitiba: Juruá, 2000, 2ª ed., cap. XIII, nº 1, p. 179; BOMFIM MARINS, *Tutela cautelar: teoria geral e poder geral de cautela*. Curitiba: Juruá, 2000,

das obras de Pontes de Miranda[284] e Ovídio B. da Silva.[285] Pode-se afirmar, com toda a segurança, que atualmente as sentenças mandamentais têm-se desenvolvido fora dos estreitos limites impostos por Kuttner, uma vez que não se dirigem exclusivamente a outros órgão públicos alheios ao processo,[286] nem tampouco necessitam uma nova solicitação da parte interessada, permanecendo, em alguns casos, a inexistência da coisa julgada,[287] que estaria justificada em razão de sua própria natureza, herdada dos interditos romanos, como anteriormente analisamos.

A doutrina desenvolvida por Pontes de Miranda tem seu ponto de partida na constatação segundo a qual, não existindo sentenças *puras*, o único critério legítimo para classificá-las reside na eficácia preponderante entre todas as demais eficácias contidas na sentença.[288] A partir de então, o autor procura conceituar sentença mandamental, distinguindo-la de outras formas de tutela, com o fundamento segundo o qual:

> Na ação mandamental, pede-se que o juiz mande, não só declare (pensamento puro, enunciado de existência) nem que condene (enunciado de fato e de valor); tampouco se espera que o juiz por tal maneira fusione o seu pensamento e o seu ato que dessa fusão nasça a eficácia constitutiva. Por isso mesmo, não se pode pedir que dispense o "mandato". Na ação executiva, quer-se mais: quer-se o "ato" do juiz, fazendo não o que devia ser feito pelo juiz "como juiz", sim o que a parte deveria ter feito. No mandado, o ato é ato que só o juiz pode praticar, por sua estatalidade. Na execução, há mandados – no correr do processo; mas a "solução" final é ato da parte (solver o débito). Ou do juiz, "forçando".[289]

---

nº 42, p. 112 e ss; ou EDUARDO LAMY, Prisão penal e coerção processual civil. In: *Revista Gênesis*, 2001, nº 19, p. 81.

[284] O prestigiado autor realiza um profundo estudo das sentenças mandamentais principalmente em seu conhecido *Tratado da Ações*, op. cit., tanto no tomo I, com exposições gerais (ver especialmente § 25, p. 122; § 27, p. 133 e 134; § 28, p. 139; § 37, p. 211; § 39, p. 215 e ss; e § 46, p. 279, 283 e 284), como no tomo IV, que está todo dedicado ao exame do tema.

[285] O professor gaúcho realiza um estudo pormenorizado das sentenças mandamentais através de sua inovadora *Teoria da Ação Mandamental*, contida no *Curso de processo civil*, op. cit., v. II, p. 333 a 431. Anteriormente, o autor já havia dedicado um estudo específico sobre o tema intitulado *Sentença mandamental*. In: *Sentença e Coisa Julgada*. 3ª ed., Porto Alegre: Fabris, 1995, p. 35 a 89, onde individualizava esta nova modalidade e traçava caminhos ainda não tão nítidos.

[286] De igual modo, PONTES DE MIRANDA, para quem: "O mandado pode ser dirigido a outro órgão do Estado, ou a algum sub-órgão da justiça, ou a alguma pessoa física ou jurídica", *Tratado das ações*, op. cit., t. VI, § 1º, p. 9. No mesmo sentido, ADA PELLEGRINI GRINOVER, *Tutela jurisdicional nas obrigações de fazer e não fazer*, op. cit., p. 26; ATHOS GUSMÃO CARNEIRO, *Da antecipação de tutela no processo civil*, op. cit., nº 32.1, p. 40; e principalmente OVÍDIO B. DA SILVA, que dedica a este ponto toda a parte final de seu *Curso de processo civil*, op. cit., v. II, p. 419 a 431.

[287] Sobre o assunto, OVÍDIO B. DA SILVA esclarece que "nem todas as sentenças mandamentais estão privadas de coisa julgada. O mandado de segurança, por exemplo, em geral, produz coisa julgada, ao passo que a sentença proferida em processo cautelar não a produz, sendo ambas mandamentais", *Curso de processo civil*, op. cit., v. II, p. 360.

[288] Sobre a diferença existente entre efeitos, conteúdo e eficácia de uma sentença, consultar o que escrevi em meu livro *La pretensión Procesal y la Tutela Judicial Efectiva: Hacia una Teoría Procesal del Derecho*, op. cit., nº 9.5.3, p. 171 e ss.

[289] *Tratado das ações*, op. cit., t. I, § 37, p. 211.

Com base no exposto, podemos afirmar que as sentenças mandamentais são exclusivamente aquelas em que prepondera, como eficácia imediata, o *mandado*, a *ordem*, que devem ser atendidos imediatamente[290] (em contraposição a outras situações em que o mandado ou a ordem devem ser atendidos em um momento posterior, como resultado mediato da sentença).[291]

Outro autor que merece ser destacado por suas valiosas contribuições nesta matéria é Ovídio B. da Silva, que, partindo dos estudos realizados por Pontes de Miranda, afirma:

> A ação mandamental tem por fim obter, como eficácia preponderante, da respectiva sentença de procedência, que o juiz emita uma ordem a ser observada pelo demandado, ao invés de limitar-se a condená-lo a fazer ou não fazer alguma coisa. É da essência, portanto, da ação mandamental que a sentença que lhe reconheça a procedência contenha uma ordem para que se expeça um mandado. Daí a designação de sentença mandamental. Neste tipo de sentença, o juiz "ordena" e não simplesmente "condena". E nisto reside, precisamente, o elemento eficacial que a faz diferente das sentenças próprias do Processo de Conhecimento".[292]

O autor, depois de analisar extensa e minuciosamente desde a origem das sentenças mandamentais até sua configuração moderna, passando pela análise do desenvolvimento da jurisdição de urgência e dos instrumentos executórios, além da crise do processo liberal, afirma que:

> O que é decisivo para que exista uma ação mandamental, é que a respectiva sentença de procedência contenha um "mandado", como sua eficácia preponderante. O que se quer, o objeto principal do pedido é, justamente, a obtenção desse "mandado". Pode haver mandados pós-sentenciais, em demandas que não sejam, "preponderantemente", mandamentais, como aconteceria com a ação declaratória de falsidade documental, cuja sentença, além de declarar o falso, decretasse (ordenasse) sua destruição. Neste caso, a eficácia mandamental de menor intensidade não seria suficiente para retirar da demanda seu caráter de ação declaratória.[293]

2.3.3. Características

A sentença mandamental, como toda sentença processual, está caracterizada por um verbo que a identifica e a distingue de outras sentenças, e que, ademais, se

---

[290] De acordo com a opinião do autor: "Na sentença mandamental, o 'ato' do juiz é junto, 'imediatamente', às palavras (verbos) – o ato, por isso, é dito 'imediato'. Não é 'mediato', como o ato executivo do juiz a que a sentença condenatória alude (anuncia); nem é 'incluso', como o ato do juiz na sentença constitutiva", *Tratado das ações*, op. cit., t. I, § 37, p. 211.

[291] Para PONTES DE MIRANDA, "A mandamentalidade como eficácia mediata é só no futuro. (...) Há sempre mandado, que se pede 'depois'. Quando o juiz sentencia não manda: a eficácia é da sentença, mas para que se exerça depois a pretensão mandamental", *Tratado das ações*, op. cit., t. I, § 27, p. 134. Com isto o autor quer dizer que: "o 'conteúdo' da ação de mandamento é obter mandado do juiz, que se não confunde com o efeito executivo da sentença de condenação (sem razão, JAMES GOLDSCHMIDT). A sentença de condenação pode conter, também, mandamento ao que executar a sentença, mas isso é outra questão", *Tratado das ações*, op. cit., t. I, § 46, p. 283.

[292] *Curso de processo civil*, op. cit., v. II, p. 334.

[293] Id., ibid., p. 352.

encontra no conteúdo da respectiva sentença. O verbo que representa esta pretensão é *ordenar* ou *mandar*. Por isso, através desta pretensão, o autor pede, como eficácia preponderante, que o juiz, por meio da sentença, ordene ou mande ao demandado fazer ou não fazer algo em virtude da ordem.

As características desta pretensão não se resumem unicamente na identificação do mencionado verbo (ordenar ou mandar), como crê a maioria dos autores, senão que também, se encontram em algumas das peculiaridades herdadas dos interditos romanos com certos matizes modernos. Assim, por exemplo:

a) O verbo *ordenar* ou *mandar*, contido na sentença mandamental, traduz atualmente aquilo que antigamente representava o *imperium* para o interdito, pois, como destaca Gandolfi: "In ogni modo sta il fatto che l'interdetto è senza alcun dubbio un ordine del pretore ad una parte, di asservare un certo comportamento positivo o negativo, e pronunciato in forza dell'imperium che è per definizione il potere di coercizione";[294]

b) As sentenças mandamentais, assim como nos interditos romanos, também apresentam como característica uma *cognitio summaria*,[295] que as inclui na categoria dos processos sumários,[296] uma vez que a cognição realizada pelo magistrado nesta forma de tutela jurisdicional é limitada, tanto no plano *horizontal*, já que a cognição do juiz se reduz em sua extensão, como ocorre, por exemplo, com a cognição da pretensão de manutenção da posse, que por sua natureza se limita unicamente a questões fáticas, relacionadas diretamente com a posse,[297] como no plano *vertical* , posto que a cognição do juiz se reduz em sua profundidade, como

---

[294] *Lezioni sugli interdetti*, op. cit., cap. III, n° 4, p. 130 e 131. Para ATHOS GUSMÃO CARNEIRO, "na ações 'mandamentais' o juiz, no uso do poder de império inerente à função jurisdicional, 'expede ordem dirigida a autoridade ou a pessoa particular, (...)", *Da antecipação de tutela no processo civil*, op. cit., n° 32.1 p. 40.

[295] Para aprofundar no estudo da cognição sumária, ver FAIRÉN GUILLÉN, *El juicio ordinario y los plenarios rápidos*. Barcelona: Bosch, 1953, cap. III, p. 41 e ss; BIONDI, Cognitio summaria. In: *Nuovo Digesto Italiano*, Torino: UTET, 1938, t. III, p. 271 e ss; publicado também no *Novissimo Digesto Italiano*. Torino: UTET, 1959, t. III, p. 436; e PRIETO-CASTRO, *Derecho procesal civil*. 5ª ed., Madrid: Tecnos, 1989, n° 254 e ss, p. 307 e ss. Para uma análise detalhada das diversas formas de cognição no processo civil brasileiro, ver por todos, KAZUO WATANABE, *Da cognição no processo civil*. São Paulo: RT, 1987, especialmente n° 9 a 13, p. 37 a 50; e n° 19 a 25, p. 83 a 110.

[296] A este respeito, merece aprovação o exposto por FAIRÉN GUILLÉN, quando disse que: "la forma específica – acelerada por lo regular – de los sumarios, depende de que se trate de un camino específico para obtener una finalidad específica, a fin de alcanzar la cual es precisa la citada forma especial", *El juicio ordinario y los plenarios rápidos*, op. cit., cap. IV, n° 3, p. 55.

[297] No direito brasileiro, está proibida a *exceptio proprietatis* quando o tema da discussão é a posse, salvo se o demandante invoca a propriedade como fundamento da posse. Este é o sentido da jurisprudência do S.T.J: "Não cabe, em sede possessória, a discussão sobre o domínio, salvo se ambos os litigantes disputam a posse alegando propriedade ou quando duvidosas ambas as posses alegadas", 4ª Turma, REsp, n° 5.462, rel. Min. Athos Carneiro; DJU, 7.10.91, p. 6.470. Este é o sentido do art. 933 do CPC, que destaca: "Na pendência do processo possessório, é defeso, assim ao autor como ao réu, intentar a ação de reconhecimento do domínio". No direito espanhol a regra é a mesma, conforme atesta a jurisprudência segundo a qual "El interdicto es siempre, por naturaleza, un proceso posesorio, de lo que deriva como inevitable efecto, que dentro de él, únicamente pueden disputarse cuestiones que tienen relación directa con la posesión, quedando excluidas aquellas cuyo enjuiciamiento implique la entrada por él órgano judicial en dimensiones ajenas". In: *Ley de enjuiciamiento civil y leyes complementarias*, Madrid: Colex, 1997, art. 1.651, p. 528.

ocorre, *v.g.*, com a cognição cautelar que não permite ao juiz aprofundar a análise da cognição.[298] [299]

Também podemos incluir como característica da sentença mandamental a realização forçosa da ordem *manu militari*, independentemente de um processo

---

[298] De igual modo, entre tantos outros, CALAMANDREI, ao dizer que: "Para poder llenar su función de prevención urgente las providencias cautelares deben, pues, contentarse, en lugar de con la certeza, que solamente podría lograrse a través de largas investigaciones, con la 'apariencia del derecho', que puede resultar a través de una cognición mucho más expeditiva y superficial que la ordinaria (*summaria cognitio*). (...) Por lo que se refiere a la investigación sobre el derecho, la cognición cautelar se limita en todos los casos a 'un juicio de probabilidades' y 'de verosimilitud'", *Introducción al estudio sistemático de las providencias cautelares*. Trad. por Şantiago Sentís Melendo. Buenos Aires: Editorial Bibliográfica Argentina, n° 20 e 21, p. 76 e 77. De acordo com a opinião de SERRA DOMÍNGUEZ: "Si las medidas cautelares tienen como presupuesto no tanto el derecho, cuanto la apariencia de derecho, el procedimiento en que se adopten debe ser sumario, entendiendo por sumariedad la limitación del conocimiento judicial a la apreciación de las circunstancias y presupuestos precisos para la adopción de la medida cautelar. (...) La sumariedad no debe empero convertirse en superficialidad, por no afectar tanto a la profundidad del conocimiento cuanto a los límites del objeto conocido, debiendo por tanto el juez estudiar en cada caso concreto la concurrencia de los presupuestos legales que determinan la adopción de la medida cautelar, examen que no puede aplazarse al incidente de oposición o a los recursos", Teoría general de las medidas cautelares. In: *Las Medidas Cautelares en el Proceso Civil* (con Ramos Méndez). Barcelona: Industrias M. Pareja, 1974, cap. I, n° VII, letra 'a', p. 80. Para aprofundar o estudo da cognição cautelar entre os diversos autores, ver meu artigo, Teoria Geral da Ação cautelar inominada. In: *Tutela de Urgência* (AAVV), Porto Alegre: Síntese, 1997, p. 172 e ss.

[299] A técnica utilizada para que a cognição seja sumária, permitindo assim agilizar os processos, consiste em: a) permitir que o juiz conheça todas as questões referentes ao conflito, porém de forma superficial, proibindo-lhe averiguar em profundidade as questões apresentadas; ou b) eliminar do conhecimento do juiz alguma questão pertinente ao conflito, porém permitindo-lhe analisar em toda sua profundidade aquelas questões apresentadas em juízo. A tutela cautelar exemplifica o primeiro caso, na medida em que, permitindo as partes trazer qualquer fato ao processo, não se eliminam questões do conhecimento do juiz, porém se proíbe averiguar em profundidade estas questões; enquanto os processos possessórios exemplificam o segundo caso, na medida em que está proibido às partes trazer ao processo questões que não se relacionam diretamente com a posse, como consequência se está eliminando do conhecimento do juiz questões que poderiam haver sido analisadas, contudo, sobre as questões apresentadas em juízo não há nenhuma limitação para o juiz. Daí que para nós a cognição é sumária tanto na primeira hipótese como na segunda, de acordo com os argumentos apontados. De forma diversa é o entendimento de KAZUO WATANABE, que através de um conceito limitativo afirma que: "'*Cognición sumária*' é uma cognição superficial, menos aprofundada no sentido vertical", *Da cognição no processo civil*, op. cit., n° 22, p. 95. A postura do professor de São Paulo tem como pressuposto, para identificar a cognição sumária, somente a porção do conflito que está no processo, por isto, o restante do conflito que não foi trazido ao processo não pode limitar o conhecimento do juiz, enquanto para nós o pressuposto para identificar a cognição sumária reside no conflito em toda sua dimensão sociológica, e não somente naquela porção do conflito chegada ao processo. O conhecimento do juiz, sobre o conflito, está limitado, tanto se não pode conhecer alguma questão como se não pode aprofundar sobre as questões. Limitar a cognição sumária às questões chegadas ao processo significa esquecer o verdadeiro significado do conflito em sociedade que necessita ser eliminado em toda sua extensão, para que a paz possa voltar em toda sua plenitude, e não somente de forma parcial, que traria simplesmente uma paz incompleta. Em definitivo, podemos concluir, seguindo a opinião de FAIRÉN GUILLÉN, que os processos sumários são aqueles que, por necessidade de rapidez, limitam a cognição do juiz "restringiendo su contenido material a través de una limitación de los derechos de las partes con respecto a los medios defensa", *El juicio ordinario y los plenarios rápidos*, op. cit., cap. IV, n° 3, p. 55, enquanto os processos plenários rápidos (que no direito brasileiro denomina-se '*procedimento sumário*'), apesar de não limitarem a cognição do juiz, limitam sua própria forma. Como consequência, "las pautas de 'sumariedad'", na acertada opinião do autor, "son perfectamente diversas en ambos grupos de tipos; no se trata de dos subgrupos yuxtapuestos bajo la denominación común de 'juicios sumarios'; pues esta 'sumariedad', en los plenarios rápidos es simplemente de carácter formal, en tanto que en los sumarios propiamente dichos, tiene carácter material", *El juicio ordinario y los plenarios rápidos*, op. cit., cap. IV, n° 3, p. 55 e 56.

DA TUTELA JURISDICIONAL ÀS FORMAS DE TUTELA

de execução *ex intervallo*.[300] Esta execução imediata da ordem na mesma relação processual se justifica na necessidade de atender adequadamente, tanto os novos direitos, como a nova forma de pensamento predominante na sociedade que exige um processo de resultados que seja capaz de declarar e realizar o direito em menor tempo possível.[301]

A sentença se chama mandamental, porque entre todas as eficácias possíveis, compreendidas no conteúdo da sentença (eficácia meramente declarativa, quando declara existentes os requisitos para a concessão da ordem; eficácia de condenação, que se encontra na criação, tanto do título executivo de condenação em custas como na criação da via executiva para realizar este título; eficácia de execução, que reside na capacidade da ordem emitida pelo juiz realizar-se imediatamente, sem necessidade de um processo sucessivo e autônomo), a eficácia preponderante ou maior, pretendida pela parte, consiste na *ordem* para que o demandado imediatamente realize o mandado da sentença, sob pena de incorrer em delito de desobediência e/ou em multa pecuniária (*astreinte*). Isto é, a desobediência acarreta uma ameaça direta sobre a pessoa do demandado ou indireta sobre seus bens, caso ele resolva não obedecer imediatamente à ordem contida na sentença. Inclusive pode existir a cumulação das ameaças, diretas e indiretas, com a finalidade de dar maior eficácia ao cumprimento da ordem.[302]

De acordo com nosso posicionamento, toda sentença é intrínseca e objetivamente coercitiva.[303] Nas sentenças de mandamento existe uma coação atual,[304] uma vez que estas exercem uma pressão física direta sobre a vontade do obrigado de maneira concreta e real, isto é, a coação atual consiste em ordenar ao demandado a realização imediata do direito, ameaçando-lhe fisicamente através da perda da

---

[300] De igual modo, PONTES DE MIRANDA, *Tratado das ações*, op. cit., t. I, § 37, p. 211; OVÍDIO B. DA SILVA, *Curso de processo civil*, op. cit., v. II, p. 334 e 348; KAZUO WATANABE, *Tutela antecipatória e tutela específica das obrigações de fazer e não fazer (art. 273 e 461 do CPC)*, op. cit., p. 169; ADA PELLEGRINI GRINOVER, *Tutela jurisdicional nas obrigações de fazer e não fazer*, op. cit., p. 26; MARINONI, *Tutela inibitória*, op. cit., p. 351; ATHOS GUSMÃO CARNEIRO, *Da antecipação de tutela no processo civil*, op. cit., nº 32.1 e 32.3, p. 40 e 41; BEDAQUE, *Tutela cautelar e tutela antecipada: tutelas sumárias e de urgência*, op. cit., cap. V, nº 2, p. 99; entre outros.

[301] Para buscar maiores esclarecimentos acerca do tema, consultar o que escrevi em meu livro *La pretensión Procesal y la Tutela Judicial Efectiva: Hacia una Teoría Procesal del Derecho*, op. cit., especialmente nº 9.5.3.2, p. 186 e ss.

[302] Este é o sentido do art. 461 do CPC quando prevê que o juiz poderá determinar "(...) providências que assegurem o resultado prático equivalente ao do adimplemento". Isto equivale dizer que o juiz poderá aplicar simultaneamente as duas formas de coação psicológica para assegurar, com maior precisão, o resultado útil do comando sentencial. Assim se expressa também KAZUO WATANABE, *Tutela antecipatória e tutela específica das obrigações de fazer e não fazer (art. 273 e 461 do CPC)*, op. cit., p. 168.

[303] Em tese de Doutorado que foi posteriormente publicada, defendemos que por meio da sentença existe a concreção de uma sanção abstrata através da coação que pode ser atual ou potencial. Estas ideias foram amplamente trabalhadas em meu *La pretensión Procesal y la Tutela Judicial Efectiva: Hacia una Teoría Procesal del Derecho*, op. cit., especialmente nº 3.2, p. 39 e ss, especialmente p. 44 e 45. Para aprofundar no tema relacionado ao estudo das diversas espécies de sanções, ver meu *Contribuição ao estudo das sanções desde a perspectiva do Estado Democrático de Direito*, op. cit., p. 187 e ss.

[304] Ver meu *La pretensión Procesal y la Tutela Judicial Efectiva: Hacia una Teoría Procesal del Derecho*, op. cit., p. 46, nota 107.

liberdade e/ou através da *astreinte* no sentido de dobrar sua vontade para realizar, voluntariamente, o comando imperativo da sentença que está traduzido na *ordem*. Por isso, a natureza da sentença mandamental se identifica com a natureza das ordens compreendidas, tanto no sistema americano do *Contempt of Court*, como no sistema francês das *astreintes*.[305]

A comprovada eficiência da sentença mandamental para atender de forma adequada e satisfatória aos novos direitos a induzido um setor da doutrina italiana a alterar sua compreensão secular da sentença condenatória para adaptá-la a esta nova realidade.[306] A inadequação da sentença condenatória passa pela crise da *obligatio*, uma vez que esta foi concebida em época muito remota, para atender realidades que hoje já não mais existem. Esta crise alcança diretamente sua proteção processual, também criada naquela época: a *condemnatio*. Daí sustentar Carnelutti, já no início do século, a defesa de uma sentença mandamental, pois, para ele,

> (...) l'obbligazione non si salva se non a patto di abbandonare invece il rispetto del diritto reale e di cercare in una severa applicazione delle misure esecutive vere e proprie quella tutela, che il diritto del creditore perde per l'abbandono delle misure coercitive; e, dove le misure esecutive non servono, in una coraggiosa adozione delle misure penali.[307]

Como exemplos de sentença mandamental podemos indicar, entre outras: a) a pretensão de manutenção de posse;[308] b) a pretensão cautelar;[309] c) a pretensão

---

[305] Ambos os temas foram amplamente tratados em *La pretensión Procesal y la Tutela Judicial Efectiva: Hacia una Teoría Procesal del Derecho*, op. cit., p. 165 e ss.

[306] Entre os autores que propugnam pela pena de prisão como meio de coação para que o devedor cumpra uma sentença condenatória que tenha por base uma obrigação de fazer ou não fazer, MOLARI, *La tutela penale della condanna civile*. Padova: Cedam, 1960, p. 52; PROTO PISANI, Appunti sulla tutela di condanna. In: *Riv. Trim. Dir. Proc. Civ.*, 1978, p. 1161 e ss; FRIGNANI, *L'injunction' nella 'common law' e l'inibitoria nel diritto italiano*. Milano: Giuffrè, 1974, p. 592 e 611. Em sentido contrário, CHIARLONI, *Misure coercitive e tutela dei diritti*. Milano: Giuffrè, 1980, p. 177 e ss e também em 'Ars distinguendi e tecniche di attuazione dei diritti'. In: *Formalismi e Garanzie: Studi sul Processo Civile*. Torino: Giappichelli, 1995, p. 50 e MANDRIOLI, Sulla correlazione necessaria tra condanna ed eseguibilità forzataIn: *Riv. Trim. Dir. Proc. Civ.*, 1976, n° 8, p. 1355.

[307] Diritto e processo nella teoria delle obbligazioni. In: *Studi di Diritto Processuale in Onore di Giuseppe Chiovenda*. Padova: Cedam, 1927, n° 8, p. 248.

[308] Esta pretensão foi analisada desde a perspectiva da sentença mandamental por OVÍDIO B. DA SILVA, *Curso de processo civil*, op. cit., v. II, p. 413 a 417. No direito espanhol, em que pese a resistência por aceitar uma sentença mandamental, alguns autores apontam, sem se dar conta, as características desta espécie de tutela jurisdicional, entre os quais PRIETO-CASTRO, que afirma "La sentencia del 'interdicto de retener', por haber sido 'inquietado' o 'perturbado' el demandante en la posesión o en la tenencia, o por tener el demandante fundados motivos para creer que lo será, contiene una primera parte propiamente jurisdiccional, civil, que consiste en la 'orden de que se mantenga' en la posesión al demandante, (...)" (o sublinhado é nosso), *Derecho procesal civil*, op. cit., n° 296, p. 356.

[309] A respeito da tutela cautelar, CALAMANDREI afirma acertadamente que: "La misma se dirige, pues, como las providencias que el derecho inglés comprende bajo la denominación de 'Contempt of Court', a salvaguardar el 'imperium iudicis', o sea a impedir que la soberanía del Estado, en su más alta expresión que es la de la justicia, se reduzca a ser una tardía e inútil expresión verbal, una vana ostentación de lentos mecanismos destinados, como los guardias de la ópera bufa, a llegar siempre demasiado tarde. Las medidas cautelares se disponen, más que en interés de los individuos, en interés de la administración de justicia, de la que garantizan el buen funcionamiento y también, se podría decir, el buen nombre", *Introducción al estudio sistemático de las providencias cautelares*, op. cit., n° 46, p. 140. A tutela cautelar exige sem dúvida uma sentença mandamental baseada em

de obra nova; d) o mandado de segurança que é um dos casos mais típico desta modalidade de sentença.

2.3.4. DIFERENÇA DAS DEMAIS ESPÉCIES DE SENTENÇAS

Depois de identificar as características que singularizam a sentença mandamental, podemos afirmar, com toda segurança, que elas não se confundem com as constitutivas, nem com as de condenação, nem tampouco com as de execução.

As sentenças mandamentais não se confundem com as sentenças constitutivas, porque nestas o autor pede ao juiz, como eficácia preponderante, a modificação de um estado jurídico que antes da sentença não existia, enquanto na sentença mandamental o autor solicita ao juiz, como eficácia preponderante, a emissão de uma ordem que deve ser observada pelo demandado. Porém, como as pretensões não são puras,[310] pois geralmente possuem mais de uma eficácia, a pretensão constitutiva, além da eficácia preponderante, apresenta outras, com valores menores, como por exemplo, a eficácia mandamental que está contida na ordem do juiz para inscrição da separação dos cônjuges e dos bens no Registro Civil. Isso, não autoriza a confusão realizada por alguns autores[311] que mesclam a eficácia maior, contida no pedido de modificação de um estado jurídico, com outra eficácia de peso menor, contida, por exemplo, em uma ordem. É conveniente assinalar também, seguindo a opinião de Ovídio B. da Silva, que

> (...) embora o mandado e sua execução não estejam no "conteúdo" da sentença, aqui existe um "verbo" específico que traduz a eficácia peculiar à ação mandamental, verbo este que integra o conteúdo da sentença. Embora o "efeito" se manifeste externamente, há no conteúdo da sentença uma eficácia produtora desse efeito.[312]

A sentença mandamental não deve confundir-se com a condenatória, porque nesta o autor pede ao juiz, como eficácia preponderante, que condene o devedor a realizar uma determinada prestação, enquanto na mandamental, o autor solicita ao juiz, como eficácia preponderante, que ordene ao demandado um determinado

---

uma ordem coercitiva para poder evitar o aparecimento do dano, e não uma sentença de condenação que está baseada em uma tutela repressiva. A própria natureza da tutela cautelar exige: **a)** uma *cognitio summaria* (vid. *supra*, nota 37); **b)** uma sentença baseada na força do *imperium* para evitar o aparecimento do dano que pode ser antecipada (art. 273 do CPC), ou seja, se antecipa a eficácia de mandamento existente no conteúdo de qualquer sentença que a contenha; e **c)** que a ordem expedida pelo juiz seja executada imediatamente, no menor tempo possível. Se aceitarmos a natureza condenatória da sentença cautelar, teríamos de aceitar também, por uma questão de coerência e lógica, sua natureza repressiva que é inadequada para prevenir o dano, sua cognição plenária, e finalmente sua característica específica que consiste unicamente na criação da via executiva através da criação do título executivo, não permitindo que a realização forçada do direito se dê no mesmo processo.

[310] Tese hoje consagrada de PONTES DE MIRANDA, segundo a qual "Não há nenhuma ação, nenhuma sentença, que seja pura", *Tratado das ações*, op. cit., t. I, § 26, p. 124.

[311] Entre eles, PRIETO-CASTRO, *Derecho procesal civil*, op. cit., nº 70, p. 111; e GUASP, *La pretensión procesal*, op. cit, p. 80, nota 80. En sentido contrário, GOLDSCHMIDT, para quem: "El mandamiento no tiene tampoco una virtualidad constitutiva, sino que 'exige' ejecución, que puede obtener incluso en calidad de ejecución provisional (§ 775, nº 1; § 16, II, C. M.)", *Derecho procesal civil*, op. cit., § 15, p. 115.

[312] *Curso de processo civil*, op. cit., v. II, p. 356.

comportamento. Quem condena não ordena, simplesmente exorta, esperando o cumprimento voluntário.[313] A ordem exige mais que a simples condenação, uma vez que, por estar fundada no *imperium*, exerce uma coação atual sobre o demandado, e não uma coação potencial, como existe na sentença condenatória. Ademais, podemos afirmar que a sentença mandamental também se distingue da condenatória pelo fato de possuir uma cognição sumária; realizar-se imediatamente, sem necessidade de um processo de execução forçada;[314] exigir sempre do demandado o cumprimento específico de uma ordem, e não de uma obrigação que não existe, já que não há *vinculum iuris* entre demandante e demandado, pelo que não se pode falar de credor e devedor, aqui a sentença não se refere a prestações devidas pelo devedor;[315] e a ordem apresenta natureza distinta da condenação, pois enquanto aquela (mandamental) quase sempre é preventiva, esta (condenatória) sempre é repressiva.[316] A diferença entre as duas formas de tutela se mantém inclusive quanto à conduta do demandado depois da respectiva sentença, pois, enquanto a inércia do demandado diante de uma sentença condenatória não acarreta

---

[313] A importância da ordem na caracterização da sentença mandamental é destacada, inclusive, por BARBOSA MOREIRA, que afirma: "Ocioso frisar que, se não houver ordem, a sentença de procedência não será mandamental, mas simplesmente condenatória", *A sentença mandamental. Da Alemanha ao Brasil*, op. cit., p. 261.

[314] A este respeito, merece aprovação o exposto por MARINONI, ao dizer que: "Na sentença mandamental o juiz tutela integralmente o direito do autor, enquanto a tutela condenatória constitui uma 'tutela pela metade', já que correlacionada com a ação de execução. É preciso que se perceba que não há ordem no uso de coerção na sentença condenatória, há, simplesmente, declaração e aplicação da sanção. (...) É necessário frisar, entretanto, que a sentença mandamental não difere da condenatória apenas por conter ordem, mas fundamentalmente por poder levar à tutela de um direito que não pode ser efetivamente tutelado mediante a condenação", *Tutela inibitória*, op. cit., p. 351.

[315] De igual modo, OVÍDIO B. DA SILVA, *Curso de processo civil*, op. cit., v. II, p. 425. Nesta ordem de ideais, é oportuno destacar as agudas observações de CHIOVENDA sobre a ordem implícita o explícita contida em algumas sentenças. De acordo com a opinião do autor: "Bien diferente es el caso cuando la misma declaración de certeza, la misma manifestación de voluntad que constituye la sentencia, comprende el *orden implícito o explícito dirigido a persona diversa de las partes de ejecutar algo. Un efecto tal de la sentencia, que algunos llaman mediato* (LANGHEINEKEN, 'Der Urteilsanspruch', Leipzig, 1899, p. 102-104) comprende ante todo el orden implícito o explícito dirigido a un órgano ejecutivo cuando se trate de ejecución forzada, para el caso de incumplimiento del obligado: pero, el mismo comprende tambén otros casos, que aquí precisamente se tocan, en los cuales lo que se ejecuta puede muy bien ser en daño de una parte, *pero ni se ejecuta sobre la persona, ni sobre los bienes por ella poseídos, ni es cosa que pueda ejecutarse por la parte, de donde el concepto de la ejecución 'forzada' desaparece*; aquí pueden citarse la inscripción y la cancelación de las hipotecas; la ejecución de transcripciones y de transferencias de fundos; la supresión de documentos declarados falsos (C. de P. C., art. 309); la restitución de documentos (C. de P. C., art. 310), de depósitos, de cauciones; (...). *Estos casos, algunos de los cuales están regulados inexactamente en la ley como ejecución forzosa* (C. de P. C., arts. 561, 722), *se diferencian de la misma porque no se refieren a prestaciones debidas por una de las partes*" (os sublinhados são nossos), *La acción en el sistema de los derechos*. Trad. por Santiago Sentís Melendo. Bogotá: Temis, 1986, n° 2, p. 69, nota 7. Deste modo, podemos concluir que Chiovenda, já em 1903, identificava determinadas ordens existentes dentro de algumas sentenças e as diferenciava das eficácias típicas que integram uma sentença condenatória, tanto que o autor conclui seu raciocínio afirmando que: "Estos casos, algunos de los cuales están regulados inexactamente en la ley como ejecución forzosa se diferencian de la misma porque no se refieren a prestaciones debidas por una de las partes', op. cit., p. 69 nota 7. Contudo, o autor jamais se referiu às pretensões mandamentais como uma categoria autônoma ao lado da declarativas, constitutivas e condenatória.

[316] A este respeito, afirma acertadamente RAPISARDA que "la correlazione necessaria tra condanna ed esecuzione forzata è il frutto di una visione repressivistica di tale rimedio, che non può non porsi in contrasto con una tecnica di tutela, come quella inibitoria, che svolge una funzione preventiva anche nelle ipotesi in cui venga impiegata per impedire (non già la commissione, bensì) la ripetizione o la continuazione di una violazione in parte già commessa. La concezione della condanna come tutela repressiva esprime il punto di vista piú diffuso tra la dottrina processualistica tradizionale", *Profili della tutela civile inibitoria*, op. cit., cap. V, n° 2, p. 188.

nenhuma consequência pessoal, uma vez que esta sentença se limita unicamente a criar o título executivo, que possibilitará o futuro processo de execução forçosa; a inércia do demandado ante uma sentença mandamental configura delito de desobediência e/ou origina uma multa pecuniária (*astreinte*), podendo, inclusive, existir a prisão por flagrante delito.[317]

Também devemos distinguir as sentenças mandamentais das sentenças executivas.[318] Apesar de ambas possuírem a ordem ou mandado como característica essencial, e permitirem a existência de atividade jurisdicional depois da firmeza da sentença procedente, ambas não podem confundir-se, na medida em que: a) a conduta inerte do demandado diante de uma sentença executiva pode ser pressionada através do uso da força policial, enquanto a inércia do demandado frente a uma sentença mandamental, como vimos, configura um delito de desobediência e/ou origina uma multa pecuniária (*asterinte*); b) a realização do direito do autor, criado através de uma sentença executiva, é um ato exclusivo do demandado, que deve entregar o bem, objeto da disputa ao demandante, enquanto que a realização do direito do autor, criado através de uma sentença mandamental, é *ato exclusivo do juiz*, pois somente ele pode executá-la devido ao seu caráter estatal;[319] c) a finalidade da ordem é totalmente distinta, pois, enquanto a contida em uma sentença executiva é para repor o titular na propriedade ou posse da coisa, a ordem contida em uma sentença de mandamento é para exigir do demandado um fazer ou não fazer.

---

[317] De acordo com o acertado entendimento de KAZUO WATANABE: "O mandado a ela correspondente reclama o cumprimento específico da ordem do juiz, sob pena de configuração do crime de desobediência e, até mesmo, dependendo do nível de autoridade pública a quem é ela dirigida, do crime de responsabilidade", *Tutela antecipatória e tutela específica das obrigações de fazer e não fazer (art. 273 e 461 do CPC)*, op. cit., p. 165. O autor conclui seu pensamento afirmando que: "Para assegurar o cumprimento dessas ordens o nosso sistema processual se vale da 'pena de desobediência' (poderá haver a prisão em flagrante, mas o processo criminal será julgado pelo juiz criminal competente, na forma da lei", *Tutela antecipatória e tutela específica das obrigações de fazer e não fazer (art. 273 e 461 do CPC)*, op. cit., p. 168. Nesta ordem de ideias, adotamos integralmente os mesmos argumentos empregados por PEKELIS para diferenciar a sanção da '*common law*', consistente em prisão por desacato civil, das sanções criminais, Técnicas jurídicas e ideologias políticas. In: *Revista Jurídica Argentina La Ley*, t. 29, 1943, p. 837 e ss. Podemos dizer que a coação exercida sobre o demandado, geralmente confundida com sanção, em virtude da inércia ante uma sentença mandamental, não pode ser identificada como uma coação de tipo criminal. Além do mais, esta não possui natureza mandamental, senão melhor de condenação. A respeito, afirma acertadamente EDUARDO LAMY que: "Interessante é o paralelo que pode, neste momento, ser traçado com a situação de flagrância no crime de desobediência do Direito Brasileiro", pois, "como no Brasil a natureza da prisão por desobediência é penal, o arrependimento posterior do devedor não evitará a eventual aplicação da sanção, fazendo apenas com que a situação de flagrância ganhe termo caso o devedor cumpra a obrigação assumida", Prisão penal e coerção processual civil. In: *Gênesis – Revista de Direito Processual Civil*, 2001, nº 19, p. 81 e 82.

[318] Sobre esta espécie de sentença, consultar o que escrevemos em *La pretensión* Procesal *y la Tutela Judicial Efectiva: Hacia una Teoría Procesal del Derecho*, op. cit., p. 188 e ss.

[319] De igual modo, PONTES DE MIRANDA, para quem: "No mandado, o ato é ato que só o juiz pode praticar, por sua estatalidade. Na execução, há mandados – no correr do processo; mas a 'solução' final é ato da parte (solver o débito). Ou do juiz, 'forçando", *Tratado das ações*, op. cit., t. I, § 37, p. 211; e OVÍDIO B. DA SILVA, que disse: "A distinção entre sentenças executivas e mandamentais é fundamental: a execução é 'ato privado da parte' que o juiz, através do correspondente processo – se a demanda fora condenatória ou desde logo for simples decreto, se a ação desde o início era executiva –, realiza em substituição à parte que deveria tê-lo realizado. Na sentença mandamental, o juiz realiza o que somente ele, como representante do Estado, em virtude de sua 'estatalidade', pode realizar", *Curso de processo civil*, op. cit., v. II, p. 335.

3. O papel do processo na construção da democracia: Para uma nova definição da democracia participativa[320]

> *O povo inglês pensa ser livre e engana-se.*
> *Não o é senão durante a eleição dos membros do Parlamento.*
> *Uma vez estes eleitos, torna-se escravo e nada mais é.*[321]

3.1. INTRODUÇÃO

As linhas que seguem têm por escopo uma análise jurídico-política[322] da democracia vigente[323] com vistas a proporcionar, ainda que de maneira singela, uma nova alternativa para o florescimento de um espírito participativo do indivíduo na concretização da democracia contemporânea. Iniludível que o ente estatal se tipifica, hodiernamente, não só pelo adjetivo (Estado) de direito,[324] como também,

---

[320] Este artigo foi escrito com o auxílio do bolsista UNIBIC Felipe Scalabrin, no projeto Democracia, Participação e Processo: A concretização da democracia participativa através do Poder Judiciário. Foi publicado originalmente em Revista Brasileira de Direito Processual, 2009, v. 65.

[321] Rousseau, *O Contrato Social*. Trad. por Antônio de P.. Machado. Rio de Janeiro: Edições de Ouro, 1978, L. III, XV, p. 132.

[322] Não há como discutir o viés jurídico sem a presença do político. Neste sentido invocamos os ensinamentos de CALMON DE PASSOS, para quem "Direito impotente para efetivar decisões de conflitos de interesses é impensável. Solução de conflitos sem impositividade do que for decidido será atividade desenvolvida para nada. Consequentemente, toda decisão de conflito é um ato de poder e de poder político. Disto resulta a consequência inocultável de que o magistrado, aquele a quem se defere o poder de decidir os micro-conflitos de interesses socialmente configurados é, como o legislador e o administrador, um agente de poder político institucionalizado", *Direito, poder, justiça e processo: Julgando os que nos julgam*. Rio de Janeiro: Forense, 1999. p. 70.

[323] Estabelece a Constituição Federal do Brasil que: "Art. 1º A República Federativa do Brasil, formada pela união indissolúvel dos Estados e Municípios e do Distrito Federal, constitui-se em Estado Democrático de Direito e tem como fundamentos: I – a soberania; II – a cidadania; III – a dignidade da pessoa humana; IV – os valores sociais do trabalho e da livre iniciativa; V – o pluralismo político. Parágrafo único. Todo o poder emana do povo, que o exerce por meio de representantes eleitos ou diretamente, nos termos desta Constituição".

[324] Acerca do Estado de Direito, referem STRECK e BOLZAN DE MORAES, que: "A idéia de Estado de Direito carrega em si a prescrição da supremacia da lei sobre a autoridade pública. Na sua origem germânica, está embasada na autolimitação do Estado pelo Direito, pois é o Estado a única fonte deste, atribuindo-lhe força coercitiva, e é o Direito criação dele.". E ainda: "O Estado de Direito é, também, uma concepção de fundo acerca das liberdades públicas, da democracia e do papel do Estado, o que constitui o fundamento subjacente da ordem jurídica", *Ciência Política e Teoria do Estado*. 4ª ed. Porto Alegre: Livraria do Advogado, 2004. p. 87 e 88. Sobre o tema a literatura constitucional é profícua, porém, convém destacar para um melhor aprofundamento as obras de: COSTA, P.; ZOLO, D. *O Estado de Direito*. Trad. por Carlos Alberto Dastoli. São Paulo: Martins

pelo seu viés democrático. Dessa maneira, deve o Estado propiciar que a cidadania, elemento essencial da democracia, seja exercida em sua mais ampla plenitude. Contudo, cabe ao próprio cidadão ativo[325] pressionar as instituições para concretizar seus interesses.

Nessa perspectiva, surge o juiz como ator determinante na efetiva criação do direito e na solução das legítimas pretensões sociais, de sorte que a própria democracia se realiza quando resolvido o caso apresentado ao Poder Judiciário.

Para melhor esclarecer os meios através dos quais tal premissa se torna factível, necessária uma releitura da definição do adjetivo democrático, trazendo à tônica para o cidadão – e não apenas para o povo – e, com isso, penetrar nos meandros processuais, onde as garantias constitucionalmente previstas dão ao indivíduo meios de assegurar que ele se confronte com o posto e busque um aprimoramento do debate democrático. Mais que isso, necessário fazer a distinção entre democracia participativa e democracia representativa para enfim podermos evidenciar que a representatividade já não é mais capaz de sozinha realizar o autêntico ideário democrático, tão aspirado para a realização de uma sociedade justa e ineludivelmente solidária.

Estabelecidos estes parâmetros mínimos acerca da forma do Estado, nos debruçaremos sobre a concretização desta através do processo judicial, entendido este como o meio pelo qual os direitos e as garantias constitucionais concretizados no ato criativo do juiz são determinantes para a persecução de uma identidade democrática do Estado.

3.2. PRESSUPOSTO DEMOCRÁTICO: O POVO

Quando entramos no discurso democrático, o primeiro termo aberto é o povo. Não há dúvida que tal elemento deve integrar o conceito de democracia, na medida em que a própria palavra nasce para referi-lo.[326] Contudo, qual o papel do povo no discurso democrático? Seria o pressuposto para atuação do Estado? Seria ele mero símbolo para validar o discurso da democracia? Com singela originali-

---

Fontes, 2006, especialmente as introduções, p. 3 a 198; REIS NOVAES, Jorge. *Contributo para uma teoria do Estado de Direito*. Coimbra: Coimbra, 1987, especialmente os cap. II e VI; BIDART CAMPOS, German José. *Doctrina del Estado Democrático*. Buenos Aires, EJEA, 1961, especialmente os cap. I e IV; CANOTILHO, J. J. Gomes. *Direito Constitucional*. 5ª ed., Coimbra: Almedina, 1992, parte IV, especialmente os cap.I a III; *Estado de Direito*. Lisboa: Gradiva, 1999; REALE, Miguel. *O Estado Democrático de Direito e o conflito das ideologias*. São Paulo, Saraiva, 1998, especialmente os cap. I, II e IV; STRECK, Lenio L. *Jurisdição constitucional e hermenêutica: uma nova crítica do direito*. 2ª ed., Rio de Janeiro: Forense, 2004, especialmente os cap. I a IV,

[325] A expressão *cidadania ativa* é cunhado por Hannah Arendt em sua magnífica obra *Da revolução*. São Paulo: Ática, 1990.

[326] A palavra democracia, segundo esclarece HOUAIS, deriva do grego "*démokratía*, de *dêmos* 'povo' + *kratía*, 'força, poder' (do v.gr. *kratéó* 'ser forte, poderoso')", *Dicionário eletrônico da língua portuguesa*, ed. Objetiva, 2002. A primeira referencia a esta palavra está em TUCÍDIDES (455-398), colhida na oração fúnebre de Péricles aos atenienses mortos na guerra do Peloponeso: "Tenemos un régimen político que no emula las leyes de otros pueblos, y más que imitadores de los demás, somos un modelo a seguir. Su nombre, debido a que el gobierno no depende de unos pocos sino de la mayoría, es democracia. (...)", *Historia de la guerra del Peloponeso*. Trad. por Juan José Torres Esbarranch. Madrid: Gredos, 2000, L. II, p. 342.

dade, mas com extrema profundidade, indaga Friedrich Müller:[327] afinal, quem é o povo?

Segundo o filósofo alemão, muitas são as definições possíveis de povo,[328] razão pela qual faz uma proveitosa cisão conceitual acerca do termo: povo como meio de legitimar o Estado, *povo-ativo* (participante das decisões políticas); povo como instância global de atribuição de legitimidade, *povo-ícone*; e o povo como destinatário das decisões e atuações públicas. Para os fins do presente trabalho, interessa-nos aqui apenas o último termo, contudo, é-nos impossível adentrarmos nele sem antes permear, mesmo que perfunctoriamente, os demais significados.

Convém destacar, inicialmente, que a maioria das constituições modernas menciona a palavra *povo* como pilar de sustentação do Estado Democrático. Isto é, o Estado Democrático de Direito busca sua justificação – pretende sua legitimação – a partir do povo.[329] Nessa perspectiva, tal definição de povo o enquadra na célebre frase de Lincoln – *the government of the people* – na medida em que o governo está instituído por ele o *povo-legitimador*. Tal povo não é palpável, verificável é apenas fonte de validade do poder estatal.

Por outro lado, aquele que irá ditar os caminhos do Estado, no que tange às suas estruturas políticas vigentes, é o denominado *povo-ativo*. Aquele que se constitui no legítimo destinatário dos direitos políticos e tem soberanamente a prerrogativa de, tempo a tempo, alterar os que representam seus desidérios através do processo eleitoral.[330] Enfim, povo ativo é o titular dos direitos políticos e aquele que possibilita o *governo do povo, the government of the people, le gouvernement du peuple*.

Porém, o mais presente povo é o mais sorrelfo deles. É aquele que é invocado, mas que nunca se vê. É aquele cuja legitimidade não se faz presente no sistema. É o denominado *povo-ícone*. E se traduz naquela imagem de povo que é verbalizada pelos seus representantes e cujas decisões não são atribuíveis ao próprio povo em termos de direito vigente, mas, tão somente, como palavra vã de falsa legitimidade. Em outros termos, se é o povo quem dita os critérios de escolha e decisão do Estado – que deverá sempre agir em consonância com o ordenamento jurídico – então toda a resolução estatal deve subsumir-se aos *textos democracti-*

---

[327] *Quem é o povo: A questão fundamental da democracia.* Trad. por Peter Naumann. São Paulo: Max Limonad, 3ª ed., 2003.

[328] De igual modo, KELSEN, em seus escritos sobre a democracia, lecionava que, concretamente não há apenas um povo. Existe, na realidade, uma pluralidade de indivíduos que possuem características e desideratos distintos entre si, sendo impossível auferir um unívoco significado ao termo. Ainda, não se poderia ver o povo sobre apenas uma perspectiva, pois ele é o sujeito e objeto da democracia. Assim, o titular de direitos políticos representa o povo, é sujeito para a criação do direito, e irá efetivar a intenção coletiva para o povo, dando corpo à democracia (formando também seu objeto), *A democracia.* São Paulo: Martins Fontes, 2ª ed., 2000. p. 35 a 40.

[329] De acordo com a autorizada voz de FRIEDRICH MÜLLER: "a constituição fala e cala ao mesmo tempo. Ela fala *(spricht)*, mas não sobre o poder do povo; ela *se atribui (spricht sich zu)* legitimidade. Ao mesmo tempo ela silencia sobre o fato de que essa atribuição (Zu Schreiben) não alcança a realidade, ou como no caso da Lei Fundamental alemã, que não conheceu nenhum procedimento democrático de outorga da constituição, sobre o fato de que ela também não pode mais alcançá-la", op. cit., p.50.

[330] Ibidem p. 55-57.

camente postos e, em não o fazendo, teríamos o uso da palavra povo como meio para tornar válido algo que na origem não o é.[331]

Ora, se há um povo legitimador (ativo), se há um povo deslegitimado (ícone) e se há aquele povo pelo qual se funda o próprio Estado, deve-se fazer presente, também, o povo para o qual se erige o Estado. Eis aí o *povo-destinatário*, que diversamente dos outros, deve ser compreendido sem restrições. O povo destinatário é compreendido em todo cidadão pelo qual o corpo social passa a ser responsável, é o *rule for the people*. Enquanto o povo-ativo é restrito, o povo-destinatário não o é, pois sobre ele recaem todos os deveres positivos (prestação) e negativos (não interferência) do Estado, na medida em que atribuíveis a todo e qualquer indivíduo o que nele se encontre inserido.

A análise feita por Friedrich Müller dos diferentes modos de se conceituar a palavra povo revela-nos que quando da aplicação do direito e da tentativa de efetivação do Estado Democrático, há uma plena confusão entre os muitos destinatários da democracia. Ocorre que as estruturas do sistema acabam por assegurar direitos apenas a determinados tipos de povo, ora povo-ativo ora povo-ícone, contudo esquece-se que a democracia é, acima de tudo, feita para todos e que mesmo que não seja construída por todos (*e.g.*, inc. I e II do art. 14 da CF) deve, obrigatoriamente, ser exercitável por todos.[332] Não é sem rumo que temos presente em nosso ordenamento o acesso irrestrito ao Poder Judiciário, segundo se depreende do inc. XXXV do art. 5º da CF. Através deste direito fundamental, as incompatibilidades existentes no meio social se tornam resolúveis e todo indivíduo tem a potencialidade de ser ouvido e ter sua causa satisfatoriamente atendida.

Não basta pensarmos o aprimoramento da democracia apenas na perspectiva da exclusão social que busca inclusão, muito menos nos movimentos sociais da minoria. Estes representam, em última análise, apenas uma faceta do povo-destinatário, e este último deve compreende tanto os excluídos, como também os ativos, aqueles que votam e aqueles que se engajam nas decisões do Estado, compreendendo, enfim, todo cidadão-indivíduo que se encontra legitimamente no território do Estado, ou, como quer o professor de Heidelberg, "*o povo enquanto*

---

[331] E ainda: "A instancia prolatora da sentença com caráter de obrigatoriedade que '*não*' se pode basear em textos de norma de modo plausível em termos de método, exerce contrariamente uma violência que ultrapassa esse limite, uma violência selvagem, transbordante, consistente tão somente nesse ato que já não é constitucional; ela exerce uma violência 'atual'. Nesse caso a invocação do povo é apenas icônica". Daí por que, esclarece o autor "Rousseau abandona o discurso icônico sobre o povo. Os atingidos pelas decisões (*Betroffenen*) devem ser simultaneamente os autores das decisões (Betreffeden), os outorgantes da norma devem ser idênticos ao conjunto de destinatários", op. cit., p. 67 e 71.

[332] Neste particular convém destacar, mais uma vez, as palavras de FRIEDRICH MÜLLER, para quem: "O objetivo da luta é impor a *igualdade de todos* no tocante à sua qualidade de seres humanos, à dignidade humana, aos direitos fundamentais e às restantes garantias legalmente vigentes de proteção – sem que se permitisse aqui as mais ligeiras diferenças, tampouco aquelas com vistas à nacionalidade, aos direito eleitorais passivos e ativos, ou à faixa etária (meninos de rua). Em duas palavras: na luta contra a exclusão, uma democracia constitucional não pode justificar-se apenas perante o *povo ativo* nem perante o povo enquanto *instancia de atribuição*, mas deve necessariamente poder fazer isso também perante o *demos como destinatário* de todas as prestações afiançadas que a respectiva cultura constitucional invoca", ob. cit., p. 94 e 95.

destinatário das prestações estatais negativas e positivas, que a cultura jurídica respectiva já atingiu".[333]

De todo o exposto anterior, podemos concluir que enquanto o povo servir de baluarte para arbitrariedades estatais, ou apenas para tentar legitimar atitudes manifestamente contrárias aos interesses constitucionalmente resguardados e que se manifestam em concreto diante do ato jurisdicional instrumentalizado pelo processo, não teremos uma democracia condizente com o enunciado no texto constitucional. Portanto, na mesma medida em que o acesso à justiça é amplo, ampla também deve ser a definição de povo em um verdadeiro Estado de Direito que pretende ser legitimamente democrático.

3.3. PARTICIPAÇÃO E DEMOCRACIA

O vértice da democracia ainda é o povo, contudo dilatado em sua acepção originária. Este ideário de povo deve, necessariamente, ser compreendido em qualquer indivíduo que seja sujeito de interesses juridicamente tutelados,[334] protegido pela possibilidade de apreciação de seus conflitos e, preponderantemente, como novo partícipe na realização concreta da seara política. A partir daí, observaremos que não se pode mais mirar a democracia unicamente sob a perspectiva procedimental, como pretendia Bobbio,[335] posto que ela vai muito além do mero voto nas urnas a cada período eleitoral determinado e tampouco importa na simples manutenção das regras do jogo,[336] já que é dinâmica e se recria diariamente pela *praxis*.

Com efeito, se em dado período histórico a democracia representativa teve sua chance de ascensão, tanto em razão de específicas contingências históricas como a pressões de um ideário calcado no Liberalismo[337] e, inclusive, se consolidou como ápice das formas de Estado, agora ela se apresenta em derrocada, pois

---

[333] Ob. cit., p. 100.

[334] Deve-se ter presente que o ordenamento jurídico traz a tona apenas o direito objetivo, ou seja, hierarquiza os interesses das pessoas em sociedade. Acerca dessa complexa distinção que atribui ao direito objetivo uma dupla função, psicológica e judicial, vide RIBEIRO, Darci Guimarães. *La pretension procesal y la tutela judicial efectiva: Hacia una teoria procesal del derecho*. Barcelona: Bosch, 2004, especialmente p. 28 a 35. Esta ideia encontra-se melhor desenvolvida em meu artigo intitulado *Esboço de uma teoria processual do direito*. In: *Constituição, Sistemas Sociais e Hermenêutica: Programa de Pós-Graduação em Direito da Unisinos: Mestrado e Doutorado*. Porto Alegre: Livraria do Advogado, 2008, p. 53 a 64.

[335] *O futuro da democracia*. Trad. por Marco Aurélio Nogueira. São Paulo: Paz e Terra, 10ª ed. 2006. Para o autor italiano, a noção mínima a ser comportada dentro da ideia de democracia é aquela que a compreende como um apanhado de regras que dita os procedimentos e estabelece quais indivíduos são autorizados a tomar as decisões coletivas. Nas palavras do autor: "Afirmo preliminarmente que o único modo de se chegar a um acordo quando se fala de democracia, entendida como contraposta a todas as formas de governo autocrático, é o de considerá-la caracterizada por um conjunto de regras que estabelecem quem está autorizado a tomar as decisões coletivas e com quais *procedimentos*", ob. cit., p. 30.

[336] Ob. cit., p. 77 a 95.

[337] BOBBIO, Norberto. Liberalismo e Democracia. 6ª ed. São Paulo: Brasiliense, 1998. p. 52-53.

já não é mais capaz de "cumprir suas promessas",[338] tampouco de representar o povo[339] e muito menos de subsumir o povo que tanto ela invoca. Por isto, podemos concluir, parafraseando Roberto Amaral, que "a democracia representativa está prostrada em seu leito de morte, incuravelmente corroída pela ilegitimidade".[340]

Deste modo podemos facilmente afirmar que a democracia participativa é a verdadeira democracia do Terceiro Milênio, onde o adjetivo *participação* passa a ser o novo referencial em termos democráticos, inserção da (re)qualificação do povo, para além de mero ícone, catapultando-o, assim, para o cenário democrático como ator principal, e não mais como mero coadjuvante, como aquele que está apto de fato a reivindicar sua posição proeminente em uma sociedade livre, solidária e justa.[341] Consequentemente, a legitimidade da democracia, de acordo com Goffredo Telles Júnior, "depende da introdução da vontade dos governados nas decisões e nos atos dos governantes".[342]

Nessa perspectiva, não se prega o ocaso da representatividade, mas sim um aprimoramento, um refinamento do que está posto, para melhor atender ao indivíduo em sociedade, mantendo assim sua verdadeira identidade social.[343]

A transição da forma representativa para a participativa certamente se dará de maneira gradual, pois quem nunca aprendeu a ter papel ativo em sociedade dificilmente conseguirá esta árdua façanha simplesmente pelo fato de agora exis-

---

[338] BOBBIO elenca magistralmente as seis promessas não cumpridas pela democracia representativa: a) a vontade geral como centro de poder – a realidade social demonstrou que não existe apenas um foco de força política, como pretendiam os idealizadores da democracia, de sorte ser impossível alcançar uma única vontade geral, já que efetivamente existem, de fato, diversos núcleos de poder que coexistem; b) contenda de interesses – o representante deveria apenas buscar os interesses de toda a coletividade, mas, de fato, busca os interesses daqueles que o colocaram no poder; c) a manutenção das oligarquias; d) o espaço limitado – apesar de ser agora ampla a quantidade de votantes, seu espaço de inserção no discurso político ainda é ínfimo, daí a crise estar em "*onde se vota?*", ou seja, em definir quais os momentos em que o povo é efetivamente chamado a se manifestar sobre determinado tema; e) a persistência de um poder invisível – a noção de que existem, ainda, instituições e órgão que agem nas sombras, sem publicizar seus atos, atuando com intenções duvidosas; e, por fim, f) o problema da cidadania – o cidadão, a partir da possibilidade de atuar através da democracia, aprenderia, e se transformaria em um cidadão ativo e participante, que se engajasse na prática política – o que não apenas não aconteceu como se procedeu ao inverso: as democracias mais consolidadas têm por característica um povo apático e desinteressado. *O Futuro da democracia*, op. cit. p. 34 a 45.

[339] Neste sentido já salientou ROBERTO AMARAL que: "Não é democrático nem representativo o regime que se alimenta na fraude contra a vontade do representado", *A democracia representativa está morta; viva a democracia participativa*. In: *Direito Constitucional: estudos em homenagem a Paulo Bonavides*. São Paulo: Malheiros, 2003, 26.

[340] Ob., cit., p. 32. Neste exato sentido, convém destacar que no Brasil réus e condenados fazem as leis, pois, de acordo com reportagem da revista Veja, 31 dos 81 Senadores, isto é, 38% do total e 185, dos 513 Deputados Federais, ou seja, 36% do total, são réus ou foram condenados por delitos graves pela justiça ou pelos Tribunais de Contas, *Revista Veja*, edição 2.064, ano 41, nº 23, de 11.06.08, p. 63.

[341] BONAVIDES coloca a democracia participativa, inclusive, como alternativa constitucional ao presidencialismo e ao parlamentarismo, *Teoria constitucional da democracia participativa*. São Paulo: Malheiros, 2003, 2ª ed., cap. 16, p. 281 a 296.

[342] *O povo e o poder*. São Paulo: Malheiros, 2003, p. 70.

[343] A democracia participativa seria a forma mais evoluída das quatro fases do desenvolvimento da democracia que, segundo MACPHERSON, se iniciou com a fase protetora, posteriormente veio a fase do desenvolvimento, seguida da fase do equilíbrio, para então culminar com a fase participativa, *The life and time of liberal democracy*. Oxford: Oxford University Press, 1978.

tirem mecanismos legais de participação. É necessário para isto um longo trabalho educativo de, quem sabe, gerações.

Democracia e participação, nesta perspectiva, se fundem em um conceito unívoco, incindível, capaz de traduzir a um só tempo a exata compreensão da soberania popular. Democracia participativa constitui, nas exatas palavras de Roberto Amaral, "uma tautologia virtuosa".[344]

3.3.1. Democracia vigente

Fruto dos ideários pós-Revolução Francesa, a democracia que conhecemos em muito pouco se assemelha com a democracia grega, base do pensamento iluminista-montesquiano, criador da democracia representativa, que é teleologicamente formal. Apesar de nem mesmo Péricles ter visto tão longe como Rousseau,[345] as ideias do filósofo de Genebra jamais foram totalmente concretizadas, seja por desinteresse político, seja por impossibilidade concreta. Enquanto isso, a democracia da civilização helênica teve sua parcela de contribuição: basta referirmos que, na ótica grega, apenas detinham direitos políticos os cidadãos, enquanto o restante do povo não se envolvia nas questões políticas. Da mesma forma, o primeiro ponto do pensamento instituidor da democracia representativa foi delimitar os indivíduos que estavam aptos a votar – fenômeno que ocorreu tanto na França como nos Estados Unidos.

Fato é que na revolução Francesa quando o poder absoluto do rei foi repudiado, a nova classe dominante – burguesia – necessitou buscar seu próprio instrumento racional de legitimidade, e o fez através da utilização do povo, já que gozavam de imenso prestigio em sociedade – não foi a toa que os membros da Revolução criaram seu povo-ícone, também para tornar válida suas ações – e, concretamente, não era possível a tomada de decisão por todos os indivíduos da sociedade. Sugeriu-se, então, a representação destas pessoas por outras legitimamente eleitas, já que a burguesia enunciava e defendia o princípio da representação. E, de acordo com Bonavides, "do princípio liberal chega-se ao princípio democrático. Do governo de uma classe, ao governo de todas as classes".[346]

A ideia foi realmente um verdadeiro sucesso, tanto que encontramos ainda hoje está forma de legitimidade social. Modernamente está ideia ainda configura o ideal de democracia, razão pela qual o Estado Liberal floresceu. Porém, a cisão entre o âmbito político e o âmbito econômico[347] representada pela livre dominação

---

[344] Ob. cit., p. 48.

[345] Em ROUSSEAU, a vontade geral deve se sobrepor às vontades individuais, como se fosse uma nova vontade, calcada não na soma dos interesses alheios, mas como o lídimo interesse da coletividade. A esse respeito, consultar a obra do autor *Do contrato social*. Trad. por Antônio de P. Machado. Rio de Janeiro: Edições de Ouro, 1978, preponderantemente nos capítulos I e II, do Livro II e o capítulo I, do Livro IV p. 51 a 55 e 141 a 143.

[346] *Do Estado Liberal ao Estado Social*. São Paulo: Malheiros, 2004, 7ª ed., p. 43.

[347] CALMON DE PASSOS, Joaquim José. *Democracia Participação e Processo*. In: *Participação e Processo*. São Paulo: Revista dos Tribunais, 1988. p. 90.

DA TUTELA JURISDICIONAL ÀS FORMAS DE TUTELA

do mercado nas relações e pela participação mínima do Estado entre os indivíduos, levou esta forma de governo à ruína. Assim, o Estado assume novamente novos compromissos e reata a cisão havida anteriormente fazendo com que o político e o econômico voltem a se coaptar.

Observa-se que o Estado – agora intervencionista – se torna o inverso de seu antecessor liberal e adquire bases e diretrizes complexas voltadas à reestruturação de um sistema já em crise,[348] possibilitando a assunção de uma função social – notadamente observada nas Constituições mexicana e de Weimar.[349] Surge assim a noção de justiça social e, principalmente, o alargamento dos poderes políticos do indivíduo.

Nesse mesmo período, o papel da democracia passa a ganhar contornos mais definidos, acertando Bonavides, ao referir que ele – Estado Social – é o mais apto a consagrar os valores do sistema democrático, pois segundo o autor:

> Esta espécie de Estado social, humanizador do poder, jurídico nos fundamentos sociais da liberdade, democrático na essência de seus valores, padece, de último, ameaça letal à conservação das respectivas bases e conquistas. Esmaecê-lo e depois destruí-lo é parte programática das fórmulas neoliberais propagadas em nome da globalização e da economia de mercado, bem como da queda de fronteiras ao capital migratório, cuja expansão e circulação sem freio, numa velocidade imprevisível, contribui irremissivelmente para decretar e perpetuar a dependência dos sistemas nacionais, indefesos, e desprotegidos, sistemas que demoram nas esferas do Terceiro Mundo.[350]

Portanto, observamos que a inclusão do cidadão, em tese, deveria ter aumentado durante o período subsequente ao Estado Social, porém a realidade demonstra exatamente em sentido contrário. Mesmo com o aumento dos direitos políticos, com o crescimento do povo-ativo, ainda assim, poucos são os indivíduos que, ao observar as ações do Estado, se sentem ali representados. Decisionismos, processos legislativos incoerentes e obscuros, aumento exacerbado do uso de Medidas Provisórias, enfim, nos encontramos diante da falência institucional dos poderes executivo e legislativo, justamente os que mais deveriam estar próximos ao cidadão, tendo em vista o seu imenso respaldo eleitoral, mas, em realidade, eles se encontram os mais distantes.[351]

Mais que isso, o recente cenário político demonstra uma crise ética sem precedentes na história da nossa sociedade.[352] Como então é possível dar concretude

---

[348] STRECK e BOLZAN DE MORAIS, ob. cit, p. 91 e 92.

[349] Para uma análise mais aprofundada das bases ideológicas do Estado Social, consultar PAULO BONAVIDES, *Do Estado Liberal ao Estado Social,* ob. cit., especialmente p. 165 a 181.

[350] *Teoria constitucional da Democracia Participativa,* ob. cit., p. 157.

[351] Sobre a falência da legitimidade do Executivo e do Legislativo, consultar por todos BONAVIDES, *Teoria constitucional da Democracia Participativa,* ob. cit., p. 281 e 296.

[352] Inobstante citarmos essa perspectiva de crise, devemos assumir, de igual modo, que a sociedade sempre se encontra imersa em determinadas crises, que devem a todo modo ser confrontadas e superadas, pois, de acordo com OVÍDIO BAPTISTA: "Não há sociedade humana isenta de crise, assim como não se pode conceber a história sem transformações e mudanças sociais permanentes. Sobre isto, aliás, disse um ilustre filósofo contemporâneo 'Por isso mesmo as épocas de crise – aquelas, precisamente em que o sistema cede lugar ao problema – são

à democratização da sociedade e do Estado mantendo ainda as desigualdades e preservando as clássicas prerrogativas individuais, especialmente de um determinado grupo de indivíduos? Neste momento conturbado da história, é necessário voltar a atenção para outro ator, tão ou mais legítimo do que os outros, inobstante não gozar da falácia da legitimidade popular, consubstanciada no voto, qual seja, o Poder Judiciário.

Destarte, a democracia participativa avulta para destacar o papel não só de maior inserção do indivíduo nas escolhas administrativas e legislativas, mas também e principalmente a partir do âmbito judicial, pois o acesso ao Poder Judiciário é irrestrito, bastando lesão ou simples ameaça a direito para que este abra suas portas ao indivíduo, ao povo – assumindo este a conotação ampla anteriormente exposta. Esta abertura, por assim dizer, cria para os indivíduos em sociedade a possibilidade de exigir do Estado a concretização das promessas ainda não realizadas e que dificilmente o serão através do Executivo e do Legislativo. Nesta perspectiva, o processo passa a ser um valioso instrumento público posto a serviço do povo para viabilizar a essência da democracia que está configurada nos direitos e garantias fundamentais.

3.3.2. Democracia participativa e processo como instrumento de concretização da democracia

O discurso acerca da democracia participativa tem sido direcionado às minorias e à inclusão social em termos eminentemente sociológicos. Tanto é assim que, ao mencionarmos a expressão *democracia participativa* logo se torna presente conceitos como "orçamento participativo" e "fórum social", ou seja, assume-se como ponto de partida que a inclusão do cidadão na gerencia do múnus público deve ocorrer no campo estritamente administrativo das escolhas e nas escolhas propriamente ditas.

Daí se dizer que a participação propiciada ao cidadão através de programas como o orçamento participativo desvela-se na atuação individual ante o Poder Executivo. Dizendo de outro modo, tais mecanismos respondem ao problema da crise da democracia representativa, simplesmente pelo permitindo ao cidadão uma inclusão duvidosa em apenas um dos poderes constituídos – e ainda assim, duvidosa esta forma de participação e mais curiosa é a execução dos planos, que atuariam em cima de escolhas predeterminadas?

Por outro lado, o discurso acerca da democracia participativa também é desenfocado quando mira o Legislativo. Infelizmente, a representação, como já constatado, e nos moldes em que ela existe, é pura ficção, engodo criado exclusivamente para legitimar as atitudes de um parlamento corrupto e servil do Executivo. Porém, dessa falsa representatividade nasce uma dissonância total entre

---

épocas de maturidade e de autenticidade espiritual'", *Democracia moderna e processo civil*. In: *Participação e Processo*. São Paulo: Revista dos Tribunais, 1988. p. 99.

as decisões do parlamento e a suposta vontade popular. A alardeada soberania popular dos representantes, que há muito está em crise, abre espaço a novos mecanismos legislativos,[353] como o referendo, o plebiscito e a iniciativa popular. Todos previstos constitucionalmente, mas de rarefeita eficácia, basta analisar nestes vinte anos de constituição quantas vezes nos valemos deles?[354]

De igual modo, Paulo Bonavides que por inúmeras vezes já defendeu a participação do povo, define que a democracia participativa possibilita o direito à resistência e à luta. Aqui, o legitimador do sistema, o norte da estrutura, deixa de ser a lei. Não se olha mais para o Estado, mas sim para quem o irá compor em última instância, ou seja, o próprio cidadão. Com base nisto, afirma o autor: "consiste a essência e o espírito da nova legitimidade: o abraço com a Constituição aberta, onde, sem cidadania não se governa e sem povo não se alcança a soberania legítima".[355] Deverá se observar que a lei se constitui em mera baliza de interpretação donde se deve operar a concretização dos direitos que, hoje, são restringidos ao plano abstrato normativo. Não há interpretação sem escolha política, contudo, esta deve ser uma política de concreção dos valores inseridos na Constituição.

Portanto, para além da democracia participativa inserida nos âmbitos já citados, devemos concebê-la em seu aspecto verdadeiro: aquela visão de democracia em que o indivíduo está concretamente engajado na busca daquilo que ele entende ser o melhor para si e para a sociedade em que vive, ele é o verdadeiro protagonista dos rumos da sociedade e não mais os seus representantes. É ele, e somente ele, que sabe o que é melhor para si e, consequentemente, para os outros. Não há transferência de legitimidade a outros, pois só transfere legitimidade, num regime verdadeiramente democrático, quando não se é capaz de, por si só, concretizar a realização de uma sociedade livre, justa e solidária.

Nesta perspectiva o Judiciário está em franca vantagem para a implementação da democracia participativa, porquanto é o mais legitimado das três funções do Estado para realizar as promessas da modernidade. Como se o povo ativo escolhe seus governantes: legislativo e executivo?. Onde estaria a legitimidade democrática do Judiciário, que não é eleito nem escolhido por esse ator decisivo que é o povo?. Sua legitimação decorre não do sufrágio universal como nas outras esferas de poder, mas de uma legitimação procedimental que encontra no irrestrito acesso ao Judiciário, no contraditório, na publicidade e na fundamentação

---

[353] KELSEN já fazia referencia à premente necessidade de ampliar a democracia representativa de sorte a ter o indivíduo – o povo como um todo – presente nas escolhas públicas. Institutos como o referendo e a iniciativa popular apenas tornam a democracia mais forte e em nada reduzem a qualificação do parlamento em si. Muito pelo contrário, o autor defende que o povo deveria poder emanar diretrizes gerais, para então, o parlamento – como órgão técnico – praticar a criação das normas com base nas diretrizes, ob. cit. p . 116 a 117.

[354] Dispõe o art. 14 da Constituição: *A soberania popular será exercida pelo sufrágio universal e pelo voto direto e secreto, com valor igual para todos, e, nos termos da lei, mediante: I – plebiscito; II – referendo; III – iniciativa popular.* Tal artigo foi consolidado com o advento da Lei 9.709/98 que regulamenta a execução do dispositivo nos incisos mencionados no art. 14. Representa a inserção de cargas democráticas diretas no ordenamento jurídico, possibilitando ao cidadão atuar na formação da lei.

[355] *Teoria constitucional da Democracia Participativa*, ob. cit., p. 36.

os mais altos desígnios da legitimidade democrática, pois é através do processo, como garantia constitucional do Estado Democrático de Direito, que o direito é realmente criado,[356] e não a lei.[357] Sem falar no grau de credibilidade social que usufrui o Judiciário quando comparado ao Executivo e ao Legislativo, pois é o mais ético deles.

Nesta ordem de ideias podemos citar Friedrich Müller, para quem:

No Poder Executivo e no Poder Judiciário a "dominação" do povo ativo pode ser vista operando de forma mediada, na medida em que prescrições capazes de justificação democrática estão implementadas em decisões de maneira correta em termos de Estado de Direito, no sentido de capazes de universalização e de recapitulação plausível (*überzeugend nachvollziehbar*).[358]

Até mesmo Boaventura de Sousa Santos, que tanto defende a democratização através dos movimentos sociais e do que ele denomina emancipação social das minorias ante as camadas hegemônicas da sociedade[359] concorda que, no Brasil, o Estado muito promete e pouco cumpre, assim, o Judiciário assume relevância ímpar. Por vezes, seguindo o pensamento do autor, irá ocorrer de o Magistrado substituir o sistema da administração pública através de sua decisão, de sorte que este realize o ato que deveria ter sido espontaneamente praticado pela administração – e nesse sentido é clássico o exemplo dos medicamentos.[360]

De fato, não são poucos os conflitos entre os indivíduos e o Estado que não cumpre com seus deveres. É aí que entra o Judiciário para concretizar estas promessas não cumpridas, efetivando, assim, a execução destas prestações:

Ora, no momento em que os tribunais começam a julgar para cima, em que começam a incriminar e a julgar grandes empresários ou membros de classe política a situação muda. É nesse momento que se dá quilo que eu designo por judicialização da política.[361]

---

[356] Sobre este particular já destaquei que: "A segunda função do ordenamento jurídico, que denomino *judicial*, consiste na função, através da qual, a hierarquia dos interesses em sociedade serve de diretriz ao juiz em sua tarefa de aplicar os valores que anteriormente essa sociedade estabeleceu como sendo essenciais. Por isso afirma ARISTÓTELES que "*aquellos que discuten recurren al juez, y el acudir al juez es acudir a la justicia, porque el juez quiere ser como una personificacion de la justicia*", na medida em que ele juiz utiliza os valores do que é socialmente justo para criar o direito no caso concreto", *Esboço de uma teoria processual do direito*, ob. cit., p. 63 e 64.

[357] Para uma separação adequada entre direito e lei, consultar por todos PAOLO GROSSI, *Mitología jurídica de la modernidad*. Trad. por Manuel Martínez Neira, Madrid: Trotta, 2003, especialmente p. 21 e ss.

[358] Op. cit. p. 56.

[359] *Democratizar a Democracia: os caminhos da democracia participativa*. Rio de Janeiro: Civilização brasileira, 2002. p. 22 a 25 e 43 a 50. A visão do autor na presente obra é inteiramente voltada aos movimentos sociais, citando ele, inclusive o orçamento participativo de Porto Alegre. Contudo, lembremos novamente FRIEDRICH MÜLLER, para quem: "A exclusão deslegitima. *Na exclusão o povo-ativo, o povo como instancia de atribuição e o povo destinatário degeneram em 'povo'-ícone*. A legitimidade somente pode advir da fundamentação no *povo real*, que é invocado pelo texto da constituição – em diferentes perspectivas e com abrangência correspondentemente variada, mas sempre de forma documentável", ob. cit., p. 105.

[360] *Para uma revolução democrática da justiça*. São Paulo: Cortez, 2007. p. 19.

[361] Ibidem p. 23

Apesar dessa necessidade imediata de mudanças, de uma exigência social por maior efetividade e de um acesso à justiça no presente,[362] a democracia ainda pressupõe muito. Ela clama no plano político por acesso à informação e por uma consciência do eleitor para saber em quem se vota e porque se vota.

A relação da democracia como instituição do Estado de Direito, aliada a uma permanente práxis, pode muito bem ser resumida nas palavras de Moreira Neto, para quem:

> A democracia, enquanto conjunto de valores, é um modo de vida; enquanto instituição, conforma um regime político e, enquanto *práxis*, é uma técnica social para compor interesses diversos. Somente pelo exercício permanente do diálogo, da conciliação e do consenso, pilastras da legitimidade, um povo aprende a cultivar a democracia como estilo de vida e a mantê-la como regime político.[363]

A verdadeira práxis democrática, configuradora de um autêntico Estado de Direito, reside principalmente na efetiva *concretização* dos direitos e garantias fundamentais, e não em meras abstrações legais contidas em um texto normativo. Estes direitos e garantias fundamentais, por sua vez, somente ganham vida através do mais afinado instrumento democrático: o processo. Ele, o processo, se constitui no mais valoroso elemento vivificador das aspirações de uma sociedade reprimida de justiça social, pois encontra no irrestrito acesso ao judiciário, no contraditório, na publicidade e na fundamentação os mais altos desígnios da verdadeira democracia. É através dele, o processo, que "os cidadãos revelam ser *sujeitos práticos* justamente pela práxis: como atores que estão a cada dia dispostos a lutar pela honestidade e pelo tratamento materialmente igual das pessoas no Estado e na sociedade".[364]

---

[362] Pensamento este que é partilhado por outros autores, como OVÍDIO BAPTISTA, ao referir que: "A democracia verdadeira, que só poderá ser aquela que privilegia e estimula a *participação*, tão intensa e constante quanto seja possível, bem poderia ser comparada a um mecanismo extremamente delicado – já que se está a falar justamente da assimilação das ciências sociais à mecânica e à matemática – cujo funcionamento, ao contrário do que poderia para muitos ser desejável, não é jamais automático, necessitando de operadores treinados e competentes", ob. cit., p. 113.

[363] *Direito da participação política: fundamentos e técnicas constitucionais da democracia*, Rio de Janeiro: Renovar, 1992, p. XVII.

[364] Friedrich Müller, ob. cit., p. 127.

4. La sentencia ejecutiva como garantia constitucional del princípio de la efetividad

4.1. El principio de la efectividad

En el momento actual de la nuestra civilización el proceso es considerado una de las mayores conquistas de la humanidad, en la medida en que la propia Constitución Federal asegura dentro de sus garantías fundamentales, en el inc. LIV, del art. 5°, el "sobreprincípio"[365] según el cual "ninguém será privado da liberdade ou de seus bens sem o devido processo legal". Por esta razón, el proceso pasa a ser entendido como elemento indispensable para el ejercicio de la libertad o de la manutención de los bienes en sociedad pues, sin él nuestra libertad y/o nuestros bienes estarían seriamente comprometidos, en la medida en que podrían retirarnos sin la necesaria observancia de un procedimiento legal.

Actualmente, por fuerza de la Enmienda Constitucional n° 45, que fue promulgada en 08.12.2004, la efectividad se encuentra positivada en el inc. LXXVIII del art. 5° de la Constitución Federal. De acuerdo con el nuevo inciso "a todos, no âmbito judicial e administrativo, são assegurados a razoável duração do processo e os meios que garantam a celeridade de sua tramitação". No obstante la actual previsión constitucional de la "razonable duración del proceso', nuestro ordenamiento ya permitía sostener, con anterioridad, esta posibilidad, a través del §2°, del art. 5°, de la Constitución Federal, que posibilitaba a la parte alegar en su beneficio a la Convención Americana sobre los Derechos Humanos, en que el Brasil es signatario, a través del art. 8.1 que prevé el derecho de la parte ser oída dentro de un plazo razonable.[366]

---

[365] De acuerdo con nuestro entendimiento, la palabra 'sobreprincípio' indica que la garantía constitucional del *due process of law* se sobrepone a los demás principios procesales constitucionales condicionándoles, siempre que posible, en su interpretación en el tiempo y en el espacio. En esta orden de ideas HUMBERTO ÁVILA, para quién los 'sobreprincipios' "funcionam como fundamento, formal e material, para a instituição de sentido às normas hierarquicamente inferiores", *Teoria dos princípios: da definição à aplicação dos princípios jurídicos*, 2ª ed., São Paulo: Malheiros, 2003, n° 3.1, p. 80. Para profundizar la noción de sobreprincipio consultar lo que escribimos en *O sobreprincípio da boa-fé processual como decorrência do comportamento da parte em juízo*. In: *Anuário do Curso de Pós-Graduação em Direito da Unisinos*, São Leopoldo, 2003, especialmente p. 84 -86.

[366] Dispone el art. 8.1 de esta Convención que: "Toda pessoa tem direito a ser ouvida, com as devidas garantias e dentro de um prazo razoável, por um juiz ou tribunal competente, independente e imparcial, estabelecido anteriormente por lei, na apuração de qualquer acusação penal formulada contra ela, ou para que se determinem

En se tratando de un tópico sobre efectividad y no un estudio sobre la misma, que exigiría, por su amplitud, diversas formas de tratamiento, limitarnos hemos aquí simplemente a su naturaleza jurídica.

¿La efectividad es un principio, sobreprincípio o postulado?. Para que esta pregunta pueda correctamente ser respondida es fundamental destacar la importancia de la efectividad dentro de los presupuestos constitucionales del Estado Democrático de Derecho. De acuerdo con nuestro entendimiento la efectividad compone uno de los elementos integrantes de esta concepción de Estado, en la medida en que contribuye para la construcción de una sociedad mas justa (art. 3°, inc. I, de la Constitución Federal), basada en la dignidad de la persona humana (art. 1°, inc. III, de la Constitución Federal), pues de acuerdo con Rui Barbosa la "justiça atrasada não é justiça, senão injustita qualificada e manifesta".[367]

En esto sentido, podemos seguramente afirmar que existe el deber constitucional de promover la efectividad del derecho tanto en nivel de la función jurisdiccional como administrativa, o mismo en la función legislativa, en cualquier de sus esferas: federal, estadual y municipal. Para el legislador, este deber le es impuesto cuando

> (...) al regular la constitución y funcionamiento de los Tribunales, debe considerar ios posibles riesgos de inefectividad de la tutela y eliminarlos en la medida de lo posible, por lo que podría ser contraria a la Constitución una regulación que se despreocupase de la efectividad de la tutela, y ello aun al margen de si ese riesgo no resultase realizable en todos los casos.[368]

También la función ejecutiva debe promover la efectividad a través de la garantía de los medios estructurales adecuados para que la justicia pueda ser eficaz, evitando, con eso, que sus carencias puedan repercutir en los consumidores del derecho.

La efectividad también está presente en la administración pública, tanto en la directa cuanto indirecta, a través del art. 37 de la Constitución Federal que le determina obediencia al principio de la *efectividad*, entre otros.

El Poder Judicial también está sometido al deber de difusión de la efectividad de los intereses que le son sometidos a apreciación. Este deber constitucional de los jueces velar por la efectividad de la tutela judicial no se limita solamente al aspecto procesal – como la obligatoriedad de la realización de la audiencia preliminar –, más también al aspecto material, una vez que exige de los jueces

---

seus direitos ou obrigações de natureza civil, trabalhista, fiscal ou de qualquer outra natureza". Ya defendí esta possibilidad, hace más de diez años, cuando escribí "A instrumentalidade do processo e o princípio da verossimilhança como decorrência do *Due Process of Law*". In: *Revista de Jurisprudência Brasileira*, n° 173, p. 31 y 32; también publicada en la *Revista Ajuris*, n° 60, p. 273 e 274. Sobre el tema, consultar, CRUZ E TUCCI, *Devido processo legal e tutela jurisdicional*, São Paulo: RT, 1993, p. 99 hasta 126.

[367] *Oração aos moços*. Rio de Janeiro: Edições de Ouro, MCMLXVI, p. 105.

[368] CHAMORRO BERNAL, *La tutela judicial efectiva*. Barcelona: Bosch, 1994, p. 280.

la obediencia a los parámetros de una interpretación razonable del ordenamiento jurídico.[369]

Identificada la real importancia de la efectividad dentro del Estado Democrático de Derecho y su extensión en las diversas áreas del poder, podemos concluir que por su valor la efectividad se presenta como *postulado*, pues de acuerdo con la opinión de Humberto Ávila, los postulados normativos "são normas imediatamente metódicas, que estruturam a interpretação e aplicação de princípios e regras mediante a exigência, mais ou menos específica, de relações entre elementos com base em critérios".[370]

4.2. PRETENSIÓN DE EJECUCIÓN

En primer lugar, es conveniente determinar la diferencia semántica que existe entre *pretensión de ejecución* y *pretensión ejecutiva*. Siguiendo la tradición española, tanto doctrinal como legal, empleamos la expresión *pretensión ejecutiva* (igual a *actio iudicati*) para designar la declaración petitoria de la parte que tiene por base el *título ejecutivo* y sirve para incoar el proceso de ejecución forzosa.[371] Mientras que la locución *pretensión de ejecución* sirve para designar la declaración petitoria basada en la *res* y deducida por la parte en el juicio de cognición, con la finalidad de ordenar la reposición del titular en la propiedad o posesión de la cosa, independientemente de un proceso de ejecución *ex intervallo*. Además, podemos añadir que las pretensiones ejecutivas realizan una *pretensión de créditos*, pues se asientan en la *obligatio*, mientras que las pretensiones de ejecución realizan una *pretensión real*, ya que se fundamentan en la *res*.

En el derecho brasileño ocurre exactamente al contrario, es decir, por *pretensión ejecutiva* debemos entender la declaración petitoria basada en la *res*, mientras que la *pretensión de ejecución* tiene por base el *título ejecutivo* y sirve para incoar el proceso de ejecución forzosa (igual a *actio iudicati*).

4.3. EL ORIGEN ROMANO

En el derecho romano más primitivo la *res* estaba unida a la *vindicatio*,[372] que representaba, según palabras de Grosso, el "modo in cui si svolge l''agere'

---

[369] En este sentido, CHAMORRO BERNAL, op. cit., p. 281.

[370] *Teoria dos princípios: da definição à aplicação dos princípios jurídicos*, op. cit., p. 120.

[371] Entre los diversos autores españoles, vid. SERRA DOMÍNGUEZ, Juicio ejecutivo. In: *Estudios de Derecho Procesal Civil*. Barcelona: Ariel, 1969, nº 26, p. 519 y ss; PRIETO-CASTRO, *Derecho procesal civil*, Madrid: Tecnos, 1989, 5ª ed., nº 373, p. 446; y FAIRÉN GUILLÉN, *Doctrina general del derecho procesal*, Barcelona: Bosch, 1990, p. 91. También la nueva LEC española utiliza la expresión *acción ejecutiva* en el art. 517.1, según el cual: "*1. La acción ejecutiva deberá fundarse en un título que tenga aparejada ejecución*".

[372] El origen de la palabra *vindicatio*, está relacionado al instrumento (la vara, *festuca*, que, según GAYO, *Inst.*, IV, 16, "(...) se usaba como en sustitución de la lanza [militar], la cual era símbolo de la propiedad legítima, ya que la propiedad más legítima parecía ser la de las cosas que se habían quitado al enemigo", *Instituciones*. Trad. de Alvaro d'Ors y Pèrez-Peix. Madrid: Instituto Francisco de Vitoria, 1943., p. 171) utilizado por el demandante

rispetto alla 'res'",[373] y de ahí el origen de la palabra *reivindicación*. Una vez estimada la *vindicatio* su *executio* era automática.[374] En esta fase del derecho romano la *vindicatio* contrastaba con la *actio*, como una forma diversa de tutela jurisdiccional pues, mientras la primera tenía por base la *res*, la segunda tenía por base la *obligatio*.[375] Desde el derecho romano más arcaico, los derechos patrimoniales se

dentro de la *legis actio per sacramentum in rem*, cuando este, a través de una reclamación virtual o combate simulado, afirmaba su titularidad exclusiva y quiritaria sobre la cosa litigiosa frente a todos, es decir, utilizaba la vara en señal de justo dominio. Esta reclamación virtual, según MURGA, "iba unida a un gesto significativo por parte del actor, tocando en ese instante la cosa reclamada con la 'vindicta'. Esta 'vindicta' o 'festuca' consistía en una extraña varita, posiblemente un resto fosilizado de la propia lanza quiritaria. De todos modos el acto formal de la reivindicación con aquel toque de la 'vindicta', no obstante haber perdido ya con el transcurso de los siglos, gran parte de su arcaico significado, seguía siendo una solemne afirmación del derecho del titular con un claro sentido de poder fuerte, autónomo y 'erga omnes'", *Derecho romano clásico – II. El proceso*. Zaragoza: Universidad de Zaragoza, 1989, 3ª ed., p. 122. En el mismo sentido, BETTI, *Diritto romano*. Padova: Cedam, 1935, v. I, § 86, p. 459; y SCIALOJA, *Procedimiento civil romano*. Trad. de Santiago Sentís Melendo y Marino Ayerra Redin. Buenos Aires: Ejea, 1954, § 14, p. 133 y ss. Esta idea es corroborada por IHERING, cuando afirma que: "La raíz 'dic' significa en latín, como en sánscrito y en griego (deicunmi), señalar, mostrar (por ejemplo, 'dicis causa, digitus, indicare'); 'dicere', decir, es mostrar verbalmente. 'Vindicare', derivado de 'vim dicere', tiene, pues, el sentido de demostrar fuerza", *El espíritu del derecho romano*. Trad. de Enrique Príncipe y Satorres. Granada: Comares, 1998, t. I, § 14, p. 129, nota 109. La descripción detallada del procedimiento de la *legis actio per sacramentum in rem* está en la *Instituta* de Gayo, IV, 16.

[373] *I problemi dei diritti reali nell'impostazione romana*. Torino: Giappichelli, 1944, p. 76.

[374] Así, SCIALOJA, *Procedimiento civil romano*, ob. cit., § 14, p. 141. La ejecución en la *reivindicatio* es distinta de la ejecución en la *condemnatio*, a pesar de ambas se realizaren automáticamente en esta fase, pues, como afirma IHERING: "La 'reivindicatio' antigua, aunque tiende á ella de hecho, no tenia nada de común con el principio de la obligación. El demandado no debía dar la cosa, sino que era el demandante quien la tomaba. Consistiendo en ello, el demandado no hacia otra cosa que obedecer al orden legal y á la autoridad. Aun cuando el demandado llegase á morir durante el juicio, ningún retardo detenía la ejecución, y esta es la mejor prueba de que el demandado lo consentía; éste no ejecutaba, porque toda acción supone una persona que obra. Ningún acto era necesario cuando desde el principio el demando no hacia resistencia, dejando al demandante llevar consigo el objeto alegado en justicia, después de haber obtenido lo 'addictio' por parte del pretor. Igual ocurría exactamente cuando un juicio tenia que chocar con la resistencia del demandado", *El espíritu del derecho romano*, ob. cit., t. IV, § 64, p. 931 y 932.

[375] De acuerdo con la opinión de SAVIGNY: "'Actio est jus persequendi in judicio quod sibe debetur'. Considerado en general, este pasaje tiene el siguiente significado: 'actio' es el derecho de exigir ante el tribunal aquello que se me debe. Mas esto no es el sentido original. Originalmente existían solamente dos medios jurídicos: la acción y la vindicación. Toda vindicación es dirigida por el pretor, mientras la forma de la 'actio' descansa sobre el hecho de que el pretor daba un 'judex'. El derecho de real corresponde a la vindicación, y el derecho de las obligaciones, a la acción. En esta definición se indica la característica de que la 'actio' concierne sólo a las obligaciones, de lo cual en nuestro pasaje se encuentran dos rastros: 1) 'in judicio', esto es, en un proceso que es llevado a cabo ante un juez; 2) 'quod debetur'. 'Debere' se refiere siempre al derecho de las obligaciones, y nunca al derecho real. 'Actio' es, pues, originalmente el derecho de exigir ante un 'judex pedaneus' aquello que la otra parte debe prestar 'ex obligatione'", *Metodología jurídica*. Trad. de J. J. Santa-Pinter. Buenos Aires: Depalma, 1979, p. 19. En el mismo sentido, IHERING, al decir que: "Tomada en el rigorismo de su acepción más pura, la 'reivindicatio' forma el contraste más concluyente con la 'actio in personam' y la obligación. 'No personam obligat sed rem persequitur', dícese de ella en el derecho nuevo; pero, sin embargo, esas expresiones no son completamente verdaderas. La 'reivindicatio' persigue únicamente la cosa ('agitur in REM'), la sigue por todas partes donde va, no quiere ninguna otra cosa que lo que ella puede dar de sí sin la participación del demandado. La cosa es responsable, la cosa presta; la persona del demandado no tiene otra importancia que la de encontrar entre el demandante y el objeto de su demanda, y el procedimiento debe desde luego separarlo", *(sic) El espíritu del derecho romano*, ob. cit., t. IV, § 64, p. 926 y 927. De ahí concluye el autor que "la 'reivindicatio' del derecho antiguo no pierde un solo instante su carácter de procedimiento contra la cosa. Su objeto, su condición primera, es la cosa, y no acoge ningún elemento que sea extraño á su objeto puramente real para llevarle sobre la persona. Ella se coloca toda entera y permanece en el terreno del derecho real puro", *El espíritu del derecho romano,*, ob. cit., t. IV, § 64, p. 932.

dividían en derechos reales y de obligaciones,[376] siendo que en la fase más antigua del derecho romano el modo de proteger en juicio la *res* se daba o a través de la *vindicatio*, cuando el propietario pretendía la restitución del objeto de su dominio, o a través del *interdictum*, cuando su demanda tenía por finalidad la recuperación de la posesión.[377] Por contra, la protección judicial de la *obligatio* era realizada

---

[376] De acuerdo con la opinión de BONFANTE, la diferencia entre estas dos categorías puede ser visualizada a través de la *actio*, del objeto, de las fuentes y formas, de la transmisibilidad, y de la cualidad. Para el autor, "a) una prima e radicale differenza si ha in ordine all'*actio*: il diritto reale si fa valere con un'*actio in rem*, esperibile contro qualunque illegittimo possessore, in generale contro qualunque terzo che vieti al titolare l'esercizio del diritto; il diritto personale ha invece a sua difesa un'*actio in personam*, esperibile solo contro quella determinata persona, che sia vincolata verso chi esige la prestazione; b) Una seconda differenza netta si ha nell'oggetto: nei diritti reali l'oggetto é la cosa, nei diritti personali è la persona, o l'attività della persona, non mai la cosa; c) in ordine alle fonti e alle forme: i diritti reali hanno fonti proprie e le forme con cui si costituiscono sono la 'mancipatio' e la 'in iure cessio'; fonti delle obbligazioni sono invece o il delitto di una delle parti o il contratto streto tra le parti, e le forme tipiche sono la 'sponsio' o la 'stipulatio', inconcepibili fuori del campo dell'obbligazione; d) nella trasmissibilità dei diritti reali da un soggetto a un altro soggetto nei modi debiti, mentre il diritto personale è essenzialmente intrasmissibile e incommerciabile; e) infine i diritti reali rappresentano veramente diritti, mentre i diritti personali rappresentano rapporti o cause di diritti, posizioni ben nette nel diritto antico", *Corso di diritto romano*. Milano: Giuffrè, 1972, v. III, p. 8 y 9. Según MURGA, la diferencia entre estas dos categorías también puede ser percibida a través de la legitimación procesal, pues, "la legitimación activa en los derechos reales la constituye lo que actualmente recibe el nombre de título, es decir, la causa jurídica que justifica que una persona tenga derecho a reclamar el objeto litigioso. Según esto, podrán ser demandantes en una reivindicación no sólo el 'dominus' sino cualquier otra persona que pueda alegar alguna otra causa similar para pedir como, por ejemplo, el usufructuario, el superficiario, etc. Por el contrario, la legitimación pasiva en los derecho reales la tuvo siempre, al menos originariamente, el poseedor. (...) La legitimación en las acciones 'in personam' actúa necesariamente de modo distinto (...) Así, en el caso de un delito, (...) el legitimado activo sería naturalmente la víctima o persona dañada, mientras que el legitimado pasivo lo sería el delincuente y sus cómplices. En cuanto a las situaciones no delictivas, (...) si la obligación derivara de un acuerdo verbal o estipulación, el legitimado activo sería el 'stipulador' que recibe la promesa, mientras que el 'promissor', que se comprometió con la 'stipulatio' a un 'dare', a un 'facere' o a un 'praestare', sería el legitimado pasivo", *Derecho romano clásico – II. El proceso*, ob. cit., p. 79 y 80.

[377] Los interdictos, según JUSTINIANO, eran "unas fórmulas y concepciones de palabras, por las cuales el pretor mandaba ó prohibía que se hiciese alguna cosa. Se empleaban con más frecuencia en las contiendas acerca de la posesión ó de la cuasi-posesión", *Instituciones*. Trad. de Ismael Calvo y Madroño. Madrid: Góngora, 1915, IV, 15, ob. cit., p. 292. De igual modo, GAYO, al decir que: "En determinados casos el pretor o el procónsul imponen su autoridad para poner fin a la controversia, principalmente cuando la controversia es sobre la posesión o la cuasi-posesión, concretándose a mandar o prohibir que se haga algo. Las fórmulas y redacciones que emplean para ello se llaman interdictos 'o, para ser más exactos, interdictos y' decretos", *Instituciones*, IV, 139, ob. cit., p. 210. Para BONFANTE: "Scopo essenziale dell'interdetto è mantenere lo stato di possesso come è attualmente costituito, impedire la turbativa futura, impetrandone dal pretore il divieto, il 'vim fieri veto'", *Corso di diritto romano*, ob. cit., v. III, p. 431. Al respecto, afirma acertadamente ALBERTARIO, que: "La procedura civile romana separava nettamente 'actiones' e 'interdicta'", *'Actiones' e 'interdicta'*. In: *Studi di Diritto Romano*, Giuffrè, Milano, 1946, v. IV, p. 117, pero con el tiempo los dos institutos acabaron confundiéndose. De acuerdo con la opinión del autor, esta confusión fue provocada por los textos de las *'Pandette'* e del *'Codice giustinianeo'* (*Instituciones*, IV, 15, 8) que "sono testi – come abbiamo cercato di dimostrare – interpolati per adattarli alla nuova realtà giuiridica, nella quale l'interdetto non è più nell'istituto che nell'età classica era, ma si è trasformato, nella nuova procedura postclassica giustinianea, in una azione. (...) Ma la identificazione, che questi testi fanno di 'interdictum' con 'actio', è pur certamente dovuta non al giureconsulto classico, che non poteva farla se non incorrendo in un grossolano errore, ma a una mano postclassica, cioè a una tarda glossa o a un tardo rimaneggiamento del testo classico", *'Actiones' e 'interdicta'*, ob. cit., p. 157. Corroborando estas interpolaciones en los textos pseudo-clásicos encontramos SCHULZ, *Derecho romano clásico*. Trad. de José Santa Cruz Teigeiro. Barcelona: Bosch, 1960, nº 113, p. 60; y COLLINET, *La nature des actions des interdits et des exceptions dans l'œuvre de justinien*, s/edit., Paris, 1947, p. 483 y ss. De ahí concluye ALBERTARIO que: "Se i giureconsulti dicevano che si poteva 'agere interdicto', non per questo gli 'interdicta' erano anche 'actiones'", *'Actiones' e 'interdicta'*, ob. cit., p. 163. Esta idea es repetida por el autor en *In tema di classificazione delle azioni*, en Rivivista di Diritto Processuale., 1928, nº 1, p. 200. En el mismo sentido, diferenciando las acciones

a través de la *actio*.[378] Como bien afirma Bonfante, refiriéndose a los derechos reales y personales, "non v'è dubbio che la distinzione non ebbe origine per opera della giurisprudenza, ma sorse nella vita",[379] de ahí que la evolución progresiva de la sociedad romana en vez de aumentar la antítesis entre estas dos categorías, "ci presenta lo spettacolo di una progressiva attenuazione dell'antitesi, il che, per chi segue l'opinione dominante, sarebbe un lento indietreggiamento verso concezioni primitive".[380] Esta evolución regresiva de la antítesis se debe a varios factores, entre los cuales cabe destacar, según Ovídio B. da Silva, el "alargamento do conceito de obrigação que, tendo originariamente como fonte exclusivamente o contrato e o delito ('obligatio ex contractu e ex delicto'), estendeu-se depois a todas as relações jurídicas, com a criação das 'obligationes *ex lege*'".[381] De este

de los interdictos, BISCARDI, *La protezione interdittale nel processo romano*. Padova: Cedam, 1938, n° 5, p. 14 a 16; GANDOLFI, *Contributo allo studio del processo interdittale romano*, Milano: Guiffrè, 1955, cap. III, n° 2, p. 36, y también en *Lezioni sugli interdetti*. Milano: La Goliardica, 1960, cap. II, n° 5, p. 67 y ss; y BUONAMICI, *La storia della procedura civile romana*. Roma: 'L'Erma' di Bretschneider, 1971, v. I, p. 422. Para profundizar mejor en el estudio de la protección posesoria a través de los interdictos en el derecho romano, vid. por todos, MALAFOSSE, *L'interdit momentariae possessionis: contribution a l'histoire de la protection possessoire en droit Romaní*. Roma: 'L'erma' di Bretschneider, 1967, p. 29 y ss.

[378] La diferencia existente entre *actio in personam* y *actio in rem* es apuntada, entre otros, por ALBERTARIO, *In tema di classificazione delle azioni*, ob. cit., p. 185 y ss; GROSSO, *I problemi dei diritti reali nell'impostazione romana*. Torino: Giappichelli, 1944, p. 74 y ss; y ARANGIO-RUIZ, *Istituzioni di diritto romano*. Napoli: Jovene, 1949, 10ª ed., cap. VI, p. 173 y ss.

[379] *Corso di diritto romano*, ob. cit., v. III, p. 8.

[380] *Corso di diritto romano*, ob. cit., v. III, p. 8.

[381] *Jurisdição e execução na tradição romano-canônica*. São Paulo: RT, 1997, 2ª ed., p. 65. Para BONFAN-TE, esta volución regresiva de la antítesis se debe: "a) (...) dalla graduale eliminazione della intrasmissibilità dei diritti personali, (...) l'obbligazione, assunto che ebbe il carattere schietto di un istituto patrimoniale, non poteva tardare a divenire altresì commerciabile. (...); b) le trasformazioni che si osservano in ordine alle fonti. (...) il 'contractus', che in origine era termine e concetto essenzialmente obbligatorio e rappresentava nel suo genuino significato il vincolo stretto tra le parti (il 'negotium contractum'), nell'ulterior evoluzione diventa sino-nimo di convenzione, patto, negozio, conchiuso d'accordo tra le parti, che nel diritto giustinianeo può condurre egualmente all'acquisto di ogni diritto reale, salvo la proprietà, come alla costituzione dell'obbligazione, finché attraverso fasi graduali si è giunti al riconoscimento odierno della trasmissione anche della proprietà per effetto del consenso delle parti, legittimamente manifestato; c) ma anche la differenza tra le due categorie in ordine alle forme, mantenutasi per tutta l'epoca del diritto classico, viene successivamente a svanire. Con il decadere delle forme quiritarie e tipiche rovina il valore plastico dell'atto costitutivo; le nuove forme dell'epoca romano-elle-nica sono incolori e generiche, non hanno alcun riferimento determinato alla realità più che alla obbligatorietà. (...) e in generale il 'pactum' e il 'contractus' sono ormai sinonimi e termini d'uso promiscuo per le obbligazioni e i diritti reali; d) infine si perdono via via o, per lo meno, si affievoliscono nelle figure posteriormente spuntate sia la differenza circa l'oggetto, sia la stessa relatività delle obbligazioni di fronte all'assolutezza dei diritti re-ali", *Corso di diritto romano*, ob. cit., v. III, p. 10 a 12. De acuerdo con MURGA, otra causa de esta evolución regresiva estaría en el alargamiento de la legitimación pasiva de las acciones *in rem*, pues, "no obstante este rigor inicial, según el cual la legitimación pasiva la ostenta exclusivamente el poseedor, posteriormente, tal vez en el Derecho clásico más tardío, se empezó a admitir también como legitimado pasivo en las acciones reales a otras personas que, sin ser propiamente poseedores, o bien conservaban en su poder la cosa como, por ejemplo, los detentadores o bien habiendo sido alguna vez poseedores lo habían dejado de ser intencionada o dolosamente, destruyendo o alienando la cosa, 'si dolo desiit possidere'. (...) Como es lógico, desde el momento que admitimos una reivindicación contra un no poseedor, (...) la acción real, que teóricamente lo único que debería perseguir sería la recuperación posesoria, se transforma en una acción híbrida con una reclamación de tipo penal en donde se exige una indemnización al reo por su comportamiento antijurídico. A causa de ello, la diferencia tajante y clara que existía inicialmente entre acciones reales y personales debió empezar a debilitarse desde el momento en que la utilización de una acción 'in rem' para esta finalidad penal que acabamos de señalar, claramente desvirtúa su propia naturaleza marcando con ello los primeros pasos de una vulgarización procesal que desdibuja para

modo, ampliándose el concepto de *obligatio* también se extendía el de *actio*, hasta el punto de absorber tanto la *obligatio* como la *res*. En consecuencia, *obligatio* y *res* tendrán la misma suerte en juicio, es decir, finalizarán con una *condemnatio*, que será llevada a cabo a través de la *actio iudicati*.

Esta digresión histórica sirve no sólo para evidenciar la verdadera vocación de la pretensión real, oscurecida en el transcurso de la historia desde el período bizantino, como también para demostrar las razones históricas según las cuales esta pretensión, modernamente, finaliza con una sentencia de condena y necesita, consecuentemente, una nueva relación procesal para realizarse, cuando, originariamente, una *actio in rem* no necesitaba una *actio iudicati* para realizarse, ya que no finalizaba con una *condemnatio*. De ahí que a partir de la pretensión de ejecución intentaremos rescatar sus orígenes históricos, para finalmente justificar la posibilidad de que esta pretensión declare y realice la acción (*rectius*, material) real en la misma relación procesal, independientemente de un proceso de ejecución *ex intervallo*.

4.4. CARACTERÍSTICAS

Como es obvio, una relación jurídica real es distinta de una de carácter obligacional pues, como bien destaca SATTA, "vi sono infatti delle situazioni giuridiche nelle quali la relazione fra il soggetto e il bene è immediata, nelle quali cioè la titolarità del diritto si identifica con la soddisfazione dell'interesse".[382] Para el autor, estas relaciones denominadas, '*situazioni giuridiche finale*', que se identifican con los derechos reales, son bien distintas de las relaciones que tienen por base principalmente las obligaciones, denominadas '*situazioni giuridiche strumentali*', pues, "manca nel diritto 'di obbligazione' quella coincidenza fra diritto e soddisfazione dell'interesse che è propria delle situazioni giuridiche finale. Nell'obbligazione infatti la soddisfazione dell'interesse dipende dalla prestazione di un soggetto a favore di un altro", por eso "il correspondente diritto non ha per contenuto che l'aspettativa di un bene da parte dell'obbligato".[383] De este modo, la

> (...) coincidenza infatti della titolarità del diritto con la soddisfazione dell'interesse che è propria delle situazioni giuridiche finali si deduce per necessità che la tutela giurisdizionale, in

---

siempre los matices y las notas típicas de las acciones", *Derecho romano clásico – II. El proceso*, ob. cit., p. 79 y 80. A estas causas remotas podemos añadir, según OVÍDIO B. DA SILVA, causas más recientes, como por ejemplo, la "doutrina dos romanistas germânicos do século XIX, quando estes, sob a influência basicamente da doutrina de AUGUST THON – inspirador do moderno normativismo jurídico de KELSEN e outros –, reduziram o direito todo ao direito obrigacional. Daí a universalização da ação condenatória", *Curso de processo civil*, ob. cit., v. II, p. 202. De ahí concluir el autor que: "Essa grosseira falsificação histórica que – contra as próprias fontes romanas – supõe que exista no direito moderno um instituto similar à 'litiscontestatio' romana, capaz de gerar uma obrigação e anular o direito real, dá o apoio teórico para a universalização da ação condenatória", *Curso de processo civil*. São Paulo: RT, 1998, 4ª ed., v. II, p. 203.

[382] *L'esecuzione forzata nella tutela giurisdizionale dei diritti* In: Scritti Giuridici in Onore di Francesco Carnelutti. Padova: Cedam, 1950, v. II, p. 4.

[383] *L'esecuzione forzata nella tutela giurisdizionale dei diritti*, ob. cit., p. 5.

questa ipotesi, si concreta e non può concretarsi in altro che in un accertamento. In realtà un diritto che ha in se stesso la sua compiutezza una volta accertado non ha bisogno di altro, por lo que aquí l'accertamento costituisce il punto di incidenza della giurisdizione in questa categoria di diritti.[384]

Por otro lado, si tenemos presente las características de la *'situazioni giuridiche strumentali'*, observamos que,

(...) il diritto è, nel rapporto obbligatorio un riflesso dell'obbligo, e che l'obbligo stesso ha una posizione strumentale rispetto alla soddisfazione dell'interesse, si vede chiaramente che la dichiarazione del diritto, propria delle situazioni giuridiche finali, si risolve qui nella affermazione dell'obbligo. Senonchè l'affermazione dell'obbligo, a diferenza della dichiarazione del diritto, non è mai fine a se stessa: essa è sempre e necessariamente in funzione di un'ulteriore esigenza di tutela giuridica, in armonia con la posizione strumentale dell'obbligo, e da ciò le deriva un carattere costitutivo, che si esprime appunto nel termine tradizionale di condanna, e concretamente si manifesta nell'azione esecutiva che sorge dalla condanna stessa.[385]

Para Satta, en las *situazioni giuridiche finale* el propietario, reconocido como tal a través de una sentencia, necesita únicamente ejercer su derecho de propiedad para recuperar la cosa que le pertenece, pero, en virtud del monopolio de la jurisdicción, este no puede actuar privadamente porque la posesión del demandado, aunque ilegitima, esta protegida por la ley. De ahí que para el autor, en estas situaciones, no sería necesaria una ejecución forzosa, bastando simplemente que la jurisdicción se manifestara a través de su *imperium*, es decir, a través de actos de asistencia material para la recuperación de la cosa.[386] En las *'situazioni giuridiche strumentali'*, en cambio, esto ocurre de forma diferente, pues, de acuerdo con la opinión del autor:

Non occorre dire quanto diversa ed opposta sia la situazione nell'ipotesi di accertamento dell'obbligo (condanna). Parlare qui di esercizio del diritto non ha alcun senso: qui non c'è un diritto da esercitare, ma un diritto da costituire in adempimento dell'obbligo, precisamente quel diritto alla cui costituzione l'obbligo era strumentalmente preordinato. Solo con la costituzione di quel diritto (che implica la espropriazione dell'obbligato) la tutela giurisdizionale sarà realizzata. La riprova di questa differenza si ha, come al solito, considerando i reflessi

---

[384] *L'esecuzione forzata nella tutela giurisdizionale dei diritti* ob. cit., p. 7 y 8.

[385] *L'esecuzione forzata nella tutela giurisdizionale dei diritti*, ob. cit., p. 9.

[386] La precisión terminológica del razonamiento utilizado por SATTA merece su transcripción completa: "Se è infatti vero che il diritto accertato può non essere materialmente soddisfatto, non è meno vero che il diritto medesimo ha in sè, intrinsecamente, la capacità di realizzarsi: il proprietario riconosciuto tale nei confronti dell'illegittimo possessore, per riprendersi il possesso della cosa 'sua' non ha altro da fare che esercitare il proprio diritto. Se non lo può fare, ciò è per una ragione di carattere formale: e cioè che il possesso, anche illegittimo, è tutelato dalla legge, e il proprietario non può rompere questo ormai tenue diaframma, che lo separa dalla sua cosa, senza turbare la pace sociale. Per questo l'esercizio del diritto riconosciuto è ancora intermediato dalla giurisdizione, la quale si esplica sia in comandi complementari all'accertamento (ordini, inibizioni ecc.), comandi che non sono 'condanna', ma semplici atti di imperio, sia nell'assistenza materiale alla ripresa del possesso. Quando tuttavia il possesso sarà restituito al titolare del diritto, questi non avrà niente di più di quello che aveva al momento in cui il diritto venne accertato, non sarà ad esempio proprietario più o meno di quello che era", *L'esecuzione forzata nella tutela giurisdizionale dei diritti*, ob. cit., p. 10.

penalistici della posizione rispettiva del titolare del diritto accertato e del creditore: mentre infatti se il primo si impossessa della cosa riconosciuta come sua senza ricorrere all'organo giurisdizionale commette un semplice esercizio arbitrario delle proprie ragioni, il creditore che sottrae al debitore un bene per soddisfarsi del suo credito, commette furto, nè può certo addurre a sua difesa l'esercizio di un diritto.[387]

Ovídio B. da Silva utiliza como punto de partida para desarrollar su teoría sobre pretensión de ejecución las ideas defendidas por Satta.[388] En virtud de la complejidad y extensión de los argumentos utilizados por el autor, nos limitaremos a resumir brevemente su pensamiento. Para este profesor, las

> (...) sentenças executivas diferem das condenatórias porque nelas aprecia-se e decide-se "sobre a relação existente entre o demandado e os bens que serão objeto da futura atividade executória", de modo a cortar a base de legitimidade, antes da sentença existente, entre o réu e o objeto material da demanda; ao passo que nas condenatórias isso não se dá, e o processo executório que se seguir a estas sentenças terá, como adverte LIEBMAN de 'deitar mão nos bens de uma pessoa', bens esses cuja propriedade e posse não foram objeto de controvérsia na lide condenatória.[389]

De acuerdo con el autor, esta idea es correcta, pero no completa, puesto que "a verdadeira essência das ações executivas e a real diferença existente entre elas e as condenatórias está na originária concepção romana, criadora da distinção entre ações fundadas em direito obrigacional (relativo) *e ações derivadas de um direito*

---

[387] *L'esecuzione forzata nella tutela giurisdizionale dei diritti*, ob. cit., p. 10 y 11. Sobre la expropiación, afirma SATTA: "Tutta l'obbligazione tende strumentalmente a far conseguire al creditore un bene (somma di danaro), cioè a costituire un diritto sul bene, una situazione giuridica diretta, che consenta la soddisfazione dell'interesse. Ma questo risultato non può essere raggiunto senza togliere al debitore il bene, cioè privarlo del diritto che egli ha, per trasferirlo al creditore: in una parola, 'espropriarlo'", *L'esecuzione forzata nella tutela giurisdizionale dei diritti*, ob. cit., p. 15. De ahí que para el autor, "la complessità della esecuzione forzata, nel suo svolgimento processuale, deriva da ciò che il diritto del creditore è meramente strumentale, è cioè privo di una diretta relazione col bene del debitore, il quale debe essere 'espropriato' del bene perchè ne diventi proprietario il creditore", *L'esecuzione forzata nella tutela giurisdizionale dei diritti*, ob. cit., p. 17.

[388] Este autor ha dedicado innumerables estudios sobre pretensión de ejecución, dedicando inclusive una monografía que hemos ido analizando a lo largo del presente trabajo y que ya se tornó lectura obligatoria en los medios jurídicos brasileños: *Jurisdição e execução na tradição romano-canônica*. A través de esta monografía el autor intenta demostrar, con argumentos históricos y filosóficos, las verdaderas raíces de la pretensión de ejecución y el por qué de su oscurecimiento a lo largo de la historia. Según las palabras del autor: "Embora nosso propósito, ao tratar das ações executivas, oriente-se igualmente no sentido de uma fundamentação dogmática do instituto, com vista à sua utilização forense, o objetivo principal deste trabalho está orientado para a busca de suas raízes e compromissos históricos, numa tentativa de revelar, a partir da tradição jurídica romano-canônica, os pressupostos doutrinários que acabaram mantendo, no direito moderno, o conceito romano de jurisdição, entendida como declaração de direito", *Jurisdição e execução na tradição romano-canônica*, ob. cit., p. 10.

[389] *Curso de processo civil*, ob. cit., v. II, p. 197. Esta idea encuentra su origen en CARNELUTTI, partiendo de una sencilla pregunta: "Chi viola il diritto del proprietario prendendo il denaro altrui, è punito, e così commette un reato. Chi viola il diritto del creditore, tenendosi il denaro che gli deve, non cade punto in illecito penale. Perchè?", concluye: "Il ladro prende il 'denaro non suo'. Il cattivo debitore si tiene il 'denaro suo'. Questi ha, quegli non ha la proprietà. Il diritto del creditore ha, dalla morale e dalla legge, un riconoscimento assai meno pieno che il diritto del proprietario perchè quello e non questo si trova in conflitto con 'un diritto dell'obbligato", *Diritto e processo nella teoria delle obligación*. In: Studi di Diritto Processuale in Onore di Giuseppe Chiovenda. Padova: Cedam, 1927, n° 7, p. 245 y 246. De ahí que para el autor "l'obbligo del debitore sia 'meno obbligo' che l'obbligo del 'non dominus'", *Diritto e processo nella teoria delle obligación*, ob. cit., n° 7, p. 246.

DA TUTELA JURISDICIONAL ÀS FORMAS DE TUTELA

absoluto, especialmente entre a 'actio' e a 'vindicatio'".[390] El origen de la pretensiones de ejecución, según el autor, está siempre en el derecho real, inclusive en aquellas relaciones jurídicas nacidas en el derecho de las obligaciones, como por ejemplo, el desahucio y el contrato de depósito, pues,

> (...) a virtude executiva da sentença, que decreta o despejo ou "ordena" a restituição da coisa depositada, não se encontra propriamente no contrato que, à primeira vista, dar-lhe-ia fundamento, e sim na "eficácia constitutiva" que, na sentença de procedência, soma-se à força executiva do julgado, "de modo a afastar a relação obrigacional" e deixar emergir o vínculo de natureza real entre o demandante vitorioso e a coisa, cuja posse a sentença lhe atribuíra.[391]

El precursor de los estudios sobre la pretensión de ejecución en el derecho brasileño fue Pontes de Miranda, para quien "a 'ação executiva' é aquela pela qual se passa para a esfera jurídica de alguém o que nela devia estar, e não está. Segue-se até onde está o bem e retira-se de lá o bem ('ex-sequor', 'ex-secutio')".[392] La doctrina de este autor también se asemeja mucho a teoría desarrollada por Satta, en la medida en que evidencia la esencia de esta pretensión en la recuperación del bien que se encuentra ilegítimamente en la esfera jurídica del demandado.

Una vez analizadas las diversas posturas, podemos decir, en primer lugar, que existe una distinción muy clara entre la realización de la tutela jurisdiccional en los derechos de créditos, que se da a través de un proceso de ejecución *ex intervallo*, y la realización de la tutela jurisdiccional en los derechos reales que tiene lugar a través de la sentencia que declara la propiedad. Esta diversidad se justifica, en primer lugar, porque la posesión, después de la sentencia que declara el derecho de propiedad, es ilegitima, mientras que la posesión, después de la sentencia que condena al demandado, es legitima. Allí la posesión es ilegitima porque el bien pertenece al patrimonio no del poseedor sino del propietario, mientras que aquí la posesión es legitima porque el bien pertenece al patrimonio no del acreedor sino

---

[390] Para analizar con profundidad los excelentes argumentos expendidos de este autor vid. *Jurisdição e execução na tradição romano-canônica*, ob. cit., especialmente los cap. 3, 4, 5, 6, 7 y 8. El autor intenta demostrar, a partir de los estudios de la *actio*, que el concepto de pretensión material, por vincularse al derecho de las obligaciones, no se adapta correctamente al derecho real, pues, "nas 'ações in rem', de onde provêm nossas 'ações executivas' porque não se tratava de dar cumprimento a uma 'prestação' de alguém que estivesse ligado ao autor por um vínculo obrigacional, não havia o que esperar do demandante que fora declarado – no juízio reivindicatório – possuidor injusto", *Curso de processo civil*, ob. cit., v. II, p. 202.

[391] *Curso de processo civil*, ob. cit., v. II, p. 216. Más adelante el autor concluye su razonamiento afirmando que: "O que define, portanto, a executividade das ações de despejo e depósito é a prévia desconstituição da relação obrigacional; é a eficácia sentencial que corta a legitimidade da posse que o contrato dava ao demandado sobre a coisa que, nas ações executivas, soma-se – diferentemente do que acontece nas condenatórias – ao objeto da controvérsia do processo que, se não fosse a eficácia executiva, seria de simples conhecimento", *Curso de processo civil*, ob. cit., v. II, p. 218.

[392] *Tratado das ações*. São Paulo: RT, 1972, 2ª ed., ob. cit., t. I, § 25, p. 122. Para el autor: "A sentença favorável nas ações executivas 'retira' valor que está no patrimônio do demandado, ou dos demandados, e 'põe-no' no patrimônio do demandante. Pode ser pessoal ou real. A ação de despejo é pessoal; a ação executiva pignoratícia, a hipotecária e as possessórias são reais", *Tratado das ações*, ob. cit., t. I, § 38, p. 212.

del deudor,[393] por esta razón el propietario puede simplemente ejercer su derecho de propiedad para *recuperar la cosa* que le pertenece independientemente de un proceso de ejecución *ex intervallo*, mientras que el acreedor no puede ejercer su derecho de crédito independientemente de un proceso de ejecución *ex intervallo* porque necesita *expropiar el bien* que pertenece al patrimonio del deudor, es decir, aquí la pretensión del acreedor está, según palabras de Carnelutti, "in conflitto con un diritto dell'obbligato".[394] De ahí que *recuperar la cosa* y *expropiar el bien*, sean situaciones muy distintas que exigen procedimientos también distintos, que se justifican en la medida en que *recuperar* no presupone adentrarse en la esfera jurídica de otra persona para retirar algo que le pertenece, mientras que *expropiar* si lo presupone, motivo por el cual el procedimiento para *recuperar* debe ser menos complejo.

En segundo lugar, porque mientras los derechos de créditos se basan, desde el derecho romano, en un *vinculum iuris* entre dos personas, los derechos reales no se basan en ningún tipo de *vinculum iuris*.[395] De este modo, las pretensiones

---

[393] De ahí afirma SATTA, con acierto, que "l'inadempimento non sia in sè per sè un illecito mi pare non si possa dubitare. Esso è un semplice fatto, dal quale discendono conseguenze dannose, che in tanto sono risarcibili in quanto esiste un'obbligazione, il che significa, come abbiamo accennato, che la c. d. responsabilità personale è intrinseca all'obbligazione medesima, e non si concreta già nell'insorgere di una obbligazione succedanea. Ciò spiega anche come la colpa non abbia diretta rilevanza nell'inadempimento, ma solo la imposibilità della prestazione (art. 1218)", *L'esecuzione forzata nella tutela giurisdizionale dei diritti*, ob. cit., p. 7, nota 1.

[394] *Diritto e processo nella teoria delle obbligazioni*, ob. cit., n° 7, p. 246. Para profundizar mejor en el estudio de los argumentos del autor, vid. nota 927. Por ello, concluye OVÍDIO B. DA SILVA que: "No processo executório por créditos, debatem-se, na demanda, de um lado o direito reconhecido pela sentença condenatória e de outro o direito real do executado sobre o bem objeto da atividade executória. É este o conflito que justifica a autonomia do processo executório e, precisamente, a sua ausência é que torna a segunda demanda dispensável e supérflua nas ações executivas, cujo exemplar mais eminente e característico é a reivindicatória", *Curso de processo civil*, ob. cit., v. II, p. 218.

[395] Al respecto, destaca SILVIO ROMANO, que "l'actio in rem' è data quando l'attore afferma la signoria su una cosa corporale ('corporalem rem intendimus nostram esse') o un proprio diritto su una cosa altrui (nella esemplificazione si ricordano l'uso, l'usufrutto e le servitù prediali); viene anche detto che il convenuto con l' 'actio in rem' 'nullo iure obligatus est' nei confronti dell'attore, a differenza del convenuto con l' 'actio in personam' che 'vel ex contractu vel ex delicto obligatus est', in modo che l'attore possa nella 'intentio' della formula affermare l'esistenza di un 'dare fare oportere'", *Gai inst. IV, 2; 3; 4. Actiones in rem – actiones in personam*. In: *Studi in Onore di Giuseppe Grosso*. Torino: Giappichelli, 1974, v. 6°, p. 698. En este orden de ideas, afirma acertadamente GROSSO, que "alla 'res' è affermato il concetto di un potere immediato sulla cosa attribuito al soggetto dall'ordinamento giuridico, e l'antitesi coll' 'actio in personam' ci mostra l'antitesi di tale concetto con quello dell' 'obbigatio', intesa come 'oportere' della persona, come una 'necessitas' che astringe la persona", *I problemi dei diritti reali nell'impostazione romana*, ob. cit., p. 77. De igual modo, ARANGIO-RUIZ, cuando afirma que "la distinzione si fonda tutta sull' 'intentio: quella dell' 'actio in personam' afferma un dovere giuridico del convenuto, mentre quella dell' 'actio in rem' afferma l'appartenenza all'attore di una cosa o del diritto di agire in un certa direzione circa una cosa, o la non appartenenza di un altrettale diritto al convenuto", *Istituzioni di diritto romano*. Napoli: Jovene, 1949, 10ª ed., cap. VI, p. 173; y OVÍDIO B. DA SILVA, al decir que "na ação reivindicatória o que se pretende é obter a coisa (res), e não o cumprimento de uma 'obrigação', daí porque não teria o menor sentido exigir que a sentença condenasse o possuidor, por ela declarado possuidor ilegítimo, a cumprir uma obrigação que jamais existira. A não ser que – aceitando-se o pressuposto em que se baseia a doutrina dominante – imaginássemos que o 'direito real' transformasse numa 'obrigação' ao ingressar na relação processual, e que o processo, qual máquina milagrosa, vá muito além do que os próprios juristas romanos poderiam imaginar e 'crie' uma obrigação, onde jamais existira, antes do processo, qualquer vínculo obrigacional ligando as partes", *Curso de processo civil*, ob. cit., v. II, p. 213. Sobre este particular, Ovídio B. da Silva realiza una vigorosa crítica a la doctrina de CHIOVENDA, según la cual: "ogni diritto, assoluto o relativo,

de condena tienen por objeto la discusión acerca del *vinculum iuris* y no un bien determinado, razón por la cual el acreedor necesitará en el caso en que no exista el cumplimento espontáneo del deudor, un nuevo proceso para, entonces, individualizar y determinar los bienes suficientes dentro del patrimonio del deudor, esto es, el acreedor necesitará una nueva relación jurídica para expropiar los bienes del deudor que no fueron objeto de la controversia inicial. En cambio, mientras que en las pretensiones de ejecución, debido a que no hay *vinculum iuris*, la discusión gira alrededor de la relación del demandado con el bien, de modo que a través de la sentencia el demandante busca eliminar el vínculo de legitimidad que antes de ella existía entre el demandado y el bien objeto de la demanda. Aquí, si el bien ya está determinado desde el inicio, una vez reconocida la ilegitimidad del demandado en la posesión del bien, sólo resta realizar el derecho independientemente de una nueva relación procesal.[396]

Y en tercer lugar, existe una diversidad en el comportamiento del demandado, pues mientras en los derechos de créditos la sentencia de condena exige la colaboración del deudor, una vez que su naturaleza simplemente exhorta el deudor a cumplir con su obligación, en los derechos reales la sentencia de ejecución no exige la colaboración del poseedor ilegitimo,[397] ya que su naturaleza no exhorta sino impone al poseedor ilegitimo la realización inmediata del derecho, amenazándole físicamente a través del uso de la fuerza policial, como después analizaremos. Por ello, afirma correctamente Silvio Romano, que

> (...) per esperire un "actio in rem" non è sufficiente l'esistenza di un diritto che ponga il suo titolare in relazione con la cosa, ma occorre che il diritto sia di tale natura che consenta al titolare stesso di trarre dalla "res" l'utilità cui tende senza che sia necessaria l'altrui collaborazione.[398]

---

tendente a una prestazione, positiva o negativa, si presenta come obbligazione nel momento del processo", *Istituzioni di diritto processuale civile*. Napoli: Jovene, 1960, v. I, nº 7, p. 21.

[396] A este respecto, afirma acertadamente OVÍDIO B. DA SILVA que: "A outorga de uma 'ação condenatória' ao proprietário, a fim de que ele reivindique o objeto de sua propriedade, com a decorrente supressão da 'ação executiva', faz com que o titular do domínio que pretenda retomar o que é seu, depois de ver proclamada pela sentença a propriedade, necessite – para usar a sugestiva expressão de LIEBMAN – 'exortar' o possuidor injusto a restituir-lhe o que lhe pertence, cumprindo uma 'obrigação de entrega', magicamente criada pelo processo! Se o injusto possuidor não se 'resolve' a cumprir o julgado, outra saída não resta ao proprietário vitorioso na ação reivindicatória senão promover nova demanda contra o vencido, considerando-o, agora, seu 'devedor', de modo a enquadrá-lo no esquema da 'execução por crédito'. É como se o esbulhador de nossa posse, depois de condenado, se transformasse em nosso devedor", *Curso de processo civil*, ob. cit., v. II, p. 204.

[397] Para OVÍDIO B. DA SILVA, la "'obligatio' romana, em suas origens, correspondia a um 'vinculum iuris' a que estava certamente submetido o devedor, porém de natureza absolutamente incoercível, incapaz de ser atendido, ou jurisdicionalmente realizado, sem o 'espontâneo cumprimento' do obrigado. (...) Já nas ações reais, a coisa se dava de modo muito diferente. Não havendo aquí uma 'obligatio', e nem uma 'condemnatio', como resultado da proposição de uma 'actio in personam', obtida a sentença que reconhecesse o direito de propriedade do autor, este privadamente recuperava o objeto de seu domínio, 'sem necessidade de qualquer colaboração do demandado', ao contrário, portanto, do que se daria se a ação fosse pessoal, fundada numa obrigação", *Curso de processo civil*, ob. cit., v. II, p. 201.

[398] *Gai inst. IV, 2; 3; 4. Actiones in rem – actiones in personam*, ob. cit., p. 698.

La dificultad de la doctrina en aceptar la pretensión de ejecución reside, en primer lugar, en el hecho de despreciar la distinción que existe desde el derecho romano entre *obligatio* y *res*, con sus respectivas consecuencias, anteriormente apuntadas; y en segundo lugar, en no aceptar que pueda existir actividad jurisdiccional después de la firmeza de la sentencia estimatoria.[399]

La sentencia se llama de ejecución porque entre todas las eficacias posibles comprendidas en el contenido de la sentencia (eficacia meramente declarativa, cuando declara al demandado poseedor ilegítimo; eficacia de condena, que se encuentra en la creación tanto del título ejecutivo de condena en costas como en la creación de la vía ejecutiva para realizar este título; eficacia de mandamiento, que se da con el lanzamiento del demandado para entregar el bien al demandante), la eficacia *preponderante* o *mayor* pretendida por la parte reside en la *orden de reposición del titular en la propiedad o posesión de la cosa, independientemente de un proceso de ejecución ex intervallo.* Por ello, la eficacia de ejecución está representada por la locución verbal *"orden de reponer"*, u otra de sentido equivalente. En definitiva, en la sentencia de ejecución el juez ordena (y no condena) la reposición de la parte en la propiedad o posesión de la cosa objeto del litigio.[400]

Como afirmamos anteriormente, toda sentencia es intrínseca y objetivamente coercitiva,[401] porque trae en sí la alternativa de una determinada elección (por parte del juez), por lo que se excluye otras posibles elecciones por parte del obligado, ya que su querer volitivo es un elemento secundario para la realización del derecho. En las sentencias de ejecución existe una *coacción actual*,[402] una vez que éstas ejercen una presión física directa sobre la voluntad del obligado de manera concreta y real. La *coacción actual* consiste en *imponer la realización inmediata del derecho amenazando físicamente al demandado a través del uso de la fuerza policial en el sentido de doblegar su voluntad para entregar voluntariamente el bien objeto de la disputa al demandante.* Por ello, esta sentencia ejerce una *presión física actual, concreta y real* a través de la orden de reposición del titular en la propiedad o posesión de la cosa, y trae consigo la sumisión de la voluntad del obligado amenazándole con la retirada forzosa del bien para entregárselo a su legítimo propietario o poseedor.

---

[399] Al respecto, podemos citar la opinión de GUASP, para quien: "La pretensión de condena, como el resto de pretensiones de cognición, queda agotada en la decisión (sentencia) que la actúa imponiendo una obligación al demandado o denegando su actuación", *Comentarios a la ley de enjuiciamiento civil.* Madrid: Aguilar, 1943, t. I, p. 347, nota 4. En el derecho español, este principio puede ser encontrado en el art. 206.3ª de la LEC, según el cual: "Se dictará sentencia para poner fin al proceso, en primera o segunda instancia, una vez que haya concluido su tramitación ordinaria prevista en la Ley. (...)".

[400] De igual modo, PRIETO-CASTRO, para quien: "La sentencia estimatoria que recae en el interdicto 'por despojo' contiene la orden de que inmediatamente se reponga al demandante en la posesión de la cosa o derecho", *Derecho procesal civil,* ob. cit., nº 296, p. 356.

[401] *La pretensión procesal y la tutela judicial efectiva: hacia una teoría procesal del derecho.* Barcelona: Bosch, 2004, nº 3.2., p. 39 y ss.

[402] *La pretensión procesal y la tutela judicial efectiva: hacia una teoría procesal del derecho,* nº 3.2, p. 46 y 47, nota 107.

Como ejemplos de pretensiones de ejecución podemos indicar: a) la pretensión reivindicatoria; b) la pretensión de recobrar la posesión;[403] c) la pretensión de desahucio;[404] d) la pretensión de división; entre otras.[405]

---

[403] Al respecto, merece aprobación la redacción del art. 1.658.2°, de la anterior LEC, que decía: *"En la sentencia que declare haber lugar al interdicto por haber sido despojado el demandante de la posesión o de la tenencia, se acordará que inmediatamente se le reponga en ella, y se condenará al despojante al pago de las costas, daños y perjuicios y devolución de los frutos que hubiere percibido"*. En igual sentido, merece destacarse lo expuesto por PONTES DE MIRANDA, que a través de las eficacias de la sentencia diferencia una pretensión de recobrar (en el derecho brasileño denominada *'ação de reintegração de posse'*) de una de retener (*'ação de manutenção'*), afirmando que en la pretensión de retener "há forte elemento declarativo; mas o elemento executivo é infimo: 'mantém-se' apenas; não se procede a qualquer expropriação, em 'lato sensu' não se invade a esfera jurídica do terceiro. Na ação de reintegração, o elemento condenatório cresce, o de execução passa à frente do declaratório e do proprio elemento mandamental. A sentença que reintegra executa. O mandado é, aí, mero instrumento de execução. De modo que, classificadas as ações pela preponderância da eficácia, como devem ser, as ações de manutenção são mandamentais; e as ações de reintegração executivas", *Tratado das ações*, ob. cit., t. VI, § 13, p. 112 y 113.

[404] En el derecho brasileño denominada *'ação de despejo'*.

[405] En el derecho brasileño, vid. por todos OVÍDIO B. DA SILVA, *Curso de processo civil*, ob. cit., v. II, p. 205.

5. O sobreprincípio da boa-fé processual como decorrência do comportamento da parte em juízo[406]

5.1. A BOA-FÉ COMO CONCEITO ÉTICO-SOCIAL DO HOMEM

Para estudar a boa-fé devemos necessariamente partir de um conceito, não obstante o perigo deste conceito "engessar" a realidade social contida nele.[407] Todo conceito trás em si certos limites que devem ser respeitados. Estes limites, porém, não são inflexíveis e permitem uma certa elasticidade sempre que se leve em consideração os valores sociais vigentes no momento da aplicação do conceito. Se não respeitados estes valores o conceito certamente se romperá quer porque hermeneuticamente se distendeu demasiadamente o conceito ou este foi excessivamente abrandado, tanto em um caso como em outro o conceito torna-se ineficaz porque já não atende aos desígnios para os quais foi criado.[408]

A partir desta advertência, devemos entender por boa-fé, segundo Couture, a "calidad jurídica de la conducta, legalmente exigida, de actuar en el proceso con probidad, en el sincero convencimiento de hallarse asistido de razón".[409]

---

[406] Publicado originalmente na Revista Forense, 2005, v. 381.

[407] Sobre o tema já escrevi que: "Toda definição nos causa um certo receio, conforme um conselho, erigido a adágio jurídico, das fontes romanas, segundo o qual 'omnis definitio in jure civili periculosa est' (D. 50.17.202), pois, como já se disse alhures, o Direito é um processo de adaptação social, no qual o legislador busca, no fato, a sua matéria- prima para normatizar as relações sociais, também chamada por REHBINDER de "Sociología del derecho *genética*" (Sociología del Derecho, Pirámides, Madrid, 1981, p. .22). Os fatos não são imutáveis; ao contrário, são, isso sim, mutabilíssimos, pois a vida diária nos é prodigiosa de exemplos que a cada dia preocupam mais e mais os magistrados. Tanto isto é verdade, que salientava o inolvidável A. BUZAID, em se referindo ao Direito: "O direito pode ser imortal, mas não é imutável", 'Uniformização da Jurisprudência, AJURIS, n° 34, p. 192)", *Provas atípicas*, Livraria do Advogado, Porto Alegre, 1998, n° 2.3, p. 63.

[408] Hoje em dia ninguém mais pode negar que o Direito é linguagem e, de acordo com CASTANHEIRA NEVES, o Direito *"terá de ser considerado em tudo e por tudo como uma linguagem"*, *Metodologia jurídica. Problemas fundamentais*, Coimbra Editores, Coimbra, 1993, p. 90. Para LENIO STRECK, modernamente *"passa-se, enfim, da essência para a significação, onde o importante e decisivo não está em se saber o que são as coisas em si, mas 'saber o que dizemos quando falamos delas', o que queremos dizer com, ou que significado têm as expressões lingüísticas (a linguagem) com que manifestamos e comunicamos esse dizer das coisas"*, *Hermenêutica Jurídica e(m) crise*, Livraria do Advogado, Porto Alegre, 3ª ed., 2001, n° 2.2, p. 62.

[409] *Vocabulário jurídico*, Depalma, Buenos Aires, 1991, p. 127. Este conceito dificilmente perde sua validade em virtude da universalidade das condutas humanas em qualquer tipo de sociedade civilizada, tanto que os autores dificilmente fogem destes parâmetros como bem podemos perceber através do conceito desenvolvido por PICÓ,

Quando afirmamos que um indivíduo está de boa ou má-fé, não fazemos outra coisa senão valorar moralmente sua conduta em sociedade.

Parece, pois, que a boa-fé é uma qualidade intrínseca do ser humano, sendo a má-fé, portanto, o resultado de um caminho anormal escolhido pelo caráter individual de uma pessoa.

Esta afirmação é confirmada pela jurisprudência dos nossos tribunais que têm reiteradamente afirmado que a boa-fé se presume, enquanto que a má-fé deve estar caracterizada nos autos.[410] Assim como pela doutrina quando diz que para fins de penalização e reparação só serão considerados de má-fé aqueles indivíduos que se comportarem segundo os arquétipos estabelecidos nos *numerus clausus* dos incisos contidos no artigo 17 do CPC, ou nos demais modelos normativos de má-fé residual previstos esparsamente no CPC, *v. g.*, arts. 574, 600, 811, etc.[411]

A doutrina mais clássica entende que a boa-fé pode ser entendida desde o prisma subjetivo ou objetivo.[412] Existirá *boa-fé subjetiva* quando o indivíduo estiver convencido que o seu obrar está em conformidade com o direito aplicável, isto é, ele acredita, ele crê que a sua intenção é legítima. Isto ocorre em geral nos direitos reais,[413] especialmente em matéria possessória.

De outro lado, existirá *boa-fé objetiva* quando o obrar do indivíduo se enquadra no modelo objetivo de conduta social, no *standard* jurídico exigido a um homem reto, probo, leal. Aqui não tem qualquer relevância a intenção, o ânimo do indivíduo na realização da sua conduta.

---

em um dos melhores livros sobre o tema que ganhou o prêmio nacional 'San Raimundo de Peñafort', conferido pela Real Academia Espanhola de Jurisprudência e Legislação, quando o mesmo define o citado princípio como aquela *"conducta exigible a toda persona, en el marco de un proceso, por ser socialmente admitida como correcta"*, *El principio de la buena fe procesal*, Bosch, Barcelona, 2003, Cap. I, nº 5.1, p. 69.

[410] Este é o entendimento do STF quando afirma que em sede recursal *"não se presume o caráter malicioso, procrastinatório ou fraudulento da conduta processual da parte que recorre, salvo se se demonstrar, quanto a ela, de modo inequívoco, que houve abuso do direito de recorrer"*, 2ª Turma, AI 239612 AgR-ED-ED/SP, 17.12.2002, Rel. Min. Celso de Mello, DJU 04.04.2003, ATA nº 9/2003.

[411] Entretanto, como bem assevera RUI STOCO, "nada impede que, ocorrendo ofensa ao dever genérico de lealdade, estabelecido no art. 14 do CPC, mas não prevista expressamente nas hipóteses clausuladas do art. 17, a parte interessada busque, através de ação autônoma, reparação ou indenização com supedâneo no Direito Comum, desde que este comportamento se transmude em ato ilícito, com ingresso no campo da responsabilidade aquiliana e, portanto, impregnado de dolo ou culpa", *Abuso do direito e má-fé processual*, RT, São Paulo, 2002, nº 2.02.5, p. 53 e 54.

[412] Para aprofundar melhor no estudo deste tema, consultar a excelente monografia de JUDITH MARTINS-COSTA, *A boa-fé no direito privado: sistema e tópica no processo obrigacional*, RT, São Paulo, 1999, especialmente p. 411 e ss.

[413] Sobre este particular, consultar a clássica monografia de JOSSERAND, principalmente o capítulo I, que descreve as causas de abuso do direito de propriedade, *De l'esprit des droits et de leur relativité*, Dalloz, 1939, 2ª ed., p. 15 a 45. Para um resumo das diversas teorias no direito francês, compulsar a obra de PEDRO BAPTISTA MARTINS, *O abuso do direito e o ato ilícito*, Forense, 1997, 3ª ed., nº 25 a 28, p. 34 a 37.

A boa-fé representa, assim, um conceito ético-social do homem, pois está relacionada ao seu modo de agir em sociedade e, portanto, existe também fora do Direito.[414]

Quando se exige da parte no processo que sua conduta esteja calcada na boa-fé, isto equivale dizer que a mesma deve agir em juízo com lealdade processual, com retidão e de maneira proba.

De acordo com Rui Stoco, "segundo a ética, o homem, vivendo em sociedade, tem o dever moral de agir de boa-fé, enquanto, segundo o Direito, o homem tem obrigação legal de não agir de má-fé".[415]

5.2. A BOA-FÉ PROCESSUAL NOS DIREITOS ESTRANGEIRO E BRASILEIRO

O primeiro Código de Processo Civil moderno a positivar esse princípio foi o austríaco, no ano de 1895, sob a regência de Franz Klein,[416] que determinava no seu §178, o seguinte: "Cada uma das partes deve, em suas próprias exposições, alegar íntegra e detalhadamente todas as circunstâncias efetivas e necessárias para fundar, no caso concreto, suas pretensões, conforme a verdade; oferecer os meios de prova idôneos de suas alegações; pronunciar-se com clareza sobre as razões e provas oferecidas por seu adversário; expor os resultados das provas recolhidas e pronunciar-se com clareza sobre as observações de seu adversário".

Essa regra logo foi transportada para outros códigos dentro do continente europeu, como, por exemplo, o § 222 da *Zivilprozessordnung* húngara, de 1911, que estabelecia "sin perjuicio de las sanciones que pueden surgir del resultado del proceso, la pena de multa para la transgresión del deber es decir la verdad".[417]

A reforma alemã de 1933, inspirada no direito austríaco, criou, no § 1º do § 138 da ZPO,[418] o dever das partes de dizer a verdade, pois, segundo J. Goldschmidt, esta regra "impone a las partes el deber de hacer completamente y con

---

[414] De acordo com a opinião de PICÓ, *"la buena fe es un concepto jurídico indeterminado, y por tanto sólo pueden efectuarse meras aproximaciones conceptuales sobre la misma"*, ob. cit., nº 5.1, p. 69. Sobre os conceitos juridicamente indeterminados, consultar BARBOSA MOREIRA, *Regras de experiência e conceitos juridicamente indeterminados*, em *Temas de Direito Processual*, Saraiva, São Paulo, 1988, 2ª Série, p. 64 e ss.

[415] Ob. cit., nº 2.02.5, p. 53.

[416] Sobre o autor e sua obra consultar o que escrevi em *Provas atípicas*, ob. cit., nº 1.3.1.2, p. 39 e 40. No ano de 1885 Klein redigiu um excelente escrito sobre *La colpa nell'attività della parte*.

[417] *Apud* COUTURE, *El deber de las partes de decir la verdad*, contido nos *Estudios de Derecho Procesal Civil*, Depalma, Buenos Aires, 1979, t. III, nota de rodapé nº 6, p. 239.

[418] *"I. Las partes deben hacer sus declaraciones sobre circunstancias reales de forma íntegra y de acuerdo con la verdad"*, *Código Procesal Civil Alemán* (tradução de Emilio Eiranova Encinas e Miguel Lourido Míguez), Marcial Pons, Madrid, 2001, p. 51.

DA TUTELA JURISDICIONAL ÀS FORMAS DE TUTELA

verdad sus declaraciones sobre hechos".[419] Outrossim, o §826 do BGB prevê uma obrigação por danos e prejuízos (*Ersatzpflicht*) quando a mentira causar um prejuízo (*Schaedigung*) à parte contrária, podendo incidir, também, em uma "*punible estafa procesal (§ 263 del StGB)*".[420]

Também o Código de Processo Civil Italiano, do ano de 1940, adotou tal fórmula, inspirado que foi na ZPO austríaca, quando redigiu o art. 20: "Na exposição dos fatos as partes e seus advogados têm o dever de não dizer, sabendo, coisa contrária à verdade. A parte deve, na primeira ocasião que tenha para fazê-lo, declarar se os fatos expostos pelo adversário são, segundo sua convicção, conforme a verdade. Com relação aos fatos que não lhe são próprios ou que não há observado pessoalmente, a parte pode limitar-se a declarar que não sabe se são certos: esta declaração vale como contestação".

O atual *Codice di Procedura Civile*, da Itália, mantém o princípio da lealdade, não só em relação às partes como também em relação ao juiz da causa, quando diz, no § 1º do art. 88: "Dovere di lealtà e di probità. – Le parti e i loro difensori hanno il dovere di comportarsi in giudizio con lealtà e probità"; no art. 96: "Responsabilità aggravata. – Se risulta che la parte soccombente ha agito o resistito in giudizio con mala fede o colpa grave, il giudice, su istanza dell'altra parte, la condanna, oltre che alle spese, al risarcimento dei danni, che liquida, anche di ufficio, nella sentenza"; e no 175: "Direzione del procedimento. – Il giudice istruttore esercita tutti i poteri intesi al più sollecito e leale svolgimento del procedimento".[421]

Na Argentina, o princípio da lealdade processual apresenta-se como elemento fundamental na distribuição da justiça, pois, segundo o art. 34, 5º, letra *d*: "Son deberes de los jueces: 5º) Dirigir el procedimiento, debiendo, dentro de los límites expresamente establecidos en este Código, d) Prevenir y sancionar todo acto contrario al deber de lealtad, probidad y buena fe".

O resguardo ao denominado princípio da lealdade processual encontramo-lo na legislação espanhola, inclusive de forma indireta na Constituição, art. 118: "Es obligado cumplir las sentencias y demás resoluciones firmes de los jueces y tribunales, así como prestar la colaboración requerida por éstos en el curso del proceso y en la ejecución de lo resuelto"; e direta no apartado 1º do art. 247 da atual Ley

---

[419] *Teoría General del Proceso*, Labor, Barcelona, 1936, nº 37, p. 83 e 84. Para este autor a norma em apreço é "*un deber de veracidad. Pero contra la infracción de este deber no se señala pena alguna, y por ello, el deber de veracidad es una "lex imperfecta*", ob. cit., p. 84. Porém, para COUTURE a presente norma alemã é "*una obligación de decir verdad*", *El deber de las partes de decir la verdad*, ob. cit., nota de rodapé nº 7, p. 239. Entendendo ser dever, ELICIO SOBRINHO, quando nos diz: "*Na doutrina alemã, tem acolhida o dever (e não ônus) de veracidade*", *O dever de veracidade das partes no processo civil*, Safe, Porto Alegre, 1988, p. 72.

[420] STEFAN LEIBLE, *Proceso Civil Alemán*, (tradução de Rodolfo E. Witthaus), Diké, Medellín, 1999, p. 140.

[421] Sobre os deveres de lealdade e probidade no direito italiano, vid. MANDRIOLI, *Corso di diritto processuale civile*, Giappichelli, Torino, 2000, t. I, especialmente p. 195 e 196.

de Enjuiciamiento Civil que diz: "1. Los intervinientes en todo tipo de procesos deberán ajustarse en sus actuaciones a las reglas de la buena fe". Também os arts. 11 e 437 da *Ley Orgánica del Poder Judicial*, de 1 de Julio de 1985.[422]

No direito português, encontramos o art. 264 do CPC que impõe às partes o dever de, conscientemente, não articular fatos contrários à verdade, bem como a caracterização da má-fé no art 465.

O Código de Processo Civil brasileiro, inspirado nas legislações precedentes, adotou de forma irrestrita a boa-fé processual, não só em relação às partes como também em relação a todos aqueles que, de uma forma direta ou indireta, participam da causa. Diz a lei, em relação às partes e aos seus procuradores, no art. 14, inc. II, do CPC: "São deveres das partes e de todos aqueles que de qualquer forma participam do processo: II – proceder com lealdade e boa-fé.";[423] ao órgão do Ministério Público, no art. 85 do CPC: "O órgão do Ministério Público será civilmente responsável quando, no exercício de suas funções, proceder com dolo ou fraude."; ao juiz, no art. 133 do CPC: "Responderá por perdas e danos o juiz, quando: I – no exercício de suas funções, proceder com dolo ou fraude"; ao escrivão e ao oficial de justiça, no art. 144 do CPC: "O escrivão e o oficial de justiça são civilmente responsáveis: II – quando praticarem ato nulo com dolo ou culpa."; ao perito, no art. 147 do CPC: "O perito que, por dolo ou culpa, prestar informações inverídicas, responderá pelos prejuízos que causar à parte, ficará inabilitado, por dois (2) anos, a funcionar em outras perícias e incorrerá na sanção que a lei penal estabelecer"; ao depositário e ao administrador, no art. 150 do CPC: "O depositário ou o administrador responde pelos prejuízos que, por dolo ou culpa, causar à parte, perdendo a remuneração que lhe for arbitrada; mas tem o direito a haver o que legitimamente despendeu no exercício do encargo"; e ao intérprete, no art. 153 do CPC: "O intérprete, oficial ou não, é obrigado a prestar o seu ofício, aplicando-se-lhe o disposto nos arts. 146 e 147".

---

[422] Sobre a boa-fé processual na legislação espanhola atual, consultar por todos PICÓ, ob. cit., cap. I, n° 4.3, p. 64 e ss.

[423] A redação do referido artigo foi recentemente alterada pela Lei n° 10.358, de 27.12.2001, que reforçou o dever de lealdade e boa fé processual não só das partes, mas também de '*todos aqueles que de qualquer forma participam do processo*', sancionando severamente a má-fé, como bem podemos perceber através da redação do mencionado artigo: "Art. 14. São deveres das partes e de todos aqueles que de qualquer forma participam do processo (Redação dada pela Lei n° 10.358, de 27.12.2001). I – expor os fatos em juízo conforme a verdade; II – proceder com lealdade e boa-fé; III – não formular pretensões, nem alegar defesa, cientes de que são destituídas de fundamento; IV – não produzir provas, nem praticar atos inúteis ou desnecessários à declaração ou defesa do direito. V – cumprir com exatidão os provimentos mandamentais e não criar embaraços à efetivação de provimentos judiciais, de natureza antecipatória ou final. (Inciso incluído pela Lei n° 10.358, de 27.12.2001). Parágrafo único. Ressalvados os advogados que se sujeitam exclusivamente aos estatutos da OAB, a violação do disposto no inciso V deste artigo constitui ato atentatório ao exercício da jurisdição, podendo o juiz, sem prejuízo das sanções criminais, civis e processuais cabíveis, aplicar ao responsável multa em montante a ser fixado de acordo com a gravidade da conduta e não superior a vinte por cento do valor da causa; não sendo paga no prazo estabelecido, contado do trânsito em julgado da decisão final da causa, a multa será inscrita sempre como dívida ativa da União ou do Estado. (Inciso incluído pela Lei n° 10.358, de 27.12.2001)".

É inegável a influência da boa-fé em todo ordenamento jurídico, entre as quais cabe citar os arts. 37[424] e 85[425] da Constituição Federal, bem como os arts. 113,[426] 187,[427] 422,[428] 1.201,[429] todos do atual Código Civil.

5.3. A BOA-FÉ PROCESSUAL COMO SOBREPRINCÍPIO DO ORDENAMENTO JURÍDICO

A boa-fé processual quer seja ela obrigação, dever ou ônus, quer esteja explícita ou implícita, é, indiscutivelmente, um valor que paira acima de qualquer instituição jurídica, porque, nas palavras de Couture, *"el deber de decir la verdad existe, porque es un deber de conducta humana"*.[430]

O processo tem, em certa medida, uma boa dose de verdade, porque no seu conceito, em sentido social ou, como querem alguns, instrumental, ele é um instrumento de realização da justiça,[431] que está colocado à disposição das partes pelo Estado, para que elas busquem a prestação da tutela jurisdicional, e nenhum instrumento de justiça pode existir fundado em mentira. Tanto que, na exposição de motivos do Código de Processo Civil, de 1973, nº 17, explicando as inovações, o Prof. Buzaid disse: "Posto que o processo civil seja, de sua índole, eminentemente dialético, é reprovável que as partes se sirvam dele, faltando ao dever da verdade, agindo com deslealdade e empregando artifícios fraudulentos; porque tal conduta não se compadece com a dignidade de um instrumento que o Estado põe à disposição dos contendores para atuação do direito e realização da justiça. Tendo

---

[424] *"A administração pública direta e indireta, de qualquer dos Poderes da União, dos Estados, do Distrito Federal e dos Municípios obedecerá aos princípios de legalidade, impessoalidade, moralidade, publicidade, e eficência (...)"*.

[425] *"São crimes de responsabilidade os atos do Presidente da República que atentem contra a Constituição Federal e, especialmente, contra: V – a probidade na administração"*.

[426] *"Os negócios jurídicos devem ser interpretados conforme a boa-fé e os usos do lugar de sua celebração"*.

[427] *"Também comete ato ilícito o titular de um direito que, ao exercê-lo, excede manifestamente os limites impostos pelo seu fim econômico ou social, pela boa-fé ou pelos bons costumes"*.

[428] *"Os contratantes são obrigados a guardar, assim na conclusão do contrato, como em sua execução, os princípios de probidade e boa-fé"*.

[429] *"É de boa-fé a posse, se o possuidor ignora o vício, ou o obstáculo que impede a aquisição da coisa. Parágrafo único. O possuidor com justo título tem por si a presunção de boa-fé, salvo prova em contrário, ou quando a lei expressamente não admite esta presunção"*.

[430] *El deber de las partes de decir la verdad*, ob. cit., p. 253.

[431] Sobre este particular, cremos que a função cardinal do processo, em virtude do monopólio da jurisdição, está na proteção dos interesses individuais ou coletivos das pessoas através da aplicação, com a consequente manutenção, da ordem jurídica objetiva, isto é, o processo não serve unicamente para a proteção dos interesses individuais ou coletivos, nem tampouco para manter a ordem jurídica, senão que sua identificação reside exclusivamente na soma indispensável destes dois elementos, razão pela qual seu entendimento vai mais além da concepção objetiva ou subjetiva do processo, exatamente porque *é um instrumento de realização da justiça* (concepção social do processo). Esta concepção trás consigo inumeráveis consequências práticas, como por exemplo a ampliação dos poderes do juiz, a realização efetiva dos direitos em menor tempo possível, a desformalização dos processos, etc. Se orienta neste sentido, HABSCHEID, para quem *"le procès civil ne vise pás seulement au maintien de l'ordre juridique objectif mais aussi à la protection des intérêts individuels"*, *Droit judiciaire privé suisse*, Librairie de l'Université Georg et Cie S.A., Genève, 1981, 2ª ed., § 2º, p. 04.

em conta estas razões ético-jurídicas, definiu o projeto como dever às partes: a) expor os fatos em juízo conforme à verdade; b) proceder com lealdade e boa-fé; c) não formular pretensões, nem alegar defesa, cientes de que são destituídas de fundamento; d) não produzir provas, nem praticar atos inúteis ou desnecessários à declaração ou defesa do direito".

Estas são as razões pelas quais a boa-fé processual é erigida à categoria de *sobreprincípio*[432] processual, que se sobrepõe aos demais, por possuir um interesse público iminente, condicionando, sempre que possível, os demais princípios, e coloca a verdade como apoio e sustento da justiça, que é a base do Direito. O *sobreprincípio* da boa-fé processual obriga as partes a agir e a falar a verdade em juízo, pois, segundo Klein, "*es principio geral que todo cuanto obste o dificulte los objetivos del proceso debe ser evitado*".[433]

Aplica-se aqui por analogia o conceito de princípio desenvolvido por Humberto Ávila, para quem os princípios "são normas imediatamente finalísticas, primariamente prospectivas e com pretensão de complementaridade e de parcialidade, para cuja aplicação se demanda uma avaliação da correlação entre o estado de coisas a ser promovido e os efeitos decorrentes da conduta havida como necessária à sua promoção".[434]

A boa-fé processual caracteriza-se, pois, como um sobreprincípio do ordenamento jurídico, posto que paira por cima dos demais princípios jurídicos, consequentemente condiciona, determinando no espaço e no tempo, sua interpretação.

Não se pode negar que os demais princípios processuais, inclusive aqueles guindados a categoria constitucional, como por exemplo: o direito de ação, o contraditório, etc., não fiquem imune ao dever supraconstitucional de agir e de falar em juízo ou fora dele com boa-fé, com retidão e com lealdade.

5.4. O COMPORTAMENTO PROCESSUAL DA PARTE COMO DIMENSÃO OBJETIVA DO CONCEITO DE BOA OU MÁ-FÉ PROCESSUAL

Os conceitos de boa-fé ou de má-fé processual estão indissociavelmente ligados à qualificação jurídica da conduta das partes em juízo.

---

[432]Expressão que é utilizada por analogia àquela consagrada pelo gênio de PONTES DE MIRANDA, regras de sobredireito, que segundo o autor significa: "Ser de sobredireito não é ser de direito 'anterior' ao direito sobre que versa a regra de sobredireito, é ser por cima desse direito para o determinar, no espaço, no tempo, ou em sua interpretação", *Tratado das Ações*, RT, São Paulo, 1972, 2ª ed., t. I, § 44, p. 245. Também utiliza emprestada esta expressão GALENO LACERDA, quando se refere às normas sobre nulidades processuais como sendo normas de sobredireito processual, *O Código e o Formalismo Processual*, em Ajuris nº 28, p. 11.

[433]*Apud* VÍCTOR FAIRÉN GUILLÉN, *El proyecto de la ordenanza procesal civil austriaca visto por Franz Klein*, em *Estudios de Derecho Procesal Civil*, Derecho Privado, Madrid, 1955, p. 320.

[434] *Teoria dos princípios: da definição à aplicação dos princípios jurídicos*, Malheiros, São Paulo, 2003, 2ª ed., nº 2.4.3, p. 70.

Tanto a boa-fé quanto a má-fé processual quando analisadas independentemente da conduta do sujeito que age em juízo possuem uma dimensão exclusivamente subjetiva, porque somente existe na mente do sujeito praticante, é um ato interno sem expressão no mundo jurídico e portanto incapaz de uma adequada qualificação. Por esta razão ambos conceitos não apresentam relevantes dimensões jurídicas, sendo necessário para uma adequada juridicização o elemento objetivo, concreto da conduta do sujeito praticante do ato. Em outras palavras, tanto a boa-fé como a má-fé processual não encerra em si uma significativa relevância jurídica, pois o que realmente interessa para o mundo jurídico é o comportamento processual da parte que atua, é ele (o comportamento) quem dá a dimensão objetiva aos dois conceitos. É o comportamento processual da parte em juízo que exterioriza a boa ou má-fé processual do agente, é ele quem revela, quem externa ao mundo jurídico a dimensão subjetiva que existe na mente da parte que atua em juízo.

Não foi outro o motivo que levou Humberto Ávila a afirmar, corretamente, que o princípio da moralidade exige "a 'realização' ou 'preservação' de um estado de coisas exteriorizado pela lealdade, seriedade, zelo, postura exemplar, boa-fé, sinceridade e motivação. Para a realização desse estado ideal de coisas são necessários determinados comportamentos. Para efetivação de um estado de lealdade e boa-fé é preciso cumprir aquilo que foi prometido".[435]

5.4.1. A valoração do comportamento processual das partes

Modernamente, a ciência processual vem aceitando a possibilidade de o comportamento das partes, em juízo, produzir convencimento.[436] O problema resulta quando se perquire sobre a extensão do valor a ser dado pelo agir das partes em juízo. Quem conhece a vida judiciária não pode negar a grande influência que o comportamento das partes produz no magistrado, principalmente se for levado em consideração que o direito surge da controvérsia no processo e se cristaliza nas decisões judiciais.[437]

---

[435] Ob. cit., n° 2.4.3, p. 71. Ainda para complementar a ideia do autor, o mesmo esclarece que: *"O importante é que, se o estado de coisas deve ser buscado, e se ele só se realiza com determinados comportamentos, esses comportamentos passam a constituir necessidades práticas sem cujos efeitos a progressiva promoção do fim não se realiza"*, ob. cit., n° 2.4.3, p. 71.

[436] Em igual sentido, CAPPELLETTI, *Valor actual del principio de oralidad*, em *La Oralidad y las Pruebas en el Proceso Civil*. (Trad. Santiago Santís Melendo), Ejea, Buenos Aires, 1972, cap. 5, n° 4, p. 151 e ss; GORLA, *Comportamento processuale delle parti e convincimento del giudice*, em Riv. Dir. Proc., n° XII, 1935, p. 24 e ss; FURNO, *Contributo alla teoria della prova legale*, Cedam, Padova, 1940, n° 15 a 30, p. 53 e ss; ECHANDIA, *Teoria general de la prueba judicial*, Victor P. de Zavalía, Buenos Aires, t. II, n° 384, p. 679 e ss; CALAMANDREI, *El Proceso como juego*, em *Estudios sobre el Proceso Civil*, Ejea, Buenos Aires, t. III, 1986, n° 9, p. 288; ISOLDE FAVARETTO, *Comportamento processual das partes*, Acadêmica, Porto Alegre, 1993, p. 52 e ss; NEY AHRENDS, *Comportamento processual da parte como prova*, em Ajuris n° 6, p. 74 e ss.

[437] Nesse sentido, PERELMAN, *Ética e direito*, (Trad. Maria Ermantina G. Pereira), Martins Fontes, São Paulo, 1996, p. XIII. Com esse pensamento, filio-me à teoria unitária do ordenamento jurídico, que defendo detalhadamente na minha tese doutoral, ainda inédita no Brasil, mas que em breve estará publicada na Espanha, *La pretensión procesal y la tutela judicial efectiva*, Bosch, Barcelona 2004, (no prelo). Para um melhor aprofunda-

O problema intrínseco de toda prova atípica reside na conceituação do fenômeno denominado prova. Porque, se ela for vista sob a ótica do critério objetivo, teremos consequentemente uma redução do seu campo de atuação, já que está vinculada aos *meios* utilizados pelas partes para convencer o juiz, *e. g.*, a testemunha, o documento, etc., o que identifica a prova típica. De outro lado, se dermos preferência ao critério subjetivo, então estaremos ampliando o conceito de prova, porque aqui a *convicção* é o elemento-cerne da prova; noutras palavras, o que importa é "la intima convinzione del giudice", como dizem os italianos, independentemente do meio utilizado, desde que moralmente legítimo.[438]

Resta saber, portanto, até que ponto o magistrado pode convencer-se, sem serem utilizados os meios legais de prova?. O que mais importa é o instrumento utilizado para convencer o magistrado ou o seu convencimento?

Creio que as respostas a essas questões só podem ser suficientemente respondidas, se a prova for compreendida na sua verdadeira acepção, isto é, nas palavras de Alessandro Giuliani: "sull'esistenza di una concezione classica della prova come argumentum, e sulla esistenza di una logica del probabile e del verosimile, legata alle tecniche di una ratio dialectica, ed all'idea di una verità probabile, construita in relazione alle tecniche ed alla problematica del processo",[439] o que só é possível se adotarmos o critério subjetivo.

O Código de Processo Civil italiano é considerado um dos mais avançados nesta matéria, pois positivou a possibilidade de o juiz valorar o comportamento da parte em juízo, quando disse, no art. 116: "Il giudice deve valutare le prove secondo il suo prudente apprezzamento, salvo che la legge disponga altrimenti. Il giudice può desumere argomenti di prova dalle risposte che le parti gli danno a norma dell'articolo seguente, dal loro rifiuto ingiustificato a consentire le ispezioni che egli ha ordinate e, *in generale, dal contegno delle parti stesse nel processo*" (grifo nosso).

Atualmente podemos afirmar que o novo Código Civil Brasileiro também é um dos mais destacados nesta matéria, pois além de positivar o comportamento processual da parte nos arts. 231[440] e 232,[441] guindou-o a critério hermenêutico de solução de conflitos existentes entre direitos fundamentais.

Na primeira hipótese, o comportamento processual da parte que se nega a submeter-se a exame médico necessário é valorado em sentido contrario a sua conduta omissiva, pois esta recusa em juízo (comportamento processual omissivo) é, *a priori*, destituída de boa-fé e lealdade para o esclarecimento da certeza no

---

mento sobre a teoria unitária e dualista do ordenamento jurídico, na língua vernacular, consultar DINAMARCO, *Fundamentos do Processo Civil Moderno*, RT, São Paulo, 1987, nº 16 a 21, p. 18 e ss.

[438] Neste particular, consultar o que escrevi em *Provas atípicas*, ob. cit., nº 2.3, p. 63 a 69.

[439] *Il concetto di prova – contributo alla logica giuridica*, Giuffrè, Milano, 1961, p. 253.

[440] *"Aquele que se nega a submeter-se a exame médico necessário não poderá aproveitar-se de sua recusa".*

[441] *"A recusa à perícia médica ordenada pelo juiz poderá suprir a prova que se pretendia obter com o exame".*

espírito do julgador. Isto equivale dizer que o juiz valorará a conduta processual omissiva da parte que deveria haver praticado o ato e não o fez.

Na segunda hipótese, o comportamento processual da parte serve como critério hermenêutico na solução de conflitos entre dois direitos fundamentais, na medida em que existe, de um lado, o direito constitucional do menor a desvelar a paternidade e, de outro, o direito constitucional da pessoa a manter sua integridade física. Sem que haja qualquer imolação nestes direitos fundamentais, o juiz, com base no comportamento processual omissivo da parte, cria, em benefício da outra parte, uma presunção "hominis",[442] solucionado assim o conflito sem sacrificar nenhum dos dois interesses fundamentais.

Entendida a prova, nesse sentido, é possível, a partir daí, valorar-se, verdadeiramente, o comportamento das partes como sendo algo capaz de produzir um real convencimento na cabeça do juiz, porque:

1°) o ordenamento jurídico deu preferência ao princípio dispositivo em sentido substancial, quando permitiu às partes limitar o conhecimento do juiz nas questões de fato, art. 128 do CPC,[443] e, como veremos abaixo, não é possível se ter liberdade sem responsabilidade, razão pela qual a sua conduta deve ser valorizada;

2°) o ordenamento jurídico adotou de forma irrestrita o sobreprincípio da lealdade processual, não permitindo que as partes ajam e falem em juízo senão em nome da verdade, tanto é assim que a própria lei prescreve sanções, consequências jurídicas desfavoráveis ao seu comportamento, *e.g.*, arts. 18, 319, 273, inc. II, 601, todos do CPC;

3°) o ordenamento jurídico acolheu, dentro dos sistemas de apreciação das provas, o sistema da persuasão racional, que, segundo Furno, é um misto que aproveita ao mesmo tempo elementos do sistema da prova legal e elementos do sistema do livre convencimento,[444] segundo se depreende do art. 131 do CPC, onde o juiz é soberano na avaliação das provas produzidas nos autos, podendo, segundo Calamandrei, "se desplazar de la valoración objetiva e histórica de los

---

[442] De igual modo, FURNO, quando diz: "*Il comportamento processuale delle parti si presenta così come fondamento di una "praesumptio hominis*", ob. cit., p. 69. Neste particular, consultar o que escrevi em *Provas atípicas*, ob. cit., n° 4.3, especialmente p. 103.

[443] Sobre o princípio dispositivo e suas relações dentro do processo civil, consultar obrigatoriamente CARNACINI, *Tutela guirisdizionale e tecnica del processo*, en *Studi in Onore di Enrico Redenti*, Guiffrè, Milano, 1951, v. II, p. 695 e ss (traduzido ao espanhol por A. Romo, em Revista de la facultad de Derecho de México, 1953, v. 12, p. 97 e ss).

[444] Para FURNO, é um misto, porque "si ha, così dicendo, specifico riguardo alla efficacia con cui i diversi mezzi di prova operano sul convincimento di chi deve apprezzarne i risultati e stabilirne il valore dimostrativo, in relagione ai fatti della causa. Ciascun mezzo di prova risponde volta a volta al sistema libero o al sistema legale, secondo chè l'organo giudicante – cui istituzionalmente si rivolge – possa o non possa liberamente determinare di fronte ad esso la propria persuasione. Riesce particolarmente arduo stabilire, fra libertà e legalità, un rapporto di regola a eccezione", ob. cit., p. 146. De igual modo, OVÍDIO no *Curso de processo civil*, Safe, Porto Alegre, 1987, v. I, p. 286.

hechos, a la subjetiva y moral de la persona";[445] deve ele decidir com base no seu convencimento, porém motivado, razão pela qual se conclui que o comportamento da parte pode, e vai, interferir no convencimento do magistrado;

4º) o art. 332 do CPC prevê: "Todos os meios legais, bem como os moralmente legítimos, ainda que não especificados neste Código, são hábeis para provar a verdade dos fatos, em que se funda a ação ou a defesa". E o comportamento processual das partes é um meio legal de prova, porque não é ilegal, e é moralmente legítimo, a despeito de não estar especificado neste código, sendo portanto hábil para provar a verdade de um fato, em que se funda a ação ou a defesa;

5º) o processo em seu sentido social ou, como querem alguns, instrumental, é um instrumento público eficaz, legítimo e verdadeiro de realização da justiça que foi colocado à disposição das partes pelo Estado, para que elas possam buscar a prestação da tutela jurisdicional, e nenhum instrumento de justiça pode sobreviver fundado em mentira, em conduta ímproba, em má-fé,[446] motivo pelo qual o comportamento da parte influenciará a convicção do juiz;

6º) é da natureza de um ato jurisdicional ser discricionário,[447] na medida em que a própria lei chama o juiz para escolher o que é mais *justo* diante do caso concreto, *v. g.*, art. 131 do CPC, quando permite a ele apreciar livremente "os fatos" e "circunstâncias constantes dos autos" (aqui se enquadra especificamente o comportamento processual da parte). E, se a ele é deferido, pela lei, esse poder, então ele pode se convencer, desde que moralmente legítimo e a prova não tenha o seu valor legal, baseado na valoração objetiva e histórica dos fatos ou subjetiva e moral das pessoas (circunstâncias). Além do mais, a própria lei processual, no seu art. 130, permite ao juiz, de ofício, "determinar as provas necessárias à instrução do processo, indeferindo as diligências inúteis ou meramente protelatórias", o que vale dizer que o material probatório aportado no processo é de domínio do juiz, destinatário direto da prova[448], mas pela adoção do princípio dispositivo as partes ganham preferência na formação do convencimento. Essa lei, segundo Nelson Nery, "não impõe limitação ao juiz para exercer, de ofício, seu poder instrutório no processo",[449] devendo, portanto, ser interpretada no sentido mais amplo possí-

---

[445] *El proceso como juego*, ob. cit., nº 9, p. 289. Essa forma de valorizar objetiva ou subjetivamente a prova foi muito bem desenvolvida por FURNO, quando disse, em relação à prova legal *stricto sensu que:* "*Dalla creazione di una certezza storica di valore oggettivo, voluta dalla legge e da essa imposta al giudice, indipendentemente dal personale convincimento di costui*", ob. cit., p. 160.

[446] A parte, quando se vale do processo, utilizando a má-fé, busca sempre, segundo CALAMANDREI, "*conseguir en el proceso un efecto jurídico que sin el engaño no podría conseguir-se*", *El proceso como juego*, ob. cit., nº 3, p. 270.

[447] Neste particular, remeto o leitor ao que escrevi em *Provas atípicas*, ob. cit., nº 2.3, especialmente p. 66 e 67.

[448] Em igual sentido, FURNO, ob. cit., nº 19, p. 73. Entendo que a prova pertence a todos os que participam da relação processual, JOSÉ ROBERTO BEDAQUE, *Poderes instrutórios do juiz*, RT, São Paulo, 1991, p. 102.

[449] *Código de Processo Civil Comentado*, RT, São Paulo, 1997, p. 438. Para um melhor aprofundamento, consultar obrigatoriamente JOSÉ ROBERTO BEDAQUE, ob. cit., de modo especial o Cap. 3, p. 54 e ss.

vel,[450] razões pelas quais o comportamento processual das partes deve ser valorizado pelo juiz no momento de decidir;

7º) modernamente, se verifica na doutrina processual uma crescente tendência em se considerar a prova judiciária como sendo uma manifestação de *probabilidade, de verossimilhança* da existência ou inexistência de uma determinada realidade que foi trazida aos autos, restaurando, por conseguinte, a doutrina aristotélica da retórica. Se isso é verdade, então não se exige do magistrado, para decidir, um convencimento absoluto acerca dos fatos, que exigiria tão somente provas típicas para formar a sua convicção, e, sim, um convencimento compatível com a situação trazida e descrita no processo ou, como bem diz PATTI: *"il giudice deve chiedersi se la verosimiglianza sia tale da permettere di ritenere provato il fatto"*.[451] Isso viabiliza ao juiz, por força do art. 131 do CPC, valer-se de todas as formas de convencimento legal e moralmente permitidas pelo ordenamento jurídico, assim como o comportamento processual das partes.

Conclui-se, por conseguinte, que não só a prova produzida pela parte, como também a conduta da própria parte pode influenciar o juiz no julgamento. No primeiro caso, temos uma *valoração objetiva* da prova (o fato) enquanto que, no segundo caso, temos uma *valoração subjetiva* da prova (a pessoa, ou como quer a lei, art. 131 do CPC *"circunstâncias"*).

Justificada a possibilidade de o comportamento processual das partes influenciar o juiz, é necessário saber, segundo Gorla, se esse comportamento é *"elemento di valutazione della prova"* ou *"mezzo di prova"*.[452] A totalidade da doutrina, sem exceção, sustenta ser o comportamento processual da parte um elemento de valoração da prova, um indício,[453] pois o juiz dele deve servir-se apenas indiretamente para aquilatar o valor de uma prova posta em juízo, sem possibilidade de *per si* fundamentar uma convicção judicial. Traduz bem essa concepção Furno, quando diz: "In tale ipotesi il comportamento serve da fonte o motivo di prova: precisamente, come *fatto* che ne prova un altro. Si tratterà sempre di un motivo *sussidiario*, di natura *indiziaria*, di cui il giudice potrà valersi solo quando concorra con altri motivi della stessa o di diversa indole, e alle condizioni stabilite dalla legge (art. 1354 cod. civ.). Il comportamento processuale delle parti si presenta così come fondamento di una *praesumptio hominis"*.[454]

Essa concepção que atribui, sempre, natureza indiciária ao comportamento processual das partes, merece crítica, porque se limita a analisar o problema sob a ótica, exclusivamente, do comportamento em si, não se preocupando com o tipo de estrutura técnica que a norma possui e que foi prevista pelo legislador para

---

[450] Também JOSÉ ROBERTO BEDAQUE, ob. cit., p. 102.

[451] *Libero convincimento e valutazione delle prove,* Riv. di Dir. Proces., 1985, Ano XL, nº 3, p. 503 e também na p. 508.

[452] Ob. cit, p. 25.

[453] GORLA, ob. cit., p. 27; ECHANDIA, ob. cit, t. II, nº 384, p. 679; CAPPELLETTI, ob. cit, Cap. 5, p. 151; FURNO, ob. cit., nº 18, p. 69; NEY AHRENDS, ob. cit., p. 75; ISOLDE FAVARETTO, ob. cit., p. 58 e 59.

[454] Ob. cit., nº 18, p. 69.

regular as diversas espécies de comportamento processual, isto é, deve-se analisar, em primeiro lugar, a estrutura técnica da norma, *em cada caso*,[455] pois cada comportamento processual recebe, como qualquer fato, uma qualificação jurídica diversa das demais, podendo gerar uma obrigação, um dever ou um ônus.[456]

5.4.2. Obrigação, dever ou ônus de lealdade processual

O processo antigo, como acentua Couture, "tenía también acentuada tonalidad moral. Ésta se revelaba frecuentemente mediante la exigencia de juramentos, pesadas sanciones al perjuro, gravosas prestaciones de parte de aquel que era sorprendido faltando a la verdad".[457] Tanto é verdade que Gaio já dizia: "Também a má-fé por parte do autor é reprimida, ora pela, ação de malícia ora pela contrária, ora pelo juramento, ora pela reestipulação".[458]

As sociedades modernas e o Estado, de maneira geral, apresentam-se profundamente empenhados em que o processo seja eficaz, reto, prestigiado e útil ao seu elevado desígnio, não sendo possível que as partes se sirvam dele faltando ao dever (por simples comodidade de expressão) de verdade, agindo com deslealdade e empregando artifícios fraudulentos, segundo o art. 129 do CPC. Daí a preocupação das leis processuais em assentar o comportamento das pessoas envolvidas com o processo sobre os princípios da boa-fé e da lealdade.

É sabida e consabida a grande influência que o princípio dispositivo exerce sobre o direito processual civil nos países em geral.[459] É baseado nesse princípio que, segundo Calamandrei, "es muy difícil establecer hasta dónde llegan los derechos de una sagaz defensa y dónde comienza el reprobable engaño".[460] E se é verdade que as partes têm *liberdade*, em virtude do aludido princípio, *e. g.*, art. 2º, 128, 460, então também é verdade que devem ter uma *responsabilidade* pela liberdade que possuem, não podendo utilizá-la para fins ilícitos,[461] máxime quando fazem uso de um instrumento público, de realização da justiça, que lhes foi posto

---

[455] Esta é a razão pela qual WIEACKER afirmou que a concreção deve vir através das *"máximas del arte jurisprudencial"*, *El principio general de la buena fe*, (tradução de J. L. Carro), Civitas, Madrid, 1977, p. 44.

[456] Para PICÓ, "la aplicación de tales reglas al caso concreto nunca podrá ser automática, pues cada litígio presenta singularidades propias, que las diferencia del resto de procesos, por lo que sólo después de analizarse estas peculiaridades se estará en plenas condiciones de aplicar las citadas reglas", Ob. cit., nº 5.1., p. 71.

[457] *Fundamentos del derecho procesal civil*, Depalma, Buenos Aires, 1988, nº 119, p. 190. O dever jurídico de dizer a verdade aparece desde os textos jurídicos mais antigos até os mais modernos. Para um melhor aprofundamento da questão, consultar obrigatoriamente COUTURE, *El deber de las partes de decir la verdad*, ob. cit., p. 236.

[458] *Institutas* 4.174 e também 4.178 e 4.179.

[459] Sobre este particular, consultar CARNACINI, *Tutela guirisdizionale e tecnica del processo*, ob. cit., p. 695 e ss.

[460] *El proceso como juego*, ob. cit., nº 3, p. 269. Em sentido contrário, encontramos ELICIO DE CRESCI SOBRINHO, para quem: *"Inexiste a pretendida contradição e, considerado o processo como uma Wohlfahrtseinrichtung, não é indiferente se a parte diz ou não a verdade"*, ob. cit., p. 97.

[461] Este é o sentido do art. 187 do atual Código Civil, transcrito acima: nota nº 22.

à disposição pelo Estado. Portanto, maior será a responsabilidade, quanto maior for a liberdade, porque não há liberdade sem responsabilidade.[462]

Essa responsabilidade que as partes têm, derivada da liberdade, em dizer a verdade e agir com lealdade em juízo, modifica-se de acordo com o valor que cada sistema jurídico empresta à sua conduta, podendo gerar uma *obrigação*, um *dever* ou um *ônus*.

A necessidade de dizer a verdade e agir com lealdade será uma obrigação, segundo Couture, quando o legislador estabelecer "una reparación al adversario por el daño que se le había hecho faltando a la verdad";[463] e, será um dever, conforme o autor, quando houver "notorio carácter penal y disciplinario de las sanciones";[464] e, será um ônus, segundo o autor, quando as partes possuírem "libertad para elegir entre la verdad o la mentira".[465] Tudo irá depender da estrutura técnica que a lei adotar, em cada caso, para o comportamento processual da parte em juízo.

O comportamento processual da parte irá gerar uma *obrigação, um dever de prestação*,[466] quando houver, segundo Westermann, "uma vinculação jurídica especial, consistente em direitos de crédito e em deveres de conduta".[467] Isto ocorre quando o legislador estabelece para a conduta da parte, em juízo, uma reparação ao adversário pelo dano que causou, faltando com a verdade. Podemos evidenciar isso nos arts. 18, 69 e 601, todos do CPC.[468] Nesses casos, a *conduta da parte é fonte primordial* de prova, e não mero elemento indiciário de prova, pois não há outro meio de prova tão eficaz que seja capaz de produzir um convencimento tão forte quanto o comportamento da parte. Aqui, seria muito difícil apresentar uma testemunha ou um documento para provar a má-fé. O juiz deve inferi-la das *circunstâncias de fato* (comportamento) ocorridas nos autos (valoração subjetiva da prova), e está legitimado a aplicar, inclusive de ofício, pelo interesse público que há, ao *improbus litigator* a litigância de má-fé. O fato gerador da obrigação é o comportamento da parte e o convencimento do juiz.

O comportamento processual da parte irá gerar um *dever,* quando houver um notório caráter penal, art. 342 do CP, e disciplinar das sanções, pois, como adverte Von Tuhr, "el concepto del deber jurídico responde a una idea común al Derecho y a la moral: a saber, que el hombre puede y debe ajustar su conducta a determi-

---

[462] De igual modo, RAMIRO PODETTI, *Teoría y técnica del proceso civil*, Ediar, Buenos Aires, 1963, nº 39, p. 150.

[463] *El deber de las partes de decir la verdad*, ob. cit., p. 254.

[464] *El deber de las partes de decir la verdad*, ob. cit., p. 255.

[465] *El deber de las partes de decir la verdad*, ob. cit., p. 255.

[466] SERPA LOPES, *Curso de Direito Civil*, Freitas Bastos, Rio de Janeiro, 1989, v. II, § I, nº 2, p. 10.

[467] *Código civil alemão – direito das obrigações*, Sergio Fabris, Porto Alegre, 1983, § 1º, p.15.

[468] Em sentido contrário a existência de uma obrigação, porque baseado no direito alemão, ELICIO C. SOBRINHO, quando diz: *"O descumprimento do dever de veracidade para o autor, réu ou interveniente dará lugar à responsabilidade por dano processual (segundo o disposto no art. 18 do CPC) mais conseqüências jurídicas prejudiciais"*, ob. cit., p. 86.

nados preceptos. El deber jurídico es, metafóricamente hablando, una orden, un imperativo que el orden jurídico dirige al individuo y que éste ha de acatar".[469] Nesse sentido, encontramos os arts. 14; 85; 129; 133; 144; 147; 150; 153; inc. II do art. 273; 339; 340 e 341, todos do CPC. Nesses casos, não há obrigação, porque não há credor, nem existe dever de prestação; existe, isto sim, *sanção*,[470] porque, segundo Lent, "um dever existe onde um determinado comportamento é exigido

---

[469] *Tratado de las obligaciones*, (tradução de W. Roces), Reus, Madrid, 1934, t. I, p. 4.

[470] Em virtude da complexidade do tema e suas implicações práticas, aliado a uma imperiosa questão metodológica, não podemos confundir *sanção* com *coação*. Em primeiro lugar, porque são termos etimologicamente diferentes, com significados diferentes, pois, enquanto a sanção, segundo CASTANHEIRA NEVES, vem do latim, "*'sancio', de 'sanciere', implica consagrar, tornar 'sanctum', confirmar algo no seu valor autêntico*", *Curso de introdução ao estudo do direito*, Coimbra, Coimbra, 1976, p. 18, a coação segundo CARNELUTTI, vem do latim "*'cogere' essendo un composto di 'com' e 'agere', a proposito di che si ricordi che 'com', forma arcaica di 'cum', è la radice di 'contra', onde 'cogere' vale anche 'contra agere'*", *Teoria generale del diritto*, Foro Italiano, Roma, 1951, nº 13, p. 31. Em segundo lugar, porque, de acordo com DABIN, "*toda regla de conducta va acompañada de sanción, sin que esta sanción tenga, sin embargo, el carácter de la coacción inherente al derecho*", *Teoría general del derecho*, (tradução de Francisco Javier Osset), Revista de Derecho Privado, Madrid, 1955, nº 27, p. 48 (no mesmo sentido, LOPEZ DE OÑATE, *Compendio di filosofía del diritto*, Giuffrè, Milano, 1955, § 42, p. 183). Neste ponto devemos advertir que toda regra de conduta tem suas sanções: as regras morais, as regras das conveniências sociais, assim como também as regras jurídicas (no mesmo sentido, BOBBIO, *Teoría general del derecho*, (traducción de Eduardo Rozo Acuña), Debate, Madrid, 1996, 4ª reimpressão, nº 40, p. 120 y ss; DABIN, *Teoría general del derecho*, ob. cit., nº 27, p. 48; e LOPEZ DE OÑATE, *Compendio di filosofía del diritto*, ob. cit., § 42, p. 182 e 183). Contudo, só estas últimas tem o caráter distintivo da coação que é inerente às sentenças judiciais e ao mesmo tempo indispensável para a adequada compreensão do direito, já que o direito, de acordo com DEL VECCHIO, "*es esencialmente 'coercible'*", *Filosofía del derecho*, (tradução de Luis Legaz y Lacambra), Bosch, Barcelona, 1969, 9ª ed., p. 356; em consequência, toda sentença (criadora de direito que é) será atual ou potencialmente coercitível. Por isso, podemos dizer que a sanção não é um conceito exclusivamente jurídico, enquanto que a coerção além de ser um conceito jurídico é também um elemento indispensável para a criação dos direitos subjetivos (teoria monista do ordenamento jurídico). Em terceiro lugar, porque a sanção é abstrata e genérica, consequentemente não se caracteriza como uma ação direta contra uma pessoa, além de necessitar fundamentalmente da cooperação espontânea dos obrigados para realizá-la, enquanto que a coação exige uma *construção externa* através de *meios externos*, porque, segundo ARISTÓTELES, "*lo forzoso es aquello cuyo principio es externo, sin que el hombre forzado intervenga en nada*", *Ética Nicomáquea*, (tradução de Julio Pallí Bonet), Gredos, Madrid, 2000, L. III, nº 1110b-15, p. 74. Então conclui acertadamente CASTANHEIRA NEVES, que a coação "*exprime juridicamente o uso da força*", *Curso de introdução ao estudo do direito*, ob. cit., p. 30 y ss, e se caracteriza, nas palavras de CARNELUTTI, por ser "*un'azione diretta contro una persona, cioè in opposizione a ciò che essa farebbe per sè. (...) è un 'agere contra'*", *Teoria generale del diritto*, ob. cit., nº 13, p. 31. Para MIGUEL REALE, a coação é "*a sanção concreta*", ou seja, é "*a sanção enquanto se concretiza pelo recurso à força que lhe empresta um órgão, nos limites e de conformidade com os fins do Direito*", *Filosofia do direito*, Saraiva, São Paulo, 1969, 5ª ed., v. II, nº 239, p. 591, ou, como indica DABIN, "*la ejecución material del precepto violado*", *Teoría general del derecho*, ob. cit., nº 27, p. 49. No mesmo sentido, GARCÍA MÁYNEZ, *Introducción al estudio del derecho*, Porrúa, México, 1996, 48ª ed, cap. XXI, nº 155, p. 298; y MANDRIOLI, *L'azione esecutiva*, Giuffrè, Milano, 1955, nº 27, p. 181. De acordo com MIGUEL REALE, é correto afirmar que a "*idéia mesma de 'coação', no âmbito jurídico, implica no encontro necessário de dois elementos: uma 'pressão' de ordem física ou psíquica manifestada segundo uma 'forma ou estrutura'*", *Filosofia do direito*, ob. cit., v. II, nº 239, p. 592. Por isso, só a sentença traz em si a coação, porque contém principalmente, além da 'forma ou estrutura' necessária, a possibilidade de exercer *efetivamente* uma pressão de ordem física ou psíquica sobre o querer volitivo do obrigado, enquanto que a lei, por seu caráter geral, se contenta unicamente com a sanção. É a sentença, através da coação, que dá vida, que proporciona realidade à inanimada sanção. Estas distinções são importantes para o processo, pois, de acordo com CHIARLONI, "*le misure coercitive o di esecuzione indiretta possono venir classificate secondo un criterio che tenga conto dei diversi modi in cui opera la sanzione*", *Misure coercitive e tutela dei diritti*, Giuffrè, Milano, 1980, p. 17.

e o contrário seria reprovado",[471] ou nas palavras de Elicio C. Sobrinho, que diz: "Onde existe um dever deixa de existir a liberdade de comportar-se".[472]

E o comportamento processual da parte irá gerar um *ônus,* quando ela, parte, possuir a liberdade para escolher entre a verdade ou a mentira, ou nas palavras de Carnelutti, "cuando el ejercicio de una facultad aparece como condición para obtener una determinada ventaja; por ello la carga es una facultad cuyo ejercicio es necesario para el logro de un interés".[473] Aqui, temos um direito potestativo, também conhecido como direito formativo,[474] que apresenta como característica não corresponder obrigação alguma, e se esgota no poder de determinar um efeito jurídico, e a não realização de um ônus atinge somente a esfera jurídica de quem deveria agir e não o fez. É o que ocorre nos casos dos arts. 158; 302 e 319, todos do CPC. A diferença entre ônus e dever para Lent, reside na exata medida que "para o cumprimento do dever existe coação e, para os ônus, cominação de consequências jurídicas prejudiciais".[475]

O grau de influência que o comportamento processual da parte vai produzir na decisão judicial depende, portanto, da natureza da norma violada, ficando a critério do juiz perceber, no caso em concreto, se o comportamento desleal da parte em juízo ocorreu ou inocorreu e, consequentemente, aplicar a lei.

A análise da prova oral em juízo deve, portanto, ser feita no mais amplo sentido, tendo em vista o grau de complexidade que a prova oral se nos apresenta, pois uma parte ou testemunha pode vir a juízo e mentir, porque os fatos declarados na presença do juiz referem-se a acontecimentos que estão no seu *consciente*, portanto, possíveis de serem distorcidos, uma vez que estando em seu consciente podem ser facilmente manobrados. Mas, o seu comportamento processual, *v. g.*, enrubescer, gesticular desproporcionadamente, buscar auxílio visual em seu ad-

---

[471] *Apud* ELICIO C. SOBRINHO, ob. cit., p. 85.

[472] Ob. cit., p. 85.

[473] *Sistema de derecho procesal civil,* (Tradução de Niceto A. Zamora y Castillo e Santiago Sentís Melendo), Uteha, Buenos Aires, 1944, v.I, nº 21, p. 65.

[474] A doutrina sobre os direitos potestativos é bastante escassa quando comparada com a doutrina dos direitos reais e obrigacionais. Para ZAFRA VALVERDE, em um dos melhores estudos sobre o tema, "*el derecho potestativo supone la posibilidad subjetiva, en su titular, de producir, mediante una conducta propia, la creación, la modificación o la extinción de una situación* jurídica", *Sentença constitutiva e sentença dispositiva*, Rialp, Madrid, 1962, p. 40. No mesmo sentido, CHIOVENDA, quando afirma que o direito potestativo é "*un poder del titular del derecho, de producir, mediante una manifestación de voluntad, un efecto jurídico en el cual tiene interés, o la cesación de un estado jurídico desventajoso; y esto frente a una persona, o varias, que no están obligadas a ninguna prestación respecto de él, sino que están solamente 'sujetas', de manera que no pueden sustraerse a él, al efecto jurídico producido*", *La acción en el sistema de los derechos*, (tradução de Santiago Santís Melendo), Temis, Bogotá, 1986, p. 31. Aqui o titular de um direito tem, por sua própria vontade, o poder de produzir um efeito jurídico na esfera de outro, criando, modificando ou extinguindo uma situação jurídica. Tal efeito jurídico, para que se produza, não está condicionado ao comportamento do sujeito passivo, que deve simplesmente ser submisso, nem tão pouco pode ser impedido por sua oposição, de maneira que para alcançar o objeto de sua vontade o titular do direito potestativo não necessita exigir do obrigado um fazer ou não fazer. Em consequência, nos direitos formativos não existe pretensão, porque o titular do direito não necessita exigir do obrigado qualquer comportamento positivo ou negativo para obter a satisfação de seu direito, bastando para isso somente sua vontade.

[475] *Apud* ELICIO C. SOBRINHO, ob. cit., p. 84.

vogado, vem do seu *inconsciente*, logo, é difícil ser controlado, razão pela qual este comportamento da parte em juízo mereceria uma maior atenção por parte dos magistrados nas salas de audiências, pois são eles (comportamentos) que realmente conferem credibilidade às alegações feitas pelas partes ou testemunhas em juízo.[476] São eles (comportamentos) que conferem os parâmetros objetivos para que o juiz possa identificar, em cada caso, se a conduta processual foi calcada na boa ou na má-fé do agente.

---

[476] Neste particular, consultar MUÑOZ SABATÉ sobre as consequências que teria para a prova uma *"teoría de la mentira"*, *Introducción a una semiótica probática*, em Revista de Derecho Procesal Iberoamericana, 1980, nº 1, p. 188 e 189.

6. Teoria Geral da Ação Cautelar Inominada[477]

6.1. INTRODUÇÃO

As ações cautelares máxime as inominadas apresentam uma gama imensa de controvérsia.

Visei no presente estudo, não de forma exauriente, a encetar uma maior profundidade naquele tema que avassala os foros diuturnamente, na maioria das vezes de forma totalmente distorcida da natureza da medida cautelar, o remédio milagroso que vai desafogar o Judiciário, celerando a prestação da tutela jurisdicional.

Esta imagem que tantos juristas fazem do processo cautelar leva a se ter distorções acerca da verdadeira função desta modalidade especial de prestação jurisdicional. Movido pela ânsia de tentar ao menos compreender melhor este ramo incipiente do direito processual é que fui buscar nos primórdios a verdadeira origem do processo cautelar.

Tentei especificar as características peculiares que condicionam a ação cautelar, culminando com a verdadeira função cutelar relacionada a sua autonomia.

6.2. ESCORÇO HISTÓRICO DA ORIGEM DE TUTELA CAUTELAR

6.2.1. Medidas com efeitos cautelares na lei das XII Tábuas

Se pode falar que o embrião das medidas cautelares tiveram origem na Lei das XII Tábuas, ou seja, é nesta lei que se considera a primeira expressão de tutela cautelar, através de dois meios preparatórios de uma execução forçada com caráter tipicamente privado: a figura do *addictus* e a figura do *nexus*.

No *addictus* a pessoa do devedor consistia a garantia do crédito. Tanto que salienta Calvosa, "la condizione dell'addictus, limitatamente però ai sessanta giorni, durante i quali, per ordine del magistrato, restava costretto nelle carceri private del creditore, sembra proprio quella d'un soggetto, costituito in garanzia d'un credito".[478]

---

[477] Publicado originalmente In: Ovídio Araújo Baptista da Silva. (Org.). Tutela de Urgência. 1 ed. Porto Alegre: Síntese, 1997.

[478] In *La Tutela Cautelare* (Profilo Sistemático), 1963, p. 8 e 9.

Portanto, enquadrava-se o *addictus* numa atividade de conservação com caráter eminentemente privatístico, aonde o Estado se fazia presente, a fim de evitar o excesso de autodefesa, mantendo com isso a paz social.[479]

Porém, mais especificamente cautelar, quer seja pela função ou aparência, era o *nexus,* um meio de garantia e não constituía uma relação obrigacional, mas que de certo modo era uma extensão da obrigação.

O *nexus* consistia nas palavras de Calvosa como: *"Infatti, il* nexum *non era altro che un'autooppignorazione o anche un'oppignorazione delle persone in potestà, che il debitore poneva in essere volontariamente e con il consenso de creditore".*[480]

6.2.2. A tutela cautelar no Direito Romano

O direito romano possuiu como fonte inspiradora o princípio *melius est ante tempus accurrere, quam post causam vulneratam recursum quaerere*, para a tutela preventiva do direito.

Existia à época das *legis actiones,*[481] e sempre é bom lembrar que o processo possuía natureza privada, a *legis actio per sacramentum,*[482] e sucessivamente a *operis novi nunciatio, cautio damni infecti.*

A *operis novi nuntiato,*[483] que é instituto antigo do *juris civilis,* servia para impedir que o vizinho, com a construção de obra nova, pudesse de alguma ma-

---

[479] Cfr. G. ARIETA, *in* I Provvedimenti D'Urgenza, 1985, p.1.

[480] In o.c., p. 9.

[481] Neste período o processo era eminentemente oral, inobstante ser extremamente formal e rígido, pois as partes deveriam obedecer as formas legais que não eram escritas, e o menor desrespeito a forma processual gerava a perda da causa, *in* GAIO nas Institutas 4.30; Também neste sentido JOSÉ R. CRUZ E TUCCI e LUIZ C. AZEVEDO, *Lições de História do Processo Civil Romano*, RT, 1996, Cap. 4, p. 51 e ss.

[482] Segundo GAIO "O *sacramentum* era ação geral, pois se agia por *sacramentum* em todos os casos para os quais a lei não estabelecia processo especial." *in* Intitutas 4.13. Esta ação já era conhecida antes mesmo da Lei da XII tábuas, e se dividia em *in rem* e *in personam*, segundo JOSÉ R. CRUZ E TUCCI, *in* o.c., p. 63 a 66; e, conforme V. SCIALOJA, a *legis actio sacramento* era geral, pois *"de todo aquello sobre lo que no estaba dispuesto por ley que se accionara en otra forma, se demandaba en* sacramento" , isto é, *"había, pues, esta pena, que era la pérdida del* sacramentum; *a saber, de una suma prometida, que quedaba a beneficio del erario público..."* in Procedimiento Civil Romano, 1954, EJEA, p. 133; ou conforme declara JOSÉ R. CRUZ E TUCCI, "O *sacramentum*, pois, consubstanciava-se em uma aposta jurada acerca da procedência da sua causa da vindicação" in o.c., p. 64.

[483] Esta antiga ação é contemplada pelo nosso direito, no art. 934 do CPC. No direito romano dita ação possuia, segundo MARIO DINI, *"due funzioni: protezione di un diritto minacciato e allontanamento del pericolo di un danno sia privato che pubblico."* in La Denunzia di Danno Temuto, GIUFFRÈ, 1982, p. 88. E o seu procedimento nos é descrito por V. SCIALOJA para quem *"el interesado comienza por prohibir a quien sea, que haga una nueva obra; si el otro quiere continuar, debe acudir ante el magistrado, para que lo libere de esa prohibicón."* in o.c., p.76. Neste sentido CALVOSA, *in* o.c., p. 15 e G. ARIETA, *in* o.c., p. 03. É interessante notar que no direito romano antigo se confundia a defesa privada com a defesa pública, isto é, o próprio titular ativo do direito exercia-o privadamente e o titular passivo do direito, caso não concordasse com o agir privado, deveria se dirigir ao magistrado para fazer cessar a violência. Este agir privado do titular só foi proibido, segundo ULPIANO: L. 12, § 2, a partir da *ley Julia* e aperfeiçoado com o decreto de MARCO AURÉLIO, o chamado *Decretum divi Marci*, que estabelecia o seguinte: se crêem ter algum direito, o exercitem com ações, pois do contrário ficarão privado dele. Hodiernamente com a proibição da autotutela pelo Estado, o titular ativo do direito necessita da

neira evitar o curso natural da água, dividindo-se em duas fases: a primeira era extrajudicial e constitia em se intimar o vizinho a interromper a obra iniciada, que podia consistir em lançar uma pedra, ato simbólico da repulsa; e a segunda fase que se fundava sobre o *imperium* do pretor que impunha de qualquer maneira o trancamento da obra.

Já o *cautio damni infecti*[484] não comportava duas fases, uma extrajudicial e outra judicial, como na primeira ação, mas consistia em ir imediatamente ao pretor, o qual não só emanava o interdito proibitório, mas ainda impunha uma *stipulatio* garantindo a prestação da *cautio*, tentando assim obter uma espécie de medida cautelar.

6.2.3. A influência do Direito germânico

O direito germânico contribuiu de forma intensa não só para a construção das medidas cautelares, como de resto a toda ciência processual. Primeiramente porque a ciência processual se desenvolveu muito no final do século passado, e em certo aspecto iniciou-se, com as magníficas obras de Bülow em 1868, Wach em 1885, Köhler em 1888 e Hellwig em 1912, entre outros. Em segundo lugar, porque houve um continuísmo por parte de uma seleta escola de juristas alemães, como Goldschmidt, Rosemberg, etc.

Dominou no mundo germânico, máxime no século XII, como já sabido, a execução privada sobre a pessoa ou bens do devedor. Para se ter certeza de que seria eficaz a execução, se fazia uma maneira de execução antecipada, primeiramente sobre a pessoa do devedor, depois em seus bens.

O direito germânico do final do século XIX conheceu alguns tipos de medida cautelar, inseridas no sistema do processo executivo, que foram introduzidos pela primeira vez na *einstwilige Verfügungen* nos §§ 935 e 940 da ZPO, que constituía no procedimento final de um particular tipo de processo cautelar.[485] Era uma medida tipicamente processual.[486]

---

ação *processual* para exercitá-lo. Esta transposição da defesa privada para a defesa pública se reflete em várias áreas do direito, tais como: no conceito de ação, tanto material quanto processual, no entendimento do ônus da prova, etc.

[484] Que hoje está presente no art. 555 do Código Civil. Esta ação era utilizada por quem temia um perigo advindo da casa do vizinho, podendo exigir deste uma *praetoria stipulatio*, que se chamava *cautio damni infecti*, ou como bem diz V. SCIALOJA, *"En cuanto al daño futuro* (danno temuto), *que podía provenir de una cosa determinada, se tenía derecho a exigir del proprietário de la cosa peligrosa esta* cautio, *que no era sino la promesa, en forma de estipulación, de resarcir los daños temidos, en el caso de que llegaran a verificarse."* in o.c., p. 30. E para MARIO DINI *"La* cautio *si poteva richiedere allorquando si fosse temuto che alla cosa, che formava oggetto del proprio diritto, potesse derivare un danno a causa di un* vitium loci, aedium, operis jam facti, *ovvero* operis quod fit." *in* La Denunzia di Danno Temuto, p. 07. Neste sentido G. ARIETA, *in* o.c., p.03 e CALVOSA, *in* o.c., p. 17.

[485] Conforme MARIO DINI, *I Provvedimenti D'Urgenza*, GIUFFRÈ, 1957, n° 4, p. 10 e ss; também ARIETA, *in* o.c., p.15. Estas medidas eram consideradas como apêndice da execução forçada.

[486] Neste sentido, UGO ROCCO, *Tratado de Derecho Procesal Civil*, DEPALMA, 1977, v. V, p. 22.

A medida estipulada no § 935 tinha um escopo essencialmente conservativo, ao passso que a medida insculpida no § 940 constituía uma provisória de fato.[487]

O § 935 tinha a função, segundo Mario Dini, de "evitare qualsiasi modificazione o distruzione dell'oggetto della prestazione di dare (bene determinato), fare o non fare da parte del debitore",[488] enquanto o § 940 era um "provvedimento generale cautelare diretto a difendere l'integrità della sfera giuridica del cittadino".[489]

Para Arieta, "i par. 935 e 940 non possono essere invocati in tutte le ipotesi nelle quali è espressamente prevista una specifica misura cautelare; 2) il presupposto per l'applicazione del par. 935 è l'esistenza di un timore, ..., per il par. 940, che la provvisoria sistemazione del rapporto giuridico litigioso appaia necessaria soprattutto al fine di prevenire danni sostanziali o una minaccia di violenza".[490]

6.2.4. A "référé" francesa

Este instituto de larga aceitação, não só no direito francês, como nas legislações europeias, já era regulado pelo antigo Código de Processo Civil francês, e vem regulado no atual Código de Processo Civil, que entrou em vigor a partir de janeiro de 1976, no art. 484 que o define como: "une decísíon provisoíre rendue à Ia demande dune partíe, l'autre presente ou appelée dans íes cas oú Ia foi confere à une juge qui n'est a pas saisí ou principal le pouvoir dordonner ímmédiatemente les mesures nécessaíres".

A chamada *jurisdiction des référées* (jurisdição de urgência) é um meio excepcional, um instituto de urgência para resolver as dificuldades da execução de forma sumária e provisória, de extrema rapidez, dirigida ao Presidente do Tribunal. Possui alguma parecência, quanto ao exercício do juiz, a um poder geral de cautela mais amplo e de tudo vinculado ao juízo de mérito.[491]

A provisoriedade dessa medida está insculpida no art. 809 do mesmo diploma processual que assevera: "les ordonnances sur réferés ne feront aucun préjudice au principale".

Demonstra o aludido artigo que a *référée* possui um caráter essencialmente provisório, não podendo prejudicar nem incidir sobre o mérito. Apesar de, na maioria das vezes, antecipar medidas satisfativas do direito.[492]

---

[487] Neste sentido FRITZ BAUR, *Tutela Jurídica Mediante Medidas Cautelares*, saFE, 1985, p. 41 e 45; ARIETA, *in* o.c., p. 15 e 16; e MARIO DINI, *in* I Provvedimenti ..., n° 4, p. 11 e 13.

[488] In *I Provvedimenti* ..., n° 4, p. 11; também FRITZ BAUR, *in* o.c., p. 41.

[489] In *I Provvedimenti* ..., n° 4, p. 13; e segundo FRITZ BAUR "*está a serviço da **pacificação pública**"*, *in* o.c., p. 45.

[490] In ARIETA, o.c., p. 17.

[491] Neste sentido ARIETA, *in* o.c., n° 6, p. 18 e 19; OVÍDIO BAPTISTA, *in* Comentários ao Código de Processo Civil, LEJUR, 1986, p. 60 e ss.

[492] Segundo OVÍDIO BAPTISTA, cresce a cada dia a tendência destas medidas serem cada vez mais utilizadas como forma de uma realização antecipada do direito, *in* Comentários ..., p. 61.

6.2.5. Os primórdios do Direito italiano

A tutela cautelar, como um dos aspectos integrantes da função jurisdicional, no particular que se refere a sua autonomia, sofreu lenta e gradual evolução científica.

Segundo alguns autores que tentam mostrar alguma evolução mais científica do processo cautelar, a partir do trinômio Chiovenda, Calamandrei e Carnelutti, demonstram desconhecer as manifestações na obra de Mattirolo e Mortara no século passado que são os primórdios do direito italiano.

Conforme Lancellotti é possível individualizar em três partes o processo de evolução científica que afirmar a autonomia da tutela cautelar.[493]

Num primeiro momento constatamos na obra de Mattirolo anotações sobre os sequestros, procedimentos da denunciação de obra nova, que eram incidentes processuais de natureza provisória, dos quais se extraiu o escopo cautelar, dito também preventivo ou conservativo se tornava diverso daquele propriamente executivo.

Já numa segunda etapa o que marcou foi o pensamento de Mortara, inobstante entender que o arresto pessoal era meio de execução forçada,[494] reagiu a doutrina alemã acerca do enquadramento do sequestro no processo executivo, centralizando em si um grupo autônomo de procedimentos.

Na terceira fase do desenvolvimento científico encontramos a obra de Chiovenda, que tratou de forma unitária o tema nevrálgico da tutela cautelar, ao salientar que:

> Existem medidas especiais destinadas a conservar o estado de coisas atual. Medidas especiais, determinadas pelo perigo ou urgência, dizem-se provisórias acautelatórias ou conservadoras, porque expedidas antes de se declarara vontade concreta da lei que nos garante um bem, ou antes de se realizar a sua atuação, para garantia de sua futura atuação prática; e são várias, conforme a vária natureza do bem a que se aspira.[495]

Chiovenda admite, pelo exposto supra, que existem *medidas acautelatórias* capazes de assegurar um *possível dano a um direito ou a um possível direito*, antes de se declarar a vontade concreta da lei, traduzida no processo principal.

E segundo o mestre italiano: "A medida provisória corresponde à necessidade efetiva e atual de afastar o temor de um dano jurídico; se, pois, na realidade êsse dano é ou não iminente apurar-se-á na verificação definitiva".[496]

A *efetividade* referida pelo autor significa que a medida provisória faz atuar uma verdadeira, uma real vontade da lei; mas vontade esta que consiste em garantir a atuação de uma outra vontade da lei *"processo principal"*. Vincula,

---

[493] In *Osservazioni critiche intorno all'autonomia processuale della tutela cautelare*, Riv. dir. proc. 1939, p. 238 e ss).

[494] In *Manuale della procedura civile*, TORINO, 1921, v. 2, p. 427 e ss.

[495] In *Instituições de Direito Processual Civil*, SARAIVA, 1969, v. I, § 11, nº 82, p. 272.

[496] In *Instituição* ..., v. I, p. 274.

indissociavelmente, Chiovenda, a tutela cautelar com o processo principal, dando à primeira uma finalidade acessória do segundo, sem que com isso se perca a autonomia,[497] é o que hoje encontramos no art. 796 do CPC. E por *atual*, que significa, em vista da aparência do direito no momento, e sua justificação final, ou seja, o que hoje tecnicamente se chama *fumus boni iuris*. Já o *temor* de um dano jurídico identifica o atual *periculum in mora*.

6.3. CONDIÇÕES GERAIS DA AÇÃO

O Processo Cautelar foi contemplado pelo Código de Processo Civil de 1973, com o Livro lll, coisa que nem os italianos ousaram fazer sobre tal matéria.

É sabido e consabido que a jurisdição é inerte, segundo se depreende do art. 2 do Código de Processo Civil. Com vista a isso a tutela cautelar se manifesta, salvo art. 797 do CPC, através de um pedido, de uma demanda, que tem por instrumento a petição inicial.

Este agir da parte que se traduz comumente pela alcunha de ação deve, pela sistemática adotada pelo legislador pátrio, apresentar determinadas condições (teoria eclética da ação), sob pena de não se conhecer do pedido, são elas: *a possibilidade jurídica do pedido, o interesse de agir* e *a legitimatio ad causam.*[498]

a) **Possibilidade Jurídica do Pedido** – Inobstante o próprio autor ter renunciado a esta condição da ação(v. nota 21), ela nos é importante, pelo fato de estar presente no nosso CPC, art. 267, inc. VI. Para muitos autores esta condição consiste na preexistência, em abstrato, de regramento pelo direito objetivo, da providência jurisdicional constante no pedido da parte, o que não é tão correto, pois segundo demonstra Monis de Aragão ela deve ser enxergada *"com vistas à inexistência, no ordenamento jurídico, de uma previsão que o torne inviável"*,[499] o

---

[497] Para CHIOVENDA *"O poder jurídico de obter uma dessas medidas é, por si próprio, uma forma de ação* (ação assecuratória); e é *mera* ação, que não se pode considerar como acessório do direito acautelado, porque existe como poder atual quando ainda não se sabe se o direito acautelado existe." *in Instituições ...*, o.c., p. 273.

[498] É interessante notar a confusão que fazem os doutrinadores e a jurisprudência a cerca das chamadas condições da ação. Em realidade as condições da ação nasceram com a teoria concreta do direito de agir, que conferia direito de ação somente a quem tivesse razão, mais precisamente com CHIOVENDA, que as identificava em: "1) a existência de uma vontade de lei que assegure a alguém um bem obrigando o réu a uma prestação; 2) a *qualidade*, isto é, a identidade da pessoa do autor com a pessoa favorecida pela lei e da pessoa do réu com a pessoa obrigada; 3) o *interêsse* em conseguir o bem por obra dos órgãos públicos." *in* o.c., n° 19, p. 66. É verdade que LIEBMAN ao recriar as condições da ação tinha presente as condições da ação apresentadas por Chiovenda, só que LIEBMAN, fundador da teoria eclética da ação, conceituou-as de forma diferente, apesar de utilizar quase a mesma nomenclatura, são elas: o *interesse de agir*, a *legitimação para agir* e inicialmente a *possibilidade jurídica do pedido*, que deixou de ser condição da ação a partir da 3ª edição do seu Manual de Direito Processual Civil. Enquanto para CHIOVENDA a *qualidade* era a legitimidade entre o autor e o titular ativo do direito e o réu com o titular passivo do direito, para LIEBMAN a legitimidade passou a significar simplesmente *"as pessoas que devem estar presentes para que o juiz possa julgar sobre determinado objeto."* in Manual de Direito Processual Civil, FORENSE, 1984, n° 74, p. 157. O interesse de agir para o primeiro autor não difere do segundo. Portanto, o que na prática é aplicado, no que se refere a legitimidade para agir, é a teoria defendida por Chiovenda, e não a teoria esposada pelo Código de Processo Civil que é a de Liebman que tem uma significação bem distinta, pois enquanto para Chiovenda falta a legitimidade para a ação, para Liebman não haverá carência de ação.

[499] *In Comentários ao Código de Processo Civil*, FORENSE, 1987, n° 521, p. 538.

que significa entender a possibilidade jurídica do pedido em sentido negativo, isto é, ampliam o seu significado.

Assim também ocorre com relação às ações cautelares, apesar da abrangência do poder geral ter dilatado em muito a possibilidade jurídica das medidas de segurança, colocando ao lado das cautelas específicas, as inominadas. Contudo, há normas legais e circunstâncias que cerceiam a adoção destas medidas inadvertidamente. O exemplo clássico é a impossibilidade da adoção da medida de arresto sobre bens impenhoráveis, em consequência do art. 821 do CPC.

b) **Legitimação para a Causa** – *A legitimatio ad causam* como é vista pela doutrina e pela jurisprudência compreende a titularidade ativa e passiva da ação. O possível titular do direito subjetivo, ou pretensão[500] estará legitimado no pólo ativo, e no polo passivo irá figurar aquele que deverá suportar os efeitos advindos da procedência da decisão na lide.[501]

No que diz respeito as cautelares, a legitimação apresenta características distintas conforme se trate de cautelar antecedente ou incidente.

Nas medidas antecedentes, só poderão figurar como partes os mesmos possíveis titulares do direito da ação principal ou, eventualmente, seus sucessores, devendo ocupar obrigatoriamente o mesmo polo, sob pena de carência de ação.[502]

Já nas medidas incidentes, a legitimação se amplia, e a posição das partes pode sofrer inversão em relação à causa principal já em desenvolvimento, pois quem é autor da ação cautelar pode ser autor ou réu da ação principal. Abre-se, também, a possibilidade à terceiros intervenientes e detentores do interesse jurídico, bem como o Ministério Público e aos substitutos processuais, nos casos previstos em lei, inclusive para propor medidas antecedentes.[503]

c) **Interesse de Agir** – Esta condição da ação consiste no interesse em obter uma providência jurisdicional quanto a um direito material, ou pretenção. É, segundo Liebman "a relação de utilidade entre a afirmada lesão de um direito e o provimento de tutela jurisdicional pedido".[504] É a demonstração da utilidade da medida. É a necessidade de eu obter aquilo que acho que necessito. Em suma, é a soma do binômio *necessidade* mais *utilidade*, que encontramos na cautelar quando temos que demonstrar a *possibilidade de dano* que é a *necessidade* de se

---

[500] Neste sentido PONTES DE MIRANDA, *in* Tratado da Ações, RT, 1972, t. I, p. 94.

[501] Em sentido contrário a tal vinculação ALLORIO, *in* Problemas de Derecho Procesal, EJEA, 1963, v. II, p. 262 e ss.

[502] Neste sentido encontramos, se bem que não faça a distinção entre cautelar antecedente e incidente, MARIO DINI, *in* o.c., nº 39, p. 162.

[503] Também neste sentido MARIO DINI, *in* o.c., nº 39, p. 162; GALENO LACERDA, *in* Comentários ao Código de Processo Civil, FORENSE, 1990, nº 8, p. 44 e nº 47, p. 301; em sentido contrário encontramos OVÍDIO BAPTISTA DA SILVA que diz: *"Contudo, face aos estreitíssimos limites impostos pelo art. 6º do C.P.C., cremos que seria difícil a fundamentação, em tal caso, de uma medida cautelar postulada para defesa de direito de terceiro, sobre que teríamos apenas interesse reflexo, de natureza econômica, como ocorreria no arresto de bens de terceiro, devedor de nosso devedor."* *in* Comentários ..., o.c., p. 187.

[504] In o.c., nº 74, p. 156.

interpor a medida, e a sua *irreparabilidade ou difícil reparação* que é a *utilidade* da medida. Consubstancia-se aí o chamado *periculum in mora*.[505]

A tutela cautelar deve apresentar estas condições, como de resto todo pedido de provimento juridicional, já que também encontra-se subordinada aos arts. 282 e 283 do Código de Processo Civil.

Afora estas condições gerais que devem ser apresentadas por qualquer ação, para que possam ser conhecidas, inobstante entender que estas condições são do mérito da ação; portanto, são condições de procedibilidade da mesma. As ações cautelares possuem condições peculiares, específicas que devem estar presentes, para que o juiz conheça do pedido do autor. São elas: o *perigo de dano iminente e irreparável ou de defícil reparação* (mais conhecido como *periculum in mora*), o *fumus boni iuris*, a *sumariedade da cognição*, a *temporariedade* (provisoriedade), *situação cautelanda* e a *sentença mandamental*. Aqui estudaremos somente os aspectos relevantes do chamado *fumus boni iuris* e do *periculum in mora*, deixando quiça para uma outra oportunidade o aprofundamento dos demais requisitos.

6.4. DUAS CARACTERÍSTICAS ESPECÍFICAS DA AÇÃO CAUTELAR

6.4.1. *Fumus Boni Iuris*

Já salientava o inolvidável Carnelutti, em sua última obra: "El slogan de la justicia rápida y segura, que se encuentra siempre en las bocas de los políticos inexpertos, contiene, desgraciadamente, una contradicción in adiecto; si la justicia es segura no es rápida, si es rápida no es segura. Algunas veces la semilla de la verdad pone años, incluso siglos, para convertirse en una espiga (veritas filia temporis)".[506]

A certeza, a justiça, a segurança são deixadas ao processo de conhecimento, enquanto ao processo cautelar fica resguardado o papel de proteção do direito substancial de cautela,[507] que se traduz numa situação objetiva de perigo capaz de fazer perigar um determinado direito, ou pretensão.

Num processo de cognição normal, o juiz carece de uma prova plena obtida por um exauriente contraditório, a fim de julgar a relação litigiosa; por conseguinte a demonstração cabal, firme, segura do direito apresentado no processo de

---

[505] Entendendo que o interesse de agir nas ações cautelares está presente no *periculum in mora* encontramos GALENO LACERDA, *in* o.c., nº 47, p. 302; MARIO DINI, *in* o.c., p. 40; ZANZUCCHI, *in* Diritto Processuale Civile, GIUFFRÈ, 1947, v. I, nº 39, p. 154. É interessante notar o posicionamento de ALLORIO sobre o interesse de agir nas medidas cautelares, pois segundo o autor *"También en él, el interés en la medida provisional podría existir con independencia del peligro" in* Problemas de Derecho Procesal, EJEA, 1963, v. II, p. 289.

[506] *In Derecho y Proceso*, EJEA, 1971, nº 95, p. 177.

[507] Neste sentido ALLORIO, Per una Nozione del Processo Cautelare, *in* Riv. dir. Proc. Civ., I, p. 18 e ss; OVÍDIO BAPTISTA, *in* As Ações Cautelares e o novo Processo Civil, FORENSE, 1980, nº 3, p. 20 e ss; e Comentários ..., o.c., p. 89 e ss; em sentido contrário, isto é, negando a existência do direito substancial de cautela encontramos CALVOSA, *in* o.c, p. 229.

conhecimento é requisito inarredável, sob pena da não acolhida da pretensão do autor.

Na prestação jurisdicional obtida através do processo cautelar a forma do direito impõe ao juiz o cumprimento de distintas etapas que, no entendimento de Ugo Rocco, podem ser teóricas e práticas.[508]

O direito embutido numa ação cautelar assume feição diferente daquela embutida num processo de conhecimento, isto é, a pretensão à segurança não permite uma certeza de um direito, senão uma aparência. Com base nisso, salienta Hugo Alsina que "es preferible el exceso en acordar la traba que la parquedad en negarla".[509]

Com base na natureza da pretensão cautelar é que ela possui uma *cognitio summaria*, servindo a sua celeridade, ou seja, não permite a urgência, senão um exame superficial, ou, como dizem os italianos, *sommarie informazioni*, diverso do procedimento ordinário que exige a *plena cognitio*.[510] Como bem observa Ovídlo Baptista: "A diversa finalidade do procedimento cautelar faz com que ele se contente com uma demonstração mais singela do direito ameaçado, diferenciando-se em *intensidade* e em *profundidade* quanto às exigências probatórias do procedimento comum".[511]

Esta cognição sumária, que não pode ser confundida com determinadas ações que possuam sumariedade no seu procedimento, está em oposição às plenárias, v.g., no mandado de segurança não se admite a prova testemunhal, o que não quer dizer que haja cognição sumária, pois apesar da limitação da prova que gera uma sumariedade no seu procedimento, há uma cognição exauriente.[512] É neste o sentido do Código de Processo Civil italiano ao se utilizar da expressão *sommarie informazioni,* v.g., no art. 695 entre outros, para qualificar esta especial modalidade de demonstração de fatos plausíveis e verossímeis, ou como querem os italianos "di un giudizio di probabilita e di verissimiglianza di una situazione giuridica sostanziale".

O *fumus boni iuris* consiste não numa declaração de certeza e de prova da existência do direito, mas sim de uma demonstração razoável de um direito subje-

---

[508] In o.c., p. 97.

[509] In *Tratado Teorico Pratico de Derecho Procesal Civil y Comercial*, EDIAR, 1962, v. V, Cap. XLI, nota 4, p. 452.

[510] Neste sentido MARIO DINI, *in* o.c., p. 52 e ss; ARIETA, *in* o.c., p. 50 e ss; CHIOVENDA, *in* o.c., nº 83, p. 275; LIEBMAN, *in* Manual ..., o.c., nº 96, p. 217; PONTES DE MIRANDA, *in* Comentários ao Código de Processo Civil de 39, FORENSE, 1959, t. VIII, p. 313. E mais precisamente MARINONI quando fala que *"a situação perigosa indica a necessidade de uma tutela urgente, mas é a aparência que conduz à tutela de cognição sumária" in* Tutela Cautelar e Tutela Antecipatória, RT, 1992, nº 4.3, p. 83. Também é de se salientar que nem toda tutela sumária é cautelar, segundo nos mostra PROTO PISANI, *in* Sulla Tutela Giurisdizionale Differenziata, contido no livro *Atti del XIII Convengno Nazionale*, GIUFFRÈ, 1979, nº 9, p. 68 e ss.

[511] *In* As Ações Cautelares ..., o.c., p. 53.

[512] Neste sentido MARINONI ao dizer que *"existem tutelas urgentes de cognição exauriente, como é o caso do mandado de segurança, e tutelas urgentes de cognição sumária, como são as cautelares e as sumárias antecipatórias" in* o.c., p. 86.

tivo favorável, mesmo porque esta declaração de certeza diz respeito ao processo principal, e não ao cautelar.

Merece transcrição o inesquecível ensinamento de Calamandrei acerca do assunto, para quem: "(...) la cognición cautelar se limita en todos los casos a *um juicio de probabilidades* y de_*verosimilitud*. Declarar la certeza de la existencia del derecho es función de la providencia principal: en sede cautelar basta que Ia existencia del derecho aparezca verosimil, o sea, para decirlo com mayor claridad, basta que, según un cálculo de probabilidades, se pueda prever que la providencia principal declarará el derecho en sentido favorable a aquel que solicita Ia medida cautelar".[513]

Portanto, no juízo cautelar basta uma demonstração verossímil, plausível, acreditável de um direito substancial favorável que abstratamente é protegido pela ordem jurídica ou não proibido pela mesma. E, como dizem Castagnet y Barluenga, referindo-se à jurisprudência argentina: "constituye un presupuesto de toda medida precautoria acreditar Ia verosimilitud del derecho. La comprobación de Ia existencia del derecho debe ser justificada en forma sumaria".[514]

Liebman assevera que sobre o direito apresentado pela parte "*il giudice deve formarsi una semplice opinione di credibilità*".[515]

O jurista argentino Guillermo Snopek, citando o direito americano diz: "es suficiente para acreditar el 'colorable title' o el 'colorable right' cual se lo denomina en la jurisprudencia norteamericana en el sentido de derecho de probable verosimilitud. O sea Ia acreditación de una real apariencia del derecho, lo 'colorable' del título jurídico, su carácter verosímil".[516]

Constata-se que a análise do *fumus boni iuris* fica ao talante do juiz que possui um poder discricionário, no sentido de este valorar a seu critério a plausibilidade ou verossimilhança do direito que lhe é apresentado. É ele magistrado quem vai subjetivamente dizer se há ou não a fumaça do bom direito. Tanto que salienta Ugo Rocco, que: "el llamado fumus boni iuris no es más que una valoración subjetiva, y en gran parte discrecional, del juez, sobre Ia aparencia de que existen intereses, tutelados por el derecho, totalmente sumaria y superficial".[517]

A situação cautelanda considerada favorável se apresenta, não sob a forma de certeza, mas sim de probabilidade, de verossimilhança. A parte não precisa dar certeza de seu direito, porém que ele é possível, porque se a parte der certeza

---

[513] In *Introduccion al Estudio Sistematico de las Providencias Cautelares*, Bibliografica Argentina, 1945, nº 21, p. 77.

[514] In *Las llamadas "Medidas Cautelares" en el Código Procesal Civil y Comercial de la Nación (Ley 22.434)*, contido no livro *Medidas Cautelares*, DEPALMA, 1986, p. 18.

[515] In *Problemi del Processo Civile*, 1962, p. 108.

[516] In *Medidas Cautelares en contra de la Administracion Publica*, PLATENSE, 1985, p. 84.

[517] In o.c., p. 99.

de seu direito não mais se tratará de medida cautelar e sim de medida definiti-va.[518]

O fumus boni iuris é fator condicionante à procedibilidade da pretensão cautelar, ou seja, basta que o pleiteante da medida exponha necessariamente de forma plausível, acreditável a situação subjetiva favorável ou quando menos a possibilidade que subsista uma situação subjetiva favorável, para que o juiz da causa, valorando-a, acolha a situação cautelanda, prolatando uma sentença de mérito. Conclui-se, consequêntemente, que a fumaça do bom direito é pressuposto do mérito da ação cautelar, uma vez que não havendo verossimilhança do direito apresentado, combinado com a ausência do *periculum in mora* o autor não fará jus a pretensão à segurança, mas terá provocado uma providência jurisdicional.[519]

6.4.2. Perido de dano iminente e irreparável ou de difícil reparação

O *periculum in mora* caracteriza-se, indubitavelmente, como o pilar fundamental da doutrina de Calamandrei, como bem se depreende nesta passagem: "El *periculum in mora* que constituye la base de las medidas cautelares no es, pues, el peligro genérico de daño jurídico, al cual se puede, en ciertos casos, obviar con la tutela ordinaria; sino que es, específicamente, el peligro del ulterior daño *marginal* que podría derivar del retardo de la providencia definitiva, inevitable a causa de la lentitud del procedimiento ordinario".[520]

Com base nestes ensinamentos, não são poucos os que afirmam que o interesse específico que justifica a medida cautelar surge sempre da existência de um perigo de dano jurídico, derivado da demora do provimento jurisdicional definitivo.[521]

O processo considerado como uma série de atos praticados pelas partes e tendentes a solução final do litígio, leva considerável tempo, em virtude de vários

---

[518] Neste sentido ZANZUCCHI, *in* o.c., p. 154; ARIETA, *in* o.c., p. 52; CALVOSA, *in* o.c., p. 233; OVÍDIO BAPTISTA, *in* Comentários ..., o.c., p. 82; entre outros.

[519] Também no sentido de criticar o *fumus boni iuris* como condição da ação cautelar encontramos UGO ROCCO que diz literalmente "Nosotros estamos absolutamente convencidos de la impropiedad del concepto de condiciones de la acción, que *no condicionan nada*, ya que es verdad que aun cuando tales condiciones no existan, se tienen igualmente el derecho de provocar una providencia jurisdiccional, por lo menos para oír que se declara que esas supuestas condiciones no existen" *in* o.c., nota 13 à p. 98; OVÍDIO BAPTISTA, *in* As Ações Cautelares ..., o.c., § 8, p. 34; GALENO LACERDA, *in* o.c., n° 47, p. 296; MARCOS V. DE ABREU SAMPAIO, *in* Revista de Processo, n° 49, p. 165 e ss. Já em sentido contrário, entendendo que o *fumus boni iuris* é condição da ação cautelar, ZANZUCCHI, *in* o.c, p. 154; THEODORO JÚNIOR, *in* Processo Cautelar, LEUD, 1989, § 9°, n° 48, p. 71; FREDERICO MARQUES, que chama de pressuposto do processo cautelar, o que é a mesma coisa, *in* Manual de Direito Processual Cvil, SARAIVA, 1987, v. 4, § 168, p. 338.

[520] *In* o.c., p. 42.

[521] Neste sentido, CONIGLIO, *in* Il Sequestro Giudiziario e Conservativo, 3ª ed., 1949, p. 02 e ss; LIEBMAN, *in Manuale* ..., o.c., n° 96, p. 217; CARNELUTTI, *in* Instituciones del Proceso Civil, EJEA, 1973, n° 42, p. 85; ZANZUCCHI, *in* o.c., p. 154; SNOPEK, *in* o.c., p. 85; GALENO LACERDA, *in* o.c., n° 47, p. 294; JOSÉ ALBERTO DOS REIS, *in* A Figura do Processo Cautelar, AJURIS n° 19, p. 24; THEODORO JÚNIOR, *in* o.c., n° 51, p. 77, CALMON DE PASSOS, *in* Comentários ao Código de Processo Civil, RT, v. X, t. I, n° 81, p. 96, entre outros.

princípios esculpidos em nosso ordenamento jurídico, tais como, o princípio do contraditório, o princípio do dispositivo, o princípio da igualdade entre as partes, etc.

Tais princípios devem ser assegurados as partes para permitir que elas possam fazer valer o seu direito, mantendo-as em igualdade, sem que uma, por determinadas condições particulares, possa se sobrepor a outra, e com isso alcançando a esperada justiça.

Em razão disso o processo, no seu iter, demanda razoável tempo até o ato final, que é a sentença, podendo, com este lapso temporal, causar um dano. Ou como lapidarmente preleciona Hugo Alsina: "Desde que se interpone Ia demanda hasta que se dicta la sentencia, media un espacio de tiempo cuyas consecuencias no debem ser soportadas por quien tenía razón para litigar, sino por quien infundadamente sostuvo una pretensión contraria. Por eso el juez al pronunciar su fallo debe colocarse al momento de la iniciación del juicio, por lo cual la sentencia es siempre declarativa y tiene efecto retroactivo".[522]

Se esta posição doutrinária fosse correta, os interesses embutidos em qualquer processo estariam sempre em *perigo,* que pode ser dos mais variados e decorrentes de circunstâncias mais diversas, por haver uma demora excessiva entre o início da relação processual e o seu término, que, nalguns casos, pode durar muitos anos.

Alguns esclarecimentos acerca de determinados conceitos básicos são necessários, para que se possa identificar a essência deste requisito de procedência da tutela cautelar.

Num primeiro momento há a necessidade de se precisar o que é a *possibilidade* ou *probabilidade de dano.* Segundo a acepção comum, o adjetivo possível, deriva do latim *possibilis*[523] e o substantivo abstrato possibilidade serve para indicar tudo aquilo que ainda não se há produzido ou verificado, ou como quer Aurélio Buarque De Holanda, ao dizer que possível é o *"que pode ser, acontecer ou praticar-se".* À medida que se passa para a probabilidade, mediante a graduação e a medida da possibilidade, que pode ser maior ou menor, próxima ou remota, tem-se, por conseguinte, *a possibilidade próxima*, ou seja, a probabilidade que é a maior possibilidade.

Já o perigo como possibilidade ou probabilidade de um dano é, segundo Ugo Rocco "Ia potencia o Ia idoneidad de un hecho para ocasionar el fenómeno de Ia pérdida o disminución de un bien, o el sacrificio, o Ia restricción, de un interés, sea éste tutelado o la forma de un derecho subjetivo, o en la de un interés jurídico".[524]

---

[522] In o.c., p. 447 e 448.

[523] Cfr. *Dicionário Escolar Latino Português,* FAE, 1988, p. 426.

[524] In o.c., p. 48.

Os conceitos expostos acima, em geral, se referem ao perigo como possibilidade ou probabilidade de um dano e pode encontrar-se em todos os ramos do direito.

Este é o maior empecilho dos juristas que não possuem bem sedimentados determinados conceitos básicos, com os quais se deva trabalhar, a fim de se evitar chegar a conclusões falsas sobre determinados assuntos.

A expressão *periculum in mora* está diretamente relacionada a doutrina, criada por Calamandrei, que justifica a existência da tutela cautelar a demora excessiva do processo principal que pode produzir um dano, e esta concepção é tão forte que influenciou inclusive na redação do art. 700 do CPC Italiano, que acabou definindo o *periculum in mora* como "fondato motivo di temere che durante il tempo occorrente per far valere il suo diritto in via ordinaria, questo sia minacciato da un pregiudizio imminente e irreparabile".

Porém, não é esta determinação geral de perigo, como possibilidade ou probabilidade de um dano, que permite a alguém preencher os requisitos exigidos para pleitear uma tutela cautelar. Aqui o perigo deve ser *atual* ou *iminente* e causar um *dano irreparável ou de difícil reparação* que decorre de uma situação objetiva de perigo que inspira uma razoável conclusão de plausibilidade'de sua ocorrência. A demonstração deve ser realmente *objetiva*,[525] isto é, não pode ser uma preocupação interna do proponente, deve trazer elementos externos, perceptíveis pelo juiz, para a comprovação da situação cautelanda.

A *iminência* de um dano irreparável representa, incontestavelmente, o substrato da ação cautelar que, intentada sem a devida demonstração do temor atual de dano que sempre há de ser fundado, segundo art. 798 do Código de Processo Civil, não alcançará êxito. Tanto é verdade que o legislador quando inseriu a tutela antecipatória, no art. 273 do CPC, deixou sabiamente de fora este requisito 'iminência', pois, segundo inc. I do referido artigo, basta, para a tutela antecipatória, que a parte interessada demonstre somente o fundado receio de dano irreparável ou de difícil reparação, uma vez que esta tutela está justificada exatamente na demora do processo principal que por si só afasta a iminência.

No que se refere a possibilidade de dano observa Ovídio Baptista que "com efeito, por definição, o dano continua sendo um simples 'risco' e, neste terreno, jamais a parte poderá demonstrar a veracidade absoluta do que alega, a não ser no momento em que o 'risco de dano', transformando-se de uma mera potencialidade em atualidade, deixa de ser risco, para ser fato. Neste caso, como é curial, a medida cautelar já seria inócua, pois o dano que se pretendeu evitar acaba de ocorrer".[526]

Para o juiz conceder uma medida cautelar não poderá exigir uma prova total e acabada acerca do perigo, mas justificação, demonstração de plausibilidade da

---

[525] Neste sentido LOPES DA COSTA, *in* Medidas Preventivas, 2ª ed., 1958, p. 44.
[526] In *As Ações Cautelares* ..., nº 14, p. 71 e 72.

ocorrência do risco, de vez que pelas características peculiares da tutela cautelar, a análise objetiva feita pelo juiz da causa terá que ser rápida e sumária, sempre anterior a precipitação dos fatos, isto é, a perda, o grave dano que o interesse possa sofrer, deve ser ulterior ao nascimento deste direito.

É necessário entender, segundo demonstra Pontes de Miranda, que as medidas cautelares "supõem superveniência dos fatos e necessidade de se manter o *status quo*",[527] ou seja, o fim precípuo da tutela cautelar é o interesse processual na manutenção do *status quo*, evitando com isso a irreversibilidade de situações fáticas ou a sua difícil reparação. Ou nas palavras de Carnelutti quando diz "que en lugar de procurar a uno de los litigantes una posición favorable, se trata de lo contrario, esto es, de evitar que la duración del proceso se resuelta en una alteración del equilibrio inicial de fuerzas entre las partes".[528]

Verifica-se, portanto, que o dano jurídico que se pretende evitar não nasce do perigo da demora da prestação jurisdicional definitiva, uma vez que também na execução provisória este dano jurídico se faz presente.[529] Para configurar uma tutela cautelar deve-se agregar ao elemento possibilidade de dano jurídico, *uma situação objetiva de perigo, atual, iminente* e *irreparável ou de difícil reparação* em relação ao interesse, e não como queria Calamandrei.

Critica a posição de Calamandrei, e, consequentemente, de quase toda a doutrina brasileira, Calvosa, ao salientar que "Data una 'situazione cautelanda', cioè a dire una situazione soggetiva favorevole, eventualmente incerta o contestata, Ia 'situazione cautelante' trarrà la sua ragion d'essere nel pericolo attuale e imminente che si pervenga alla trangressione della 'situazione cautelanda' o che Ia sanzione-risarcimento possa non essere attuata o risultare comunque di difficile attuazione".[530]

Também Ugo Rocco se desvincula da concepção tradicional do periculum in mora e o conceitua como: "El 'periculum in mora' no consiste, pues, en el 'peligro del retardo de la providencia definitiva', sino en la posibilidad de que en el período de tiempo necesario para la realización de los intereses tutelados por el derecho mediante el ejercicio de la función jurisdiccional, se verifique un evento, natural o

---

[527] In *Comentários ao CPC* 39, o.c., p. 312.

[528] In *Derecho y Proceso*, EJEA, 1971, nº 234, p. 415. O único equivoco do autor é entender que o desequilibrio entre as partes pode ser derivado da demora do processo principal, sendo que o mais comum é que algum fato externo ao processo ameaçe o equilibrio entre elas.

[529] Segundo o próprio CALAMANDREI *"En los casos en que la cláusula de ejecución provisoria se halla establecida con objeto de obviar un 'periculum in mora', su función cautelar puede configurarse de dos diversos modos. A veces el daño que la misma trata de prevenir es el que derivaría del retardo en la satisfacción del derecho, en vista de que, funcionando aquélla como medio para acelerar, a través de la inmediata ejecución forzada, tal satisfacción"* in o.c., nº 15, p. 62 e 63; também neste sentido FEDERICO CARPI ao dizer que *"Lo strumento per spezzare la catena del tempo e dell'attesa è individuato nell'anticipazione dell'esecuzione..."* in La Provvisoria Esecutorietà della Sentenza, GIEFFRÈ, 1979, p. 18.

[530] In o.c., p. 243.

DA TUTELA JURISDICIONAL ÀS FORMAS DE TUTELA

voluntario, que suprima o restrinja tales intereses, haciendo imposible o limitando su realización por medio de los órganos jurisdiccionales".[531]

Conclui-se, por conseguinte, ao contrário da maioria dos doutrinadores, que não basta somente o *pericolo nel ritardo,* como dizem os italianos, na prestação da tutela definitiva. É necessário um plus que defina a tutela cautelar diferenciando-a das demais, isto é, *um provável perigo de dano, atual, iminente e irreparável ou de difícil reparação* que deve ser demonstrado objetivamente, em relação ao interesse, a situação cautelanda, como bem está insculpido em diversas legislações, *e.g.*,nos art. 700 do Código de Processo Civil italiano e art. 232 do Código de Processo Civil e Comercial da Argentina.

6.5. TEORIA GERAL DA AÇÃO CAUTELAR

6.5.1. Prolegômenos

Já dizia Jesus a Nicodemo, quem não renasce desde o princípio não poderá ver o reino de Deus.

Com base neste postulado é que se encetará na teoria geral da ação cautelar.

É passível que toda construção jurídica está voltada ao homem, pois o homem é a medida de todas as coisa. Este homem é essencialmente social, político de onde fluem naturalmente relações sociais.

Todos os homens possuem, indubitavelmente, necessidade, que é para Ugo Rocco "todo lo necesario poara Ia vida humana; Ia necesidad es una ley natural del hombre, que procede del instinto, y tiene una sanción natural en Ia emoción de 'placer' por su satisfacción y de 'dolor' por su insatisfacción".[532] O prazer e a dor são a causa da atividade humana, pois o homem vive agindo no sentido de escapar da dor, consequentemente atingindo o prazer.[533]

---

[531] In o.c., n° 14, p. 77.

[532] In o.c., V. I, p. 16.

[533] A expressão prazer deve ser entendida no sentido mais amplo da palavra. Segundo SANTO TOMÁS DE AQUINO "*Respondeo dicendum quod omnia agentia necesse est agere propter finem*", traduzindo, *Todo agente, por necessidade, atua por um fim*" in S. Th. Ia. IIae. q.1, a.2., e este fim segundo o autor é a *felicidade*, conforme o título contido no artigo oitavo da questão cinco, Primeira parte da Segunda parte, *in* S.Th. Ia. Iiae., q.5, a.8. Neste é o sentido de ARISTÓTELES ao dizer que "*Se, pois, para as coisas que fazemos existe um fim que desejamos por ele mesmo e tudo o mais é desejado no interesse desse fim; e se é verdade que nem toda coisa desejamos com vistas em outra (porque, então, o processo se repetiria ao infinito, e inútil e vão seria o nosso desejar), evidentemente tal fim será o bem, ou antes, o sumo bem*" in Ética a Nicômaco, contida nos Pensadores – Aristóteles, v.II, ed. Nova Cultural, 1987, n° 1094 a 18, p. 09, e este sumo bem é a felicidade, *in* o.c., n° 1097 b 23, p. 15. Eu particularmente discordo da posição que afirma que toda atividade do homem está direcionada ao bem; para mim, que concordo com SCHOPENHAUER quando diz "*Se o sentido mais próximo e imediato de nossa vida não é o sofrimento, nossa existência é o maior contra-senso do mundo. Pois constitui um absurdo supor que a dor infinita, originária da necessidade essencial à vida, de que o mundo está pleno, é sem sentido e puramente acidental. Nossa receptividade para a dor é quase infinita, aquela para o prazer possui limites estreitos. Embora toda infelicidade individual apareça como exceção, a infelicidade em geral constitui a regra.*", in Parerga e Paralipomena, contida nos Pensadores – Schopenhauer, ed. Nova Cultural, 1988, § 148, p. 216, a dor é da natureza do homem, e toda sua atividade visa essencialmente escapar da dor, consequentemente atingindo o prazer, pois quanto mais nos distanciamos da dor, mais próximo estamos do prazer e vice-versa.

Estas necessidades são ilimitadas. O homem busca sua satisfação nos bens, que *é tudo aquilo capaz de satisfazer ou que satisfaz uma necessidade.* Estes bens, em sua maioria, são limitados.

A noção de interesse que é a mola mestra do pensamento de Carnelutti, é fundamental não só para o estudo do processo como para o estudo do direito. Para esse autor, interesse é *"la posición favorable a la satisfacción de una necesidad"*.[534] Portanto, o interesse é um ato de inteligência, sendo o sujeito do interesse o homem, e o objeto deste interesse o bem.[535]

Ora, se as necessidades são ilimitadas, os bens limitados e os homens vivem em grupos sociais, haverá uma ocasião em que, sem dúvida, ocorrerá um conflito entre esses interesses.

Salvada as devidas proporções do conceito carneluttiano de lide, no momento em que se estabelece o conflito de interesses, surge a lide. Portanto, lide é, segundo Carnelutti "un conflicto (intersubjetivo) de intereses calificado por una pretensión resistida (discutida), e mais adiante acrescentou "una pretensión insatisfecha".[536]

A lide, no momento que quebra as previsões hipotéticas contidas na lei, constitui um estado anormal de convivência social, posto que a base de uma grei gira em torno da paz social. A civilização ocidental para manter a convivência pacífica entre os indivíduos se utilizou de várias soluções para dirimir estes conflitos de interesses, a autotutela, a autocomposição, a arbitragem e, hodiernamente, a jurisdição.

No atual estágio da história humana, o Estado, como encarregado da paz social, passou a assumir a solução dos conflitos de interesses, salvo nalgumas hipóteses, vedando ordinariamente qualquer forma de justiça privada. Essas provi-

---

[534] In *Sistema de Derecho Procesal Civil*, UTEHA, 1944, n° 2, p. 11.

[535] Neste sentido CARNELUTTI, *in* o.c., n° 2, p. 11.

[536] In *Instituciones del Proceso Civil*, EJEA, 1973, v. I, n° 5, p. 28 e n° 37, p. 77. A lide como característica da jurisdição foi criada por CARNELUTTI, quando o mesmo disse que *"lide é um conflito de interesses qualificado pela pretensão de um dos litigantes e pela resistência do outro"* in Sistema Del Diritto Processuale Civile, 1936, v.I, Pádua, p. 40, 231 e ss. Nesta fase, a que denomino de 1ª, Carnelutti entendia como jurisdicional somente o processo de conhecimento, não o processo de execução, pois não havia pretensão resistida, nem a jurisdição voluntária, pois nesta não havia lide. Posteriormente, na sua 2ª fase, quando escreveu as *Istituzioni*, em 1942, o autor alterou o seu conceito de lide para introduzir o processo de execução na jurisdicionalidade, pois segundo ele a diferença entre estas duas espécies era *"la cualidad de la litis: de pretensión discutida o de pretensión insatisfecha"*, *in* Instituciones ..., v.I, n° 37, p. 77. E, somente na sua 3ª fase, é que veio a jurisdicionalizar o processo voluntário, quando escreveu a sua magnífica obra intitulada *Diritto e Processo* em 1958, dizendo literalmente *"La jurisdicción voluntaria es verdaderamente jurisdicción resulta tanto del fin como del medio: del fin, porque ella constituye, lo mismo que la jurisdicción contenciosa, un remedio contra la desobediencia, aun cuando en potencia más bien que en acto; del medio, porque la reacción se cumple mediante la declaración de certeza, respecto de la cual ya sabemos que consiste en una elección oficial que se sustituye a la elección del particular; y precisamente en una elección hecha super partes y por eso imparcial."* in Derecho y Proceso, EJEA, 1971, n° 37, p. 74. Com isso se quer demonstrar, contrariamente ao que escreveram os autores, que a jurisdição voluntária é atividade jurisdicional para Carnelutti, não o era somente na 1ª e 2ª fase, mas na 3ª, e mais importante, é, na medida que o autor foi evoluindo no conceito da lide. Querer justificar a ausência da jurisdicionalidade na jurisdição voluntária, argumentando com o conceito de lide desenvolvido pelo autor na 1ª e 2ª fase , é desconhecer a fase mais importante do pensamento carnelutiano.

dências de dirimir conflitos, consequentemente mantendo a paz, o Estado realiza através da jurisdição; pois é ele quem administra a justiça e possui o monopólio da jurisdição.

6.5.2. Função jurisdicional cautelar

Em virtude da dinâmica da vida, os fatos se nos apresentam multiformemente. Direito é vida, são fatos em constantes mutações, que o Estado, em vista do monopólio da jurisdição, deve resolver.

O Estado na função jurisdicional se apresenta através da figura do juiz,[537] que é sujeito desinteressado, terceiro imparcial fazendo-se presente na relação processual, para ao cabo prolatar uma sentença e assim esgotar o provimento jurisdicional, segundo art. 463 do Código de Processo Civil.

Este provimento jurisdicional pode se dar, segundo exposição de motivos do Código de Processo Civil, cap. IV, nº 11, pelo processo de conhecimento, pelo processo de execução ou pelo processo cautelar. Com efeito, nota-se que a jurisdição se não esgota no declarar *(cognitio)* ou realizar *(executio)* o direito. A jurisdição se exerce também assecurativamente, cautelarmente. Tanto que Carnelutti salientou que o processo cautelar era *o tertium genus* do processo contencioso,[538] concepção esta adotada pelo CPC na exposição de motivos, Cap. IV, nº 11.

No presente estudo, contentar-nos-emos com uma definição singela do processo de conhecimento e de execução. No primeiro, o que se busca é um juízo de certeza do direito, ao passo que no segundo o objetivo é a satisfação do direito.

Como é consabido, a parte busca o seu *bem da vida* através do processo, que demanda, inexoravelmente, um momento temporal que medeia da petição inicial à sentença.

O direito da parte, algumas vezes, reclama a si uma urgência, a fim de evitar um dano irreparável ou uma difícil reparação. E, o juiz deve prestar a tutela jurisdicional, senão imediatamente pelo menos num tempo brevíssimo.

É ponto pacífico na doutrina que não existe um dogma da completude no ordenamento jurídico, isto é, o direito apresenta um espaço jurídico vazio,[539] tanto isso é verdade, que Calvosa assevera que "proprio l'imperfezione della tutela giu-

---

[537] É interessantíssimo notar porque as partes procuram o juiz, porque, segundo ARISTÓTELES, *"recorrer ao juiz é recorrer à justiça, pois a natureza do juiz é ser uma espécie de justiça animada; e procuram o juiz como um intermediário, e em alguns Estados os juízes são chamados de mediadores, na convicção de que, se os litigantes conseguirem o meio-termo, conseguirão o que é justo. O justo, pois, é um meio-termo já que o juiz o é."* in Ética ...., ob. cit., nº 1132a 20, p. 86.

[538] *In Derecho* ..., ob. cit., nº 234, p. 413. Discordando deste posicionamento que classifica a tutela cautelar como *tertium genus* encontramos CALAMANDREI que afirma *"las providencias cautelares no constituyen un* tertium genus, *que se pueda contraponer en el mismo plano lógico a las providencias de cognición y a las de ejecución, de modo que, al calificar una providencia como* cautelar, *se excluya con esto que la misma sea declarativa o ejecutiva."* in Las Sentenças Declarativa de Quiebra, contina no livro Introducción ..., ob. cit., apêndice II, p. 191.

[539] Assunto este muito bem tratado por NORBERTO BOBBIO, *in Teoria do Ordenamento Jurídico*, ed. POLIS e UNB, 1989, Cap. 4, p. 115 e ss.

risdizionale, la sua inidoneità a restituire, sempre e in ogni caso, 'in integrum' le situazioni soggettive violate, pone l'esigenza d'una tutela cautelare".[540]

Esse problema da insuficiência de tutela normativa, muito bem exposta por Calvosa, já era conhecido no direito romano; eram os chamados *interditos*,[541] para os casos não normais. Isto é fundamental para a compreensão da tutela cautelar.

A medida cautelar, portanto, *é supletiva da insuficiência normativa*, tanto que se o direito pudesse de fato valer imediatamente, isto é, sem atraso, o recurso ao procedimento de urgência seria inibido, ou melhor, seria inibido o juiz conceder a tutela de urgência. Por conseguinte, conclui-se que se a situação está normada, não cabe nenhuma medida cautelar, e que essa teria uma função *ad hoc,* de suprimento do imprevisto, do não tutelado pelo ordenamento jurídico comum.

O processo cautelar é uma necessidade decorrente da própria ideia do monopólio da jurisdição, com isso o Estado criou para si um custo muito grande, a fim de manter a paz social, colocando certos direitos em perigo, isto é, de modo que a ideia de processo preventivo e cautelar *é um ônus que o Estado assumiu quando vedou, ao lesado no seu direito, a oportunidade de, pelas próprias mãos, buscar a satisfação desse direito lesado.* Em razão disso fica difícil se conceber uma ordem jurídica estatal sem uma proteção preventiva, porque ou ele não me protege ou me protege tardiamente.

Para o Estado me proteger preventivamente, não pode haver um exame exauriente das provas, ele deve proteger a aparência do meu direito, a plausibilidade, sob pena de me proteger tardiamente, causando assim um dano irreparável, irremediável ao meu direito subjetivo.

Daí afirmar, acertadamente, Ovídio Baptista que: "O que acontece com a tutela cautelar é que a simples aparência de um direito (fumus boni iuris) obriga a ordem jurídica a prestar-lhe essa espécie de tutela especial, como forma adequada de proteção".[542]

Corolariamente, a função jurisdicional do processo cautelar é uma prestação dessa função estatal de *pretensão à segurança* de um direito substancial de cautela, de forma *não satisfativa*.

A essência da tutela cautelar, segundo Calamandrei é que: "Las providencias cautelares representan una conciliación entre las dos exigencias, frecuentemente opuestas, de la justicia: la de la celeridad y la de la ponderación; entre hacer las cosas pronto pero mal, y hacerlas bien pero tarde, las providencias cautelares tienden, ante todo, a hacerlas pronto, dejando que el problema de bien y mal, esto es,

---

[540] In o.c., p. 08, e especialmente nas p. 123 e ss. Também neste sentido OVÍDIO BAPTISTA, *in* Comentários ..., o.c., p. 47 e 119; mais estritamente GALENO LACERDA quando diz *"O poder genérico e inominado não cabe se existirem no ordenamento jurídico outros meios típicos de tutela, previstos para a espécie."* in o.c., n° 28, p. 159.

[541] Os interditos em roma eram em torno de sessenta, segundo nos informa GANDOLFI, uma das melhores obras, se não for a melhor, sobre o tema, intitulada *Contributo allo Studio del Processo Interdittale Romano*, GIUFFRÈ, 1955, n° 1, p. 02.

[542] In *Comentários* ..., p. 82.

de la justicia intrínseca de la providencia, se resuelva más tarde, con la necesaria ponderación, en las reposadas formas del proceso ordinário".[543]

6.5.3. Autonomia do processo cautelar

No momento em que se tenta demonstrar a autonomia desta especial modalidade de tutela jurisdicional a que se refere a pretensão à segurança, não há uma unissidade por parte dos doutrinadores que ainda relutam em aceitar uma autonomia, ou quando muito restringem-na.[544]

Como se evidenciou no histórico do presente estudo, as medidas cautelares foram consideradas durante muitos decênios como mero apêndice da execução forçada, influenciando vários juristas de renome, dentre eles Mattirolo.

Esta evolução, no *iter* da autonomia, se deu de forma lenta e gradual, como percucientemente observa Lancelloti.[545]

Sistematizarei em três partes distintas:

A) **autonomia em relação à ação cautelar**

No momento em que se foi desgarrando do conceito civilista de ação, com a portentosa palestra de Chiovenda na Universidade de Bolonha em 1903, essa passou a ser entendida em sentido processual, não se confundindo com o direito substancial a que se visa proteger.

Daí afirmar Chiovenda que: "O poder jurídico de se obter uma dessas medidas é, por si próprio, uma forma de ação (ação assecuratória); e é mera ação, que não se pode considerar como acessório do direito acautelado, porque existe como poder atual quando ainda não se sabe se o direito acautelado existe".[546]

No que tange à autonomia da tutela cautelar, levando-se em consideração a ação cautelar, podemos encontrar o saudoso Liebman, *in* ob. cit., p. 92; Hugo Alsina, *in* ob. cit., p. 451; Ernane Fidelis, *in* o.c., v. II, nº 1.364, p. 282.

Postas, desse modo, as coisas, não se teriam maiores dificuldades de se considerar a ação cautelar como autônoma, porém, o que se nota é que a *ação é autônoma* como forma de pedir a prestação jurisdicional, e que pode ser cautelar todavia, o adjetivo *cautelar* (direito substancial de cautela) só seria autônomo porque está vinculado à forma de pedir a tutela jurisdicional, que se dá através da ação, e não por se apresentar a cautela como uma finalidade *"stante a se"*. Para

---

[543] In *Introducción* ..., o.c., nº 7, p. 43. E para CARNELUTTI a essência da tutela cautelar em relação ao processo ordinário é que *"entre lo rápido y lo bien, el proceso cautelar prefiere lo rápido, mientras el proceso principal prefiere lo bien; el segundo aspira, mientras el primero renuncia a la infalibilidad. El programa del proceso principal se resume en la investigación de la 'verdad', que es una fórmula ambiciosa; el proceso cautelar se contenta con buscar la 'probabilidad', que es una fórmula mucho más modesta."* in Derecho ..., nº 241, p. 425.

[544] Neste sentido ARIETA salientando que *"in almeno quattro differenti impostazioni, sotto il profilo dell'autonomia dell'azione cautelare, dei provvedimento cautelare, della funzione del processo cautelare e, infine, della construzione di un diritto sostanziale di cautela"* in o.c., p. 31.

[545] In o.c., p. 238 e ss.

[546] In *Instituições* ..., 1º v, nº 82, p. 273.

156   *Darci Guimarães Ribeiro*

chegar a essa conclusão, Chiovenda valeu-se de um silogismo elementar, onde encontramos na premissa menor a afirmativa "a ação é autônoma", e na premissa maior, "a cautela é buscada através da ação", logo, "a cautela é autônoma".

B) **autonomia em relação à função cautelar**

Muitos autores justificam a autonomia da tutela cautelar levando em consideração a *finalidade*, o escopo do processo, quer dizer, o resultado último a que visa conseguir. Segundo esta concepção, que é a mais difundida, o processo cautelar serviria para prevenir os danos que possam derivar entre o início e o fim de um processo de cognição ou de execução. A sua função poderia ser sintetizada na lapidar frase de Calamandrei "instrumento del instrumento",[547] isto quer dizer que o processo cautelar é um instrumento que visa a proteger o resultado útil que é obtido em outro instrumento que é o processo.

Neste também é o magistério de Carnelutti, ao salientar que a autonomia do processo cautelar esta em "Esta es la fórmula que se presta a un desarrollo feliz al derivar de ella que mientras el proceso de cognición o de ejecución sirven para la tutela del derecho, el proceso cautelar, en cambio, sirve para la tutela del proceso".[548] Arieta não se distancia desse entendimento.[549]

A doutrina brasileira é muito adepta a esta concepção. A começar pela exposição de motivos do próprio Código de Processo Civil, que salienta, com base na doutrina de Carnelutti, que o processo cautelar é *um tertium genus*, que contém a um tempo as funções do processo de conhecimento e de execução.

No Brasil, encontramos como adepto fervoroso desta concepção o Prof. Galeno Lacerda, argumentando no sentido da autonomia, porém, diz ele "(...) a autonomia da função não significa independência teleológica, como se no processo cautelar houvesse uma finalidade 'stante a se'. ... a função cautelar se singulariza pela outorga de segurança, com o objetivo, porém, de garantir o resultado útil das outras funções".[550]

Por este prisma, a tutela cautelar vem sendo tratada pela doutrina como uma forma de decisão interlocutória de luxo do processo principal, pois se isto é verdade, ter-se-iam enganado, pois em vez da propositura de uma única ação, proporiam duas. É impossivel, a meu ver, justificar a autonomia da tutela cautelar baseada na instrumentalidade, porque se ela, obrigatoriamente, necessita da propositura de uma ação, ela é dependente desta ação, não podendo ser autônoma. O que é dependente não pode ser autônomo. Equivocada, portanto, a concepção adotada pelo CPC no art. 796 que diz *O procedimento cautelar pode ser instaurado antes ou no curso do processo principal e deste é sempre dependente*.

---

[547] In *Introducción* ..., n° 9, p. 45.

[548] In *Derecho* ..., o.c., n° 234, p. 414.

[549] In o.c., n° 11, p. 35 e ss. Também neste sentido ZANZUCHI, *in* o.c., v. I, n° 38, p. 151.

[550] In o.c., n° 9, p. 46. Também neste sentido encontramos DINAMARCO, *in* Fundamentos do Processo Civil Moderno, RT, 1987, n° 207, p. 349; WILLAR DE CASTRO, *in* Ação Cautelar Inominada, FORENSE, 1986, p. 28; THEODORO JÚNIOR, *in* o.c., n° 38, p. 57.

Consequência prática desta teoria reside no art. 800 do CPC, que determina para as medidas cautelares preparatórias a sua distribuição no mesmo juiz competente para conhecer da ação principal, felizmente a jurisprudência relativiza em matéria de competência, permitindo a competência cumulativa.

C) **autonomia em relação ao direito substancial de cautela**

Essa última forma de se mostrar a autonomia do processo cautelar é bastante controvertida, razão pela qual muitos autores negam haver.

O direito substancial de cautela foi renascido por Allorio, que sustentava pela licitude do comportamento da parte no processo, e é necessário que este comportamento se configure junto com o exercício do direito de ação e o exercício do direito subjetivo substancial, ao qual a ação é coordenada.

Para melhor definir essa doutrina, deve-se ter presente a exata conceituação do que é a tutela cautelar. Ela é uma forma especial de prestação da tutela jurisdicional, colimando a uma pretensão à segurança, a fim de evitar o dano irreparável ou a difícil reparação, consequentemente afastando a situação perigosa que deve ser iminente.

Para Ovídio Baptista, a autonomia reside na própria essência do processo cautelar, que é o direito substancial de cautela, e que significa "uma situação objetiva de perigo capaz de fazer periclitar um determinado, ou determinável, direito subjetivo, ou pretensão, ou ação, ou mesmo uma eventual exceção da parte que a postula".[551]

Vincula-se a esse posicionamento Calvosa, quando demonstra que: "L'autonomia dell'azione cautelare, a mio credere, risulta più che evidente sia sul piano del diritto sostanziale cautelando, sia su quello dei rapporti tra tutela cautelare e tutela giurisdizionale dei diritti. L'autonomia è dunque connaturale all'azione cautelare".[552]

O direito substancial de cautela pode ser aceito desde que se admita a sentança mandamental, como ato jurisdicional, onde este ato contenha mais o *imperium* do que a *notio, iurisdictio*, isto é, um provimento jurisdicional que proteja a simples probabilidade do direito invocado, um direito apenas suposto como existente (*fumus boni iuris*), sem que o ato jurisdicional o declare (*eficácia de coisa julgada*) existente e, não obstante, o proteja.

A sentença de procedência na ação cautelar reconhece a existência de uma pretensão à segurança, decorrente da simples aparência do direito. Apenas não a declara especificamente existente, bastando-lhe a mera probabilidade de sua existência efetiva. Pode-se afirmar com segurança que a sentença na ação cautelar é *mandamental*, e que toda sentença mandamental que não for satisfativa será cautelar.

---

[551] In *Comentários* ..., ob. cit., p. 89 e 90.
[552] In ob. cit., p. 304.

Com vista nessas três hipóteses de autonomia da tutela cautelar, a que me parece melhor é essa última, já que tenta demonstrar a autonomia através de sua verdadeira função, que é a de proteger um direito cautelando, sempre que haja risco desse direito desaparecer ou diminuir de valor, dada a sua verossimilhança na postulação da medida; não a vinculando com nenhuma outra forma de prestação jurisdicional.

7. Audiência preliminar e oralidade[553]

7.1. INTRODUÇÃO

No presente trabalho, procuremos demonstrar, em primeiro lugar, a estreita vinculação que existe entre a audiência preliminar e o princípio da oralidade, pois, é através dessa que aquela se implementa, deixando de ser mero formalismo para ser, realmente, um efetivo instrumento da adequada prestação jurisdicional. Não seria exagero acrescentar que a maior ou menor eficiência dessa audiência dependerá da maior ou menor aproximação da oralidade. Se concebermos essa audiência sobre a óptica antiga do saneamento, que permitia ao juiz sanear por escrito e isoladamente, não alcançaremos as imensas vantagens queridas pelo legislador, que se baseou no imenso sucesso obtido pelas recentes reformas havidas no mundo contemporâneo.

Será analisada, levando-se em conta a extensão da oralidade, cada uma das quatro etapas da audiência preliminar.

7.2. A ORALIDADE E O DIREITO ANTIGO

A vantagem da palavra falada sobre a palavra escrita não foi uma preocupação exclusiva dos romanos. O próprio Platão, na Grécia, em um de seus diálogos, disse: "(...) a escrita é morta e só fala por uma parte, isto é, por meio daquelas idéias que com os sinais despertam o espírito. Não satisfaz plenamente à nossa curiosidade, não responde às nossas dúvidas, não apresenta os inúmeros aspectos possíveis da própria cousa. Na palavra viva, falam também o rosto, os olhos, a cor, o movimento, o tom da voz, o modo de dizer, e tantas outras pequenas circunstâncias, que modificam e desenvolvem o sentido das palavras, e subministram tantos indícios a favor ou contra a própria afirmação delas".[554]

Segundo Chiovenda, "o processo romano foi eminentemente oral, na plenitude da significação dêsse termo e pela razão íntima e profunda de que assim

---

[553] Palestra proferida no *Encontro de Magistrados*, realizado na cidade de Bento Gonçalves – RS, em 13.XI.97, publicada na *Revista dos Tribunais*, 1998, v. 759 e na *Revista da Ordem dos Advogados Portugueses*, 2000, v. II.

[554] MARIO PAGANO, *apud* CHIOVENDA *in* Procedimento Oral, na Coletânea de Estudos de Juristas – Processo Oral, Forense, 1940, p. 41.

o exigia a função da prova".[555] O processo civil romano se divide basicamente em três períodos: *legis actiones, per formulas e extraordinariae cognitiones*.[556] No período das *legis actiones*, o processo era eminentemente oral, não obstante ser extremamente formal e rígido, pois as partes deveriam obedecer às formas legais que não eram escritas, e o menor desrespeito à forma processual gerava a perda da causa.[557] No período *per formulas*,[558] surgido, segundo Gaio, con a *"Lex Aebutia e Lex Julia"*,[559] os editos dos pretores apresentavam esquemas abstratos, isto é, a instrução era escrita (*formula*) e servia de paradigma ao magistrado que, ao redigir o *iudicium*, deveria observá-la; mesmo assim, o processo apresentava cunho predominantemente oral, pois as partes deveriam comparecer diante do magistrado, identificando a *litis contestatio*.[560] O período da *extraordinaria cognitio* é caracterizado pela ruptura que apresenta em relação ao sistema anterior, em que o julgamento era composto de duas fases, sendo a primeira *in jure* e a segunda *apud judicem*. Nesse sistema, há um único julgador (magistrado-funcionário), que inicia, instrui e decide.[561] Mesmo assim, predominava o princípio da oralidade, segundo nos informa José R. Cruz E Tucci: "Embora alguns atos processuais fossem documentados, a oralidade se sobrepunha à escritura no procedimento da *extraordinaria cognitio*: as partes debatiam a causa, em contraditório, na presença do magistrado".[562] Constata-se que, mesmo durante todos os séculos de desenvolvimento do processo civil romano, o princípio da oralidade jamais foi esquecido como elemento de aperfeiçoamento das instituições judiciárias.

A oralidade como postulado do processo começou a declinar com a influência exercida pelo processo romano (a partir de Justiniano com o *corpus iuris civilis*) e o processo canônico.[563] A oralidade veio a surgir, novamente, com a adoção

---

[555] *Instituições de Direito Processual Civil*, Saraiva, 1969, 1º v, nº 32, p. 126.

[556] Para um melhor aprofundamento sobre o tema, aconselhamos a leitura de VITTORIO SCIALOJA,`Procedimiento Civil Romano*, EJEA, 1954, especialmente § § 14s; RICCOBONO, *Roma, Madre de las Leyes*, Depalma, 1975, mormente Cap. II, p. 55s; CHIOVENDA, *Instituições* ..., 1º v, nº 32, JOSÉ R. CRUZ E TUCCI e LUIZ C. AZEVEDO, *Lições de História do Processo Civil Romano*, RT, 1996, Cap. 3º e ss; e NELLO ANDREOTTI NETO, *Nova Enciclopédia Jurídica Civil Brasileira*, Ed. Rideel, v. I, Título IX, p. 229s.

[557] GAIO, *Institutas* 4.30.

[558] A palavra *formulário* significa, segundo AURÉLIO, *"modelo impresso de fórmula, no qual apenas se preenchem os dados pessoais ou particulares."*. E, segundo *Dicionário Morfológico da Língua Portuguesa*, Ed. UNISINOS, 1988, v. II, p. 1815, *forma* significa *"figura ou aspecto exterior; maneira; modelo."*. Razão pela qual se deduz que o nome adveio da necessidade de se respeitarem os modelos estabelecidos pelos editos dos pretores.

[559] *Institutas* 4.30.

[560] É interessante notar a mudança de um período para outro que o próprio jurista GAIO nos menciona, dizendo: *"Mas todas estas ações da lei tornaram-se a pouco e pouco odiosas. Pois dada a extrema sutileza dos antigos fundadores do direito, chegou-se à situação de, quem cometesse o menor erro, perder a causa. Por isso, aboliram-se as ações da lei pela Lei Ebúcia e pelas duas Leis Júlias, levando os processos a se realizarem por palavras fixas, i.é., por fórmulas"* *Institutas*, 4.30.

[561] Nesse sentido, VITTORIO SCIALOJA, *Procedimiento* ..., § 50, p. 365; JOSÉ R. CRUZ E TUCCI e LUIZ C. AZEVEDO, *Lições* ..., Cap. 10, p. 138; NELLO ANDREOTTI NETO, *Nova Enciclopédia* ..., p. 244s.

[562] Ob. cit., p. 141.

[563] JOHN HENRY MERRYMAN, ob. cit., Cap. II. e principalmente CHIOVENDA, ob. cit., nº 32, p. 128s.

de numerosos princípios do processo sumário da Clementina *Saepe*, permitindo debates orais e reduzindo formalidades.

7.3. BENTHAM, F. KLEIN E A ORALIDADE

Papel relevante para a oralidade no processo teve o jurisfilósofo inglês Jeremy Bentham (1748-1832), quando escreveu, em 1823, entre outras obras, o *Tratado de las Pruebas Judiciales*. Nele Bentham põe em relevo a importância do fato para a vida do direito, e principalmente para a prova. Não foi irrefletidamente que Couture, referindo-se ao filósofo, disse: *Bentham fue el filósofo del progreso.*[564] Ele, como poucos, deu grande importância ao contato direto entre o fato a ser provado e o juiz que decide, permitindo, por consequência, uma maior agilização dos processos, que é o paradigma da ciência processual moderna. São as suas palavras, mais do que qualquer coisa, que traduzem o sentimento geral dos processualistas modernos sobre a oralidade, quando criticou o sistema inglês, vigente à época, onde a prova oral não era colhida pelo mesmo juiz que prolatava a decisão, pois, conforme Bentham, "el juez no puede conocer por observaciones propias los caracteres de verdad tan vivos y tan naturales, relacionados con la fisionomía, con el tono de voz, con la firmeza, con la prontitud, con las emociones del temor, con la sencillez de la inocencia, con la turbación de la mala fe; *puede decirse que se cierra a sí mismo el libro de la naturaleza* y que se vuelve ciego y sordo en casos en que es preciso ver y oír todo"[565] (grifo nosso).

O posicionamento desse jurisfilósofo era tão avançado para a sua época, que só recentemente estamos adotando as suas sugestões para o aperfeiçoamento do processo como instrumento de realização rápida e barata da justiça. Traçou Bentham, há quase dois séculos, o perfil do que considerava o processo civil natural, comparando-o com o seu procedimento técnico. Eis aqui alguns desses artigos:

PROCEDIMENTO NATURAL. No início de uma causa, e em seguida, todas as vezes que for necessário, as partes serão chamadas e ouvidas em caráter de testemunhas como no de partes, face a face, em presença do juiz, para darem mutuamente todas as explicações necessárias e estabelecer o verdadeiro objeto do processo.

O depoimento só é recebido na sua forma mais autêntica, isto é, oral, e a testemunha submetida a um interrogatório alternado pela parte adversária e o juiz. Não há outras exceções senão nos casos especificados na lei, onde é preciso admitir um testemunho por escrito segundo as forma estabelecidas para a correspondência judiciária.

Após o primeiro comparecimento, si a causa não está terminada, os subsequentes comparecimentos são fixados conforme a necessidade da causa ou a conveniência do tribunal ou das partes.

---

[564] Jeremy Bentham y Nosotros, no livro *El Arte del Derecho y otras Meditaciones*, Ed. Fundación de Cultura Universitária, 1991, p. 145s.

[565] *Tratado de las Pruebas Judiciales*, EJEA, 1971, libro III, Cap. V, p. 192. Também N. MALATESTA, já em 1894, dizia: *"Hay en la fisionomía, en la voz, en la serenidad o en las vacilaciones del testigo, muy interesantes indicaciones acerca de la verdad con que habla, las cuales se pierden cuando se juzga sólo en vista de lo escrito"*, *Lógica de las Pruebas en Materia Criminal*, Ed. General Lavalle, 1945, p. 279.

Cada causa é tratada do cômeço ao fim pelo mesmo juiz. Aquele que recolheu as provas pronuncia a decisão.

A reclamação do Autor, as bases sôbre que ela repousa, seja de fato ou de direito, são consignadas (tanto quanto possível) em formulários impressos: as alegações individualizadas por nomes, as datas, logares, insertos nos brancos. O mesmo para a defesa.

Os avisos e intimações recíprocas das partes ou da parte, dos juizes são comunicados com um mínimo de palavras e com a maior segurança possível. O Correio é aplicado ao serviço judiciário como ao do comércio.

PROCEDIMENTO TÉCNICO

As partes não são chamadas a comparecer perante o juiz; tudo se faz por intermédio dos procuradores.

O testemunho recebido em muitos casos da maneira mais imperfeita, isto é, sem as garantias que podem torná-lo exato e completo: testemunho sem publicidade, só para o juiz ou sem interrogatório alternado ou contra-exame pelas partes interessadas: depoimentos recebidos por escrito sem serem submetidos a prova de contradição: provas inferiores admitidas como provas suficientes.

As causas são anotadas e os dias fixados de acôrdo com as regras gerais, conforme a conveniência mútua dos procuradores donde resultam pedidos contínuos de dispensas e pretextos para arrastar idefinidamente as questões.

A mesma causa é transmitida de tribunal em tribunal sob diversos pretextos. Um juiz recolhe a prova e não decide; outro decide sem ter ao menos ouvido as testemunhas.

Os diversos escritos expositivos dos pedidos e das defesas, sem formulários, falhos de clareza, de método, de precisão, espalhados por distância infinitas, abrindo vasto campo a variações de questões, a alegações obscuras e incertas.

As intimações dessa natureza, falhas de prontidão nos meios e de certeza nas formas, são uma fonte abundante de chicanas e de atrasos. As sutís distinções sôbre os domicílios acarretam os mesmos inconvenientes.[566]

Tais sugestões, propostas pelo prestigiado autor, quando imaginou o processo civil natural, são acolhidas hoje como modelo de agilização na quase totalidade das leis processuais do mundo civilizado , *v.g.*, quando diz no artigo 11 "*O correio é aplicado ao serviço judiciário*", temos hoje, no Brasil, a citação pelo correio como regra geral, que só veio somente com a Lei nº 8.710/93; portanto; quase dois séculos depois dessa recomendação.

Outro jurista que contribuiu sensivelmente para o fortalecimento e desenvolvimento do princípio da oralidade foi o Prof. Franz Klein,[567] quando criou para Áustria, em 1895, uma lei processual baseada sobre os princípios da oralidade, imediatidade, concentração, publicidade, autoridade judicial, livre apreciação das provas pelo juiz. O autor, para implementar as suas ideias de justiça rápida e

---

[566] *Apud* CHIOVENDA, *A Oralidade e a prova*, artigo inserido no livro *Processo Oral*, Forense, 1940, p. 146 e 147.

[567] KLEIN foi Ministro da Justiça na Áustria, em 1891, e Prof. da Universidade de Viena. Para um melhor aprofundamento da oralidade, no processo civil austríaco, consultar SIEGMUND HELLMANN, no livro intitulado *Processo Oral*, Forense, 1940, p. 151s. Sobre sua obra consultar a *Riv. Dir. Proc. Civ.*, de 1925, v. II, parte I, p. 80s.

barata, teve que lutar contra toda uma estrutura arcaica e rígida, que envolvia o processo civil. A visão desse jurista era tão precisa, que ele mesmo proclamava: "La oralidad es un enemigo peligroso si se la acepta como un formalismo; ha de suponer sólo una ayuda para la mejora del procedimiento".[568] A ZPO austríaca exerceu enorme influência nos códigos processuais modernos, a ponto de Fairén Guillén dizer: "A través de sus repercusiones, se ve que su influencia en la reforma procesal austríaca y de no pocos otros países, es comparable a la que Napoleón obró sobre la codificación en general".[569]

O princípio da oralidade, de acordo com Klein, não deveria existir sozinho, deveria estar mesclado com o princípio da escritura, que, em alguns casos, é necessário;[570] tanto é verdade que criou no seu projeto o § 190 o qual reza: "Las partes actúan oralmente ante el Tribunal que conoce del asunto. En los litigios en que es precisa la asistencia de Letrado, se prepara el debate oral mediante escritos. Por lo demás, sólo se recurre al empleo de estos escritos preparatorios en los casos especialmente previstos en esta Ley".[571] Para o autor, ardoroso adepto da oralidade, mas principalmente da razão prática, o processo deveria ser adequado aos seus fins, pois "los principios de adecuación y practicabilidad del procedimiento (*Zweckmässigkeit, Praktikabilität*) más se han de referir al fondo de los litigios que a la forma de desarrollar los mismos".[572] Pode-se dizer, com certeza, que foi Klein o primeiro a sustentar que o processo é um instrumento de realização da justiça, onde a forma deve ceder diante da finalidade.

7.4. Os valores da oralidade

O problema maior da oralidade não reside no campo do Direito, mas sim no da Filosofia e, em especial, na Ética, pois, na medida em que se agrava a crise ética,[573] agrava-se a crise nas relações humanas. Vivemos no mundo da aparência,[574] onde os valores são facilmente alterados e dificilmente absorvidos pelo espírito

---

[568] *Apud* FAIRÉN GUILLÉN, *El Proyecto* ..., p. 319.

[569] Ob. cit., p. 306.

[570] O que se quer combater é o princípio da escritura traduzido na máxima "quod non est in actis non est de hoc mundo", que, para CAPPELLETTI, é "*la máxima de la inexistencia jurídica de todo acto procesal que no hubiese asumido la forma escrita*", *La Oralidad...*, p. 85. Dever-se-á abrandar o princípio da escritura, mas sem prescindir dos elementos escritos, pois a escritura é indispensável precisamente para se estabelecer aquilo que se deve tratar oralmente. Nesse sentido também se manifestou A. WACH, já em 1879, quando escreveu as *Conferencias sobre la Ordenanza Procesal Civil Alemana*, EJEA, 1958, p. 1s, especialmente p. 56. Processo eminentemente oral teve o Código de Processo Civil de Hannover de 1850.

[571] *Apud* VÍCTOR FAIRÉN GUILLÉN, ob. cit., p. 318.

[572] *Apud* VÍCTOR FAIRÉN GUILLÉN, ob. cit., p. 309.

[573] Esta deve ser entendida, segundo ADOLFO SÁNCHEZ VAZQUEZ, como "*a teoria ou ciência do comportamento moral dos homens em sociedade*", *in* Ética, ed. Civilização Brasileira, 12. ed., p. 12.

[574] Pois, segundo HANNAH ARENDT, "*a primazia da aparência é um fato da vida cotidiana do qual nem o cientista nem o filósofo podem escapar, ao qual têm sempre que voltar em seus laboratórios e em seus estudos, e cuja força fica demonstrada pelo fato de nunca ter sido minimamente alterada ou desviada por qualquer coisa que eles tenham descoberto quando dela se afastaram*", A vida do Espírito, Ed. Relume-Dumará, 1993, p. 20.

humano, razão pela qual temos uma desconfiança generalizada no ser humano, e, por conseguinte, na pessoa do magistrado. A oralidade corre em sentido contrário, na proporção em que pressupõe uma maior credibilidade, confiança na pessoa do homem-juiz, porquanto um processo predominantemente oral significa aproximar o juiz do fato, permitindo uma análise fenomenológica, consequentemente acreditando, segundo Cappelletti, em *"sus capacidades de objetiva observación y de sereno y imparcial análisis de los datos observados"*.[575] É necessário sublinhar que a oralidade *pressupõe uma responsabilidade*, porque, no processo, dito oral, todos os envolvidos são obrigados a conhecer melhor o Direito que deve ser aplicado, pois não se permitem dilações temporais, a fim de se buscar o conhecimento necessário nos livros, para melhor resolver a questão. A resolução deve ser imediata, sob pena de a oralidade, nos feitos, ficar reduzida apenas à colheita da prova. Esse é o preço que a incrementação da oralidade traz e que devemos estar preparados para pagar. Nesse sentido, tanto mais rápida e melhor será a prestação da tutela jurisdicional quanto maior for o conhecimento jurídico das pessoas envolvidas. Não é sem rumo que se tenta, de alguma manera, criar um *controle externo da magistratura*, como forma de fiscalizar a atividade judicial.

Essa valorização na pessoa do homem-juiz se reflete, de acordo com Denti, nas "exigencias intrínsecas a la fundamental revaloración del juicio de primera instancia, que ocupa el centro de toda moderna reforma del proceso civil".[576] As reformas havidas no processo civil brasileiro parecem ter acolhido essa exigência, na medida em que concedem ao juiz maior poder de decisão, como se pode notar, e.g., no art. 18 do CPC, o qual permite ao juiz *ex officio* condenar o litigante de má-fé, contrariando inclusive as decisões anteriores do Superior Tribunal de Justiça;[577] no § 4º do art. 20 do CPC, que permite ao juiz equitativamente fixar honorários nas hipóteses ali previstas; no art. 33 do CPC, que permite ao juiz requerer o adiantamento dos honorários do perito, facultando-lhe, também, a liberação parcial; no parágrafo único do art. 46 do CPC, que permite ao juiz limitar ou não a formação do litisconsórcio facultativo, quando comprometer a rápida solução do litígio; no art. 461 do CPC, que permite ao juiz, dentre outras medidas, impor *ex officio* multa, determinar busca e apreensão, remoção de pessoas etc.;[578] no parágrafo único do art. 518 do CPC, que permite ao juiz o reexame dos pressupostos de admissibilidade do recurso; no parágrafo único do art. 538 do CPC, que ampliou também para o juiz a possibilidade de aplicar a multa, quando protelatórios os embargos de declaração.

---

[575] *La Oralidad ...*, p. 94.

[576] *Estudios de Derecho Probatorio*, EJEA, 1974, Cap. VI, p. 258.

[577] Nos RSTJ 37/548, STJ-3ª Turma, REsp 4091 SP, rel. Min. Claudio Santos, J 27.8.90 e STJ-5ª Turma, REsp 27.873-2 SP, rel. Min. Assis Toledo, J 21.10.90.

[578] Sobre esse importante tema, consultar ADA P. GRINOVER, *Tutela Jurisdicional nas Obrigações de Fazer e não Fazer*, in Revista da Fundação E.S.M.P do Distrito Federal, nº 4, jul/dez. 1994, p. 11s; e KAZUO WATANABE, *Código Brasileiro de Defesa do Consumidor*, comentado pelos autores do anteprojeto, São Paulo, 3. ed., 1993, p. 525.

A oralidade está imbricada diretamente no conceito *social* de processo, visualizado externamente como um instrumento de bem-estar social, capaz de garantir um acesso efetivo a uma ordem jurídica justa, pois, de acordo com Chiovenda, "il processo deve dare per quanto possibile a chi ha un diritto tutto quello e proprio quello ch'egli ha diritto di conseguire".[579] E como *socializar* o processo, senão assumindo o magistrado uma posição proeminente frente às partes, capaz de não só promover o impulso (art. 262 do CPC) como também de participar mais ativamente, *v.g.*, no campo probatório, na audiência preliminar, etc.[580]

O campo mais fecundo de atuação da oralidade é, sem dúvida, o da prova, pois, segundo Chiovenda, "entre a forma do procedimento e a função da prova corre um nexo estreitíssimo".[581] Essa verdade se cristaliza, quando se percebe que o processo *é a tentativa de reprodução de uma realidade ocorrida sob a ótica do autor e do réu*. São elas, as partes, que aportam ao processo fatos com consequências jurídicas. Isso vale dizer que sobre tais fatos, que são contraditórios, deve recair a prova. E a colheita dessa prova deve ser tanto quanto possível oral, visto que a oralidade permite o contato direto do juiz com a prova, trazendo, por conseguinte, uma maior simplificação e abreviação dos processos,[582] evitando, assim, a chicana e a perda de tempo que necessariamente ocorre entre uma comunicação e outra de um ato processual escrito. Ademais, acrescente-se a isso o fato de o próprio art. 131 do CPC prever a possibilidade de o juiz apreciar livremente, não só a *prova dos fatos*, como também *as circunstâncias constantes dos autos*, o que só pode ser feito mediante as regras da oralidade.[583] O CPC não traz norma expressa adotando a oralidade, como o registra o art. 180 do CPC italiano, mas somente de forma indireta no art. 132.[584] A valoração da prova oral não implica necessariamente uma desvalorização da prova documental,[585] pois se deve ter em vista que essa última representa, por certo, uma melhor segurança nas relações jurídicas sociais, que estão fora do processo. Por essa razão, Cappelletti salienta

---

[579] *Saggi di Diritto Processuale Civile,* Roma, 1930, vol. 1, p. 110.

[580] Nesse sentido, DENTI, ob. cit., p. 106s. Vai mais longe CAPPELLETTI, entendendo que o juiz deve direcionar-impulsionar *materialmente* o processo, pois, conforme o autor, "él asume un cometido de carácter *activo* y *asistencial* respecto de las partes, discutiendo con ellas la mejor formulación de las demandas y excepciones, colaborando con ellas en la búsqueda de la verdad", La Oralidad ..., p. 79. Esta ideia é também defendida pelo autor, noutra obra, quando diz que "spettano invero al giudice non soltanto poteri relativi allo svolvímento formale del processo (c.d. 'formelle Prozessleitung'), ..., anche e soprattutto poteri relativi all'oggetto sostanziale del processo (cosiddetta 'materielle Prozessleitung')", La Testimonianza ..., v. I, p. 71.

[581] *A Oralidade* ..., p. 137.

[582] É interessante notar que, somente na nona edição de seu *Manuale,* e em nota de rodapé, MORTARA, que era contrário à ideia da oralidade, e portanto contendor de Chiovenda, esboça um modelo de processo desejável, dizendo: "Or é intuitivo che la *oralità* (per quanto relativa e temperata dalle necessità pratiche della discussione) abbrevia e semplifica il processo; è altrettanto intuitivo che la *concentrazione* degli atti di istruzione e delle questioni preliminari o pregiudiziali, in un rapido e raccolto svolgimento, diretto con ferma mano e con potestà discrezionale dal giudice, abbrevia e semplifica anche maggiormente il corso della lite", *Manuale della Procedura Civile,* Torino, 1921, 9. ed., v. I, p. 308 e 309.

[583] Também ARRUDA ALVIM, *Código* ..., v. V, p. 252.

[584] Diversamente ocorre no Juizados Especiais, onde há previsão expressa no art. 2º da Lei nº 9.099/95.

[585] Cf. MALATESTA, ob. cit., p. 278.

que "la prueba legal (preconstituida) tiene más bien el carácter de un fenómeno preprocesal (sustancial) que de un fenómeno propiamente procesal".[586]

O que se constata é que, em consequência do predomínio da prova legal, pelos critérios até agora apontados, a prova oral possui um valor reduzido de simples declaração.[587] Tanto é isso verdade, que se costuma dizer que a prova oral é considerada a prostituta das provas, em virtude de ser a mais fácil de se comprar. Pode-se afirmar, com toda certeza, baseado na nossa tradição, a *civil law*, que, *objetivamente* falando (critério objetivo do conceito de prova), não há uma hierarquia entre as provas. Por esse motivo, o juiz, segundo o art. 131 do CPC, "apreciará livremente a prova"; nada parece ser mais verdadeiro; mas, na realidade, não o é, pois, se assim fosse, não nos preocuparíamos em, sempre que possível, documentar um negócio jurídico, haja vista a apreciação livre da prova. Ademais, a própria lei, inc. I do art. 400 do CPC, a doutrina e a jurisprudência entendem que não cabe prova testemunhal para fato já comprovado por documento; mas a recíproca não é verdadeira. A questão é resolvida com uma simples pergunta: Que tipo de prova seria preferível apresentar em juízo: uma prova documental ou uma prova testemunhal? Duvido que, em sã consciência, alguém preferisse apresentar, no nosso sistema, uma prova testemunhal em vez de uma documental. Isso nos leva a concluir que há, *subjetivamente* falando (critério subjetivo da prova), uma *hierarquia subjetiva* entre as provas, no qual a prova legal goza de uma preferência no momento da apreciação.[588]

A oralidade apresenta como valor íntimo e necessário para a sua efetividade: a) *imediatidade,* cuja exigência é o contato direto do juiz com as partes, a fim de se legitimar ao sentenciar, tendo em vista a colheita da prova ser oral;[589] b) *identidade física do juiz,* que determina ao magistrado, que ao concluir a audiência de instrução e julgamento, isto é, ao colher a prova oral, sentencie, conforme art. 132 do

---

[586] *La Oralidad ...*, p. 89. É verdade que as relações jurídicas, que são pré-processuais, cada vez mais se consubstanciam na prova escrita, em virtude de o ato escrito trazer mais garantia, pois, conforme GUGLIELMO FERRERO, *"nessuna garanzia migliore esista, che quella di mettere in iscritto la volontà, e affidare a mani sicure la carta, ci sempre che quella idea debba essere una idea elementare dello spirito umano e che anche il cervello più rozzo debba capirla"*, I Simboli – in Rapporto alla Storia e Filosofia del Diritto alla Psicologia e alla Sociologia, Torino, 1893, p. 17.

[587] Entendendo em sentido contrário, já em 1894, MALATESTA, para quem a prova produzida oralmente tem mais valor do que a prova escrita, aconselhando-se, sempre que possível, a reprodução oral, pois *"la razón estará en la inferioridad que como prueba presenta siempre el escrito comparado con la palabra. Conviene no olvidar que, aun en la hipótesis en que el escrito se considere como forma original, su originalidad es siempre menos perfecta que la declaración oral"*, in o.c., p.279. É interessante notar, segundo nos mostra HIDEO NAKAMURA, que *"il principio di oralità, che dovrebbe in teoria prevalere nel processo civile giapponese, finisce in realtà con il soccombere, subendo invece il sopravvento del principio di scrittura. In tal guisa, il processo in Giappone vede dilatarsi sempre più la propria durata media"*, Il Processo Civile in Giappone, in Riv. Trim. Dir. Proc. Civ., GIUFFRÈ, nº 3, anno XLVI, 1992, p. 944.

[588] JOÃO BATISTA LOPES afirma que há uma hierarquia entre as provas: *"1) Prova legal; 2) Confissão; 3) Prova pericial indispensável; 4) Prova documental; 5) Prova testemunhal; 6) Prova por indícios e presunções"*, Hierarquia das Provas, in Repro nº 6, 1977, p. 295. Também CAPPELLETTI fala da desvalorização da prova oral frente à prova legal, *La Oralidad ...*, p. 91s.

[589] Para um melhor aprofundamento da imediatidade, consultar obrigatoriamente ISIDORO EISNER, *in* La inmediación en el proceso, DEPALMA, 1963, principalmente Capítulos IV a VII e X.

DA TUTELA JURISDICIONAL ÀS FORMAS DE TUTELA

CPC; c) *concentração,* cuja vantagem reside em encurtar o tempo para a prática dos atos processuais, reduzindo-os a uma ou poucas oportunidades, *e.g.,* audiência preliminar, arts. 331 e 277, ambos do CPC, e também audiência de instrução e julgamento, art. 450 do CPC; d) *irrecorribilidade das decisões interlocutórias,* adotadas por via indireta, visto que as decisões interlocutórias no nosso sistema são atacadas pelo recurso de agravo, art. 522 do CPC, sem, no entanto possuírem efeito suspensivo, consoante inc. II, do art. 527 do CPC. O próprio Código de Processo Civil, na sua exposição de motivos nº 13, adota a oralidade com os seus corolários. Seria difícil imaginar a oralidade sem algum desses elementos que a caracterizam.

7.5. AUDIÊNCIA PRELIMINAR

7.5.1. Noções gerais

A audiência preliminar, cuja origem, segundo alguns, remonta a 1895, na obra de Franz Klein,[590] a ZPO austríaca, está inserida no Capítulo V do nosso CPC, o qual regula o *julgamento conforme o estado do processo*, mais precisamente na seção III, intitulada *Do saneamento do processo*. O julgamento conforme o estado do processo se divide em três momentos: a *extinção do processo,* art. 329; o *julgamento antecipado da lide,* art. 330; e o *saneamento do processo* art. 331, todos do CPC.

Quando o juiz, diante do processo, percebe alguma das hipóteses previstas nos arts. 267 e 269, II a V, declarará *extinto o processo* ou, quando a questão de mérito for unicamente de direito (inc. I) ou ocorrendo à revelia (inc. II), o juiz julgará *antecipadamente a lide*; ocorrendo alguma dessas hipóteses o processo se extinguirá, sendo, portanto, desnecessária a audiência preliminar,[591] como bem prevê a primeira parte do artigo 331 do CPC, ao dizer: *"Se não se verificar qual-*

---

[590] *Apud* VÍCTOR FAIRÉN GUILLÉN, ob. cit., p. 311. Nesse sentido BIDART-TORRELLO-VESCOVI, entendendo que *"si considera como antecedente cercano el régimen austríaco", Exposición de Motivos,* in *El Código Procesal Civil Modelo para Iberoamerica,* FCU, 2. ed., 1997, p. 25. Para COUTURE, em seu projeto de Código de Processo Civil para o Uruguai, essa audiência originou-se da *pretrial,* contida no art. 84 da *Federal Rule of Civil Procedure* norte-americana e do art. 37 da *Conferencia Preliminar del Juicio del Código de Puerto Rico, apud* BIDART-TORRELLO-VESCOVI, ob. cit., p. 26. Para BARBOSA MOREIRA, a origem seria o *"Decreto nº 3, de 25-5-1907",* do direito Português, chamado *processo sumário,* que, segundo o autor, era *"um ato judicial destinado essencialmente à apreciação de nulidades, após o encerramento da fase postulatória, e ao qual doutrina e jurisprudência atribuíram a denominação de 'despacho regulador", Saneamento do Processo e Audiência Preliminar,* in Temas de Direito Processual, 4ª Série, Saraiva, 1989, p.112. Sendo que, logo a seguir, *"passou o despacho saneador a ser precedido de uma 'audiência preparatória', na qual, de início, toca ao órgão judicial tentar conciliar as partes, se disponível a relação jurídica litigiosa",* ob. cit., p. 113.

[591] Nesse sentido, encontramos ARAKEN DE ASSIS, *Procedimento Sumário,* MALHEIROS, 1996, p. 97; BARBOSA MOREIRA, *O Processo Civil Brasileiro e o Procedimento por Audiências,* in Temas de Direito Processual Civil, 6ª Série, Saraiva, 1997, p.104; HUMBERTO THEODORO JÚNIOR, *As Inovações no Código de Processo Civil,* Forense, 1995, p. 111e 112; CALMON DE PASSOS, *Inovações no Código de Processo Civil,* Forense, 5. ed, 1995, p. 15; LUIZ RODRIGUES WAMBIER, *A Nova Audiência Preliminar (art. 331 do CPC),* in Repro nº 80, p. 30 e 31. Defende tese contrária, DINAMARCO, ao afirmar *"que é a audiência preliminar a oportunidade procedimental em que cabe ao juiz optar entre extinguir ou não o processo",* p. 119, mas, a seguir, o próprio autor se contradiz, dizendo: *"A conclusão é que a audiência preliminar se realizará no procedimento*

quer das hipóteses previstas nas seções precedentes(...)". Em não sendo extinto o processo, o juiz deverá partir para o terceiro momento do julgamento conforme o estado do processo que é a fase saneadora, onde serão examinadas as possíveis preliminares apresentadas pelas partes, entre outras providências. É nessa etapa que resultou o aperfeiçoamento do prestigiado art. 331 do CPC.

A audiência preliminar é, sem sombra de dúvida, o elemento mais importante da reforma processual, no que se refere à aceleração da prestação da tutela jurisdicional. Não seria exagerado dizer, parafraseando Proto Pisani, que "il successo o il fallimento della riforma sono indissolubilmente legati al funzionamento o no di questa udienza".[592]

A audiência preliminar, pela inovação que apresenta, exige uma mudança de postura por parte dos operadores do Direito, acostumados a trabalhar sobre um processo de conhecimento anacrônico, calcado em princípios que já não espelham a realidade da moderna ciência processual. É sabido que, pelo hábito, o processo mesmo educa ou deseduca, pois, como bem disse alhures Calamandrei, *a praxe do foro é mais forte que a lei*. E, conforme Panzani, o processo "Diseduca quando, per avere un oggetto mutevole, sempre suscetibile di variazione e sorprese, solo in apparenza funzionali al concetto di difesa, tanto le parti, quanto il giudice finiscono per essere travolti da un meccanismo di deresponsabilizzazione, nel quale si impoveriscono le nozioni stesse di difesa e di contraddittorio. Mentre educa quando, mirando a conseguire, attraverso un'articolata fase iniziale, un suo oggetto responsabilmente definito, si può parlare di esso come di un progetto razionale, realmente costruito sul contraddittorio delle parti e realmente funzionale al correto dispiegarsi dei poteri direttivi del giudice".[593]

É sob esse ângulo que devemos analisar o art. 331 do CPC, sob pena de torná-lo improdutivo e, com isso, desrespeitar o espírito da lei. Mas, para se agilizar a prestação da tutela jurisdicional, colocando o processo no seu verdadeiro rumo, logo, *educando*, necessário se faz observar os *requisitos implementadores* da audiência preliminar:

a) um sistema de *preclusões,* que onere as partes a deduzir, imediatamente, todas as alegações e defesas relevantes para a causa, renunciando, consequente-

---

ordinário brasileiro, sempre (a não ser que extinto o processo antes, é claro)", p. 123, *A Reforma do Código de Processo Civil*, Malheiros, 1995.

[592] *La Nuova Disciplina del Processo Civile*, Napoli, 1991, p. 130. O art. 183 do novel CPC italiano refere-se exatamente a *"Prima udienza di trattazione"*. Neste sentido, CHIARLONI, *Le Riforme del Processo Civile* (a cura di S.CHIARLONI), Bologna, 1992, p. 162; TARUFFO *et alii*, *Le Riforne della Giustizia Civile* (a cura di M. TARUFFO), Torino, 1993, p. 252 e, novamente, quando escreveu em conjunto *La Riforma del Processo Civile*, Milano, 1991, p. 33.

[593] *Il Giudizio di Primo Grado: La Prima Udienza e le Preclusioni, in* La Riforma del Processo Civile, Quaderni del Consiglio Superiore della Magistratura, n° 73, Nov. 1994, v. I, p. 319 e 320. Ou nas brilhantes palavras de PATANIA, quando diz: *"In realtà si tratta di una inversione di tendenza che restituisce significato alla presenza del giudice lungo tutto l'arco della procedura recuperando, al contempo, la autorevolezza del giudice e la auto-responsabilità delle parti poiché il processo assolve ad una publica funzione anche quando sono privati i diritti in contesa."*,(sic) in *Il Giudizio di Primo Grado: La Prima Udienza e le Preclusioni, in* La Riforma del Processo Civile, Quaderni del Consiglio Superiore della Magistratura, n° 73, Nov. 1994, v. I, p. 351.

mente, a esquemas processuais e táticas dilatórias, trazendo com isso uma maior responsabilidade para as partes; é a adoção do princípio da eventualidade,[594] que já é previsto em nosso ordenamento jurídico, tanto para o autor, art. 474 do CPC, quanto para o réu, art. 303 do CPC. Torna-se patente aqui o eterno conflito entre justiça e celeridade;

b) a necessidade de fixação do *thema decidendum*, quando se determinará o objeto litigioso do processo sobre o qual deverá recair a prova, devendo as partes requerer as provas que ainda entendam necessárias, tais como o depoimento pessoal, art. 343 do CPC, se não requerido na inicial; a exibição de documento ou coisa, art. 356 do CPC; a perícia, art. 420 do CPC, sendo que, no rito sumário, art. 278 *caput* do CPC, se deverão formular, junto com o requerimento, os quesitos e indicar assistente técnico; deverá, inclusive, se for o caso, chamar o terceiro ao processo.[595]

---

[594] Conforme PANZANI, *Il Giudizio ...*, p. 320; TARUFFO, *La Riforma del Processo Civile*, p. 33; PATANIA, *Il Giudizio ...*, p. 351, entre outros. Em sentido diferente, FRASCA que divide a fase preparatória em *contraddittorio libero* e *a binario rigido*, sendo este último *"la previsione nell'ambito della fase preparatoria di momenti successivi di operatività delle preclusioni in relazione alla diversa tipologia delle difese della parti sotto il profilo dell'onere di allegazione a realizzare quel temperamento"*, in *Il Giudizio di Primo Grado: La Prima Udienza e le Preclusioni*, in La Riforma del Processo Civile, Quaderni del Consiglio Superiore della Magistratura, n° 73, Nov. 1994, v. I, p. 363. Para este autor, o novel CPC italiano no art. 183 adotou este ponto de vista, *a binario rigido*. Observou GIUSEPPE TARZIA, com a reforma de 1990, consolidada pela Lei n° 534, de 20 de dezembro de 1995, que *"tinha sido introduzido um regime rígido de preclusões, não só para as demandas reconvencionais, mas também para as exceções em sentido estrito"*, a audiência preliminar no processo civil, in GENESIS – Revista de Direito Processual Civil, Curitiba, (3), set./dez. de 1996, p. 724. Na doutrina brasileira, conforme esclarece BARBOSA MOREIRA, *"Técnica de utilização freqüente para evitar protraimentos na suscitação e na solução de questões é, conforme se sabe, a da preclusão. Em princípio, crescerá a eficiência do método 'concentrado' na medida em que o ato específico (ou a série de atos específicos) assinale a liquidação definitiva das questões compreendidas em seu objeto, com a óbvia ressalva das hipóteses de superveniência. Menor será, pelo contrário, a significação desse momento processual, se mesmo depois continuarem elas irrestritamente suscitáveis"*, Saneamento ..., ob. cit., p. 142. Também nesse sentido, CALMON DE PASSOS quando expõe seu posicionamento, dizendo: *"Se esse entendimento prevalecer, cumpre atender-se ao princípio da preclusão e da efetividade, que operam no tocante às partes, da recorribilidade do que antes foi decidido e do efeito preclusivo, no que pertine ao juiz, da interposição do recurso, enfim um sem número de problemas que serão, a meu ver, eliminados ou minimizados"*, ob. cit., p. 113. Conforme CARLOS ALBERTO ALVARO DE OLIVEIRA: *"Esse difícil problema de política judiciária deve ser resolvido, antes de mais nada, levando-se em conta a situação cultural do povo, sua eventual litigiosidade, a capacidade dos juízes e advogados e os meios postos à disposição da administração da justiça"*, ob. cit., n° 21.3, p. 175. No processo civil alemão, os debates acerca das preclusões ganharam novos contornos com a reforma, denominada *Vereinfachungsnovelle*, de 1976, mormente com a redação do debatido § 296 Abs. 1 ZPO, que, segundo PRÜTTING, *"in tema di rigetto delle deduzioni tardive rappresenta il nucleo essenziale della Novella sulla semplificazione (...). Dal ponto di vista del singolo processo, il paragrafo 296 impedisce la tattica processuale fondata sulla spendita 'goccia a goccia' delle deduzioni"*, La Preparazione delle Trattazione Orale e le Conseguenze delle Deduzioni Tardive nel Processo Civile Tedesco, in Riv. Dir. Proc., 1991, anno XLVI – n°2, p. 417 e 418. Não obstante o autor concluir que: *"Secondo la mia opinione non è esatta l'affermazione secondo cui il legislatore del 1976 avrebbe reintrodotto il principio di eventualità"*, ob. cit., p. 427. A preclusão encontra-se, também, no § 255, *comma* 1°, parte primeira, do código de processo civil japonês, que, segundo HIDEO NAKAMURA, *"prevede che i fatti specifici, non allegati o dedotti nella fase preparatoria, non possano poi più esserlo nel corso della trattazione orale"*, Il Processo Civile in Giappone, in Riv. Trim. Dir. Proc. Civ., 1992, Giuffrè, anno XLVI – n°3, p. 943. No direito espanhol encontramos no art. 693, 4ª, da LEC, que refere-se ao *juicio de menor cuantía*, a possibilidade das partes, após a audiência preliminar, no prazo de oito dias, apresentarem as provas que entendam pertinentes, sob pena de, segundo a lei, *"transcurrido dicho plazo, no se podrá proponer prueba ni adicionar la propuesta, a excepción de lo previsto en el artículo 612 para la prueba pericial"*.

[595] Nos moldes do art. 183, *comma* 4° do CPC italiano.

É nessa audiência que se encerra a fase postulatória, dando início à fase saneadora;[596]

c) o *conhecimento da causa* antes do início da audiência. Pode parecer desnecessário mencionar-se esse requisito implementador da audiência, mas não o é, uma vez que a praxe aponta em sentido contrário. O acúmulo de serviço hoje no Brasil é tamanho,[597] que o magistrado não possui tempo para preparar o processo antes da audiência preliminar, resumindo-se a ler o processo no início da sessão, o que prejudica totalmente o saneamento e a fixação dos pontos controvertidos; pois, como pode o magistrado sanear algo que não conhece? Como pode fixar os pontos controvertidos, sem conhecer pormenorizadamente os fatos constitutivos, impeditivos, modificativos ou extintivos? Esse, *data venia*, parece ser o maior empecilho para uma real implementação da audiência preliminar.[598] Aconselha-se, mediante uma leitura atenta do processo, que o magistrado selecione aquelas causas que apontam para uma maior possibilidade de acordo e designe uma pauta preferencial, ou no início do expediente ou num único dia da semana. Essa atitude, indiscutivelmente, reduzirá a vida útil do processo.[599]

Somente dessa forma poderemos gozar de um processo *rápido*, *eficaz* e *barato*. *Rápido*, porque retira todas as formas de dilações indevidas; *eficaz*, porque atende ao princípio da economia processual, isto é, permite obter um máximo de resultado, num mínimo de atividade processual; e *barato*, porque as partes e o Estado economizarão tempo e dinheiro.

O art. 331 do CPC, ao introduzir a audiência preliminar, estabeleceu fundamentalmente *quatro fases* bem definidas: 1) a conciliação; 2) o saneamento do processo; 3) a fixação dos pontos controvertidos e 4) a determinação das provas a serem produzidas.[600]

---

[596] Porque, nessa audiência, as partes ainda poderão requer as provas necessárias à instrução da causa.

[597] Também no direito alemão, segundo PRÜTTING, ob. cit., p. 414; E no direito japonês, conforme HIDEO NAKAMURA, ob. cit., p.941 e 942.

[598] Para BARBOSA MOREIRA, "*se o juiz, mesmo zeloso, não tem possibilidade prática, em razão do acúmulo de serviço, de preparar-se conforme cumpre para o ato, então aqueles motivos desaparecem por completo*", *Saneamento ...*, ob. cit., p. 137. E, mais adiante, salienta o prestigiado autor, referindo-se ao art. 331 do CPC: "'*se não se verificar nenhuma das hipóteses previstas nas seções precedentes'. (...) o que implica para o órgão judicial, logicamente, o dever de* **investigar previamente** *todas essas possibilidades, e portanto de examinar todas as questões relevantes*", (grifo nosso) ob. cit., p. 139.

[599] NELSON NERY JÚNIOR entende que, "*a audiência preliminar não é burocratizante nem vai carregar a pauta dos juízes, pois nela não se produzem provas. O juiz pode marcar várias audiências preliminares para o início do expediente, sem que isso atrapalhe o andamento das outras audiências, de instrução e julgamento*", *Atualidades sobre o Processo Civil*, RT, 1995, p. 71 e 72. Em igual sentido LUIZ RODRIGUES WAMBIER, ob. cit., p. 33 e 34.

[600] Mais amplo que o art. 331 do CPC brasileiro é o art. 301 do Código-Tipo para a América Latina, quando fala da audiência preliminar, servindo de base para inúmeras inovações ocorridas no mundo inteiro, em virtude da sua grandiosidade, como se nota da transcrição resumida, a seguir:" *1) possibilidade de ratificação pelas partes dos escritos constitutivos e casual aditamento de fatos novos; 2) contestação pelo autor das exceções opostas pelo demandado; 3) tentativa conciliatória; 4) recepção da prova das exceções; 5) saneamento do processo, para resolver as exceções processuais ou nulidades, bem como julgar todas as questões que obstem a decisão de mérito; 6) fixação definitiva do objeto do processo e da prova*", Un "*Codice Tipo*" *di Procedura Civile per L'America Latina*, Cedam, 1988, p. 580.

DA TUTELA JURISDICIONAL ÀS FORMAS DE TUTELA

Não incidindo em nenhuma das providências preliminares (*questões prévias*), arts. 324 a 327 do CPC, e não incorrendo nas duas primeiras hipóteses de julgamento conforme o estado do processo, arts. 329 e 330 do CPC,[601] a audiência preliminar é *obrigatória*,[602] à medida que a tentativa de conciliação, o saneamento do processo, a fixação dos pontos controvertidos e a determinação das provas a serem produzidas, nessa fase, são requisitos do procedimento, qualquer que seja, *v.g.*, nos procedimentos especiais, nos embargos, tanto de devedor quanto de terceiro, etc. Omitir essa audiência é omitir um ato indispensável do procedimento e da adequada prestação jurisdicional, podendo o Estado responder por danos morais,[603] na medida em que existindo uma norma capaz de abreviar, drasticamente, o tempo da prestação jurisdicional, a sua não utilização, por parte do Estado, gera um desserviço às partes e à sociedade, causando, indiscutivelmente, um prejuízo injustificado, porque permite a demora desnecessária do processo, e segundo Trocker, "a justiça realizada morosamente é sobretudo um grave mal social; provoca danos econômicos (imobilizando bens e capitais), favorece a especulação e a insolvência, acentua a discriminação entre os que têm a possibilidade de esperar e aqueles que, esperando, tudo têm a perder. Um processo que perdura por longo tempo transforma-se também num cômodo instrumento de ameaça e pressão, uma arma formidável nas mãos dos mais fortes para ditar ao adversário as condições da rendição", (tradução nossa).[604] Além do que, sendo as normas referentes ao procedimento de *interesse público* e de natureza *cogente*,[605] seu desrespeito gerará

---

[601] Diferentemente no direito espanhol, onde o julgamento antecipado da lide deve ser feito na própria audiência preliminar, conforme o art. 693, 4ª da LEC, ao dizer: *"Cuando resulte de la comparecencia que las partes están conformes en los hechos y que la discrepancia queda reducida estrictamente a una cuestión de derecho, o si ninguna de ellas hubiera solicitado el recibimiento a prueba, el Jeuz dictará sentencia dentro de cinco días a partir del seguiente al de la terminación de la comparecencia".*

[602] Nesse sentido, DINAMARCO, ob. cit., p. 124; CALMON DE PASSOS, ob. cit., p. 113; HUMBERTO THEODORO JÚNIOR, ob. cit., p. 16; NELSON NERY JÚNIOR, *Código de Processo Civil Comentado*, RT, 1997, 3. ed., p. 608 (nota 4); LUIZ RODRIGUES WAMBIER, ob. cit., p. 31. Em sentido contrário, entendendo ser facultativa, BARBOSA MOREIRA, *O Processo* ..., ob. cit., p. 105; IARA DE TOLEDO FERNANDES, *Da Audiência Preliminar do art. 331 do CPC*, in Repro nº 81, p. 44.

[603] Conforme já escrevi anteriormente: *"O Estado deve ser responsável pelas dilações indevidas de acordo com o direito apresentado. A Corte Européia dos Direitos do Homem já se manifestou a respeito, segundo J. SANCHEZ-CRUZAT, durante os anos oitenta, onde reconheceu o direito ao processo sem dilações indevidas, impondo reiteradas condenações à vários países, obrigando-os à indenização pelo dano moral derivante de prolongada ansiedade pelo êxito da demanda, (in El Tribunal Europeu, 1983, p.91). No Brasil este ponto de vista é defendido por CRUZ E TUCCI, in Devido Processo Legal e Tutela Jurisdicional, RT, 1993, p.99".* E continuo, mais adiante: *"Segundo CRUZ E TUCCI o Brasil é signatário da mencionada Convenção Americana sobre Direitos Humanos e, inobstante nada dispor a CF sobre a prestação jurisdicional dentro de um prazo razoável, abre a mesma a possibilidade de serem adotados certos princípios, direitos e garantias decorrentes de tratados internacionais em que a República Federativa do Brasil seja parte, de acordo com o § 2º do art. 5º da CF)"*, *A instrumentalidade do Processo e o Princípio da Verossimilhança como decorrência do Due Process of Law*, contido na Rev. de Jurisprudência Brasileira, nº 173, p. 31 e 32 e na Rev. AJURIS nº 60, p. 273 e 274.

[604] *Processo Civile e Costituzione*, Giuffrè, 1974, p. 276 e 277.

[605] Mesmo o rito sumário, que o magistrado tem a possibilidade de converter em ordinário, segundo § 4º do art. 277, e vice-versa, a natureza da norma continua a ser cogente, pois a disponibilidade do rito, legalmente prevista, não altera a sua natureza e, sim, permite dois caminhos dentro da própria norma; tanto é verdade, que não pode ser seguido um terceiro caminho, em virtude da cogência da norma.

uma *nulidade absoluta*,[606] o que não significa dizer que desrespeitada essa norma de procedimento, o vício seja insanável.[607] A audiência preliminar constitui um *pressuposto processual de validade objetivo e intrínseco à relação jurídica*. Mesmo faltando a primeira fase, a conciliação, por se tratar de direitos indisponíveis ou falta de interesse das partes, haverá a segunda fase, denominada saneadora, na qual o juiz decidirá as questões processuais pendentes. Mesmo não havendo o que sanear, deverá o juiz fixar os pontos controvertidos, para, sobre eles, fazer incidir a prova, consequentemente, remetendo o processo para a fase instrutória. E, se nada disso for possível, o que duvido, ainda assim deverá o juiz designar tal audiência, para que possa, no mínimo, sentir a dimensão jurídica do conflito, bem como de seus aspectos psicológicos e éticos, isto é, do fundo humano e social que toda contenda possui.

7.5.2. Direito comparado

7.5.2.1. Direito austríaco

A primeira idealização de uma audiência preliminar surgiu na *Zivilprozessordnung* austríaca de 1895, que entrou em vigor no ano de 1898,[608] e trouxe consigo, nos §§ 239 a 242 ÖZPO, a *erste Tagsatzung* (primeira audiência técni-

---

[606] Também nesse sentido manifesta-se DINAMARCO, ao afirmar que *"trata-se de nulidade absoluta, porque se resolve na violação de norma destinada ao bom e correto exercício da jurisdição, função estatal"*, A Reforma ..., nº 93, p. 124. Para GALENO LACERDA, *"certa, sem dúvida, a presença de interesse público na determinação do rito do processo"*, RJTJRGS, n. 102, p.285. Para IARA DE TOLEDO FERNANDES: *"A interpretação pela 'obrigatoriedade' dada à linguagem cogente da norma, porque apegada à literalidade, merece zelo. Melhor nos parece alçar a interpretação a nível sistemático-teleológico"*, ob. cit, p. 44. A crítica da autora deve-se à confusão que a mesma faz, entre nulidade absoluta e insanabilidade.

[607] Conforme já decidiu o T.J.R.G.S: *"Possibilidade de conversão de procedimento sumaríssimo em ordinário. O interesse público na instrumentalidade do processo relativiza, em regra, as nulidades processuias. Aplicação dos arts. 250, parágrafo único, e art. 154 do CPC, e do art. 1.218 do CC"*, rel. Des. Galeno Lacerda, publicado na Revista de Jurisprudência do T.J.R.G.S. nº 102, p.283. Para GALENO LACERNA, *"Não há outro interesse público mais alto, para o processo, do que o de cumprir sua destinação de veículo, de instrumento de integração da ordem jurídica mediante a concretização imperativa do direito material. (...)Exatamente porque a preocupação maior consiste em tudo fazer para salvar o instrumento, a fim de que alcance o objetivo, verifica-se que as regras sobre nulidades possuem o necessário e indispensável condão de relativizar a maior parte das normas imperativas processuais e, por conseguinte, as sanções resultantes de sua infração"*, O Código e o Formalismo Processual, in AJURIS nº 28, p. 10 e 11. Também CARLOS ALBERTO ALVARO DE OLIVEIRA, entende que: *"A solução exeqüível estampa-se na adoção do princípio da instrumentalidade das formas, dando-se pela validade do ato processual sempre que atingir sua finalidade essencial, preservadas as garantias constitucionais do processo"*, Do Formalismo no Processo Civil, Saraiva, 1997, nº 16, p. 124. Pode-se afirmar, com certeza, que hoje os princípios da finalidade e da existência do prejuízo aplicam-se, também, as nulidades absolutas, ou seja, se o ato praticado, por qualquer dos sujeitos processuais, desrespeitar à forma preestabelecida em lei, e, mesmo assim, atingir a finalidade não causando nenhum prejuízo, não há porquê anulá-lo; pois, do contrário, estar-se-ia repetindo, desnecessariamente, o ato que cumpriu a sua finalidade, principalmente se o ato refere-se ao procedimento, porque não pode alterar o mérito (*resultado*) da causa. O que não significa dizer que o Estado não possa ser responsabilizado pela demora injustificada; o que se está a dizer é que não se deve repetir novamente o processo para se obter o mesmo resultado.

[608] Cf. B. KÖNIG, *La ZPO Austriaca dopo la Novella del 1983*, in Riv. Dir. Proc., 1988, ano XLIII, nº 3, p. 713. Em igual sentido BARBOSA MOREIRA, *Saneamento* ..., ob. cit., p. 120s. Também CARLOS ALBERTO ALVARO DE OLIVEIRA, ob. cit., nº 4.6.2, p. 49s.

ca). É o Código de Franz Klein, que teve em mira, não os princípios dogmático-formais ou posições ideológicas, mas sobretudo a adequação e a praticidade do novo processo.[609] Para Klein, "ogni causa aveva componente economica e sociale molto importante. La singola controversia non è quindi da considerarsi mera cosa privata delle parti, ma quale episodio di particolare importanza anche per tutta la società".[610]

O § 239 ÖZPO apresenta como "l'único scopo di questa udienza è quello di verificare se l'attore e il convenuto siano effettivamente intenzionati a condurre una causa o se in particolare il convenuto in questo momento(...)sia disposto ad adempiere l'obbligazione. Il convenuto (e l'attore) deve manifestare *attraverso la sua comparsa in udienza* la propria intenzione di volersi fare coinvolgere nella lite".[611] Essa audiência realiza-se, segundo Barbosa Moreira, "*antes* da abertura de oportunidade ao réu para defender-se".[612] A primeira audiência técnica não é, portanto, nem de instrução, nem preliminar, é meramente uma chamada, que, não obstante, apresenta sérias consequências caso o réu não compareça, permitindo ao juiz prolatar uma sentença contumacial, baseada unicamente na afirmação do autor. Tal decisão cria um título executivo que, segundo König, "non poteva più essere, in pratica, reso inefficace dalla controparte né con un'impugnazione – in quanto vi è un divieto di proporre nuovi fatti – né durante un'esecutione".[613] É difícil para nós entendermos a atitude do legislador austríaco, uma vez que a finalidade dessa audiência é convidativa, porém a sanção para o não comparecimento é rígida. Só se justifica num sistema onde existe credibilidade nas pessoas envolvidas no conflito, ou como quer Chiovenda, referindo-se ao processo injuncional: "Para que seja útil o instituto, faz-se mister contar-se com a raridade normal de pretensões infundadas e de oposições dilatórias assim como esperar que seja exíguo o número das oposições em relação ao das ordens de pagamentos expedidas".[614]

A reforma de 1983 acrescentou ao § 243 ÖZPO um 4º parágrafo, que tornou a *erste Tagsatzung* facultativa, nos procedimentos perante o Tribunal (de regra monocrático), quando, "*in base al contenuto della domanda attorea, sia presumibile che il convenuto si costituirà*". E, foi substituída no "*procedimento pretorile (...) con un procedimento d'ingiunzione obbligatorio*".[615]

---

[609] Cf. KÖNIG, ob. cit., p. 712.

[610] *Apud* KÖNIG, ob. cit., p. 712. Em igual sentido CARLOS ALBERTO ALVARO DE OLIVEIRA, ob. cit., p. 50.

[611] *Apud* KÖNIG, ob. cit., p. 714.

[612] Ob. cit., p. 121.

[613] Ob. cit., p. 714.

[614] *Instituições* ..., ob. cit., p. 259.

[615] *Apud* KÖNIG, ob. cit., p. 716 e 717. Em igual sentido BARBOSA MOREIRA, *Saneamento* ..., ob. cit., p. 122 e 123; CARLOS ALBERTO ÁLVARO DE OLIVEIRA, ob. cit., nº 4.6.2, p. 51; GIUSEPPE TARZIA, ob. cit. p. 726 e 727.

7.5.2.2. Direito alemão

O Código de Processo Civil da *Deutschen Reichs*, é de 1877. Todavia, sofreu várias modificações no transcorrer do século 1924, 1933, 1974 e a última em 1976.

A reforma de 1976 produziu a alteração do § 272 Abs. 1, 278 ZPO, para melhor simplificar e acelerar o procedimento. Conforme Prütting: "Il cammino di volta in volta più adatto per pervenire alla preparazione dell'udienza principale è deciso dal Presidente del collegio che sceglie, con valutazione discrezionale e non censurabile, tra due tipi di procedimento. (...). Se il tribunale ha scelto per la fase preparatoria la così detta prima udienza immediata, si procede secondo il paragrafo 275 ZPO. (...). Se il tribunale ha invece scelto la via del procedimento preparatorio scrito di cui al paragrafo 276 ZPO, il Presidente chiede al convenuto, senza fissare alcuna udienza e tramite la notificazione della citazion, di manifestare la sua intenzione di difendersi entro un termine di due settimane".[616]

Não obstante o juiz poder, discricionariamente, optar pela forma mais adequada de procedimento, a escrita ou a oral, com realização de uma pré-audiência, a finalidade dessa última reside em preparar a audiência principal, de modo que a matéria deduzida possa ser conduzida com plena *maturità* pelo juiz, por força do § 273 ZPO.[617]

7.5.2.3. Direito italiano

As recentes reformas do processo civil italiano culminaram na promulgação das Leis nº 353, de 26 de novembro de 1990, e nº 534, de 20 de dezembro de 1995, e trouxeram consigo a denominada *prima udienza di trattazione*, prevista no art. 183 do CPC italiano.[618]

É correto se afirmar que a reforma de 1995 estabeleu expressamente a distinção entre *audiência de primeiro comparecimento*, art. 180 do CPC, e *primeira audiência de preparação (trattazione)*, art. 183 do CPC.[619]

---

[616] Ob. cit., p. 416 e 417. Nesse sentido G. TARZIA, ob. cit., p. 726 e BARBOSA MOREIRA, ob. cit., p. 123 e 124.

[617] Cf. PRÜTTING, ob. cit., p. 416.

[618] Eis os textos: *"art. 183. Prima udienza di trattazione. – Nella prima udienza di trattazione il giudice istrutore interroga liberamente le parti presenti (p.c. 117) e, quando la natura della causa lo consente, tenta la conciliazione (p. c. 185, 198; att. p. c. 88). La mancata comparizione delle parti senza guistificato valutabile ai sensi del secondo comma dell'art. 116 (p.c. 420). Le parti hanno facoltà di farsi rappresentare da un procuratore generale o speciale (p. c. 420), il quale deve a conoscenza dei fatti della causa. La procura deve essere conferita con atto pubblico (c. 2699) o scrittura privata autenticata (c. 2703), e deve attribuire al procuratore il podere di conciliare o transigere (c. 1965) la controversia. La mancata conoscenza, senza gravi ragioni, dei fatti della causa da parte del procuratore è valutabile ai sensi del secondo comma dell'art. 116 (p. c. 420). Il guidice richiede alle parti, sulla base dei fatti allegati, i chiarimenti necessari e indica le questioni rilevabili d'ufficio delle quali ritiene opportuna la trattazione (p. c. 37, 38, 39, 40, 75, 102, 107, 164, 182, 421; att. p. c. 80-bis. Nella stessa*

[619] Cf. TARZIA, ob. cit., p. 724.

Destina-se a primeira audiência, art. 180 do CPC, segundo Tarzia, "*à verificação de ofício da regularidade do contraditório* e, quando necessário, à emanação dos provimentos para a integração do contraditório em caso de litisconsórcio necessário (art. 102); para o saneamento da citação (art. 164) e da demanda reconvencional (art. 167); para o saneamento dos defeitos de representação, assistência e autorização (art. 182) e dos vícios de notificação da citação (art. 291). Todos estes provimentos requerem naturalmente a fixação de uma outra audiência".[620]

A segunda audiência, denominada de *prima udienza di trattazione*, art. 183 do CPC, vem representar, segundo Panzani, "grazie al sistema di preclusioni adottato dal legislatore, il fulcro del processo".[621] Servindo para determinar o objeto do processo, o *thema decidendum*, consequentemente, preparando o mérito da causa. Pode o juiz, conforme o autor, "ottenere dalle parti i 'chiarimenti' sulle domande ed eccezioni formulate negli atti introduttivi, sia attraverso l'esercizio della parte di attore e convenuto del potere (limitato) di formulare domanda ed eccezioni nuove e soprattutto di precisare e modificare, con l'autorizzazione del giudice, le domande e le eccezioni già formulate".[622]

Atualmente, no direito italiano, as atividades antevistas pelo abstrato modelo da audiência preliminar são, portanto, divididas em duas audiências.[623]

7.5.2.4. Direito espanhol

A reforma introduzida na *Ley de Enjuiciamiento Civil* pela Lei n° 34, de 06.08.1984, trouxe, entre outras alterações, a reformulação do *juicio de menor cuantía*, que segundo a *Exposición de Motivos*, "pasa a ser el proceso prototípico o predominante, con un contenido económico que, aun teniendo en cuenta la devaluación monetaria, al comprender de las quinientas mil pesetas hasta los cien millones de pesetas, sobrepasa con mucho a las mil y veinte mil pesetas a que se atuvo en su momento de la Ley de Enjuiciamiento Civil".

Hoje, no *juicio de menor cuantía* o comparecimento das partes diante do juiz, após as suas postulações, é *obrigatório*, e tem como finalidade precípua, segundo a *Exposición de Motivos*: 1) a possibilidade de um acordo que substitui a sentença; 2) corrigir possíveis defeitos ou faltas nos escritos das partes ou nos pressupostos processuais; 3) delimitar as questões de fato em que haja conformidade ou discrepância, e; 4) tornar possível, com vistas à prova, que estejam claramente definidas as posições em conflito. É autêntica audiência preliminar, com nítida aceleração da prestação jurisdicional, à medida que reduz o procedimento

---

[620] Ob. cit., p. 724. Também PANZANI, ob. cit., p. 329.

[621] Ob. cit., p. 322.

[622] Ob. cit., p. 329. Igualmente TARZIA, ob. cit., p. 725.

[623] Cf. TARZIA, ob. cit., p. 715.

inserindo duas audiência, a primeira, chamada de preliminar, que serve para filtrar todas as impurezas do procedimento, enquanto a segunda serve para a colheita de prova.

A audiência preliminar no direito espanhol, hoje está prevista na nova LEC/2000, nos arts. 414 a 430, 691 e seguintes, e é defendida por Fairén Guillén,[624] Guasp,[625] Almagro Nosete[626] y Serra Dominguez.[627]

7.5.2.5. Direito português

Também o direito português buscou inspiração no Código de Processo Civil Modelo para América Latina, quando, através de uma comissão, criou, em 1993, as *Linhas Orientadoras da Nova Legislação Processual Civil*,[628] regulamentando a marcha do processo civil de declaração.

O Código de Processo Civil português, cujo corpo data de 1961, prevê várias fases para o desenrolar do processo, a saber: 1ª) *fase dos articulados*, arts. 467 a 507; 2ª) *fase da condensação* (audiência preparatória e despacho saneador), arts. 508 a 512; 3ª) *fase de instrução*, arts. 513 a 645; 4ª) *fase da discussão e julgamento da causa*, arts. 646 a 657; 5ª) *fase da sentença*, arts. 658 a 675; 6ª) *fase dos recursos*, arts. 676 a 782.[629]

Antes da reforma, o CPC português previa uma audiência preparatória que era facultativamente marcada pelo juiz da causa, permitindo a tentativa de conciliação ou a manifestação dos advogados sobre o pedido ou exceções.[630]

Com as *Linhas Orientadoras* de 1993, os objetivos da audiência preliminar foram bastante ampliados, passando de dois (forma antiga) para sete (forma atual). A primeira fase prevê a tentativa de *conciliação*, sendo obrigatória a presença das partes e a *expressa fundamentação da conciliação e/ou da frustração dessa*. A segunda destina-se ao *despacho de aperfeiçoamento*, onde o juiz ou as partes podem corrigir ou completar os seus articulados, suprindo qualquer lacuna. A terceira é a do *saneamento do processo*, que possibilita ao juiz apreciar e dis-

---

[624] *El Principio de Autoridad del Juez en el Proceso Civil y sus Límites (sobre los presupuestos procesales y la audiencia preliminar)*, em Estudios de Derecho Procesal, Derecho Privado, Madrid, 1955, p. 223 a 229.

[625] *El Sistema de una Ley Procesal Civil Hispanoamericana*, em Revista de Derecho Procesal, 1956, p. 49 e 50.

[626] *Garantías Constitucionales del Proceso Civil*, no livro *Para un Proceso Civil Eficaz*, Bellaterra, 1982, p. 5 a 36.

[627] *Balance Positivo de la Ley de Enjuiciamiento Civil*, no livro *Para un Proceso Civil Eficaz*, Bellaterra, 1982, p. 229 a 258.

[628] Cf. CARLOS MANOEL FERREIRA DA SILVA, *A Audiência Preliminar no Código Modelo de Processo Civil para a América Latina e nas Linhas Orientadoras da Nova Legislação Processual Civil Portuguesa*, in Rev. Proc., RT, nº 71, p. 171s.

[629] Para melhor esclarecimento da estrutura do processo civil português consultar FERNANDO LUSO SOARES, *Processo Civil de Declaração*, Almedina, 1985, p. 495s; ANTUNES VARELA-BEZERRA-SAMPAIO E NORA, *Manual de Processo Civil*, Coimbra ed., 2ª ed., 1985, p. 237s.

[630] Segundo CARLOS MANUEL FERREIRA DA SILVA, ob. cit., p. 171.

DA TUTELA JURISDICIONAL ÀS FORMAS DE TUTELA

cutir a existência de quaisquer exceções dilatórias, providenciando, se necessário, a regulamentação da instância. A quarta fase oportuniza ao juiz a *decisão sobre o mérito da causa*, no todo ou em parte, apreciando ele o pedido ou algum dos pedidos deduzidos, bem como de alguma exceção peremptória, tudo em conformidade com o princípio da oralidade. A quinta traz o *exame da matéria de fato*, nos limites da demanda ou das exceções deduzidas, *permitindo as partes proceder à alteração ou ampliação do pedido ou da causa de pedir*. A sexta *prepara o processo para o julgamento*, através da determinação dos fatos provados e a provar, bem como da indicação das provas a produzir e a fixação de prazos para o seu oferecimento, além da designação, sempre que possível, da data da realização da audiência final.[631]

7.5.2.6. Direito uruguaio

Em 1986, o Poder Executivo nomeou uma comissão para preparar o anteprojeto do Código de Processo Civil, que terminou os seus trabalhos em fevereiro de 1987. Esse anteprojeto foi imediatamente remetido para o Parlamento que sancionou-o, após curto debate, em outubro de 1988, entrando em vigor a partir de 20. XI. 1989,[632] sendo atualmente um dos mais modernos Códigos de Processo do mundo.

O novo *Código General del Proceso* prevê, entre outras mudanças, uma audiência preliminar, que está prevista no art. 340 e tem seu conteúdo determinado pelo art. 341.

Essa audiência preliminar vem após a fase postulatória, que é composta pela demanda, na qual o autor deve deduzir a sua pretensão, sempre por escrito, e com *todas as provas alegadas*, *e.g.*, documental, indicação de testemunha, requerimento de perícia, etc., e pela resposta, que deverá conter os mesmos requisitos exigidos para a demanda. A função dessa audiência,[633] conforme art. 341 do CGP, pode ser resumida nas seguintes características:

a) *Ratificação* da demanda e da resposta, fazendo, caso seja necessário, os aclaramentos pertinentes, o que permite, inclusive, alegar fatos novos sempre que não modifiquem a pretensão ou a defesa;

b) *Tentativa de conciliação*, quer seja total quer seja parcial, sendo que nesse último caso diminuir-se-á as questões da lide. A presença das partes com os seus procuradores é obrigatória, tanto que se o autor estiver desassistido presumir-se-á que tenha desistido da sua pretensão, ou estando o réu desassistido aplicar-se-lhe-á os efeitos da revelia, tudo conforme o art. 340 do CGP;

---

[631] Cf. CARLOS MANUEL FERREIRA DA SILVA, ob. cit., p. 172 e 173.

[632] Consoante E. VESCOVI, *Il Nuovo Sistema Giudiziario dell'Uruguay*, *in* Riv. Dir. Proc., anno XLVI-n° 2, 1991, p. 402.

[633] Consultar VESCOVI, ob. cit., p. 409.

c) *Saneamento do processo*, através de uma "sentença" interlocutória, onde o juiz vai expurgar, segundo a letra da lei (art. 341), *"todas las cuestiones que obstaren a la decisión de mérito"*, incluindo a imponibilidade da petição inicial, as nulidades em geral ou qualquer vício referente aos pressupostos processuais;

d) *Fixar o objeto do processo e da prova*, pronunciando-se o juiz sobre os meios de prova solicitados pelas partes, rechaçando as que forem inadmissíveis o desnecessárias, sempre, conforme Vescovi, *"con la presenza e collaborazione delle parti ed i loro avvocati"*.[634] A prova se possível deverá ser produzida nessa audiência,[635] caso contrário marcará o juiz a *audiencia complementaria*, art. 343 do CGP, que determina: *"343.1 Si la prueba no hubiere podido diligenciarse en la audiencia preliminar, total o parcialmente, se citará a las partes para la audiencia complementaria de prueba en el más breve tiempo posible..."*.

7.5.3. Fases da audiência preliminar

7.5.3.1. Conciliação

A conciliação foi uma das metas principais da reforma, na qual buscou o legislador prestigiar, sobremaneira, a autocomposição como forma de resolução dos conflitos, estimulando-a ao máximo. Não seria exagero dizer que ela, a autocomposição, foi equiparada à jurisdição, na medida em que aquela se constitui no *filtro* desta, pois, estimulando-a, estar-se-ia compondo conflitos sem a necessidade de o juiz julgar a causa, porquanto somente depois de se tentar a conciliação, *a qualquer tempo*, segundo inc. IV do art. 125 do CPC, é que o juiz deverá julgar.

A justiça conciliatória é muito antiga e representa, segundo os expositores do Código Procesal Civil Modelo para Iberoamérica, *"el tema (...) más trascendentes del mundo moderno, dentro de la problemática mas general de la justicia, de las formas de acceso a la misma y la búsqueda de fórmulas de alternativa"*.[636] É a justiça coexistencial, no dizer de Cappelletti,[637] e encontra eco em todos os

---

[634] Ob. cit., p. 409.

[635] Cf. VESCOVI, ob. cit., p. 409.

[636] Ob. cit., p. 35.

[637] Que falava, no Congresso ocorrido na cidade de Pau, em 6-9 de julho de 1982, sobre *"la necesidad de obtener fórmulas alternativas de justicia, que permitieran un arreglo de las disputas que facilitara la posterior convivencia, no una justice 'tranchant' que resolvía dando razón a una u otra de las partes.(...) Hay que dérregularizar, délegalizar, déprofesionalizar buscando soluciones simples, equitativas y de avenimiento"*, apud BIDART-TORRELLO-VESCOVI, ob. cit., p. 36, nota 56.

códigos modernos, e.g., Portugal,[638] Áustria,[639] Itália,[640] Uruguai,[641] Espanha,[642] Argentina,[643] México,[644] Japão,[645] China,[646] Brasil[647] etc.

A conciliação está intimamente ligada à oralidade; por exemplo, no processo do trabalho, arts. 847 e 850 da CLT, e principalmente nos Juizados Especiais que por ela se pautam, segundo o art. 2º da Lei 9.099/95, dentre outros princípios. Dizia, alhures, Chiovenda que maior é a possibilidade do acordo quanto maior for a autoridade do conciliador. Diante disso, os magistrados devem se imbuir dessa forma *pacífica* e *menos traumática* de solução de conflitos, na medida em que não haverá vencedor nem vencido, sendo, portanto, mais aceitável para os indivíduos.

Diante dessa realidade conflituosa, devem os magistrados perceber a possibilidade de acordo e incentivar as partes a fazê-lo, pois a vontade delas é elemento indispensável, bem como a disponibilidade do Direito, mostrando às partes as vantagens do acordo, mas *nunca*, como acontece seguidamente na Justiça do Trabalho, *forçar* o acordo, pois se retiraria o elemento essencial e benéfico da conciliação, à medida que fica manchada a vontade das partes. Por conseguinte, estar-se-ia retirando a disponibilidade das partes sobre o seu próprio direito, o que é abominável. Pior do que não conciliar é forçar a conciliação.

Deve-se ter com ressalva a máxima de que *mais vale um mau acordo do que um bom processo*, pois, se isso é verdade, a jurisdição não apresenta mais razão de ser, e os seus valores atuais estão invertidos. Obrigar o ingresso à jurisdição e considerá-la inadequada é um contrassenso inadmissível.

O artigo, ao se referir à audiência preliminar, designa-a por *audiência de conciliação*, dando a errônea impressão de que a conciliação seria o cerne da audiência, o que não é verdade, pois, como dito anteriormente, em não havendo conciliação, deverá o juiz sanear o processo e fixar os pontos controvertidos. O que não se realiza, em tal caso, é somente a primeira fase, e não a audiência toda. Merece críticas, portanto, a redação desse artigo.[648] Não devemos, em hipótese alguma, interpretar gramaticalmente a lei, sob pena de não enxergar, nesse caso, a profundidade das mudanças, tão benéficas na prática.

---

[638] Cf. CARLOS MANUEL FERREIRA DA SILVA, ob. cit., p. 171.

[639] Cf. KÖNIG, ob. cit., p. 714.

[640] Art. 183 do CPC.

[641] Arts. 293 e 223 do *Código General del Proceso*.

[642] Arts. 460 e seguintes da *Ley de Enjuiciamiento Civil*.

[643] Art. 36, 2º, letra *"a"* do CPC.

[644] Art. 273-A do CPCDF.

[645] Cf. HIDEO NAKAMURA, ob. cit., p. 939.

[646] *Apud* BIDART-TORRELLO-VESCOVI, ob. cit., p. 35. Sendo que nesse país, segundo os autores, *"la conciliación constituye la forma más extendida de la Justicia"*, ob. cit., p. 35.

[647] Arts. 331; 125, inc. IV; 448, todos do CPC.

[648] Em igual sentido, DINAMARCO, ob. cit., p. 118 e LUIZ RODRIGUES WAMBIER, ob. cit., p. 31.

Determina o art. 331 do CPC, que se não se verificar o julgamento conforme o estado do processo "e a causa versar sobre direitos disponíveis", o juiz designará audiência de conciliação. Tal redação faz parecer, à primeira vista, que as causas que versem sobre direitos indisponíveis, por não admitir transação, estariam fora do campo da audiência, uma vez que a lei utilizou a conjunção aditiva "*e*" entre o julgamento conforme o estado do processo e os direitos disponíveis, permitindo, com isso, o entendimento de que seriam necessários os dois requisitos para que o juiz pudesse realizar a audiência.Nada mais falso, à medida que existem direitos indisponíveis que possibilitam a transação,[649] *e.g.*, ação de natureza alimentar, onde se pode transigir sobre o *quantum debeatur*; ação de filiação, em que pode ser reconhecida a paternidade na audiência preliminar, ou até mesmo extrajudicialmente, quando comparece voluntariamente no Ofício de Registro Civil, em testamento ou em escritura pública, ou também como diz Luiz Rodrigues Wambier, "nas ações de anulação de casamento, em que a jurisprudência anota ser possível sua transformação, por acordo, em separação consensual".[650]

Conforme o § 1º, do aludido artigo: "Obtida a conciliação, será reduzida a termo e homologada por sentença", que, certamente, será de mérito, consoante o art. 269, inc. III do CPC.

Cumpre ressaltar que, havendo a audiência preliminar, doravante, nada se altera no procedimento, pois essa inovação do legislador somente inseriu uma nova fase no procedimento, na tentativa de agilizá-lo, ou seja, haverá uma audiência de instrução e julgamento e nela, novamente, o juiz tentará conciliar as partes, segundo o art. 447 do CPC, que ficou inalterado, tudo no espírito do inc. IV do art. 125 do CPC, pois, como bem sabemos, a *mens legislatoris* decidiu por expandir a conciliação e não reduzi-la.

7.5.3.2. Saneamento do processo

A segunda fase da audiência preliminar é o saneamento do processo, agora previsto no § 2º do art. 331 do CPC, quando determina ao juiz que ele *"decidirá as questões processuais pendentes"*. O que ficou alterado, em relação à lei antiga, foi a *forma* de saneamento, não o seu conteúdo, que permanece o mesmo, e que se encontra imortalizado nas palavras do Prof. Galeno Lacerda, como sendo

---

[649] Nesse sentido, IARA DE TOLEDO FERNANDES, ob. cit., p. 45; NELSON NERY JÚNIOR, ob. cit., p. 609 (nota 6); LUIZ RODRIGUES WAMBIER, ob. cit., p. 34. Em sentido contrário, numa interpretação literal, BARBOSA MOREIRA, *O Processo ...*, ob. cit., p. 104 e, também, *O Novo Processo Civil Brasileiro*, Forense, 19. ed., 1997, p. 51; CALMON DE PASSOS, ob. cit., p. 111; em certo sentido DINAMARCO, ao afirmar: *"Em litígios sobre direitos indisponíveis, sequer se pode pensar em conciliação"*. Mas mesmo assim, segundo o autor, *"a audiência se realiza e jamais poderia ser 'de conciliação"*, ob. cit., p. 118. A transação, por óbvio, só pode atingir direitos patrimoniais de caráter privado, art. 1.035 do C.C, o que não significa dizer que o seu *objeto* pertença, exclusivamente, ao ramo do direito das obrigações, pois, conforme ensina PONTES DE MIRANDA, *"só num ramo se opera, que é o do direito das obrigações. O que é objeto da transação é que pode pertencer ao direito das obrigações, ao direito das coisas, ao direito de família, ou ao direito das sucessões, ou ao direito público"*, in *Tratado de Direito Privado*, RT, 1984, t. XXV, § 3.033, p. 141.

[650] Ob. cit., p. 34.

"a decisão proferida logo após a fase postulatória, na qual o juiz, examinando a legitimidade da relação processual, nega ou admite a continuação do processo ou da ação, dispondo, se necessário, sôbre a correção de vícios sanáveis".[651] É nessa decisão saneadora que o juiz irá expurgar do processo os vícios, impulsionando o mesmo, após a fixação dos fatos controvertidos, rumo à instrução da causa.

A oralidade, introduzida na audiência preliminar, faz com que se revogue a antiga forma procedimental do saneamento, sendo que neste momento o juiz *deverá* sanear o processo *oralmente*, na referida audiência, não podendo fazê-lo, como antes fazia, por escrito nos autos, logo, não pode mais o juiz decidir isoladamente sobre as questões processuais pendentes.[652] Saneamento e oralidade, hoje, estão em perfeita harmonia. Cumpre aqui relembrar as palavras de Liebman, quando falou sobre a finalidade do saneador, dizendo: "Estas considerações tornam-se ainda mais decisivas num processo oral, em que a instrução e a decisão do mérito devem ser feitas na audiência".[653] Permanecer com tal atitude seria ir de encontro à nova forma de saneamento prevista pelo legislador, descaracterizando o princípio fundamental da audiência preliminar, que é a oralidade, e que deve estar presente durante toda ela. Ademais, feriria também o princípio da publicidade na sua essência.

Da petição inicial até o saneamento do processo o caminho é longo, porque compete ao juiz analisar, nesse interregno, as providências preliminares (*questões prévias*), arts. 324 a 327 do CPC,[654] ou julgar conforme o estado do processo, arts. 329 e 330. Não ocorrendo nenhuma das hipóteses anteriores, deverá o juiz realizar a audiência preliminar, para, numa primeira oportunidade, viabilizar a conciliação, e, se não for obtida, *decidir sobre as questões processuais ainda pendentes*, é o despacho (*decisão*) saneador, propriamente dito, pois, a fase saneadora começa com a análise das providências preliminares.[655]

---

[651] *Despacho Saneador*, Safe, 1985, p. 07. Para BARBOSA MOREIRA," *o despacho saneador é o ato pelo qual o juiz, verificando ser admissível a ação e regular o processo, o impele em direção à audiência de instrução e julgamento, por não estar ainda madura a causa para a decisão de mérito*", O Novo Processo ..., ob. cit., p. 52.

[652] Igualmente NELSON NERY JÚNIOR, ob. cit., p. 608 (nota 4); LUIZ RODRIGUES WAMBIER, ob. cit., p. 31. Para BARBOSA MOREIRA, se for realizada a audiência de conciliação, e não for obtido o acordo, "não há ensejo para o despacho saneador 'escrito': deve o órgão judicial, 'na própria audiência', pronunciar-se sobre as questões pertinentes", O Novo Processo ..., ob. cit., p. 53. Esse é o sentido, também, da reforma intercalar, havida em Portugal, quando prevê "a eliminação do *recurso autónomo* do despacho proferido sobre tais reclamações", *apud* FERNANDO LUSO SOARES, *Processo Civil de Declaração*, ALMEDINA, 1985, nº 11, p. 90. Parece que a praxe, mais uma vez, não atendeu ao chamado da reforma, porque, segundo declara CARLOS MANOEL FERREIRA DA SILVA, "*o saneamento do processo e a preparação da audiência de julgamento, núcleos da futura audiência preliminar são, na lei e na prática judiciária portuguesa atual, obtidos exclusivamente através de um despacho escrito do juiz, comunicado também por escrito às partes, que se designa por despacho saneador, de especificação e questionário*", ob. cit., p. 172.

[653] *O Despacho Saneador e o Julgamento do Mérito*, Rev. Forense, 1945, nº 104, p. 20.

[654] Nesse particular consultar, obrigatoriamente, CALMON DE PASSOS, *Comentários ao CPC*, Forense, v. III, 6. ed., nº 266 e ss.

[655] Em igual sentido, GALENO LACERDA, ob. cit., p. 08; BARBOSA MOREIRA, *O Novo Processo* ..., ob. cit., p. 49s.

A decisão saneadora, que é declaratória, e hoje apresenta-se *concentrada*,[656] conterá:

a) juízo de admissibilidade *positivo* sobre as *questões prévias*, quer sejam prejudiciais de mérito, art. 325 do CPC, quer sejam preliminares de mérito, podendo apresentar uma *defesa indireta de mérito*, arts. 326 do CPC, ou uma *defesa indireta processual*, art. 327 do CPC, bem como daquelas matérias arguíveis *ex officio*, § 4º do art. 301 do CPC;

b) juízo de admissibilidade *positivo* sobre a extinção do processo, art. 329 do CPC, ou sobre o julgamento antecipado da lide, art. 330 do CPC, isto é, deve o juiz declarar que não é caso, nem de extinção do processo, nem de julgamento antecipado da lide; pois do contrário o processo se extinguirá, sem (art. 267 do CPC) ou com (art. 269, II a V, do CPC) análise do mérito, ou ainda poderá o juiz conhecer diretamente do pedido, proferindo sentença, sendo que em nenhum dos casos haverá necessidade de proferir a decisão saneadora;

c) juízo de admissibilidade *positivo* sobre a regularidade dos pressupostos processuais, tanto de existência quanto de validade, art. 267, IV, do CPC; sobre as condições da ação, art. 267, VI, do CPC e sobre a validade dos atos processuais, bem como *ex officio* da matéria enumerada no § 3º do art. 267 do CPC.

O ordenamento jurídico prevê, como regra geral, que o juiz, art. 471 do CPC, e às partes, art. 473 do CPC, não possam discutir novamente as questões já decididas no processo, a cujo respeito se operou a preclusão. Mas em matéria de decisão saneadora, o que preclui e o que não preclui? A resposta nos foi dada por Galeno Lacerda, que conclui dizendo, "a preclusão 'no curso do processo' depende, em última análise, da disponibilidade da parte em relação à matéria decidida. Se indisponível a questão, a ausência de recurso não impede o reexame pelo juiz. Se disponível, a falta de impugnação importa concordância tácita à decisão. Firma-se o efeito preclusivo não só para as partes, mas também para o juiz, no sentido de que vedada se torna a retratação".[657] Isso significa dizer que as questões de ordem pública, por escaparem à disponibilidade das partes, não são atingidas pela preclusão, *v.g.*, as questões constantes no § 3º, do art. 267 do CPC, bem como as questões contidas no § 4º do art. 301 do CPC.

Essa fase da audiência preliminar tem por escopo *limpar* o processo de qualquer questão suscetível de distrair a atenção do juiz, que deve estar voltada, unicamente, para o *meritum causae*, ou como bem diz Liebman: "A atividade do juiz para instruir e examinar a controvérsia submetida a julgamento será tanto mais eficiente quanto menos sua atenção e sua serenidade forem desviadas pela necessidade de resolver as dúvidas que podem ser levadas a respeito da regularidade e validade do próprio processo".[658]

---

[656] Cf. terminologia utilizada por BARBOSA MOREIRA, *Saneamento* ..., ob. cit., p. 109s.

[657] Ob. cit., p. 161. Concordando com tal orientação JOSÉ ROGÉRIO CRUZ E TUCCI, *Sobre a Eficácia Preclusiva da Decisão Declaratória de Saneamento*, in *Temas Polêmicos de Processo Civil*, Saraiva, 1990, p. 64.

[658] Ob. cit., p. 20.

7.5.3.3. Fixação dos pontos controvertidos

Aqui reside o cerne da audiência preliminar, não obstante essa possibilidade já ter sido prevista no art. 451 do CPC, o que se fez foi racionalmente antecipar a fixação dos pontos controvertidos para uma fase anterior à da audiência de instrução e julgamento.

A expressão *"pontos controvertidos"*, utilizada pela lei, no § 2º do referido artigo, é equivalente à expressão *"questões controvertidas"* ou, como querem os portugueses, ao *questionário*, e tem por finalidade delimitar as questões sobre as quais recairá a prova. É o chamado *thema probandum* que se refere à necessidade concreta de se fazer prova sobre algo que se encontra duvidoso na cabeça do juiz, mais especificamentem, as questões de fato.

Impõe-se, neste momento, frisar que não só os pontos controvertidos deverão ser fixados pelo juiz na audiência preliminar, porque ele também poderá convencer-se de fatos que não precisam ser provados, *v.g.*, os fatos alegados por uma das partes e não contestados pela parte contrária, os fatos notórios, e que poderão ser influentes na hora da sentença, necessitando, consequentemente, uma delimitação no sentido de não mais poderem ser alterados logo adiante.[659] Portanto, uma vez fixados esses pontos controvertidos, não se pode extrair consequências jurídicas diversas daquelas delimitadas, sob pena de se produzir a *mutatio libelli*, proibida pelo direito pátrio, segundo o parágrafo único do art. 264 do CPC.[660]

Predomina, na doutrina, que as regras sobre o ônus da prova são regras de julgamento,[661] ou seja, delas o magistrado irá se valer sempre que não restarem suficientemente provados os fatos da causa, uma vez que competia às partes, em razão do ônus subjetivo da prova,[662] art. 333 do CPC, eliminar todas as dúvidas possíveis para a procedência da sua pretensão. Todavia, quando o magistrado inverter o ônus da prova, ele deverá fazê-lo na audiência preliminar, porque a inversão é feita *ope juris*, e, se o critério é judicial para a inversão, não seria justo solapar a oportunidade, constitucional, conferida às partes para, adequadamente, apresentarem suas provas.

A fixação dos pontos controvertidos pode se dar:

a) *delimitando* os pontos relevantes que foram apresentados pelas partes, consequentemente, estar-se-á simplificando o objeto do processo, evitando, com isso, a produção de prova inútil;

---

[659] Em sentido contrário, entendendo que os pontos controvertidos não podem ser objeto de prova, NELSON NERY, ob. cit., p. 609.

[660] Complicação maior existe no Direito italiano, quando o art. 183 *comma* 4º fala que *"le parti possono precisare e, previa autorizzazione del giudice, modificare le domande, le eccezioni e le conclusioni già formulate"*. Predomina na doutrina italiana o entendimento de que tal possibilidade refere-se a *emendatio libelli* e não a *mutatio libelli*. Nesse sentido, encontramos TARUFFO, *La Riforma ...*, 1991, p. 38; PATANIA, *Il Giudizio ...*, p. 358, entre outros.

[661] Cf. JOSÉ R. BEDAQUE, *Poderes Instrutórios do Juiz*, RT, 1991, p. 81.

[662] V. por todos BUZAID, *Do ônus da Prova*, in Rev. Dir. Proc. Civ., v. 4, 1961, especialmente p. 16s.

b) através de uma maior participação do juiz em audiência, que pode, inclusive, em razão da oralidade, melhor aclarar as questões contraditórias, evitando, por conseguinte, a interposição de recursos, uma vez que a discussão conjunta entre juiz, partes e seus advogados, facilita o consenso, logo, diminui o descontentamento das partes.

7.5.3.4. Determinação das provas a serem produzidas

Aqui, o magistrado deverá delimitar inevitavelmente a prova, para que as partes saibam o que produzir na audiência de instrução e julgamento, evitando, assim, o elemento surpresa que dilata desnecessariamente o procedimento. Haverá, claramente uma *seleção de fatos influentes*.

Essa fixação das provas é somente um ponto de partida para o juiz deferi-las ou indeferi-las, ou até, usando os seus poderes inquisitivos, que lhe são conferidos pelo art. 130 do CPC, determiná-las *ex officio*. Aqui ele fixa os fatos provados e a provar.

A extensão da determinação das provas a serem produzidas vai depender, e muito, da postura e do interesse do magistrado na rápida resolução da lide, pois a concentração da prova nesse momento é fundamental para evitar-se uma dilação desnecessária. Não seria exagero dizer-se que quanto mais concentrada forem as fases do requerimento e do deferimento da prova, maiores serão as garantias para um processo justo, rápido e barato, na medida em que estar-se-á preparando adequadamente a instrução.

Aqui é o local onde a oralidade funciona com plena eficácia, porque o contato direto e pessoal do juiz com as partes e os seus procuradores, na determinação da prova, é extremamente profícuo, uma vez que o diálogo faz com que as questões fiquem melhor resolvidas, e por assim dizer *digeridas*, permitindo uma troca recíproca de argumentações, que só serve para enriquecer o debate, evitando-se, com isso, a produção de provas desnecessárias, inúteis, incompatíveis e irrelevantes, além de se evitar um sem número de recursos. Esse contato direto, oral e pessoal entre *actum triarum personae*, também pode ser uma causa inibidora de pretensões infundadas, na medida em que alegadas as pretensões, serão prontamente rebatidas pela parte contrária, além de estarem sujeitas ao crivo judicial.

A última oportunidade para que *as partes* requeiram qualquer prova é aqui, não sendo possível requerê-las em nenhuma outra oportunidade, *e.g.*, a prova testemunhal só pode ser requerida até esse momento, e uma vez requerida, deverá ser deferida pelo magistrado, que identificará, diante do caso concreto, a pertinência da testemunha com o fato a ser provado, pois, se o magistrado não conseguir identificar a vinculação existente entre o fato afirmado pela parte e a prova a ser produzida, não haverá deferimento, posto que ela será irrelevante, ou impertinente para produzir o convencimento necessário.

Determinadas as provas necessárias, deverá o juiz designar audiência de instrução e julgamento, com a exclusiva finalidade de colher aquelas provas selecionadas.

Capítulo 3

O Processo no
Direito Comparado

1. A concretização da tutela específica no Direito comparado[663]

1.1. A TUTELA ESPECÍFICA NA NOVA ORDEM CONSTITUCIONAL

Para que se possa fazer uma leitura atualizada de acordo com a realidade conformadora da sociedade dentro da qual o direito deve ser compreendido, já que este se trata de uma relação de poder,[664] é preciso identificar, nesta sociedade, qual a concepção de Estado vigente.

A Constituição brasileira acolhe expressamente o *Estado Democrático de Direito* em seu art. 1º, assim como a Constituição alemã, em seu art. 20, §1º, ao dizer *Estado Federal Democrático e Social (Sozialer Rechtsstaat)*,[665] a Constituição portuguesa, em seu art. 2º, ao dizer *Estado de Direito Democrático*, e também a Constituição espanhola, em seu art. 1º, quando fala do *Estado Social e Democrático de Direito*, entre outras. Com isto, estamos dizendo que já não vivemos mais sob os auspícios do Estado Liberal e, portanto, não nos é mais permitido empregar nos institutos jurídicos qualquer valor constitucional já não existente.[666]

Desde esta perspectiva, pois, é oportuno assinalar que o direito processual não pode mais ser dissociado de uma leitura constitucional, isto é, os institutos processuais criados sob a égide de valores constitucionais informados pelo Estado

---

[663] Publicado originalmente In: José Maria Rosa Tesheiner; Mariângela Guerreiro Milhoranza; Sérgio Gilberto Porto. (Org.). Instrumentos de Coerção e outros Temas de Direito Processual Civil. Rio de Janeiro: Forense, 2007.

[664] Direito e poder político são indissociáveis, como muito bem demonstrou CALMON DE PASSOS, J.J. *Direito, poder, justiça e processo*, Rio de Janeiro: Forense, 2003, nº 35 a 50, p. 41 a 52. De forma acertada o autor esclarece que: *"Todo Direito é socialmente construído, historicamente formulado, atende ao contingente e conjuntural do tempo e do espaço em que o poder político atua e à correlação de forças efetivamente contrapostas na sociedade em que ele, poder, se institucionalizou"*, ob cit., p. 52.

[665] A evolução histórica do Estado de Direito e sua configuração na Lei fundamental de Bonn pode ser consultada na clássica obra de TROCKER, Nicolò. *Processo Civile e Costituizione*. Milano: Giuffrè, 1974, parte I, cap. II, p. 91 a 157.

[666] Para aprofundar no estudo das características conformadoras do Estado Liberal e suas consequências *vide* por todos a excelente obra de BONAVIDES, Paulo. *Do Estado Liberal ao Estado Social*, 7ª ed., 2ª tiragem, São Paulo: Malheiros, 2001, especialmente cap. I e II, p. 39 a 88.

Liberal devem, inevitavelmente, ser relidos à luz dos novos valores constitucionais trazidos pelo atual Estado Democrático de Direito.[667]

Mesmo em países como o nosso em que impera, desgraçadamente, uma baixa constitucionalidade,[668] ainda assim não se pode negar a força normativa da Constituição e o seu papel dirigente e compromissário.[669] A Constituição, como pacto fundante que é, tem validade superior e deve, necessariamente, moldar a realidade jurídica, política e social.

A realidade jurídica com a qual trabalharemos neste ensaio cinge-se à tutela específica e às diversas formas encontradas no direito comparado para adequadamente realizá-la.

O complicado problema da realização da tutela específica não está preso a um ordenamento jurídico próprio, mas, ao contrário, é um fenômeno universal, tendo em vista não só a universalização das obrigações,[670] mas também a efetividade da prestação jurisdicional.[671]

---

[667] Para um estudo mais detalhado do Estado Democrático de Direito e seus valores fundamentais, consultar REIS NOVAES, Jorge. *Contributo para uma teoria do Estado de Direito*. Coimbra: Coimbra, 1987, especialmente os caps. II e VI; BIDART CAMPOS, German José. *Doctrina del Estado Democrático*. Buenos Aires, EJEA, 1961, especialmente os cap. I e IV; CANOTILHO, J. J. Gomes. *Direito Constitucional*. 5ª ed., Coimbra: Almedina, 1992, parte IV, especialmente os cap.I a III; *Estado de Direito*. 1ª ed., Lisboa: Gradiva, 1999; REALE, Miguel. *O Estado Democrático de Direito e o conflito das ideologias*. 3ª ed., São Paulo, Saraiva, 2005, especialmente os cap. I, II e IV; BONAVIDES, Paulo. *Do Estado Liberal ao Estado Social*, ob. cit., especialmente o cap. VII; STRECK, Lenio L. *Jurisdição constitucional e hermenêutica: uma nova crítica do direito*. 2ª ed., Rio de Janeiro: Forense, 2004, especialmente os cap. I a IV, entre tantos outros autores.

[668] Expressão cunhada pela genialidade de LENIO STRECK, *Jurisdição Constitucional e Hermenêutica*, 2ª ed., Rio de Janeiro: Forense, 2004, cap. V, nº 5.2 e 5.3, p. 208 a 218.

[669] Este é o sentido da clássica obra de HESSE, *A força normativa da constituição*, (Trad. Gilmar Ferreira Mendes), Porto Alegre: Safe, 1991. Sobre o tema convém destacar a ideia do autor segundo a qual: *"pode-se afirmar que a Constituição converter-se-á em força ativa se fizerem-se presentes, na consciência geral – particularmente, na consciência dos principais responsáveis pela ordem constitucional –, não só a 'vontade de poder' (Wille zur Macht), mas também a 'vontade de Constituição' (Wille zur Verfassung)"* (sic), ob. cit., p. 19. Ho

[670] Para aprofundar no estudo das causas do complexo fenômeno da universalização das obrigações consultar obrigatoriamente BONFANTE, Pietro. *Corso di diritto romano*. Milano: Giuffrè, 1972, v. III, p. 10 a 12; MURGA, José Luis. *Derecho romano clásico – II. El proceso*. 3ª ed., Zaragoza: Universidad de Zaragoza, 1989, p. 79 e 80 e SILVA, Ovídio B. *Jurisdição e execução na tradição romano-canônica*. 2ª ed., São Paulo: RT, 1997, p. 65; e também em *Curso de processo civil*. 4ª ed., São Paulo, RT, 1998, v. II, p. 202.

[671] Sobre este particular já escrevi que a efetividade faz com que se aproxime o processo do direito material com base em dois fatores: *"de um lado, o florescimento de novos direitos, nascidos, como é sabido, a partir da revolução tecnológica, onde a economia se expande progressivamente através de 'prestações de fato', e traz consigo, em conseqüência, o crescimento das atividades econômicas de 'prestações de serviços', que incrementam, sobremaneira, o número de prestações pessoais ou não fungíveis; e de outro lado, a origem do Estado Democrático de Direito, ou Welfare State, que cria uma nova ordem de pensamento e concebe o acesso à justiça a partir da perspectiva dos justiciáveis, ou seja, esta nova ordem de pensamento está comprometida com um processo de resultados, onde os consumidores do direito buscam instrumentos adequados à tutela de todos os direitos, com o objetivo de assegurar-se praticamente a utilidade das decisões judiciais, seja no âmbito repressivo ou preventivo"*, A garantia constitucional do postulado da efetividade desde o prisma das sentenças mandamentais. In: *Constituição, Sistemas Sociais e Hermenêutica*, nº 2, Porto Alegre: Livraria do Advogado, 2006, p. 58 e 59. Esta ideia também encontra eco em meu livro: *La pretensión procesal y la tutela judicial efectiva*. Barcelona: Bosch, 2004, nº 9.5.1 e 9.5.2, p. 158 a 161.

A origem do problema encontra-se no brocardo *nemo praecise potest cogi ad factum* cunhada por Favre, no século XVI.[672] E significa, segundo o próprio autor, que "ninguém pode ser coagido precisamente (de uma maneira absoluta) a realizar um facto, porque isso não pode ser feito *sine vi et impressione*, isto é, 'sem violência (coacção) e sem opressão (impressão-choque)'",[673] razão pela qual, "nas obrigações de fazer, se sub-roga à prestação o pagamento do *id quod interest*".[674] A razão de ser desta regra reside em afastar ou impedir a violência ou coação ao *facere* sobre a pessoa do devedor.

Certamente esta ideia contribuiu para que na tutela específica a impossibilidade da realização da obrigação *in natura* fosse substituida pelo equivalente monetário, isto é, da entrega do valor equivalente ao da obrigação descumprida.

A impossibilidade de se interferir na vontade do devedor para realizar a tutela específica sempre foi um dogma nas mais diferentes ordens jurídicas. Porém, com o alvorecer de uma nova ordem social entalhada nas mais diversas Constituições, brota o Estado Democrático de Direito que faz nascer, de forma generalizada, um sentimento constitucional.[675] Esta nova conformação social força os juristas em geral e os processuailistas em especial a romperem com antigos dogmas, entre os quais o *nemo praecise potest cogi ad factum*.

Esta é a razão pela qual Marinoni acertadamente afirma que: "A tutela ressarcitória pelo equivalente tem relação com os valores do Estado Liberal clássico. Em um Estado preocupado com as liberdades formais e não com as necessidades concretas do cidadão, e que objetivava garantir tais liberdades fingindo não perceber as diferentes posições sociais, nada poderia ser mais adequado – ou conveniente – como forma de proteção jurisdicional do que o ressarcimento em dinheiro".[676]

O surgimento do Estado Democrático de Direito em muitos países fez com que a realização da tutela específica assumisse novos contornos, foram criados novos mecanismos para interferir na vontade do devedor forçando-o a cumprir a prestação de forma específica. Cada sistema jurídico descobriu a partir de suas peculiares próprias os instrumentos mais eficazes para quebrantar a resistência do devedor inadimplente que injustificadamente se recusava a cumprir a obrigação *in natura*. Diversas foram às técnicas utilizadas, mas daremos ênfase àquelas cujas influências podemos sentir em nosso sistema jurídico.

---

[672] Conforme CALVÃO DA SILVA, João. *Cumprimento e sanção pecuniária compulsória*. Coimbra: Coimbra, 1987, n° 54, p. 218.

[673] CALVÃO DA SILVA, João, ob. cit., n° 55, p. 218.

[674] CALVÃO DA SILVA, João, ob. cit., n° 55, p. 219.

[675] A ideia de sentimento constitucional é muito bem trabalhada na obra de VERDÚ, Pablo Lucas. *O sentimento constitucional*. Trad. Agassiz Almeida Filho. Rio de Janeiro: Forense, 2004. De acordo com o autor, devemos entender por sentimento constitucional "*a adesão interna às normas e instituições fundamentais de um país, experimentada com intensidade mais ou menos consciente porque estima-se (sem que seja necessário um conhecimento exato de suas peculiaridades e funcionamento) que são boas e convenientes para a integração, manutenção e desenvolvimento de uma justa convivência*", ob. cit., n° 2.2.1, p. 75.

[676] *Teoria Geral do Processo*. São Paulo: RT, 2006, p. 228.

1.2. O DIREITO FRANCÊS E AS *"ASTREINTES"*

No direito francês, o mecanismo utilizado para tornar efetiva a realização *in natura* da tutela específica se chama *astreinte*. Trata-se de um meio coercitivo indireto criado pela jurisprudência francesa ao início do século XIX.[677] De fato, o primeiro exemplo de que nos dá notícia a jurisprudência francesa se remonta a uma sentença do *Tribunal de Gray*, de março de 1811.[678] A consagração definitiva chegou com a decisão de *la Cour de Cassation*, em dezembro de 1825, que considerou meramente cominatória uma sentença do tribunal de Metz.[679]

Inicialmente, a *astreinte* esteve ligada à reparação de danos e prejuízos causados pelo atraso em cumprimento de uma obrigação, porém, pouco a pouco foi separando-se da noção de danos e prejuízos para converter-se em uma autêntica medida coercitiva.[680] Apesar da jurisprudência ter permanecido firme durante estes dois séculos, a doutrina, principalmente do início do século, combateu esta medida por considerá-la arbitrária e ilegal.[681]

---

[677] Para aprofundar melhor no estudo da evolução histórica da jurisprudência francesa em matéria de *astreintes*, vid. por todos, ESMEIN, M. A. L'origine et la logique de la jurisprudence en matière d'astreintes. In: *Revue Trimestrielle de Droit Civivil*, 1903, t. II, p. 5 e ss; GARSONNET, E.; CÉZAR-BRU, Ch. *Traité théorique et pratique de procédure civile et commerciale*. Paris: Sirey, 1913, t. IV, 3ª parte, v. I, nº 9 e ss, p. 18 e ss; principalmente nº 12, p. 25 e ss. Para uma reconstrução histórica destas medidas no ordenamento francês, vid. COLESANTI, V. Misure coercitive e tutela dei diritto. In: *Rivista di Diritto Processuale*, 1980, nº 4, principalmente o nº4 e ss, p. 605 e ss; e CHIARLONI, S. *Misure coercitive e tutela dei diritti*. Milano: Giuffrè, p. 70 e ss, principalmente p. 77 e ss.

[678] PLANIOL, M.; RIPERT, G.; ESMEIN, P. *Traité pratique de droit civil français*. Paris: Librairie Générale de Droit et de Jurisprudence, 1931, t. VII, 2ª parte, nº 787, p. 84. Nesta sentença, o tribunal condenava o demandado *"à faire une rétractation publique à peine de 3 francs par jour de retard"*.

[679] De acordo com a opinião de PLANIOL, RIPERT e ESMEIN: *"En 1824 on considéra comme purement comminatoire un jegement du tribunal de Metz qui avait ordonné une restitution de pièces à peine de 10 francs par jour de retard; le débiteur, qui avait fini par les livrer, aurait eu à payer plus de 11.000 francs pour son retard; cette somme fut réduit à 400 francs"*, em *Traité pratique de droit civil français*, ob. cit., t. VII, 2ª parte, nº 787, p. 84 e 85.

[680] Esta conversão se produziu, de acordo com PLANIOL, RIPERT, e ESMEIN, em 1834, quando se *"admit que la condamnation à tant par jour de retard pouvait être prononcée, alors même qu'aucun préjudice ne pouvait résulter du retard dans l'exécution"*, em *Traité pratique de droit civil français*, ob. cit., t. VII, 2ª parte, nº 787, p. 85. Na opinião de CALVÃO DA SILVA, a finalidade pela qual a *astreinte*, em sua origem, esteve mesclada com a teoria dos danos e prejuízos, era enganar a doutrina, e por isso *"a construção jurisprudencial deu-lhe a cobertura das perdas e danos para vencer os protestos de uma doutrina quase unânime em considerar ilegal aquela instituição de origem jurisprudencial"*, ob. cit., nº 97, p. 376.

[681] Entre os autores que tem combatido o caráter coercitivo da *astreinte*, por interpretar literalmente o art. 1.142 do C. C. Francês, ademais de outros argumentos, DEMOLOMBE, quando afirma: *"De ce que nous venons de dire il résulte que la condamnation aux dommages-intérêts ne peut être prononcée, en vertu de l'article 1142, contre le débiteur d'une obligation de faire ou de ne pas faire, qu'à titre de réparation du préjudice causé au créancier, et qu'elle ne doit pas avoir le caractère d'un moyen de contrainte, dont le but serait de vaincre indirectement la résistance du débiteur"*, em *Traité des contrats ou des obligations conventionnelles en general*. 2ª ed., Paris: Auguste Durand – L. Hachette et Cie, 1870, t. I, nº 494, p. 493; BAUDRY-LACANTINERIE, G.; BARDE, L. *Traité théorique et pratique de droit civil*. 3ª ed., Paris: Société du Recueil J. – B. Sirey et du Journal du Palais, 1906, t. I, nº 479, p. 506 e ss; POTHIER, R. J. Traité des Obligations. In: *Oeuvres de Pothier*. Paris: Dabo Jeune, 1825, t. I, nº 146, p. 173 e 174; e, modernamente, FLOUR, J.; AUBERT, J. L. *Droit civil: les obligations*. Paris: Armand Colin, 1975, v. I, nº 42, p. 31; e GOLDSCHMIDT, R. Las astreintes, las sanciones por contempt of court y otros medios para conseguir el cumplimiento de las

Este ponto de vista se justifica porque o direito francês se inspirou no princípio *Nemo praecise cogi potest ad factum*[682] para criar o art. 1.142 do C. C., segundo o qual: "toute obligation de faire ou de ne pás faire se résout em dommages et intérêts, em cãs d'inexécution de la part du débiteur".[683]

A *astreinte*, de acordo com a opinião de Mazeaud e Mazeaud, pode ser definida como, "une condamnation pécuniaire prononcée par lê juge, ayant pour but de vaincre la résistance d'un débiteur récalcitrant, et de l'amener à exécuteur une décision de justice";[684] e tem por finalidade principal, segundo Esmein, "forcer le débiteur d'un fait à exécuter promptement et pleinement son obligation",[685] razão pela qual "l'astreinte sert à éviter l'exécution par équivalent et à obtenir l'exécution en nature".[686]

Em comparação com a criação jurisprudencial do instituto da *astreinte*, faz pouco tempo que esta medida encontrou proteção legal no sistema francês, mais especificamente nos arts. 5° e 8° da *Loi 72-626 du 05 Juillet 1972*, que foram revogados pela *Loi 91-650 du 09 Juillet 1991* (reguladora da *réforme des*

---

obligaciones de hacer o de no hacer. In: *Scritti Giuridici in Onore della Cedam*, Padova: Cedam, 1953, v. I, p. 70 e 71. Em sentido contrário, majoritariamente, entre outros, ESMEIN, M. A. *L'origine et la logique de la jurisprudence en matière d'astreintes*, ob. cit., p. 33 e ss; PLANIOL, RIPERT e ESMEIN, *Traité pratique de droit civil français*, ob. cit., t. VII, 2ª parte, n° 792, p. 92 e 93; MAZEAUD, Henri et Léon; MAZEAUD, J. *Leçons de droit civil*. 6ª ed., Paris: Montchrestien, 1978, t. II, 1° v., n° 942, p. 993 e 994; CARBONNIER, J. *Derecho civil*. Trad. por Manuel Mª Zorrilla Ruiz. Barcelona: Bosch, 1971, t. II, v. III, n° 227, p. 244; VINCENT, J. *Voies d'exécution: et procédures de distribution*. Paris: Dalloz, 1976, n° 10, p. 17 e ss; FRÉJAVILLE, M. Astreinte. In: *Encyclopédie Juridique Dalloz*. Paris: Jurisprudence Générale Daloz, t. I, 1955, p. 288; VINCENT, J; GUINCHARD, S. *Procédure civile*. 25ª ed., Paris: Dalloz, 1999, n° 543, p. 483; JOLY, A. *Cours elementaire de droit procédure civile et voies d'exécution*. Paris: Sirey, 1969, t. II, n° 305, p. 11, e principalmente no n° 308, p. 13; LABORDE-LACOSTE, M. *Exposé méthodique de procédure civile*. 3ª ed., Paris: Recueil Sirey, 1951, n° 378, p. 118; FRIGNANI, A. La penalità di mora nel diritto comunitario, francese e italiano. In: *Rivista di Diritto Industriale*, 1974, parte I, p. 252; e também em Le penalità di mora e le astreintes nei diritti che si ispirano al modelo francese. In: *Rivista di Diritto Civile*, 1981, parte I, p. 514; e CALVÃO DA SILVA, ob. cit., n° 97, p. 378.

[682] Para aprofundar melhor no estudo deste brocardo, inclusive com referência a sua consagração pelo Código Civil Francês, vid. por todos, CALVÃO DA SILVA, ob. cit., n° 54 e ss, p. 215 e ss; e CHIARLONI, ob. cit., p. 54 e ss.

[683] Neste sentido, POTHIER, ob. cit., t. I, n° 157, p. 180; e GARSONNET e CÉZAR-BRU, ob. cit., t. IV, 3ª parte, v. I, n° 8, p. 15.

[684] *Leçons de droit civil*, ob. cit., t. II, 1° v., n° 940, p. 993.

[685] *L'origine et la logique de la jurisprudence en matière d'astreintes*, ob. cit., p. 6. Esta finalidade também é evidenciada, entre outros, por PLANIOL, RIPERT e ESMEIN, quando afirman que: "*Son but est, non pas de réparer le préjudice que cause le retard dans l'exécution, mais de contraindre le débiteur à s'acquitter de ce qu'il doit, par crainte de voir grossir continuellement le chiffre de la condamnation. C'est une menace qui doit briser sa résistance*", em *Traité pratique de droit civil français*, ob. cit., t. VII, 2ª parte, n° 787, p. 84; VINCENT, ob. cit., n° 10, p. 17; VINCENT e GUINCHARD, ob. cit., n° 543, p. 483; CARBONNIER, ob. cit., t. II, v. III, n° 227, p. 243; MAZEAUD e MAZEAUD, ob. cit., t. II, 1° v., n° 942, p. 993 e 994; LABORDE-LACOSTE, ob. cit., n° 378, p. 118; JOLY, ob. cit., t. II, n° 305, p. 11; FRIGNANI, *La penalità di mora nel diritto comunitario, francese e italiano*, ob. cit., p. 252; e também em *Le penalità di mora e le astreintes nei diritti che si ispirano al modelo francese*, ob. cit., p. 511; e CALVÃO DA SILVA, ob. cit., n° 97, p. 378.

[686] PLANIOL, RIPERT e ESMEIN, ob. cit., t. VII, 2ª parte n° 789, p. 88.

DA TUTELA JURISDICIONAL ÀS FORMAS DE TUTELA

procédures civiles d'exécution),[687] que introduziu as *astreintes*, em seus arts. 33,[688]34,[689]35,[690]36[691] e 37.[692]

O legislador francês, para elaborar esta lei, levou em consideração não só os dois séculos de evolução jurisprudencial senão também os inumeráveis debates doutrinários originados neste período. Por isso, esta lei recorre os grandes princípios desenvolvidos pela jurisprudência francesa e aperfeiçoados pela doutrina. Entre eles podemos destacar basicamente o caráter cominatório da *astreinte*, e a possibilidade de decretar-se *ex officio*:

a) O caráter cominatório da *astreinte*. Configura-se como um meio amenizador, que tem por única finalidade persuadir a vontade do devedor,[693] constrangindo-o ao cumprimento *in natura* de sua obrigação. Trata-se de um mecanismo de coerção[694] indireta, já que esta se exerce sobre os bens do devedor, e não sobre sua pessoa.[695] Seguindo a opinião de Vicent, podemos afirmar que a cominação

---

[687] Para aprofundar melhor no estudo desta lei, que entrou em vigor em 1º de janeiro de 1993, vid. por todos, VINCENT e GUINCHARD, ob. cit., nº 543, p. 484 e ss, e a bibliografía citada pelo autor.

[688] O art. 33 da referida lei indica: *"Tout juge peut, même d'office, ordenner une astreinte pour assurer l'exécution de sa décision. Le juge de l'exécution peut assortir d'une astreinte une décisión rendue par un autre juge si les circonstances en font apparaître la nécessité".*

[689] O art. 34 estabelece que: *"L'astreinte est indépendante des dommages-intérêts. L'astreinte est provisoire ou définitive. L'astreinte doit être considérée comme provisoire, à moins que le juge n'ait précisé son caractère définitif. Une astreinte définitive ne peut être ordonnée qu'après le prononcé d'une astreinte provisoire et pour une durée que le juge détermine. Si l'une de ces conditions n'a pas été respectée, l'astreinte est liquidée comme une astreinte provisoire".*

[690] O art. 35 afirma: *"L'astreinte, même définitive, est liquidée par le juge de l'exécution, sauf si le juge qui l'a ordonnée reste saisi de l'affaire ou s'en est expressément réservé le pouvoir".*

[691] O art. 36 prescreve que: *"Le montant de l'astreinte provisoire est liquidé en tenant compte du comportement de celui à qui l'injonction a été adressée et des difficultés qu'il a rencontrées pour l'exécuter. Le taux de l'astreinte définitive ne peut jamais être modifié lors de sa liquidation. L'astreinte provisoire ou définitive est supprimée en tout ou partie s'il est établi que l'inexécution ou le retard dans l'exécution de l'injonction du juge provient, en tout ou partie, d'une cause étrangère".*

[692] O art. 37 estabelece que: *"La décision du juge est exécutoire de plein droit par provision".*

[693] Para VINCENT e GUINCHARD, a *astreinte* também exerce uma pressão não só sobre o devedor negligente ou de má-fé, senão também *"sur un tiers"*, ob. cit., nº 543, p. 484.

[694] Para aprofundar no estudo da coação, consultar o que escrevi em *La pretensión procesal y la tutela judicial efectiva*, ob. cit., nº 3.2., p. 45 a 47, especialmente as notas 106 e 107. Já para o estudo das diversas formas de sanções, ver o que escrevi em: Contribuição ao estudo das sanções desde a perspectiva do Estado Democrático de Direito. In: Constituição, Sistemas Sociais e Hermenêutica. Porto Alegre: Livraria do Advogado, 2005, p. 187 a 200.

[695] Para CARBONNIER, *"estas coerciones, aun cuando parezca que afectan a los bienes, se dirigen, en realidad, a las personas; trátase de presionar sobre la voluntad del deudor, para conminarle al cumplimiento"*, ob. cit., t. II, v. III, nº 227, p. 243. Na realidade, a coerção sempre se dirigirá às pessoas, porém ameaçando, em todo momento, seus bens e jamais sua liberdade, exceto no direito anglo-saxão (*rectius*, el *Contempt of Court*) e em virtude de norma legal expressa, posto que o cumprimento de uma obrigação depende exclusivamente de um ato de vontade do devedor. Apesar da pressão se dirigir até as pessoas, esta sempre afetará, salvo disposição legal, seus bens, pois, desde muito tempo, está consagrado nas mais modernas legislações o princípio da responsabilidade patrimonial, segundo o qual o patrimônio é o responsável pelas dívidas, e não a pessoa do devedor, conforme estabelece o art. 591 do CPC Brasileiro; o art. 2.740 do CC Italiano; e o art. 1.911 do CC Espanhol. Nesta ordem de ideias MAZEAUD e MAZEAUD, quando dizem: *"L'astreinte est une condemnation pécuniaire. La contrainte s'exerce donc 'sur les biens' du débiteur"*, ob. cit., t. II, 1º v., nº 943, p. 994. De acordo com JOLY, o sistema francês através da *"la loi du 22 juillet 1867 a supprimé la contrainte par corps en matière civile et*

se concretiza em "une condamnation du débiteur à payer enu certaine somme pour chaque jour ou móis de retard dans l'exécution de l'obligation",[696] de forma infinita e proprocional ao seu patrimônio,[697] e atendendo ao grau de obstrução e resistência oferecido pelo devedor e suas possibilidades econômicas.[698]

A partir da promulgação da referida lei, ficou afastada a possibilidade de confundir-se a *astreinte* com a indenização por danos e prejuízos futuros que pudessem surgir do atrazo ilegítimo do devedor em cumprir com sua obrigação no prazo estipulado, já que o art. 34, de maneira rotunda, estabelece que "l'astreinte est indépendante des dommages-intérêts".[699] Com base nisto, se pôde afirmar, corretamente, que as *astreintes* podem ser cumuladas com a indenização por perdas e danos ou existir independentemente desta indenização.[700]

---

commerciale et contre les étrangers. (...) Avant 1867, le recours à la contrainte par corps, permits en matière civile seulement dans des cas exceptionnels précisés par la loi", ob. cit., t. II, n° 305, p. 10.

[696] Ob. cit., n° 10, p. 17. De igual modo, PLANIOL, RIPERT e ESMEIN, quando afirmam que a *astreinte* é consubstancial a *"une condamnation pécuniaire, prononcée à raison de telle somme (100, 1.000, 10.000 francs...) par jour de retard, ou par toute autre unité de temps, contre un débiteur, s'il n'a pas exécuté sa prestation dans un certain délai fixé par le juge"*, ob. cit., t. VII, 2ª parte, n° 787, p. 84; MAZEAUD e MAZEAUD, para quem: *"Le juge assortit sa décision d'une astreinte de tant par jour ou par mois de retard"*, ob. cit., t. II, 1° v., n° 940, p. 993; FRIGNANI, ao dizer que a *astreinte* é *"fissata in ragione di un tanto per giorno – o per altra unità di tempo – di ritardo nell'esecuzione di una prestazione, risultante da una sentenza di condanna; ma può anche consistere in una somma fissa dovuta dal debitore per ogni violazione successiva"*, La penalità di mora nel diritto comunitario, francese e italiano, ob. cit., p. 252.

[697] Para que a *astreinte* cumpra sua finalidade é necessário que seja fixada de maneira excessiva em comparação com o patrimônio do devedor, razão pela qual quanto maior for o seu patrimônio maior deverá ser o valor da multa.

[698] Neste sentido, PLANIOL, RIPERT e ESMEIN afirmam: *"L'astreinte se caractérise d'abord par l'exagération du montant de la condamnation prononcée contre le débiteur. (...) le tribunal ne s'inquiète ni de son montant exact ni même de son existence et fixe l'astreinte arbitrairement et à un taux volontairement excessif. Cela est conforme à son but. Il faut que le débiteur se trouve poussé par intérêt, malgré sa mauvaise volonté initiale, à executer plutôt qu'à s'exposer à subir le montant de l'astreinte. Or cet intérêt ne peut résulter que de son chiffre disproportionné. Le tribunal le détermine en tenant compte, non seulement de la valeur en soi de l'objet dù, mais aussi des ressources et de la capacité de résistance du débiteur"*, ob. cit., t. VII, 2ª parte, n° 791, p. 89 e 90. De igual modo, MAZEAUD e MAZEAUD afirmam que: *"l'astreinte 'se mesure aux facultés du débiteur, à ses possibilites de résistance, non au préjudice éprouvé par le créancier"*, ob. cit., t. II, 1° v., n° 942, p. 994; De acordo com a opinião de FRIGNANI: *"In tal modo il debitore che persista nel rifiuto di obedire è assoggettato ad una condanna pecuniaria che può, almeno in linea di principio, aumentare indefinitamente"*, La penalità di mora e le astreintes nei diritti che si ispirano al modelo francese, ob. cit., p. 511; e VINCENT, ob. cit., n° 10, p. 17.

[699] Na realidade, esta confusão já havia sido dissipada desde 1959, com uma decisão da *Cour de Cassation*, segundo a qual *"l'astreinte provisoire, mesure de contrainte entièrement distincte des dommages-intérêts, et qui n'est en définitive qu'un moyen de vaincre la résistance opposée à l'exécution d'une condamnation, n'a pas pour objet de compenser le dommage né du retard et est normalement liquidée en fonction de la gravité de la faute du débiteur récalcitrant et de ses facultés"*, apud VINCENT, ob. cit., n° 10, p. 20.

[700] Muitos autores, inclusive antes da referida lei, já sustentavam estas possibilidades, entre eles cabe destacar, ESMEIN, ob. cit., p. 35; MAZEAUD e MAZEAUD, ob. cit., t. II, 1° v., n° 940, p. 993; PLANIOL, RIPERT e ESMEIN, ob. cit., t. VII, 2ª parte, n° 792, p. 92 e 93; CARBONNIER, ob. cit., t. II, v. III, n° 227, p. 244; VINCENT, ob. cit., n° 10, p. 19 e 20; GARSONNET e CÉZAR-BRU, ob. cit., 1913, t. IV, 3ª parte, v. I, n° 13, p. 30 e 31; VINCENT e GUINCHARD, ob. cit., n° 543, p. 484; FRIGNANI, *La penalità di mora nel diritto comunitario, francese e italiano*, ob. cit., p. 254 e 255; e também em *Le penalità di mora e le astreintes nei diritti che si ispirano al modelo francese*, ob. cit., p. 512; e CALVÃO DA SILVA, ob. cit., n° 97, p. 376 a 378.

b) A possibilidade de decretar-se *ex officio*. Como indica o art. 33 da referida lei: "Tout juge peut, même d'office, ordenner une astreinte pour assurer l'exécution de as décision".[701] Esta possibilidade evidencia a faculdade discricionária inerente a toda função jurisdicional.[702] Por isso, afirmam acertadamente Planiol, Ripert e Esmein, que "les juges du afit sont investis d'um pouvoir discrétionnaire pour décider dans chaque espèce, sur lês conclusions spéciales du demandeur, s'il est utile d'amployer l'astreinte et quelle est la forme la plus convenable".[703] Em consequência, "selon la manière dont lê débiteur se comporte, lê juge peut augmenter, rèduire et même supprimer la condamnation primitive".[704]

Em definitivo, podemos concluir que a *astreinte* é uma multa pecuniária, cumulativa, infinita e proporcional ao patrimônio do devedor.

---

[701] A possibilidade de que o juiz *"donner un ordre"*, inclusive sem previsão legal, já foi ressaltada por ESMEIN, que dizia: *"Ordonner et menacer, pour forcer les parties à exécuter leurs obligations, est une tendance naturelle aux juges-magistrats"*, ob. cit., p. 37. A partir daí não foram poucos os autores franceses que defenderam a possibilidade de que o juiz *ex officio*, e sem uma previsão legal, pudesse aplicar uma *astreinte*, entre eles, MAZEAUD e MAZEAUD, quando dizem que: *"L'astreinte apparaît ainsi comme étant essentiellement du domaine de l'*'imperuim' *du juge, en vue d'obtenir le respect des décisions de justice"*, ob. cit., t. II, 1° v., n° 942, p. 993; PLANIOL, RIPERT e ESMEIN, ao afirmarem: *"A côté de la* 'jurisdictio', *ils sont investis de l'*'imperium'; *et c'est de ce pouvoir qu'ils usent en prononçant l'astreinte. Le pouvoir de commander et d'ordonner doit comporter celui de menacer pour obtenir obéissance"*, ob. cit., t. VII, 2ª parte, n° 795, p. 97; GARSONNET e CÉZAR-BRU, ob. cit., 1913, t. IV, 3ª parte, v. I, n° 13, p. 24 e ss; e FRÉJAVILLE, ob. cit., p. 287. Porém, de acordo com a opinião de FRÉJAVILLE, *"le Conseil d'Etat ne reconnaissant pas la validité de l'astreinte, les tribunaux administratifs ne peuvent en prononcer ni contre l'Administration ni contre les particuliers"*, ob. cit., p. 287.

[702] A este respeito, já manifestei minha opinião, segundo a qual: *"O 'ato de julgar' é insofismavelmente discricionário, em sua verdadeira acepção, não obstante posicionamentos em contrário, pois a discricionariedade é elemento imanente do ato de julgar, na medida em que sempre deverá haver interpretação quando da aplicação da lei ao caso concreto"*, Porto Alegre: Livraria do Advogado, 1998, n° 2.3, p. 66. É conveniente destacar também que um ato discricionário não se confunde com um ato arbitrário, pois, *"a discricionariedade está calcada na legalidade e exige, obrigatoriamente, uma motivação na tomada da decisão considerada mais justa ao caso concreto. Tal fundamentação inocorre no ato arbitrário, pois é adotada uma posição não permitida pelo ordenamento jurídico para aquele caso em concreto"*, Provas atípicas, ob. cit., n° 2.3, p. 67. O caráter discricionário de todo ato judicial também não pode representar a perda da imparcialidade, posto que esta encontra sua justificação na fundamentação de uma decisão judicial e não no princípio dispositivo, pois, *"será mais imparcial o juiz, quanto mais fundamentada for a sua decisão, porque, quanto mais ele fundamentar, mais ele objetivará as suas convicções íntimas, que são subjetivas, adentrando, com isso, nos critérios objetivos que ele só poderá encontrar nos autos"*, Provas atípicas, ob. cit., n° 1.2.1, p. 21. Para PERELMAN, *"ser 'imparcial' não é ser 'objetivo', é fazer parte de um mesmo grupo que aqueles a que se julga, sem ter previamente tomado partido por nenhum deles"*, *Tratado da argumentação*. Trad. por Maria Ermantina Galvão G. Pereira. São Paulo: Martins Fontes, 1996, § 14, p. 67. Para um estudo mais detalhado da imparcialidade como uma das garantías do devido processo legal, vid. COMOGLIO, Le garanzie fondamentali del 'giusto processo'. In: JUS, 2000, n° 3, p. 335 e ss, especialmente p. 365 a 374. A respeito do tema consultar obrigatoriamente a clássica obra de RASELLI, Alessandro. *Il potere discrezionale del giudice civile*. Padova: Cedam, 1927, especialmente no v. I, p. 13 a 19, 151 a 246 e no v. II, p. 3 a 50. Em sentido contrário, merece destaque o extraordinário esforço realizado por LENIO STRECK em seu último livro. Para o autor, a hermenêutica é incompatível com relativismos, decisionismos e discricionariedades, *Verdade e Consenso: Constituição, Hermenêutica e Teorias Discursivas*. Rio de Janeiro: Lúmen Júris, 2006, especialmente os cap. 10, 13, 14 e 15.

[703] Ob. cit., t. VII, 2ª parte, n° 789, p. 89. No mesmo sentido encontramos, MAZEAUD e MAZEAUD, ob. cit., t. II, 1° v., n° 942 e n° 945, p. 994; VINCENT, ob. cit., n° 10, p. 17; GARSONNET e CÉZAR-BRU, ob. cit., 1913, t. IV, 3ª parte, v. I, n° 13, p. 30; CARBONNIER, ob. cit., t. II, v. III, n° 227, p. 244; ESMEIN, ob. cit., p. 7 e 36; VINCENT e GUINCHARD, ob. cit., n° 543, p. 483; FRIGNANI, Le *penalità di mora e le astreintes nei diritti che si ispirano al modelo francese*, ob. cit., p. 513; e CALVÃO DA SILVA, ob. cit., n° 97, p. 378.

[704] VINCENT, ob. cit., n° 10, p. 17.

1.3. O ORDENAMENTO INGLÊS E O *CONTEMPT OF COURT*

No direito inglês, a partir do século XIV, se desenvolve ao lado da *commom law*, uma jurisdição de exceção chamada *equity*.[705] De acordo com a opinião de Bispham, para entender o que é *equity*, "it is necessary to understand what the English High Court of Chancery was, and how it came to exercise what is know as its extraordinary jurisdiction".[706] Por isso sua definição, que não é fácil, só pode ser entendida desde um ponto de vista histórico. Porém, para os limites do presente estudo, podemos entender *equity* como "the recourse to principles of justice to correct or supplement the law as applied to particular circumstances", ou seja, "the judge decided the case by equity becausa the statute did not fully address the issue".[707] O propósito da *equity*, através de sua jurisprudência, era sanar as injustiças e corrigir a rigidez da *common law*.[708] Porém, a partir da união entre a *Chancery* e a *Common Law Court*, em virtude da *common law procedure Act de*

---

[705] Segundo LAWSON, *"questa distinzione tra 'common law' e 'equity' è una delle più dificili del diritto inglese"*, La razionalità del diritto inglese. In: JUS, 1953, p. 66. Para um estudo mais detido da origem da *equity*, vid. FRIEDMAN, *American law: an introduction.* 2ª ed., New York: W. W. Norton & Company, 1998, p. 88 e ss; LAWSON, *La razionalità del diritto inglese*, ob. cit., p. 65 e ss; FRIGNANI, *L''injunction' nella 'common law' e l'inibitoria nel diritto italiano*. Milano: Giuffrè, 1974, p. 23 e ss; GOLDSCHMIDT, *Las astreintes, las sanciones por contempt of court y otros medios para conseguir el cumplimiento de las obligaciones de hacer o de no hacer*, ob. cit., p. 75 e ss; RADBRUCH, G. *El espíritu del derecho inglés.* Trad. por Juan Carlos Peg Ros. Madrid: Gredos, 2000, p. 50 e ss; HEINRICH SCHOLLER, no epílogo denominado *El derecho inglés desde el punto de vista de Gustav Radbruch*, contido no livro de Radbruch, *El espíritu del derecho inglés*, ob. cit., nº 2, p. 107 e ss (que doravante citaremos como *El derecho inglés desde el punto de vista de Gustav Radbruch*); e CALVÃO DA SILVA, ob. cit., nº 47, p. 191 e ss. Para uma noção breve, em língua italiana, sobre a estrutura do processo civil americano, vid. VIGORITI, *Garanzie costituzionali del processo civile*. Milano: Guiffrè, 1970, p. 7 e ss.

[706] *Black's law dictionary*. 7ª ed., St. Paul: West Group, 1999, verbete '*equity*', p. 560.

[707] *Black's law dictionary*, ob. cit., verbete '*equity*', p. 560. Para FRIEDMAN, *"the origins of equity are shadowy"*, American law: an introduction, ob. cit., p. 89. Segundo RADBRUCH, a *equity* foi em sua origem *"el Derecho de equidad, no codificado, propio de los tribunales ingleses, dispuesto para la compensación de penas, orientado primero al caso particular, y que evolucionó más adelante a la práctica de precedentes vinculantes de un sistema jurídico determinado. Supuso un complemento para la 'common law', primitiva respecto a éste, y adoptó frente a ella frecuentemente un carácter preferente. Cierto es que en Inglaterra, y en la mayoría de los estados de EE UU, el Derecho procesal de los tribunales de la 'common law' y de equidad han sido unificados en gran medida, sin embargo, todavía hoy se producen conflictos entre la 'common law' y la equidad, menos formalista, dentro del sistema jurídico anglo-americano"*, (sic) El espíritu del derecho inglés, ob. cit., p. 40, nota 4. De acordo com a opinião de COUTURE: *"La equidad actúa como una especie de válvula reguladora del derecho estricto. Su aplicación ha evolucionado en los últimos tiempos; pero en términos generales podría definirse diciendo que en ciertos casos en que la regla de derecho estricto resulta notoriamente injusta, puede acudirse a su atenuación por la equidad"*, La justicia inglesa. In: *Estudios de Derecho Procesal Civil*. 3ª ed., Buenos Aires: Depalma, 1989, t. I, p. 168.

[708] Segundo LAWSON, os institutos desenvolvidos através da *equity "hanno dovuto essere sviluppati separatamente in Inghilterra perchè la 'common law' era troppo rigida per produrli da sola"*, La razionalità del diritto inglese, ob. cit., p. 68. Esta finalidade pode ser percebida, *e. g.*, no domínio dos contratos, pois, segundo CALVÃO DA SILVA, *"como a reparação dos danos era a única sanção acordada pela 'common law' em caso de não-cumprimento, a 'equity' julgou este remédio insuficiente e concedeu ao credor, sempre que o julgou inadequado, o direito de exigir a execução específica, através dos remédios 'specific performance' e 'injunction' – 'specific performance' para as prestações positivas e 'injunction' para as prestações negativas-, cuja desobediência se considerava 'desprezo pelo tribunal' ('contempt of Court') e, assim, sujeita a multa e prisão até que a ordem do tribunal ('decree for specific performance' ou 'for injunction') fosse obedecida"*, ob. cit., nº 47, p. 193. Daí conclui o autor que: *"Al lado do princípio geral próprio da 'commom law' – o direito a indenização ou perdas e danos – aparecem, assim, por razões de equidade, remédios específicos de carácter subsidiário, para os casos em que aquele remédio fosse inadequado"*, ob. cit., nº 47, p. 193.

1854,[709] se produziu, de acordo com Heinrich Scholler, "un acercamiento de los dos procesos tal, que por una parte la jurisprudência de la 'Chancery' se endureció en Derecho y por outra, la 'Common Law' se disolvió en algo que se caracterizo como 'abstract equity', por lo que perdió claridad y seguridad jurídica".[710]

O *equitable remedy* utilizado pela *equity* para tornar efetiva a realização *in natura* de uma obrigação pessoal ou não fungível[711] se denomina *injuncion*, podendo-se definir, de acordo com Bean, como "an order of a court requiring a party either to do a specific act or acts (a 'mandatory' or positive injunction) or to refrain from doing a specif act or acts (a 'prohibitory' or negative injuction)".[712] Esta ordem do juiz, de caráter discricionário,[713] pode ter um conteúdo positivo, mandando a realização de um determinado ato (*mandatory or positive injunction*), ou negativo, quando ordena a abstenção de um determinado ato (*prohibitory or negative injuction*). A mais comum das duas é a *prohibitory injuction*.[714] A *injuction* se divide[715] basicamente em *perpetual injuction* (também denominada

---

[709] O desenvolvimento desta fusão e suas implicações estão expostos claramente em FRIGNANI, *L''injunction' nella 'common law' e l'inibitoria nel diritto italiano*, ob. cit., p. 13 e ss, nota 14.

[710] *El derecho inglés desde el punto de vista de Gustav Radbruch*, ob. cit., n° 2, p. 112. De acordo com a opinião de COUTURE: *"El 'common law', dice un aforismo, sería bárbaro sin la equidad; la equidad sería sencilla-mente absurda sin el 'common law'"*, La justicia inglesa, ob. cit., t. I, p. 168. Para entender melhor o valor da segurança jurídica no direito inglês e a função da *equity*, vid por todos, RADBRUCH, ob. cit., p. 60 e ss.

[711] Neste particular, consultar VARANO, *Tendenze evolutive in materia di tutela provvisoria nell'ordinamento inglese, con particolare riferimento all''interlocutory injunction'*. In: Rivista di Diritto Civile, 1985, v. 2, parte primeira, p. 41 e ss.

[712] *Injunctions*. 6ª ed., London: Longman, 1994, cap. I, n°1.1, p. 3. No mesmo sentido, entre outros, O'HARE-BROWNE-HILL, quando afirmam que: *"An injunction is an order of the court either compelling a party to take specified steps (a mandatory injunction) or restraining him from taking specified steps (a prohibitory or negative injunction)"*, Civil litigation. 9ª ed., London: Sweet & Maxwell, 2000, cap. 27, n° 27.001, p. 466; PERRY-WRIGHT, para quem: *"An injunction is an order of the court requiring a party either to do a specfic act (a mandatory injunction), or to refrain from doing a specif act (a prohibitory injunction)"*, Civil litigation. London: Jordans, 1994, n° 1.4.5, p. 7; FRIEDMAN, ao dizer: *"an 'injunction', that is, an order to a defendant to stop doing something wrong (or start doing something right)"*, ob. cit., p. 89; FRIGNANI, quando disse: *"An injunction is an order of the court directing a person to do or refrain from doing a particular act"*, *L'injunction nella "common law" e l'inibitoria nel diritto italiano*, ob. cit., p. 59; e em *Black's law dictionary*, ob. cit., verbete 'injunction', p. 788. Também existe outro *equitable remedy* denominado *specific performance*, que, de acordo com O'HARE-HILL, *"can be enforced in the same manner as a mandatory injuction"*, Civil litigation. 6ª ed., London: Longman, 1993, p. 609; e significa: *"a court-ordered remedy that requires precise fulfillment of a legal or contractual obligation when monetary damages are inappropriate or inadequate"*, como por exemplo, *"when the sale of real estate or a rare article is involved"*, Black's law dictionary, ob. cit., verbete *'specific perfor-mance'*, p. 1407. De acordo com a opinião de VARANO, existe também *"un diritto che il richiedente pretende leso (o teme che possa essere leso, nel qual caso si parla di 'injuction quia timet', che può essere concessa anche in via interlocutoria) in tutti i casi in cui ciò appaia alla corte giusto e conveniente (just and convenient)"*, ob. cit., p. 41.

[713] De acordo com a opinião de PERRY-WRIGHT: *"The courts have a broad discretion to grant an interlocu-tory or final injunction 'in all cases in which it appears to the court to be just or convenient' (Supreme Court Act 1981, s 37(1) and County Courts Act 1984, s 38)"*, ob. cit., n° 1.4.5, p. 7.

[714] Neste sentido, PERRY-WRIGHT, ob. cit., n° 1.4.5, p. 7; *Black's law dictionary*, ob. cit., verbete *'injunc-tion'*, p. 788; FRIGNANI, *L''injunction' nella 'common law' e l'inibitoria nel diritto italiano*, ob. cit., p. 180; e VARANO, ob. cit., p. 41.

[715] Seguindo a opinião de BEAN, as *"injunctions may be further classified according to the period of time for which the order is to remain in force"*, ob. cit., cap. I, n° 1.1, p. 3. No mesmo sentido, FRIGNANI, *L''injunction' nella 'common law' e l'inibitoria nel diritto italiano*, ob. cit., p. 61.

permanent ou *final injuction*)[716] e *preliminary injuction* (também conhecida como *interlocutory* ou *interim* ou inclusive *provisional injuction*).[717]

Para conseguir a injunction, "the complainant must show that there is no plain, adequate temedy at law and that an irreparable injury will result unless the relief is granted".[718]

Concedida a *injuction*, a parte é obrigada a cumprir a ordem, sob pena, em caso contrário, de incorrer em um *Contempt of Court*,[719] que pode definir-se, segundo Dangel, como "a disregard of, or disobedience to, the rules or orders of a legislative or judicial body, or an interruption of its proceeding by disorderly bahavior or insolent language, in its presence or so near thereto as to disturb the proceedings or to impair the respect due to such a body".[720] Assim, o *Contempt*

---

[716] Para BEAN, "*a 'perpetual' injunction is a final judgment, and for that reason is usually only granted (except by consent of the defendant) after a trial on the merits*", ob. cit., cap. I, n° 1.1, p. 3. No mesmo sentido, a definição contida em *Black's law dictionary*, ob. cit., verbete '*injunction*', p. 788. Para aprofundar melhor no estudo do *perpetual injunction*, vid. por todos, BEAN, ob. cit., cap. II, p. 13 e ss.

[717] Na feliz constatação de BEAN, "*An interlocutory injunction, by contrast, is a provisional measure taken at an earlier stage in the proceedings, before the court has had an opportunity to hear and weigh fully the evidence on both sides*", Injunctions, ob. cit., cap. I, p. 3. De acordo com o *Black's law dictionary*, esta modalidade pode ser entendida como: "*A temporary injunction issued before or during trial to prevent an irreparable injury from occurring before the court has a change to decide the case*", ob. cit., verbete '*injunction*', p. 788. Para aprofundar melhor no estudo do *preliminary injunction*, vid. BEAN, ob. cit., cap. III, p. 25 e ss; e principalmente VARANO, ob. cit., p. 39 e ss.

[718] *Black's law dictionary*, ob. cit., verbete '*injunction*', p. 788. Daí afirma acertadamente GOLDSCHMIDT, que a *Equity* "*presupone, en particular, que el resarcimiento en dinero no constituye una indemnización adecuada; que la 'specific performance' no es impracticable o imposible; que el daño que el actor sufra, por no conseguir el cumplimiento en natura, supera el daño del demandado en razón del cumplimiento (cf. también, art. 2058, II, C.C. italiano); que el contrato no es excesivamente riguroso o que su cumplimiento específico no conduce a una esclavitud legalizada del demandado, por ejemplo en el caso de un contrato de servicios personales*", Las astreintes, las sanciones por contempt of court y otros medios para conseguir el cumplimiento de las obligaciones de hacer o de no hacer, ob. cit., p. 79, nota 68. No mesmo sentido, FRIGNANI, quando afirma que "*il presupposto più importante, perchè si possa ottenere una 'final injunction' è costituito dall'inadeguatezza dei 'damages'*", L'*injunction*' nella '*common law*' e l'inibitoria nel diritto italiano, ob. cit., p. 145.

[719] De acordo com CALVÃO DA SILVA, a palavra *contempt* "*deriva etimologicamente do latim 'comtemptus' – de 'contemno' ('contempsi', 'contemptum'), que significa desprezar, não fazer caso de*", ob. cit., n° 99, p. 382, e nota 696. Seguindo a opinião de GOLDSCHMIDT, "*este proceder que, en sus comienzos, se fundó en la idea de que el desobediente incurría en desacato frente a la persona del Rey, despreciando el Gran Sello del mismo, ha tenido una gran extensión originándose, sin embargo, más tarde una reacción tendiente a hacerlo innecesario, en ciertos casos, mediante otros métodos, especialmente al hacer posible la transferencia de un título por parte de un juez auxiliar ('master'), en el supuesto de que el obligado quedaba rebelde y prefería permanecer indefinidamente en la prisión, tal como teóricamente era posible*", Las astreintes, las sanciones por contempt of court y otros medios para conseguir el cumplimiento de las obligaciones de hacer o de no hacer, ob. cit., p. 80. Segundo PEKELIS, o *contempt of court* "*constituye aun un ejemplo sumamente característico de la filosofía que subyace en todo el mecanismo de la estructura jurídica angloamericana*", una vez que "*es de lo más importante para el funcionamiento de todo el sistema jurídico*", Técnicas jurídicas e ideologías políticas. In: Revista Jurídica Argentina La Ley, 1943, t. 29, p. 838 (este artigo também está publicado em '*Michigan Law Review*', 41, 1943, p. 665 e ss; e em '*Materiali per una Storia della Cultura Giuridica*', 1982, v. XII, n° 1, p. 141 e ss). Para aprofundar melhor no estudo do *contempt of court* desde seu fundamento histórico até seus diversos tipos, vid. por todos, FRIGNANI, L'*injunction nella "common law" e l'inibitoria nel diritto italiano*, ob. cit., p. 211 e ss. Para identificar as múltiplas diferenças entre o instituto do *contempt of court* e o instituto da *astreinte*, consultar PEKELIS, ob. cit., p. 839 a 841.

[720] *Black's law dictionary*, ob. cit., verbete '*contempt*', p. 313. Para RADBRUCH, o *Contempt of Court* significa: "*menosprecio a (la honra del) juez, desacato al juez. Consiste en, por ejemplo, tener un comportamiento*

of Court constitui um ato de desprezo pelo tribunal ou de desobediência a uma ordem judicial, que por interferir "with the administration of justice, it is punishable, usually by fine or imprisonment".[721] Não obstante, devemos recordar que no sistema da *common law* igualmente não existe uma prisão por dívidas, "constitucionalmente prohibida en los distintos Estados de la Unión".[722] Deste modo, o devedor poderá ser encarcerado, não por não cumprir a obrigação, como no direito alemão, mas por haver desobedecido à ordem do tribunal.[723]

Estas são as razões pelas quais o *Contempt of Court* é, no direito Inglês, o instrumento mais eficaz para salvaguardar a realização concreta da tutela dos direitos, principalmente aqueles nascidos de obrigações pessoais não fungíveis, como é o caso da tutela específica.[724]

---

inadecuado en la sala del tribunal, incomparecencia voluntaria, negativa injustificada a declarar por parte de un testigo, etc... Si bien, también es posible fuera de la sala, por ejemplo, cuando un juez es atacado en un periódico, o cuando un periódico discute un caso antes de que se trate en la sala", ob. cit., p. 35, nota 33. Segundo GOLDSCHMIDT, *"a los casos del 'constructive contempt' pertenecen, especialmente, la desobediencia a órdenes, resoluciones y decretos emitidos por el tribunal dirimiendo un proceso; además, están comprendidas en los mismos las interferencias explícitas en la autoridad del tribunal, pero que no son cometidas en su presencia, como serían los ataques contra testigos o contra personas o cosas que están bajo su jurisdicción, y también los casos de censura incorrecta, efectuada fuera de la via judicial, por su actuación, vgr., mediante publicaciones"*, Las astreintes, las sanciones por contempt of court y otros medios para conseguir el cumplimiento de las obligaciones de hacer o de no hacer, ob. cit., p. 75 e 76.

[721] *Black's law dictionary*, ob. cit., verbete *'contempt'*, p. 313. No mesmo sentido, O'HARE-HILL, quando afirma: *"If the injunction is not obeyed the plaintiff can apply for the defendant's committal to prison"*, ob. cit., p. 608. A respeito, afirma acertadamente PEKELIS que *"la singularidad de la sanción del 'common law', consistente en prisión por desacato civil descansa en el hecho que, a diferencia de las sanciones criminales, es impuesta no tanto 'quia pecatum est', no como 'consecuencia' de un cierto acto, sino 'ut agitur', con el propósito de provocar un acto. El significado jurídico del castigo es en su carácter etiológico, mientras que la sanción de desacato es en su aspecto teleológico; el castigo es fundamentalmente una 'consecuencia' deseada por la conducta humana; la prisión por desacato es principalmente un 'medio' para obtener cierta conducta. Aun cuando las sanciones criminales son explicadas, no en base a la teoría de la retribución sino en la del temor ('ne peccetur' como opuesta a la 'quia pecatum est'), el efecto que se busca es el de imponer una acción sobre los hombres en general y no la de forzar directamente a la persona castigada hacia una conducta determinada. (...) Pero la sanción por desacato aun se distingue de la sanción punitiva en la exclusividad de su propósito coercitivo, en su estructura funcional, que se encuentra bien adaptada a su fin. La magnitud de la presión que se ejerce se mide, no por lo que se haya hecho (se trate de la atrocidad del crimen u otros elementos) sino por la resistencia que se debe vencer. Una vez que se ha doblegado la voluntad de la persona sujeta a dicha sanción, cesa la coerción"*. Daí concluir o autor que: *"Lo que hace a la sanción por desacato exclusiva es que sea la única que, con el propósito de obtener la restauración del orden jurídico, cuenta sobre el ánimo deudor y tiende a provocar su cooperación"*, ob. cit., p. 841.

[722] GOLDSCHMIDT, Las astreintes, las sanciones por contempt of court y otros medios para conseguir el cumplimiento de las obligaciones de hacer o de no hacer, ob. cit., p. 80.

[723] Históricamente esta possibilidade encontra respaldo no período da *cognitio extra ordinem*, quando o *iudicatum* vincula-se não a uma obrigação privada, senão a uma ordem judicial, pois, de acuerdo com BIONDI, o *"'iudicatum' non è più una 'obligatio' privata, ma bensì l'ordine di un determinato comportamento che proviene dall'autorità pubblica: quindi non si tratta più di una 'obligatio' che deve spontaneamente adempiersi, ma di un comando cui bisogna obbedire"*, Appunti intorno alla sentenza nel processo civile romano. In: *Studi in Onore di Pietro Bonfante*. Milano: Fratelli Treves, 1930, v. IV, nº 28, p. 80.

[724] De igual modo, FRIGNANI, *L'injunction nella "common law" e l'inibitoria nel diritto italiano*, ob. cit., p. 213; CALVÃO DA SILVA, ob. cit., nº 99, p. 383; e MARINONI, *Tutela inibitória*. São Paulo: RT, 1998, p. 170 e 171.

1.4. O SISTEMA TRADICIONAL ITALIANO

Na Itália, o sentimento constitucional fez com que alguns juristas reagissem contra a inadequação dos instrumentos executórios tradicionais, nascidos, como é sabido, de uma sentença condenatória dirigida principalmente para a promoção da execução patrimonial.[725] A insuficiência destes mecanismos processuais para atender satisfatoriamente a crescente demanda destas novas categorias de interesses, como por exemplo, os do art. 18 do *"Statuto dei Lavoratori"*,[726] impulsionaram alguns juristas a sustentar, já na década dos anos 60 e 70, a utilização da prisão como meio de coação para que o devedor cumprisse a sentença de condenação de obrigações não suscetíveis de execução forçosa.

1.4.1. Aplicação do *Contempt of Court*

Parte da doutrina italiana insatisfeita com a ineficiência dos métodos tradicionais da execução forçada para realizar eficazmente as obrigações *in natura*, passou a sustentar, já nas décadas de 60 e 70, a possibilidade da utilização do meio de coação direta sobre a liberdade do devedor a fim de compeli-lo a realizar

---

[725] De acordo com RICCARDO CONDE, recentemente o 'Tribunale di Roma' tem se manifestado no sentido de que *"nel nostro diritto positivo la sentenza di condanna avente ad oggetto l'adempimento di un fare infungibile non sarebbe 'inutiliter data' proprio per effetto di conseguenze comunque sfavorevoli, atte ad indurre, se non a costringere, il debitore in mora all'adempimento spontaneo"*, La nozione di irreparabilità della tutela d'urgenza del diritto di credito (sviluppi giurisprudenziali). In: Rivista di Diritto Processuale, 1998, nº 1, p. 238 e 239.

[726] O art. 18 do Estatuto, estabelece: *"(Reintegrazione nel posto di lavoro). – Ferme restando l'esperibilità delle procedure previste dall'articolo 7 della legge 15 luglio 1966, n. 604 (3/c), il giudice con la sentenza con cui dichiara inefficace il licenziamento ai sensi dell'articolo 2 della predetta legge o annulla il licenziamento intimato senza giusta causa o giustificato motivo, ovvero ne dichiara la nullità a norma della legge stessa, ordina al datore di lavoro, imprenditore e non imprenditore, che in ciascuna sede, stabilimento, filiale, ufficio o reparto autonomo nel quale ha avuto luogo il licenziamento occupa alle sue dipendenze più di quindici prestatori di lavoro o più di cinque se trattasi di imprenditore agricolo, di reintegrare il lavoratore nel posto di lavoro. (...). La sentenza pronunciata nel giudizio di cui al primo comma è provvisoriamente esecutiva. Nell'ipotesi di licenziamento dei lavoratori di cui all'articolo 22, su istanza congiunta del lavoratore e del sindacato cui questi aderisce o conferisca mandato, il giudice, in ogni stato e grado del giudizio di merito, può disporre con ordinanza, quando ritenga irrilevanti o insufficienti gli elementi di prova forniti dal datore di lavoro, la reintegrazione del lavoratore nel posto di lavoro. L'ordinanza di cui al comma precedente può essere impugnata con reclamo immediato al giudice medesimo che l'ha pronunciata. Si applicano le disposizioni dell'articolo 178, terzo, quarto, quinto e sesto comma del codice di procedura civile. L'ordinanza può essere revocata con la sentenza che decide la causa. Nell'ipotesi di licenziamento dei lavoratori di cui all'articolo 22, il datore di lavoro che non ottempera alla sentenza di cui al primo comma ovvero all'ordinanza di cui al quarto comma, non impugnata o confermata dal giudice che l'ha pronunciata, è tenuto anche, per ogni giorno di ritardo, al pagamento a favore del Fondo adeguamento pensioni di una somma pari all'importo della retribuzione dovuta al lavoratore"*. De acordo com a opinião de RAPISARDA, *"questa norma segna il passaggio da un regime di semplice monetizzazione del danno subito dal lavoratore ingiustamente licenziato ad un sistema attuativo della cosiddetta stabilità reale del posto di lavoro"*, Profili della tutela civile inibitoria. Padova: Cedam, 1987, cap. V, nº 5, p. 202. Segundo CARPI-TARUFFO, *"Il principio per cui l'**ordine di reintegrazione del lavoratore nel posto di lavoro** (art. 18 St. lav.) non è suscettibile di esecuzione in forma specifica (conf. 90/9125, 90/46, 88/112, Pret. Firenze 20-4-88, D. e prat. lav., 91, 2464; Trib. Lecce 31-7-84, F. it. 85, I, 2430; Pret. Milano 1-6-85, Or. g. lav. 85,858; Pret. Roma 14-3-86, 'Nuovo dir.' 86,657; 'contra' Pret. Padova 7-3-80, 'F. it. 80,I,1779), ammettendo il reingresso coattivo del lavoratore accompagnato dall'ufficiale giud."*, Commentario breve al codice di procedura civile. 2ª ed., Padova: Cedam, 1999, art. 612, p. 1589. Para aprofundar melhor no estudo da reintegração do trabalhador no posto de trabalho, vid. por todos, TARUFFO, Problemi in tema di esecutorietà della condanna alla reintegrazione del lavoratore. In: Rivista Trimestrale di Diritto Processuale Civile, 1976, p. 789 e ss.

DA TUTELA JURISDICIONAL ÀS FORMAS DE TUTELA

voluntariamente a obrigação específica. Entre estes autores podemos destacar as opiniões de Molari, Proto Pisani e Frignani.

a) Molari parte da ideia segundo a qual "l'incriminazione penale, in quanto 'extrema ratio', rappresenta il mezzo più adeguato per la protezione di interessi non altrimenti suscetibili di tutela giuridica, e che, di conseguenza, la protezione disposta dall'art. 388 trova la sua più valida ragione d'essere specialmente in relazione ai diritti per i quali – non essendo pensabile un'esecuzione forzata, e non essendo d'altro canto prevista alla stregua del nostro diritto positivo la possibilità di irrogare misure coercitive – altro mezzo di protezione non rimane se non la sanzione penale".[727] Para ele, "l'intuizione già suggerisce come la validità della teorica relativa ad una incriminazione penale della disobbedienza attuata con le modalità della simulazione o della frode sia tuttavia condizionata dalla possibilità di far convergere le prime sulla seconda, di modo che l'inottemperanza all'ingiunzione di eseguire la sentenza prevista nell'art. 388 rimanga pur sempre il fulcro della fattispecie".[728] Daí que para o autor, "la fattispecie contenuta nella prima parte dell'art. 388 c. p. sarebbe posta a tutela dell'autorità della sentenza: intendendo tale termine tuttavia non già come possibilità di attuazione coatta del provvedimento per il tramite del processo esecutivo, ma come sinonimo di imperatività dello stesso".[729]

b) A teoria desenvolvida por Proto Pisani na reconstrução da tutela condenatória, parte da constatação de que em muitos casos, como por exemplo, quando a sentença de condenação tem por objeto o cumprimento de obrigações não suscetíveis de execução forçada, ou quando existe a necessidade de uma tutela inibitória, a sentença condenatória é um remédio insuficiente para resolver de forma eficaz e adequada os interesses dos titulares. Por isso, propõe o autor, que "L'art. 24 comma 1° della costituzione, se interpretato alla luce del principio secondo cui il processo debe dare per quanto è possibile praticamente a chi ha ragione tutto quello e proprio quello ch'egli ha diritto di conseguire".[730] Mais adiante, o professor florentino conclui seu estudo afirmando que: "attraverso la tecnica della incriminazione penale 'diretta' di una determinada condotta l'ordenamento può realizzare quella stessa tutela preventiva di determinate situazioni di vantaggio che si può realizzare attraverso l'intermediazione di un provvedimento civile di condanna la cui attuazione sia sanzionata penalmente attraverso il ricorso alla tecnica delle misure coercitive di cui all'art. 388 c.p. (ed eventualmente all'art. 650 CP)".[731]

---

[727] *La tutela penale della condanna civile.* Padova: Cedam, 1960, p. 52.

[728] Ob. cit., p. 58.

[729] Ob. cit., p. 1. É conveniente assinalar que para MOLARI, é *"esatte le affermazioni di quegli Autori per i quali anche la sentenza di condanna non ancora passata in cosa giudicata può essere ritenuta elemento sufficiente per la consumazione del delitto"*, ob. cit., p. 233.

[730] *Appunti sulla tutela di condanna.* In: *Rivista Trimestrale di Diritto Processule Civile*, 1978, p. 1.161 e 1.162.

[731] Ob. cit., p. 1207.

c) A teoria de Frignani, que parte de uma análise comparativa entre a *injunction* da *common law* e a inibitória do direito italiano, desemboca na seguinte afirmação: "sia nel diritto angloamericano che in quello italiano si presentano le medesime esigenze di tutela del medesimo interesse, la prevenzione dell'illecito: là vi si perviene con l''injunction' qui con l'inibitoria".[732] E o autor conclui seu pensamento afirmando que: "Accanto alla forma di coazione indiretta delle obbligazioni di fare e di non fare, costituita da una sanzione di carattere civilistico, ne esite un'altra, costituita da una sanzione di natura penalistica. Infatti, il non ubbidire al comando del giudice, che imponga l'adempimento di un obbligo di fare e di non fare, costituisce, in presenza di certi presupposti una fattispecie criminosa. La norma di cui trattasi è l'art. 388 CP".[733]

1.4.2. Doutrina conservadora

Em que pesem os esforços desenvolvidos por alguns juristas para conferir mais eficácia a determinadas tutelas jurisdicionais, as críticas não tardaram a aparecer. Entre as mais contundentes podemos destacar aquelas desenvolvidas por Chiarloni e Mandrioli, entre outros.

a) De acordo com Chiarloni, a tese de Proto Pisani "rappresenti uno sviluppo della teorica di origine germanica che ravvisa il 'proprium' della sentenza di condanna nell'avere ad oggetto del suo accertamento la preteza ad una prestazione, 'ossia il diritto ad una prestazione in quanto debba essere soddisfatto a seguito della sua violazione' e che ha portato per lungo tempo la dominante dottrina tedesca a parlare, indifferentemente, di 'Verurteilungsurteil' o di 'Leistungsurteil'".[734] Depois de uma longa análise dos defeitos que acompanham a técnica desenvolvida pela ZPO, o autor não aceita as conclusões do professor florentino basicamente por duas razões: "Una prima conseguenza di questa premessa è che la semplice inottemperanza all'ingiunzione di eseguire la sentenza costituisce il momento consumativo del reato, essendo irrilevante la insolvibilità del soccombente ove si tratti di sentenza suscettibile di esecuzione forzata per espropriazione. Una seconda e più importante conseguenza è che nella previsione dell'art. 388 rientrano anche le sentenze civili di condanna non suscettibili di esecuzione, vale a dire le sentenze che riguardino un fare o un non fare infungibili come quelle, appunto, della esemplificazione conclusiva sopraricordata (obligaciones de contenido artístico)".[735] Deste modo o autor conclui seu estudo afirmando que: "crediamo di dover rifiutare la 'penalizzazione surrettizia' degli obblighi civili astrattamente considerati che conseguirebbe alla individuazione di un fatto di reato nel comportamento del soccombente il quale non ottempera la sentenza insuscettibile di esecuzione forzata", porém, "occorre, al riguardo, prendere in considerazione la

---

[732] *L''injunction' nella 'common law' e l'inibitoria nel diritto italiano*, ob. cit., p. 611.

[733] *L''injunction' nella 'common law' e l'inibitoria nel diritto italiano*, ob. cit., p. 592.

[734] Ob. cit., p. 135.

[735] ob. cit., p. 177.

circostanza che misure coercitive, sia penali che civili, sono espressamente previste nella legislazione speciale a sanzione del mancato adempimento del dovere di prestazione consagrato in alcuni provvedimenti di merito".[736] Posteriormente o autor reconhece "l'asserto secondo il quale la correlazione necessaria tra condanna ed esecuzione forzata 'non si rivela a perfetta tenuta' è di per sé esatto. Ma non nel senso ampio che gli si è voluto attribuire, (...). Bensì nel senso, molto più ristretto, che si può agire in condanna anche le poche volte (da contarsi per ora sulle dita di una mano) che sul convenuto grava un obbligo di fronte al cui inadempimento il sistema reagisce con misure coercitive espressamente e specificamente prevedute".[737]

Em um artigo posterior, Chiarloni depois de rebater novamente a tese de Proto Pisani em basicamente quatro pontos (o primeiro geral, e os outros três de método, histórico e de substância), reconhece que: "Sono convinto che sia indispensabile introdurre un sistema allargato di misure coercitive sul patrimonio a tutela delle obbligazioni di fare e di non fare e, forse, anche a tutela di certe categorie di obbligazioni di dare", e também "sono persuaso che l'esitenza di una tenzione all'esatto adempimento dell'obbligazione civile, così forte da richiedere la previsione di una misura coercitiva non più sul patrimonio, bensì sulla persona del debitore debba venir pazientemente individuata caso per caso, attraverso l'intervento del legislatore penale, che modelli singole ipotesi di reato, modulando l'intervento repressivo a seconda della gravità delle singole violazioni".[738]

b) Para Mandrioli, "il superamento della correlazione necessaria tra condanna ed eseguibilità forzata, nei termini e con la portata proposti dal Proto Pisani, sembra dunque scarsamente fondado e poco utile sia sul piano pratico e sia su quello sistematico".[739] Porém, a crítica do autor está dirigida não ao artigo anteriormente estudado, senão a um artigo prévio de Proto Pisani.[740] Daí que o autor finaliza seu artigo: "Non senza, tuttavia, osservare che il ricorso alle misure coercitive, specie se di natura penale, è uno strumento da usarsi con parsimonia e senso della misura, poiché, per natura sua, è destinato ad operare in quella delicatissima sfera che concerne il momento formativo della volontà, comprimendone la naturale libertà".[741] Deste modo, o autor conclui seu ponto de vista no sentido

---

[736] ob. cit., p. 201.

[737] ob. cit., p. 201 a 203.

[738] '*Ars distinguendi*' e tecniche di attuazione dei diritti. In: *Formalismi e Garanzie: Studi sul Processo Civile*. Torino: Giappichelli, 1995, p. 50. Para uma análise mais detalhada da teoria de Chiarloni, vid. também COLESANTI, ob. cit., p. 601 e ss.

[739] Sulla correlazione necessaria tra condanna ed eseguibilità forzata. In: *Rivista Trimestrale di Diritto Processuale Civile*, 1976, n° 8, p. 1355.

[740] Denominado: L'effettività dei mezzi di tutela giurisdizionale con particolare riferimento all'attuazione delle sentenza di condanna. In: *Rivista di Diritto Processuale*, 1975, p. 620 e ss.

[741] Ob. cit., n° 8, p. 1355 e 1356.

da "obbiettiva impossibilità di eseguire coattivamente gli obblighi di fare infungibili";[742]

c) Entre os diversos autores que criticam a penalização da tutela jurisdicional dos direitos civis, podemos destacar, também, Tarzia,[743] Monteleone,[744] Tommaseo[745] e Montesano.[746]

1.4.3. Considerações

Apesar das diversas críticas surgidas, o certo é que esta postura poderia justificar-se porque na Itália ainda não existe uma norma capaz de atender satisfatoriamente aos interesses do credor de conteúdo negativo como aqueles que tem por base um fazer não fungível,[747] exceto alguns poucos casos legais de *astreintes*.[748]

---

[742] *Corso di diritto processuale civile*. Torino: Giappichelli, 2000, v. III, § 33, p. 101. Para uma visão mais completa do autor, se bem mais antiga, vid. sua obra, *L'esecuzione forzata in forma specifica*. Milano: Giuffrè, 1953, principalmente n° 2, n° 6, n° 13, e suas conclusõs no n° 22.

[743] De acordo com o professor de Milão: "*La reviviscenza di misure coercitive personali, attraverso un'ardita interpretazione e applicazione degli artt. 388 e 650 c.p., va ben al di là di quella che poteva apparire, nell'àmbito di un 'perfezionamento' della giurisdizione civile, la miglior realizzazione del principio dell'esatto adempimento*", Presente e futuro delle misure coercitive civile. In: *Rivista Trimestrale di Diritto Processuale Civile*, 1981, p. 803.

[744] Para quem: "*L'introduzione di misure coercitive o penali, quindi, solo illusoriamente costituisce un mezzo di esecuzione coatta delle obbligazioni, restando sempre ed in ogni caso l'adempimento un atto volontario ed incoercibile del debitore*", Recenti sviluppi nella dottrina dell'esecuzione forzata. In: Rivista di Diritto Processuale, 1982, n° 4, p. 289.

[745] A ideia do autor pode ser resumida do seguinte modo: "*In conclusione, si può affermare – con un'autorevole dottrina – che l'aver ravvisato nelle sanzioni penali lo strumento di coazione per rendere effettiva la tutela giurisdizionale di condanna, si fonda sull'erroneo convincimento che la condanna si risolva in un ordine di giustizia penalmente sanzionato*", I provvedimenti d'urgenza. Padova: Cedam, 1983, cap. VI, n° 6, p. 359.

[746] Para o autor: "*Invero, il debitore è condannato non ad adempiere, o meglio, per usare le parole dell'art. 1218 c.c., ad eseguire egli stesso la prestazione ancor dopo la sentenza, a pena di subire la 'giudiziaria surrogazione', o la sanzione afflittiva, ma 'all'adempimento'*", La tutela giurisdizionale dei diritti. Torino: Utea, 1985, n° 62, p. 151 e 152; e também em Considerazioni su storia moderna e proposte riforme della giustizia civile in Itália. In: Rivista di Diritto Processuale, 1981, n° 4, p. 608.

[747] Neste sentido COMOGLIO, quando afirma: "*L'insufficienza del sistema è palese, ove si consideri che le situazioni costituzionali, per la loro 'insostituibilità', esigono una 'tutela differenziata e qualificata' che ne consenta la 'reintegrazione', per cosí dire, 'in forma specifica'. (...) Al riguardo, va ribadita la necessità di una 'reintegrazione in forma specifica' delle situazioni soggettive costituzionali, intendendosi con tale espressione qualcosa di più e di diverso dal mero 'risarcimento per equivalente' della loro violazione, cioè la 'realizzazione' concreta dell 'interesse costituzionalmente tutelato' dalle singole guarentigie*", La garanzia costituzionale dell'azione ed il processo civile. Padova: Cedam, 1970, n° 14, p. 88 e 89, e nota 151. Assim mesmo, TARZIA, ob. cit., p. 807; DENTI, *La giustizia civile*. Bologna: Il Mulino, 1989, cap. IV, n° 7, p. 124, e n° 12, p. 134 e ss; CHIARLONI, Misure coercitive e tutela dei diritti, ob. cit., p. 202; MONTESANO, ob. cit., p. 609; TOMMASEO, ob. cit., cap. VI, n° 6, p. 354 e ss; e FRISINA, La tutela cautelare d'urgenza dei diritti a prestazioni pecuniarie. In: Rivista di Diritto Processuale, 1986, n° 4, p. 997 e ss, entre outros.

[748] Neste sentido, FRIGNANI, em Le penalità di mora e le astreintes nei diritti che si ispirano al modelo francese. In: Rivista di Diritto Civile, 1981, parte I, p. 520 e ss; La penalità di mora nel diritto comunitario, francese e italiano. In: Rivista di Diririto Industriale, 1974, parte I, p. 261 e ss; e também no livro: L' '*injunction*' nella '*common law*' e l'inibitoria nel diritto italiano, ob. cit., p. 567 e ss, principalmente p. 578 e ss.

Por isso, em dezembro de 1994, o Ministro da Justiça encarregou a uma comissão, presidida pelo prof. Tarzia, a reforma do Código Processual Civil.[749]

1.5. O SISTEMA MISTO ALEMÃO

O direito processual alemão, diante da tutela específica, desenvolveu um sistema próprio, contido nos §§ 888[750] e 890[751] da ZPO.[752]

Enquanto a coerção contida no § 888 se refere às obrigações de fazer positivas e não fungíveis, a coerção do § 890 se refere às obrigações de fazer negativas. O descumprimento por parte do devedor de uma obrigação de fazer ou de não fazer contida em uma sentença de condenação dá lugar geralmente à aplicação

---

[749] De acordo com TARZIA, a finalidade da reforma era "'*la razionalizzazione e l'effettiva accelerazione delle procedure, nel più scrupuloso rispetto dei diritti di difesa delle parti', coniugando dunque i due valori (diversi ma tra loro avvinti) della garanzia della difesa e dell'effettività del processo; e l'introduzione di una disciplina più moderna e funzionale del processo, con particolare riguardo all'esecuzione ed ai procedimenti speciali non considerati dalla legge n. 353 del 1990*", Per la revisione del codice di procedura civile. In: *Rivista di Diritto Processuale*, 1996, n°4, p. 945.

[750] O § 888 da ZPO, establece: "*I. Si una acción no puede ser efectuada por un tercero, entonces, si depende exclusivamente de la voluntad del deudor, se condenará a instancias por parte del tribunal procesal de primera instancia a que el deudor sea exhortado a efectuar la acción por medio de multa coercitiva, y para el caso de que esto no se pueda recaudar, por medio de encarcelamiento coercitivo. Cada multa coercitiva no puede ser superior a la cantidad de 50.000 marcos alemanes. Para el encarcelamiento coercitivo se aplican análogamente las disposiciones de la sección cuarta sobre el encarcelamiento. II. No procede la amenaza de los medios coactivos. III. Estas disposiciones no se aplican en el caso de condena a contraer un matrimonio, en el caso de condena a establecimiento de la vida conyugal y en caso de condena a la prestación de servicios por un contrato de prestación de servicios. (Párrafo II añadido, párrafo III modificado en su redacción por el art. 1, núm. 29, 2ª enmienda de la ejecución forzosa; en vigor desde el 1 de enero de 1999)*", Código procesal civil alemán. Trad. por Emilio Eiranova Encinas e Miguel Lourido Míguez. Madrid: Marcial Pons, 2001, p. 262 e 263. De acordo com CHIARLONI, "*é interessante rilevare che la misura coercitiva prevista dal § 888 ZPO viene utilizzatta anche a tutela di doveri intraprocessuali derivanti da un'ordinanza del giudice, ad esempio in materia di prove*", Misure coercitive e tutela dei diritti, ob. cit., p. 98, nota 124.

[751] O § 890 da ZPO estabelece que: "*I. Si el deudor actúa en contra de la obligación de no hacer un acto o de tolerar la ejecución de un acto, entonces será condenado por uno cualquiera de los actos en contra a instancias del acreedor por parte del tribunal procesal de primera instancia a una corrección disciplinaria económica, y para el caso de que ésta no se pueda recaudar, a arresto sustitutorio, o a arresto sustitutorio de hasta seis meses. Cada corrección disciplinaria económica no puede ser superior a la cantidad de 500.000 marcos alemanes, el arresto sustitutorio en total no puede ser superior a dos años. II. A la condena debe preceder una correspondiente conminación, la cual, si no está incluida en la sentencia que declara la obligación, será pronunciada a instancia por el tribunal procesal de primera instancia. III. El deudor también puede ser condenado a instancias del acreedor a la constitución de una garantía para los daños que se produzcan por otros actos en contra por un período de tiempo determinado*", Código procesal civil alemán, ob. cit., p. 263. Para CHIARLONI, "*alla fattispecie prevista dal § 890 ZPO, abbiamo un'opinione una volta assolutamente dominante, e ancor oggi maggioritaria, che sostiene la natura di sanzione penale delle misure coercitive in esame, sia pure con sfumature diverse*", Misure coercitive e tutela dei diritti, ob. cit., p. 94. Esta afirmação é corroborada por GOLDSCHMIDT, *Las astreintes, las sanciones por contempt of court y otros medios para conseguir el cumplimiento de las obligaciones de hacer o de no hacer*, ob. cit., p. 74; e MOLARI, ob. cit., p. 41.

[752] Para aprofundar melhor no estudo da evolução histórica destas medidas no ordenamento alemão, vid. por todos, COLESANTI, ob. cit., principalmente n° 4 e ss, p. 605 e ss; CHIARLONI, Misure coercitive e tutela dei diritti, ob. cit., p. 69 e ss; GOLDSCHMIDT, *Las astreintes, las sanciones por contempt of court y otros medios para conseguir el cumplimiento de las obligaciones de hacer o de no hacer*, ob. cit., p. 71 e ss, e MOLARI, ob. cit., p. 33 e ss.

do §890 e, de forma excepcional, ao § 888.[753] Deste modo, se faz evidente a configuração de um sistema misto, já que existe pelo geral a aplicação de uma pena pecuniária (*Zwangsstrafe*) e excepcionalmente a aplicação de uma pena restritiva de liberdade[754] (*Zwangshoft*) por descumprimento da obrigação. O caráter excepcional se justifica em virtude da gravidade da coerção, que pode inclusive alcançar a liberdade do devedor, pelo que, como indica Chiarloni, "possiamo supporre che i giudici tedeschi abbiano fatto e facciano un uso moderato del potere loro concesso di limitare la liberta personale del debitore".[755]

No sistema alemão, o valor econômico obtido em virtude da aplicação da pena pecuniária reverte em benefício do Estado, e não do credor, como ocorre no sistema francês[756]. Isto é devido, na opinião de Colesanti, a que o desenvolvimento das medidas coercitivas na Alemanha, "sempre ricollegate allá 'violazione dell'autorità', denotano una visione del processo in cui non tanto preme la soddisfazione dell'avente diritto, quando la 'punizione' di chi, col próprio comportamento tale violazione há concretato".[757]

---

[753] Conforme CHIARLONI, Misure coercitive e tutela dei diritti, ob. cit., p. 89.

[754] De acordo com a opinião de GOLDSCHMIDT, "*la elección entre multa y arresto corresponde al tribunal, y no al acreedor*", Las astreintes, las sanciones por contempt of court y otros medios para conseguir el cumplimiento de las obligaciones de hacer o de no hacer, ob. cit., p. 72 e 73.

[755] *Misure coercitive e tutela dei diritti*, ob. cit., p. 97. Para o autor, "*giudici e scrittori tedeschi sono concordi nel ritenere, introducendo in sostanza una interpretazione parzialmente abrogante del § 888, che la norma non trova applicazione tutte le volte che l'obbligo di fare richiami qualità di ordine artistico o scientifico*", ob. cit., p. 98.

[756] Conforme esclarece CHIARLONI, *Misure coercitive e tutela dei diritti*, ob. cit., p. 90; e GOLDSCHMIDT, *Las astreintes, las sanciones por contempt of court y otros medios para conseguir el cumplimiento de las obligaciones de hacer o de no hacer*, ob. cit., p. 72.

[757] *Misure coercitive e tutela dei diritto*, ob. cit., nº 8, p. 625. Nesta ordem de ideias MOLARI afirma que: "*La 'Zwangsstrafe' di cui al § 888 ZPO, si dice allora, è stabilita in funzione non solo dell'interesse privato del creditore, ma altresì di un diritto pubblico, il cui contenuto va per l'appunto individuato nell'interesse dello Stato all'osservanza dei comandi emanati con la sentenza civile*", ob. cit., p. 36.

2. La ejecución civil: experiencia del Derecho brasileño[758]

2.1. CRISIS DE LA JUSTICIA

La sociedad brasileña vive un momento peculiar de transformación social. A partir de los años 90, nuevos factores sociales empiezan a destacar-se en la sociedad civil organizada, sugiriendo, por consiguiente, nuevas demandas socio-jurídicas. En este inicio de siglo XXI, deparamos-nos con varias crisis en las sociedades de un modo general y, en especial, en la sociedad brasileña; estas crisis evidencian una necesidad urgente de revisión de paradigmas,[759] bien como a construcción de nuevos modelos, capaces de resolvieren a una demanda cada mas creciente y urgente de prestación de tutela jurisdiccional. El acceso a la justicia es inevitable y presupone un revisionamiento de los sistemas jurídicos actuales. Es en este contexto que emerge la construcción de un derecho procesal denominado de 'sincrético'.

Pero, desgraciadamente el legislador no se dio cuenta que la limitación de la esfera procesal nunca es acompañada por la limitación de la esfera de lo real, es decir, los hechos jurídicos suelen estar siempre unidos al desarrollo de la sociedad que, en virtud de su dinamismo, originan una complejidad cada vez mayor de situaciones jurídicas que necesitan ser acogidas y adecuadamente solventadas por la misma sociedad.[760] Por ello estamos plenamente de acuerdo con Rapisarda, cuando destaca como "il diffondersi delle forme di produzione di massa e lo sviluppo tecnologico dei sistemi informativi hanno determinato, in questi anni, l'emergere di nuovi diritti, che non trovano adeguata collocazione nel catalogo delle situazioni sostanziali tutelabili di derivazione codicistica".[761] El derecho, como bien dice

---

[758] Texto da conferencia pronunciada en el Congreso Internacional de Derecho Procesal sobre *La ejecución civil: problemas actuales*, en la Universidad Autónoma de Barcelona, en los días 12 a 14 de marzo de 2008. Publicado In: Manuel Cachón Cadenas; Juan Picó i Junoy. (Org.). Ejecución Civil: Problemas Actuales. Barcelona: Atelier, 2008.

[759] De acuerdo con la clásica opinión del criador del concepto, TOMAS KUHN, podemos entender paradigma como: "as realizações científicas universalmente reconhecidas que, durante algum tempo, fornecem problemas e soluções modelares para uma comunidade de praticantes de uma ciência", *A estrutura das revoluções científica*. Trad. por Beatriz Vianna Boeira y Nelson Boeira. São Paulo: Perspectiva, 2003, p. 13.

[760] Para profundizar mejor en el estudio del *"progrès social"*, vid. pot todos, RIPERT, *Les forces créatrices du droit*. Paris: Librairie Génerale de Droit et de Jurisprudence, 1955, n° 22, p. 62 y 63.

[761] *Profili della tutela civile inibitória*. Padova: Cedam, cap. II, n° 1, p. 77. Para CAPPELLETTI, la sociedad moderna se encuentra inmersa en una gran crisis, derivada *"dalle profonde trasformazioni delle società industriali*

Pontes de Miranda, es un "mero processo social de adaptação",[762] en donde los hechos jurídicos surgidos en una sociedad deben ser adecuadamente solucionados por ella misma. Por ello, la ciencia procesal – como destaca Perrot – debe estar "en perpétuelle évolution pour répondre à des impératifs économiques et sociaux qui se renouvellent constamment",[763] so pena de paralizar el desarrollo social.

Dentro de esta perspectiva podemos decir que hoy uno de los elementos más importantes del derecho en general y del proceso en especial es el factor tiempo.[764] La búsqueda de la efectividad se ha tornado casi una obsesión entre los estudiosos del proceso. En esta orden de ideas, podemos seguramente afirmar que existe el deber constitucional de promover la efectividad del derecho en cualquier nivel,[765] sea a través de la función judicial, administrativa o misma legislativa, en todas sus esferas de poder: federal, estadual y municipal. Para el legislador, este deber le es

---

e postindustriali moderne, in cui la domanda di giustizia è venuta a significare, sempre più decisamente, e per moltitudini sempre più vaste, domanda di uguaglianza non soltanto formale, ma reale – effettiva uguaglianza di possibilità di sviluppo della persona ed uguale dignità dell'uomo", Acesso alla giustizia come programma di riforma e come metodo di pensiero, en Rivista di Diritto Processuale, 1982, p. 237. De igual modo, WIEACKER, para quien: *"La crisis de justicia de nuestros tiempos no sólo es obra culpable de los defectuosos esfuerzos de la razón y de la conciencia jurídica, sino provocada también por las rápidas alteraciones de las condiciones sociológicas, económicas y técnicas de la convivencia humana, a cuya estabilidad, según nuestra experiencia histórica, está vinculada la larga vida de una cultura jurídica afianzada. Es un sector de la crisis general de las condiciones políticas, sociales, económicas y culturales de nuestro país, de nuestra parte del mundo y hasta de toda la Tierra"*, Historia del derecho privado de la edad moderna. Trad. por Francisco Fernández Jardón, Granada: Comares, 2000, § 30, p. 557; y OVÍDIO B. DA SILVA, cuando denuncia la crisis que afecta el proceso civil moderno de inspiración ideológica liberal. Para este autor: *"A crise dessa concepção liberal, porém, vem-se tornando aguda e, em certos aspectos, insuportável, na medida em que o mundo moderno penetra vertiginosa-mente no que se convencionou denominar 'sociedade de massa', com a 'terceirização' da economia e a decor-rente multiplicação das empresas prestadoras de serviço"*, Curso de processo civil. São Paulo: RT, 1998, v. II, p. 340. Para profundizar mejor en el estudio de los problemas existentes entre el actual progreso económico de la sociedad de masa y los diversos tipos de contratos, vid. por todos, la excelente obra de CALVÃO DA SILVA, *Cumprimento e sanção pecuniária compulsória*. Coimbra: Coimbra, 1987, n° 8, p. 42 y ss.

[762] *Tratado das ações*. São Paulo: Rt, 1972, t. I, § 1, p. 03.

[763] La procédure civile française à la veille du XXIème siègle. In: Cinquanta Anni di Studi sul Processo Civile: Incontro Internazionale in occasione del Cinquantenario dell'Associazione. Milano: Giuffrè, 1998, p. 38. Esta conferencia fue traducida por Barbosa Moreira y publicada en la Revista de Processo, n° 91, 1998, p. 201 y ss, con el título *O processo civil francês na véspera do século XXI*.

[764] Para un análisis detallada de la importancia del tiempo para el derecho, consultar la clásica obra de FRAN-ÇOIS OST, *O tempo do directo*. Trad. Maria Fernanda Oliveira. Lisboa: Instituto Piaget, 1999.

[765] Actualmente por fuerza de la 'Emenda Constitucional' n° 45, promulgada en 08.12.2004, la efectividad, en el derecho brasileño, está prevista en el numeral LXXVIII, del art. 5°, de la Constitución Federal. Reza el numeral que "a todos, no âmbito judicial e administrativo, são assegurados a razoável duração do processo e os meios que garantam a celeridade de sua tramitação". A pesar de la actual previsión constitucional de la 'razonable duración del proceso', ya era permitido sostener, con anterioridad, esta posibilidad, a través del par. 2°, del art. 5°, de la Constituón Federal, que posibilita a la parte invocar en su beneficio la Convención Americana sobre Derechos Humanos, que el Brasil es signatario, a través del art. 8.1 que garantiza a la parte el derecho de ser oída dentro de un plazo razonable. Dispone el art. 8.1 de esta Convención que: *"Toda pessoa tem direito a ser ouvida, com as devidas garantias e dentro de um prazo razoável, por um juiz ou tribunal competente, independente e imparcial, estabelecido anteriormente por lei, na apuração de qualquer acusação penal formulada contra ela, ou para que se determinem seus direitos ou obrigações de natureza civil, trabalhista, fiscal ou de qualquer outra natureza"*. Ya defendí esta posibilidad cuando escribí "A instrumentalidade do processo e o princípio da verossimilhança como decorrência do Due Process of Law". In: *Revista de Jurisprudência Brasileira*, n° 173, p. 31 e 32; también publicada en la *Revista Ajuris*, n° 60, p. 273 y 274. Sobre el tema consultar, CRUZ E TUCCI, *Devido processo legal e tutela jurisdicional*, São Paulo: RT, 1993, p. 99 hasta 126.

DA TUTELA JURISDICIONAL ÀS FORMAS DE TUTELA

impuesto cuando "al regular la constitución y funcionamiento de los Tribunales, debe considerar los posibles riesgos de inefectividad de la tutela y eliminarlos en la medida de lo posible, por lo que podría ser contraria a la Constitución una regulación que se despreocupase de la efectividad de la tutela, y ello aun al margen de si ese riesgo no resultase realizable en todos los casos (…)".[766]

También la función ejecutiva debe promover la efectividad a través de la garantía de los medios estructurales adecuados para que la justicia pueda ser eficaz, evitando, con eso, que sus carencias puedan repercutir en los consumidores del derecho. En Brasil, la efectividad también está presente en la administración pública, tanto directa cuanto indirecta, a través del art. 37, de la Constitución Federal que le determina obediencia al principio de la *eficiência*, entre otros.

Por ello, podemos fácilmente concluir que la efectividad compone uno de los elementos integrantes del Estado Democrático de Derecho, en la medida en que contribuye para la construcción de una sociedad más justa (art. 3º, numeral I, de la Constitución Federal), basada en la dignidad de la persona humana (art. 1º, numeral III, de la Constitución Federal), pues, de acuerdo con Rui Barbosa, la "justiça atrasada não é justiça, senão injustita qualificada e manifesta".[767]

Modernamente existe una revolución silenciosa hacia la efectividad.[768] Casi todos los países están volcados en esta búsqueda. Y de una manera en general han investidos sus esfuerzos hacia la ejecución, pues hace tiempo que ya se descubrió que la jurisdicción no se agota simplemente con la declaración del derecho, es necesario realizarlo. Por eso proceso de declaración y proceso de ejecución deben ser entendido como dos lados de la misma moneda, es decir, uno no sobrevive sin el otro. Esta relación fue bien percibida por Couture, cuando el mismo dice que: "*Conocimiento y declaración sin ejecución es academia y no justicia; ejecución sin conocimiento es despotismo y no justicia*".[769]

Esta realización debe ser hecha lo más pronto posible, a través de mecanismos altamente eficaces, que sean capaces de atender al gran postulado procesal moderno creado por Chiovenda, según el cual "el proceso debe dar en cuanto es posible prácticamente a quien tiene un derecho todo aquello y precisamente aquello que él tiene derecho a conseguir".[770] ¿Pero, como atender eficazmente al derecho de la parte delante del tecnicismo de la dualidad de procesos?

---

[766] CHAMORRO BERNAL, *La tutela judicial efectiva*. Barcelona: Bosch, 1994, p. 280.

[767] *Oração aos moços*. Rio de Janeiro: Edições de Ouro, MCMLXVI, p. 105.

[768] Sobre este tema consultar BARBOSA MOREIRA, que ha escrito diversos artículos, especialmente: Notas sobre o problema da 'efetividade' do processo. In: *Temas de Direito Processual*, São Paulo: Saraiva, 3ª série, 1984, p. 27 hasta 42; Efetividade do processo e técnica processual. In: *Temas de Direito Processual*, São Paulo: Saraiva, 6ª série, 1997, p. 17 hasta 29; Por un proceso socialmente efectivo. In: *Temas de Direito Processual*, São Paulo: Saraiva, 8ª série, 2004, p. 15 hasta 27.

[769] Las garantías constitucionales del proceso civil. In: *Estudios de Derecho Procesal Civil*, Buenos Aires: Depalma, 1979, vol. I, nº 29, p. 89.

[770] De la acción nacida del contrato preliminar. In: *Ensayos de Derecho Procesal Civil*. Traducción de Santiago Santís Melendo. Buenos Aires: Ejea, v. I, p. 214. Este postulado también está descrito en las Istituzioni di diritto processuale civile. Napoli: Jovene, v. I, nº 12, p. 40.

2.2. EL TECNICISMO DE LA DUALIDAD DE PROCESOS

Uno de los más graves embarazos a la verdadera efectividad está ubicado en el tecnicismo de la dualidad de procesos que, de acuerdo con Theodoro Júnior, "teima em tratar como objeto de ações distintas e completamente separadas o acertamento e a execução dos direitos subjetivos violados, com perda de tempo e acréscimo de custos, incompatíveis com a efetividade esperada da tutela jurisdicional".[771]

Cumple destacar que Alcalá-zamora, hace mucho tiempo, ya combatía el tecnicismo de la dualidad, artificialmente creada en el derecho procesal, entre proceso de conocimiento y proceso de ejecución. Para el autor: "En definitiva, creo más exacto hablar de 'fase procesal del conocimiento' y de 'fase procesal de ejecución' (o bien de ejecución procesal), que no de proceso de una y otra clase, (…) la unidad de la relación jurídica y de la función procesal se extiende a todo lo largo del enjuiciamiento, en vez de romperse en un momento dado".[772]

Nadie desconoce que la dualidad cognición-ejecución ha ejercido una gran influencia en diversos procesalistas que han creado innumeros institutos procesales a partir de este esdrújulo binomio.[773]

La influencia de esta dualidad puede ser sentida, por ejemplo, en la clasificación de sentencias que parte, básicamente, del binomio cognición-ejecución para clasificar los diversos tipos de tutela jurisdiccional,[774] presuponiendo, por tanto, la separación total entre la actividad contenida dentro del *'proceso de declaración'* y la actividad contenida dentro del *'proceso de ejecución'*.[775] Pero, lo cierto es

---

[771] *Curso de Direito Processual Civil*. Rio de Janeiro: Forense, 2007, 41ª ed., vol. II, nº 624, p. 06. Sobre este tema consultar la clasica obra del autor denominada *A execução da sentença e a garantia do devido processo legal*. Rio de Janeiro: Aide, 1987, especialmente cap. XVIII, p. 193 hasta 256.

[772] *Proceso, Autocomposición y Autodefensa*. México: UNAM, 1991, nº 81, p. 149.

[773] Incluso la filosofía ha podido sentir este impacto y ha proyectado sus efectos para todos los lados, ejerciendo una enorme influencia en todos los sectores de la vida. Desde esta perspectiva, pues, es oportuno señalar la gran influencia que ha tenido sobre nosotros los enseñamientos de DESCARTES, cuando el mismo destaca, en su primer precepto, de entre los cuatro, su preocupación en evitar el perjuicio, diciendo que es preciso *"evitar cuidadosamente a precipitação e a prevenção"*, y, por precipitación, debemos entender, según él, *"julgar antes de se ter chegado à evidência"*, Discurso do Método. Trad. por J. Guinsburg e Bento Prado Júnior. São Paulo: Nova Cultura, 1987, v.1, p. 37. Sobre esta afirmación de Descartes, ya afirmé que la considero *"a razão moderna, para que haja a separação entre o processo de conhecimento e o processo de execução, porque primeiro temos que construir um título executivo judicial, buscado, regra geral, na evidência (sentença), e assim agindo, estaremos evitando a precipitação de se encostar a mão no patrimônio de sua excelência, o réu, para, só depois, absurdamente, termos de iniciar uma nova relação processual para realizar o direito daquela primeira relação que foi encerrada, iniciando-se, novamente, um longo e penoso caminho, rumo à efetiva realização do direito"*, Provas Atípicas. Porto Alegre: Livraria do Advogado, 1998, nº 2.2, p. 61, nota 182.

[774] Para una crítica sobre la inadecuación de una clasificación que parte de este binomio me remito a mi trabajo *La pretensión procesal y la tutela judicial efectiva*. Barcelona: Bosch, 2004, p. 173.

[775] Al respecto, afirma acertadamente THEODORO JÚNIOR que: *"Embora o que queira de fato o credor seja a concretização efetiva de seu direito, só não é possível, por exemplo, o autor de uma ação de indenização pedir desde logo a condenação do devedor ao pagamento do prejuízo, com a cominação de penhora e praceamento de bens e conseqüente pagamento do que lhe é devido, porque teima em prevalecer o dogma de que o processo de conhecimento e o processo de execução são atividades distintas e que só devem ser tratadas em relações processuais diversas"*, A execução de sentença e a garantia do devido processo legal, ob. cit., p. 237.

que estas dos actividades, conocer y ejecutar, por cuestiones de orden socioeconómicas, pueden, en algunas situaciones, estar juntas, siendo incluso impensable separarlas, como ocurre por ejemplo, en la tutela cautelar,[776] en el desahucio,[777] etc.[778] Eso era bastante común en el derecho romano a través de los denominados *interdictum*.[779]

La relatividad del binomio cognición-ejecución, como contenidos de relaciones procesales distintas, ya fue apuntada por el propio Liebman, cuando dijo: "As duas atividades distintas de 'conhecer' e 'executar' podem reunir-se e misturar-se em único procedimento, examinando-se e resolvendo-se as dúvidas e as questões à medida que surgirem: ou podem separar-se e suceder-se numa ordem nem sempre fixa e invariável. O direito vigente deu a êstes problemas soluções que são o resultado de longa e interessante evolução histórica".[780] De igual modo Fabricio, destaca que "é ao direito legislado que, sensível inclusive a razões de conveniência sócio-económica, cabe prover sobre a necessidade ou não, com respeito a determinada pretensão de direito material, de manter ou suprimir a dicotomia cognição-execução".[781]

No podemos olvidar que el proceso, como elemento fundamental de la comprensión de Estado Democrático de Derecho, es un instrumento que este Estado pone a disposición de las personas para que ellas puedan efectivamente realizar sus derechos que están prohibidas de realizar privadamente, salvo raras excepcio-

---

[776] En este sentido, LIEBMAN, al decir: "*Nella tutela cautelare non si può perciò distinguere una fase di cognizione ed un'altra di esecuzione; essa si svolge in ogni caso attraverso un procedimento unitario, in cui si trovano congiunte ed eventualmente frammiste le attività di diversa indole che, a seconda dei casi, concorrono a conseguire la piena attuazione della cautela*", Manuale di diritto processuale civile, Milano: Giuffrè, 1984, t. I, n° 96, p. 195.

[777] Al respecto, vid. PÉREZ-CRUZ MARTÍN, cuando afirma: "*Por lo que respecta a la ejecución de la sentencia dictada en juicio de desahucio hemos de recordar que, conforme dispone los arts. 1596 de la L.E.Cv., la sentencia dictada en dicho procedimiento cuando declare haber lugar al desahucio se ejecutara en cuanto al lanzamiento del demandado, previo apercibimiento del desalojo, en los plazos (...)*", El desahucio arrendaticio urbano. Aspectos sustantivos y procesales, Oviedo: Forum, 1999, p. 120.

[778] En el derecho italiano, afirma acertadamente VERDE, que "*nel caso del contratto preliminare si è ottenuto costruendo una fattispecie legale che ha fuso i due momenti, qui si deve attuare riconoscendo l'inevitabile interconnessione tra cognizione ed esecuzione*", Attualità del principio '*nulla executio sine titulo*', en Revista di Diritto Processuale, 1999, n° 4, p. 987.

[779] Sobre los interdictos me remito a mi trabajo *A garantia constitucional do postulado da efetividade desde o prisma das sentenças mandamentais*. In: Constituição, Sistemas Sociais e Hermenêutica, Coord. André Copetti, Lenio L. Steck y Leonel Severo Rocha. Porto Alegre: Livraria do Advogado, 2006, p. 62 hasta 64, especialmente notas 20 y 25.

[780] *Processo de execução*. São Paulo: Saraiva, 1946, n° 5, p. 24. Es bastante conocida la tesis de MANDRIOLI, según la cual una de las características de la tutela constitutiva "*è la massima concentrazione formale tra il momento della cognizione e il momento esecutivo*", L'azione esecutiva, Milano: Giuffrè, 1955, n° 121, p. 618.

[781] *Comentários ao código de processo civil*, Rio de Janeiro: Forense, 1980, v. VIII, t. III, p. 36. Esta realidad pudo ser percibida con más intensidad en el derecho brasileño, con la aprobación de la Lei 8.952, de 13 de diciembre de 1994, que reformó el art. 461 del CPC, referente a las obligaciones de hacer o no hacer. Siguiendo la opinión de ZAVASCKI, esta acción era "*tradicionalmente condenatória e sujeita, por isso mesmo, a posterior execução autônoma*", pero, "*a partir da reforma de 1994, assumiu, em grande número de casos, característica de típica ação executiva 'lato sensu' ou mandamental, conforme se verá, reunindo, em procedimento unificado, cognição e execução*", Antecipação da tutela, São Paulo: Saraiva, 1997, p. 13.

nes.[782] Y como instrumento que es no tiene un fin en si mismo, debiendo estar al servicio de los *'consumatori dal diritto'*, en la feliz expresión de Cappelletti.[783]

La inefectividad del derecho generada por la dualidad de procesos está siendo combatida en diversos países. Cada uno de ellos presenta soluciones que creen acoger el principio de la eficiencia sin menoscabar las garantías constitucionales del ejecutado. Unos, como Brasil, han preferido eliminar esta dualidad, otros, como Alemania y Portugal, han preferido mantener esta dualidad pero creando la figura de un oficial de ejecución (*Gerichtvollziehr*)[784] o agente de ejecución (*Agente de execução*), alejando así gran parte de los actos ejecutivos para fuera de la esfera judicial, y otros, como Italia y España, han preferido mantener esta dualidad, que no puede ser confundida con la dualidad de ejecuciones, que en España ya no más existe después de la nueva LEC/2000, pero han introducido mecanismos para agilizarla.

Lo cierto es que para aliviar los efectos de la crisis del proceso de ejecución, está en marcha una tendencia moderna de incluir, cada vez más en los ordenamientos jurídicos, *"instrumentos que levem à efetiva satisfação do credor independente do processo de execução"*.[785]

Dentro de este contexto está ubicado el Brasil que, en los últimos años, a través de sucesivas y profundas reformas de su proceso civil se ha vuelto para la ejecución. Su mayor objetivo ha sido la ruptura con la tradición jurídica del pasado, hoy completamente injustificada e inaceptable dentro de las perspectivas sociales y políticas que dominan la profunda comprensión del *debido proceso legal* en su moderna concepción de proceso *justo* y *efectivo*.

2.3. BREVES CONSIDERACIONES SOBRE LAS REFORMAS EN MATERIA DE EJECUCIÓN EN EL DERECHO COMPARADO

En las últimas décadas se viene asistiendo, en todo el mundo, a una impresionante proliferación de reformas procesales. Mucha de ellas visan específicamente el proceso de ejecución, ya que la ejecución permanece el *tendón de aquiles* del proceso.

---

[782] Sobre el monopolio de la jurisdicción y sus consecuencias me remito a mi trabajo *La pretensión procesal y la tutela judicial efectiva*, ob. cit. especialmente nº 7, p. 73 y ss.

[783] *Acesso alla giustizia come programma di riforma e come metodo di pensiero*, en Rivista di Diritto Processuale, 1982, p. 243 y ss; vid. también del mismo autor, Il processo civile come fenomeno sociale di massa. In: *Studi in Memoria di Roberto Bracco*, Padova: Cedam, 1976, p. 73 y ss.

[784] Esta figura no es de todo extraña en otros países de la Unión Europea, en Francia, Bélgica Luxemburgo, Holanda y Grecia existe el *huissier*, en Escocia, el *sheriff officer* que, de acuerdo con la opinión de JOSÉ LEBRE DE FREITAS, *"embora seja um funcionário de nomeação oficial, e como tal, tenha o dever de exercer o cargo quando solicitado, é contratado pelo exequente e, em certos casos (penhora de bens móveis ou de créditos), actua extrajudicialmente..."*, pudiendo *"desencadear a hasta pública, quando o executado não vende, dentro de um mês, os móveis penhorados (...)"*, A acção executiva depois da reforma. Coimbra: Coimbra, 2004, 4ª ed., p. 25, nota 54.

[785] TERESA ARRUDA WAMBIER, *Nulidades do Processo e da Sentença*, São Paulo: RT, 2004, 5ª ed., p. 98.

Estimo extramuros de este trabajo el análisis más profundizado de las reformas procesales habidas en la ejecución en los diversos países. Para los fines aquí propuesto bastará una breve incursión en las reformas ocurridas en países con cierta relevancia para Brasil y España.

2.3.1. Derecho alemán

En Alemania la más que centenaria *Zivilprozessordnung* ya fue dos veces reformada solamente en este comienzo de siglo, en 2001 y 2004, afuera las alteraciones advenidas de los reglamentos de la Comunidad Europea.

No hablaremos, por cierto, de las reformas que no estén ligadas a la ejecución civil. Por ende, no trabajaremos la novela para simplificación y celeridad, de 1976 (*Vereinfachungsnovelle*), ni tan poco la reforma para la simplificación de la administración de justicia, de 1990 (*Rechtspflegevereinfachungsgesetz*), la ley de descompresión de la administración de justicia, de 1993 (*Rechtspflegeentlastungsgesetz*) y la reforma de 2000-2002, además de otras leyes complementarias hasta 2005.

También no serán directamente tratados los reglamentos de la Comunidad Europea n° 44/2001 del Consejo, de 22 de diciembre de 2000, relativo a la competencia judicial, el reconocimiento y la ejecución de resoluciones judiciales en materia civil y mercantil, bien como el reglamento n° 2201/2003 del Consejo, de 27 de noviembre de 2003, relativo a la competencia, el reconocimiento y la ejecución de resoluciones judiciales en materia matrimonial y de responsabilidad parental y el reglamento n° 805/2004 del Parlamento Europeo y del Consejo, de 21 de abril de 2004, por el que se establece un título ejecutivo europeo para créditos no impugnados.

El libro 8 de la ZPO regula la ejecución y se caracteriza, de acuerdo con la opinión de Pérez Ragone y Ortiz Pradillo, "por tener una gran claridad sistemática que contiene todos los elementos estructurales y funcionales de aquella".[786]

El proceso civil alemán no rompió con la dualidad de procesos, ya que de acuerdo con la ley alemana el acreedor, y no actor, debe incoar la ejecución a través de una petición.[787] Pero ha introducido la figura del oficial de ejecución (*Gerichtvollziehr*), que es un funcionario judicial que ejerce una función estatal jurisdiccional, y cuando la ejecución es de sentencia, el juez solo interviene en caso de conflicto.

El oficial de ejecución (Gerichtvollziehr), según nos informa Pérez Ragone y Ortiz Pradillo, "es el órgano de ejecución externa que desempeña las funciones atinentes a la notificación, citación y medidas de ejecución, y ejerce una función

---

[786] *Código Procesal Civil Alemán (ZPO)*. Traducción con un estudio introductorio de ÁLVARO J. PÉREZ RAGONE y JUAN CARLOS ORTIZ PRADILLO. Montevideo: Fundación Honrad Adenauer, 2006, cap. 6, p. 136.

[787] Así PÉREZ RAGONE y ORTIZ PRADILLO, *Código Procesal Civil Alemán (ZPO)*, ob. cit., cap. 6, p. 136.

estatal jurisdiccional, pero no como representante del acreedor, (…). El oficial de ejecución tiene a su cargo la ejecución con base en pretensiones dinerarias para la realización del embargo, la efectivización de la prenda judicial de cosas muebles y la ejecución de prestaciones de restitución de cosas, y está autorizado al uso de la fuerza pública".[788] Pero, cuando la ejecución está fundada en "otro" título, "o juiz exerce também uma função de 'controlo prévio', emitindo a fórmula executiva, sem a qual não é desencadeado o processo executivo".[789]

En Alemania, la actuación ejecutiva del Estado contra el deudor ejecutado puede darse de acuerdo con el siguiente cuadro:[790]

Actuación ejecutiva judicial del Estado contra el deudor ejecutado

Monopolio estatal de la fuerza.
Prohibición de actuación de hecho Cabeza del Estado
Ejecución colectiva. Insolvencia (InsO)

1. Clase de actuación	Medidas Provisorias			Ejecución individual (ZPO)				
2. Pretensión motivo de la ejecución				Pretensiones dinerarias §§ 803-882 a ZPO		Otras pretensiones §§ 833-898 ZPO		
3. Objeto de la ejecución	En bienes muebles			En bienes inmuebles		Restitución de cosas (§§ 883-886)	Hacer/Tolerar/ No hacer (§§ 887-893)	Declaración de voluntad (§§ 894-898)
	En cosas corpóreas	En créditos	En otros derechos	Cosa inmueble o bienes raices	Derechos as imilables a inmuebles Buques, aviones			
4. Medidas ejecutivas	Embargo		Liquidación	Hipoteca Judicial	Subasta o administración judicial	Desposesión	Medios coercitivos	Declaración ficta
5. Órgano de ejecución	Oficial de ejecución § 808 §753		Tribunal de ejecución § 828.1	Registro inmobiliario § 867	Tribunal de ejecución	Oficial de ejecución § 883.1	Tribunal de proceso §§ 887.1, 888.1, 890.1	

Como es posible percibir, en Alemania no existe un único órgano o tribunal que realiza la ejecución, sino varios que actuarán de acuerdo con la pretensión a ejecutar: el oficial de ejecución (*Gerichtvollziehr*), el tribunal de ejecución (*Vollstreckungsgericht*), el tribunal del proceso (*Prozessgericht*) y el registro inmobiliario (*Grundbuchamt*).

---

[788] Ob. cit., cap. 6, p. 138. En el mismo sentido JOSÉ LEBRE DE FREITAS, *A acção executiva depois da reforma*, ob. cit., p. 25, nota 54.

[789] JOSÉ LEBRE DE FREITAS, *A acção executiva depois da reforma*, ob. cit., p. 25, nota 54.

[790] Este cuadro ha sido extraído del libro de PÉREZ RAGONE y ORTIZ PRADILLO, *Código Procesal Civil Alemán (ZPO)*, ob. cit., cap. 6, p. 137.

2.3.2. Derecho portugués

La reforma reciente del Código Procesal Civil de Portugal ha introducido una nueva sistemática para la ejecución forzada. Mismo manteniendo la dualidad de procesos: conocimiento y ejecución, la reforma portuguesa procuró acelerar la realización del derecho subjetivo del acreedor colocándola casi fuera de la esfera jurisdiccional, es decir, se ha alejado el juez de los actos ejecutorios tradicionales, como ordenar las notificaciones, la venda, el pago o mismo la extinción de la ejecución, ocurriendo su intervención solamente de forma eventual.

De acuerdo con el art. 809, 1-*b*, del Código Procesal Civil Portugués, el juez interviene en el procedimiento solamente "em caso de litigio surgido na pendência da execução",[791] o de *controle* cuando deba proferir en algunos casos una decisión liminar sobre determinados actos ejecutivos, art. 809-1-*a*, 812 e 812-*A*, o entonces resolver dudas, art. 809-1-*d*, garantizar la protección de derecho fundamentales o materia sigilosa (art. 833-3, 840-2, 842-*A*, 847-1, 843-3, 850-1 y 861-*A*-1) y asegurar la realización de los fines de la ejecución (art. 856-5, 862-*A*, nº 3 y 4, 866-C-1, 893-1, 901-*A*, nº 1 y 2, y 905-2).

La sistemática portuguesa ha creado la figura del "agente de execução" para dar cauce a la misma. Al igual que el huissier francés, el "agente de execução", en Portugal, es, para José Lebre de Freitas, "um misto de profissional liberal e funcionário público, cujo estatuto de 'auxiliar da justiça' implica a detenção de 'poderes de autoridade' no processo executivo".[792] Su función está prevista en el art. 808, nº 1 hasta 6.[793]

---

[791] JOSÉ LEBRE DE FREITAS, *A acção executiva depois da* reforma, ob. cit., p. 25.

[792] Ob. cit., p. 27 y 28.

[793] "Art. 808 – Agente da Execução. 1 – Cabe ao agente de execução, salvo quando a lei determine diversamente, efectuar todas as diligências do processo de execução, incluindo citações, notificações e publicações, sob controlo do juiz, nos termos do nº 1 do artigo seguinte. 2 – As funções de agente de execução são desempenhadas por solicitador de execução designado pelo exequente de entre os inscritos em qualquer comarca; na falta de designação pelo exequente, são essas funções desempenhadas por solicitador de execução designado pela secretaria, nos termos do artigo 811.º-A, de entre os inscritos na comarca e nas comarcas limítrofes ou, na sua falta, de entre os inscritos em outra comarca do mesmo círculo judicial; não havendo solicitador de execução inscrito no círculo ou ocorrendo outra causa de impossibilidade, são as funções de agente de execução, com excepção das especificamente atribuídas ao solicitador de execução; desempenhadas por oficial de justiça, determinado segundo as regras da distribuição. (Redacción introducida por la Ley 14/2006, de 26/04). 3 – Nas execuções por custas, o agente de execução é sempre um oficial de justiça. 4 – O solicitador de execução designado só pode ser destituído por decisão do juiz de execução, oficiosamente ou a requerimento do exequente, com fundamento em actuação processual dolosa ou negligente ou em violação grave de dever que lhe seja imposto pelo respectivo estatuto, o que será comunicado à Câmara dos Solicitadores. 5 – As diligências que impliquem deslocação para fora da área da comarca da execução e suas limítrofes, ou da área metropolitana de Lisboa ou do Porto no caso de comarca nela integrada, devem ser efectuadas, a solicitação do agente de execução designado e, sendo este solicitador, sob sua responsabilidade, por agente de execução dessa área; a solicitação do oficial de justiça é dirigida à secretaria do tribunal da comarca da área da diligência, por meio telemático ou, não sendo possível, por comunicação telefónica ou por telecópia. 6 – O solicitador de execução pode, sob sua responsabilidade, promover a realização de diligências, que não constituam acto de penhora, venda, pagamento ou outro de natureza executiva, por empregado ao seu serviço, credenciado pela Câmara dos Solicitadores nos termos do nº 4 do artigo 161º. 7 – Na prática de diligências junto do executado, de organismos oficiais ou de terceiros, e sem prejuízo da emissão de certidão pela secretaria, o solicitador de execução identifica-se com o recibo de entrega do requerimento executivo em que tenha aposto a sua assinatura ou com a apresentação da notificação referida no nº 2 do artigo 811º-A".

Para el Profesor portugués la presencia de este agente, no obstante no retire la naturaleza jurisdiccional al proceso ejecutivo, "implica a sua larga 'desjudicialização' (entendida como menor intervenção do juiz nos atos processuais) e também a diminuição dos actos praticados pela secretaria".[794]

El derecho procesal europeo ven, en las últimas décadas, en una silenciosa caminada hacia la *desjudicialización*, a veces total a veces parcial, de la ejecución. El mayor ejemplo está en Suecia que ha constituido un organismo administrativo y no judicial denominado algo así como *Servicio Público de Cobranza Forzosa*, para realizar el derecho subjetivo del acreedor.[795]

2.4. LAS REFORMAS PROCESALES QUE ALEJARAN LA *ACTIO IUDICATI* DEL CAMPO DE LAS SENTENCIAS DE CONDENA

Tras una larga evolución del derecho romano que partía de una clara distinción entre *actio* (cognición) y *actio iudicati* (ejecución),[796] la *executio per officium iudicis* (*rectius*, cognición y ejecución en la misma relación jurídica procesal)[797] ha ganado espacio tras la conquista del imperio romano por los pueblos germánicos, a punto de prevalecer durante toda la edad media.[798]

A fines de la edad media e inicio de la moderna han surgido los títulos de crédito que por su naturaleza exigían una tutela judicial más inmediata. La rapidez esperada era incompatible con sí sistema vigente que necesariamente partía de una *actio* para alcanzar solamente la *executio per officium iudicis*. Era necesario más rapidez para realizar el derecho subjetivo estampado en el título de crédito y el mecanismo procesal adecuado para dar cauce a este derecho de crédito fue redescubierto en la antigua *actio iudicati*, es decir, el titular del derecho de crédito no más se sujetaría al procedimiento de la *actio*, él realizaría directamente su derecho a través de la *actio iudicati* romana, por medio de la cual se permitía una actividad judicial puramente ejecutiva, alejando, con eso, la necesidad de una sentencia en un proceso de declaración (*actio*).

Hasta el siglo XVIII han convivido harmónicamente las dos formas ejecutivas: la *executio per officium iudicis* para la realización de las sentencias de con-

---

[794] Idem ibidem.

[795] Así JOSÉ LEBRE DE FREITAS, *A acção executiva depois da reforma*, ob. cit., p. 25, nota 54.

[796] Que sustituía la antigua *legis actio manus iniectionen*, de acuerdo con LIEBMAN, Execução e ação executiva. In: *Estudos sobre o processo civil brasileiro*. São Paulo: Bestbook, 2001, especialmente p. 38 hasta 44. Para SCIALOJA, en la época de la *extra ordinem*: "*De la sentencia nace la 'actio iudicati', dirigida a la ejecución de su contenido, esto es, de la condena; pues, naturalmente, en el caso de absolución no puede haber 'actio iudicati'. La 'actio iudicati' es el medio de dar ejecución a la sentencia*", Procedimiento civil romano. Trad. por Santiago Sentís Melendo y Marino Ayerra Redin. Buenos Aires: Ejea, 1954, § 57, p. 414.

[797] Para profundizar mejor el estudio de las causas de la separación entre cognición-ejecución me remito a mi trabajo *La pretensión procesal y la tutela judicial efectiva*, ob. cit., p. 188 y ss.

[798] En este sentido, LIEBMAN, *Embargos do Executado*. Trad. por J. Guimarães Menegale, São Paulo: Saraiva, 1952, nº 34-36, p. 64 hasta 70; ARAKEN DE ASSIS, *Manual da Execução*. São Paulo: RT, § 9º, p. 155 y THEODORO JÚNIOR, *Curso de Direito Processual Civil*, ob. cit., nº 626-628, p. 08 hasta 11.

dena y la *actio iudicati* para los títulos de crédito. Pero, de acuerdo con Liebman, fue en el inicio del siglo XIX, con el Código de Napoleón que se tomo la iniciativa de unificar la ejecución. Y como la gran mayoría de los procedimientos ejecutivos era basado en las ejecuciones de títulos de crédito, es decir, la vía ejecutiva más utilizada era la *actio iudicati*, este procedimiento acabó por prevalecer,[799] con eso resurgía nuevamente el principio según el cual *nulla executio sine titulo*.

Así, tras siglos y siglos de informalidad en el cumplimiento de la sentencia a través del procedimiento de la *executio per officium iudicis*, volvía la *actio iudicati* a realizar nuevamente todos los procedimientos ejecutivos. Es decir, la parte que anteriormente realizaba su derecho subjetivo de crédito a través de una única relación jurídica, *executio per officium iudicis*, necesitaba ahora de dos relaciones jurídicas para realizar su derecho, la primera a través de la *actio* para declarar su derecho y la segunda a través de la *actio iudicati* para realizar aquella declaración. Pero, como hemos visto anteriormente, esta esdrújula dicotomía no era absoluta.

Esta dualidad de relaciones jurídicas para realizar los intereses de las personas en sociedad, siempre exigió un costo muy grande de tiempo y dinero.

Modernamente, la sociedad globalizada dentro de la cual nosotros vivimos no está más dispuesta a pagar el alto costo de tiempo y dinero que esta artificial dicotomía exige tanto de las partes cuanto del Estado. A este respeto merece aprobación lo expuesto en la *Exposición de Motivos* de la ley 11.232., de 22.12.205, cuando afirma que esta dualidad representa "a paralisação da prestação jurisdicional logo após a sentença e a complicada instauração de um novo procedimento, para que o vencedor possa finalmente tentar impor ao vencido o comando soberano contido no decisório judicial. Há, destarte, um longo intervalo entre a definição do direito subjetivo lesado e sua necessária restauração, isso por pura imposição do sistema procedimental, sem nenhuma justificativa, quer de ordem lógica, quer de ordem prática".

De esta forma, tras casi dos siglos de la existencia soberana de la *actio iudicati* en el derecho brasileño, es decir, la existencia de una pretensión autónoma para la ejecución de la sentencia, el derecho brasileño ha vuelto a la edad media para traer de vuelta la *executio per officium iudicis*, es decir, reunir en la misma relación procesal cognición y ejecución, más no de forma excepcional como suele ocurrir en determinadas demandas, como por ejemplo en las medidas cautelares o desahucio, y sí de forma general.[800]

La doctrina ha denominado estos procesos que reúnen en la misma relación procesal cognición y ejecución de *procesos sincréticos*.

---

[799] *Embargos do Executado*, ob. cit., nº 50, p. 91, nota 262. Em igual sentido, THEODORO JÚNIOR, *A execução da sentença e a garantia do devido processo legal*, ob, cit., p. 145.

[800] Sobre este retorna a la edad media, consultar ATHOS G. CARNEIRO, *Do 'cumprimento da sentença' conforme a lei 11.232/2005. Parcial retorno ao medievalismo? Por que não?*. In: Aspectos Polêmicos da Nova Execução. Coord. Teresa Arruda A. Wambier. São Paulo: RT, 2006, especialmente, p. 52 hasta 57.

Este giro copernicano ocurrido en el derecho brasileño puede ser dividido en cuatro fases distintas y acentuadas: la primera, con la inserción de la tutela anticipada; la segunda, con la introducción de la tutela específica dentro del proceso de declaración; la tercera, con la inserción de las obligaciones de dar como forma de tutela especifica; y la cuarta, y más importante, con la abolición definitiva de la *actio iudicati* para realizar las sentencias de condena, es decir, la innecesidad de una demanda ejecutiva autónoma para realizar una sentencia.

2.4.1. Primera fase: tutela anticipada

Estimo extramuros de este trabajo el análisis profundizado de esta compleja forma de tutela.[801] Para los fines de esta ponencia me limitaré a sus aspectos esenciales para una adecuada comprensión de este fenómeno.

El legislador brasileño, a partir de los años 90, ya no pudo más resistir a la presión ejercida por la sociedad en búsqueda de una mayor efectividad, principalmente cuando el derecho que se quiere proteger no puede, de una manera legitima, esperar años por una sentencia estimatoria. Atento a este cambio de paradigma fue introducido en el ordenamiento brasileño, a través de la Ley nº 8.952, de 13.12.94, la tutela anticipada,[802] en el art. 273 del Código de Proceso Civil, que incluso sufrió modificaciones por fuerza de ley 10.444, de 7.05.2002.

La introducción de esta especial forma de tutela ha producido una verdadera revolución en nuestro ordenamiento jurídico, en la medida en que quebró, en profundidad, el principio sagrado de la *nulla executio sine titulo*, eso es, rompió con el riguroso sistema dualístico de dos procesos distintos: declaración y ejecución, para realizar, mismo que provisoriamente, el derecho del actor.[803] Esta innovación, por supuesto, ha manchado la pureza y autonomía tanto del proceso de declaración cuanto de ejecución.

El art. 273, del CPC, está así redactado:

> O juiz poderá, a requerimento da parte, antecipar, total ou parcialmente, os efeitos da tutela pretendida no pedido inicial, desde que, existindo prova inequívoca, se convença da verossimilhança da alegação e:
>
> I – haja fundado receio de dano irreparável ou de difícil reparação; ou

---

[801] Sobre este tema la doctrina brasileña es muy extensa, pero conviene destacar: LUIZ MARINONI. *Antecipação de tutela*. Rio de Janeiro: RT, 9ª ed., 2006; ATHOS G. CARNEIRO. *Da antecipação de tutela no processo civil*. Rio de Janeiro: Forense, 1999; JOSÉ R. BEDAQUE. *Tutela cautelar e tutela antecipada: tutelas sumárias e de urgência*. São Paulo: Malheiros, 3ª ed., 2003; TEORI ZAVASKI. *Antecipação de tutela*. São Paulo: Saraiva, 5ª ed., 2007 y el libro *Inovações sobre o direito processual civil: tutela de urgência*. Coord. por Arruda Alvim y Eduardo Arruda Alvim. Rio de Janeiro: Forense, 2003.

[802] Sobre las diferencias que existen entre tutela anticipada y cautelar, consultar por todos MARINONI. *Antecipação de tutela*, ob. cit., nº 3, p. 80 hasta 174.

[803] De acuerdo con la doctrina tradicional la autonomía del proceso ejecutivo está basada fundamentalmente en la diversidad de actividades jurisdiccionales y diferentes objetivos de cada una de ellas. Así LIEBMAN, *Processo de Execução*. São Paulo: Saraiva, 1986, 5ª ed., nº 18, p. 43 y 44;

II – fique caracterizado o abuso de direito de defesa ou o manifesto propósito protelatório do réu.

§ 1º Na decisão que antecipar a tutela, o juiz indicará, de modo claro e preciso, as razões do seu convencimento.

§ 2º Não se concederá a antecipação da tutela quando houver perigo de irreversibilidade do provimento antecipado.

§ 3º A efetivação da tutela antecipada observará, no que couber e conforme sua natureza, as normas previstas nos arts. 588, 461, §§ 4º e 5º, e 461-A.

§ 4º A tutela antecipada poderá ser revogada ou modificada a qualquer tempo, em decisão fundamentada.

§ 5º Concedida ou não a antecipação da tutela, prosseguirá o processo até final julgamento.

§ 6º A tutela antecipada também poderá ser concedida quando um ou mais dos pedidos cumulados, ou parcela deles, mostrar-se incontroverso.

§ 7º Se o autor, a título de antecipação de tutela, requerer providência de natureza cautelar, poderá o juiz, quando presentes os respectivos pressupostos, deferir a medida cautelar em caráter incidental do processo ajuizado.

A través de la tutela anticipada el actor puede, desde que atendidos los requisitos de la medida, especialmente evitar el peligro de daño por la demora en la prestación jurisdiccional o prohibir la defensa temeraria, obtener inmediatamente medidas ejecutivas (*rectius*, la satisfacción de su derecho material) dentro del proceso de declaración y antes mismo de la sentencia estimatoria. Por cierto que esta protección anticipada es provisional y excepcional, pudiendo aún ocurrir su revocación por la sentencia. Pero, en muchos casos, la sentencia totalmente estimatoria estará limitada al simple reconocimiento de la situación jurídica, ya que el actor estará disfrutando del bien de la vida anticipadamente alcanzado.

La tutela anticipada en el derecho brasileño es considerada una especie del género *Tutelas de urgencia*, y tiene naturaleza de una pretensión de *mandamiento*,[804] realizándose independientemente de una ejecución *ex intervallo*.

Además, podemos añadir que la ejecución de la tutela anticipada, que está asentada en el párrafo 3º, del art. 273, del CPC, es provisional,[805] pudiendo, en la práctica, ser ejecutada de forma definitiva, desde que la parte beneficiada con la ejecución de la medida preste caución suficiente y idónea para "*o levantamento de depósito em dinheiro e a prática de atos que importem alienação de propriedade ou dos quais possa resultar grave dano ao ejecutado*", debiendo el juez fijarla de plano y la misma ser realizada en el propio proceso, todo de acuerdo con el numeral III, del art. 475-O, del CPC.

---

[804] Para profundizar en el estudio de las pretensiones de mandamientos, me remito a mi trabajo *A garantia constitucional do postulado da efetividade desde o prisma das sentenças mandamentais*. In: Constituição, Sistemas Sociais e Hermenêutica, ob. cit., especialmente p. 61 y ss.

[805] La ejecución provisional en el derecho brasileño está prevista en el art. 475-O, añadido por la Ley 11.232, de 22.12.2005.

En la práctica, la ejecución provisional de esta medida no es muy utilizada, ya que el legislador ha impuesto al ejecutante la responsabilidad objetiva en la reparación de eventuales daños sufridos por parte del ejecutado, según determina el numeral I, del art. 475-O, del CPC.[806] Es decir, esta responsabilidad objetiva se caracteriza independentemente de la culpa del ejecutante, pues habiendo el daño y probado el nexo de causalidad entre la ejecución de la medida y el daño, existe el deber de indemnizar.

2.4.2. Segunda fase: tutela especifica *in simultaneus processus*

La segunda grande transformación modernizadora del procedimiento ejecutivo de la sentencia de condena en el proceso civil brasileño, ocurrió con la reforma de las obligaciones de hacer o no hacer, a través de la ley nº 8.952, de 13.12.94, complementada por la ley nº 10.444, de 07.05.2002, que las transportó para el proceso declarativo. Vale decir, en estas acciones el juez *"concederá a tutela específica da obrigação ou, se procedente o pedido, determinará providências que assegurem o resultado prático equivalente ao do adimplemento,* según determina el art. 461, del CPC.

Su reglamento hoy se encuentra en el art. 461, del CPC, que está dentro del proceso declarativo y viene así redactado:

Art. 461. Na ação que tenha por objeto o cumprimento de obrigação de fazer ou não fazer, o juiz concederá a tutela específica da obrigação ou, se procedente o pedido, determinará providências que assegurem o resultado prático equivalente ao do adimplemento.

§ 1º A obrigação somente se converterá em perdas e danos se o autor o requerer ou se impossível a tutela específica ou a obtenção do resultado prático correspondente.

§ 2º A indenização por perdas e danos dar-se-á sem prejuízo da multa (art. 287).

§ 3º Sendo relevante o fundamento da demanda e havendo justificado receio de ineficácia do provimento final, é lícito ao juiz conceder a tutela liminarmente ou mediante justificação prévia, citado o réu. A medida liminar poderá ser revogada ou modificada, a qualquer tempo, em decisão fundamentada.

§ 4º O juiz poderá, na hipótese do parágrafo anterior ou na sentença, impor multa diária ao réu, independentemente de pedido do autor, se for suficiente ou compatível com a obrigação, fixando-lhe prazo razoável para o cumprimento do preceito.

§ 5º Para a efetivação da tutela específica ou a obtenção do resultado prático equivalente, poderá o juiz, de ofício ou a requerimento, determinar as medidas necessárias, tais como a imposição de multa por tempo de atraso, busca e apreensão, remoção de pessoas e coisas, desfazimento de obras e impedimento de atividade nociva, se necessário com requisição de força policial.

§ 6º O juiz poderá, de ofício, modificar o valor ou a periodicidade da multa, caso verifique que se tornou insuficiente ou excessiva.

---

[806] Para una critica de la responsabilidad objetiva impuesta al ejecutante, vid. por todos OVÍDIO B. DA SILVA, Antecipação de tutela e responsabilidade objetiva. In: *Da sentença liminar à nulidade da sentença*. Rio de Janeiro: Forense, 2001, nº 12, p. 195 y ss.

DA TUTELA JURISDICIONAL ÀS FORMAS DE TUTELA

El art. 461, del CPC, como está redactado, repite casi que integralmente el art. 84, del Código del Consumidor.[807]

La primera consecuencia que podemos extraer de la ley es que ahora, en el derecho brasileño, la regla cuanto al incumplimiento de una obligación de hacer o no hacer es la ejecución específica, siendo excepción su conversión en pierdas y daños.

Otra consecuencia que encontramos es aquella que permite al juez, delante de un fundamento relevante o existiendo justificado recelo de ineficacia de la sentencia, adoptar medidas de anticipación de la tutela para realizar el derecho del demandante, pues de acuerdo con la ley "é lícito ao juiz conceder a tutela liminarmente ou mediante justificação prévia".

Es decir, para que el acreedor tenga acceso a actos de satisfacción de su derecho, el legislador ha autorizado el juez, incluso de oficio, a imponer multa diaria al demandado (*astreintes*),[808] bien como le autorizó para la efectivización de la tutela específica[809] o la obtención del resultado práctico equivalente, la utilización de cualquier medida necesaria para realizar el derecho del demandante, tales como: busca y aprehensión,[810] remoción de personas o cosas, la posibilidad de deshacer obras o actividades nocivas, incluso utilizándose, se necesario, de fuerza policial, todo sin perjuicio de la multa.

De este modo, podemos decir que la naturaleza jurídica de esta pretensión, prevista en el art. 461, del CPC, es de mandamiento con carácter de inhibitoria y,

---

[807] En Brasil, el código del consumidor fue creado por la ley nº 8.078, de 11.9.90. El art. 84 está así redactado: "Na ação que tenha por objeto o cumprimento da obrigação de fazer ou não fazer, o juiz concederá a tutela específica da obrigação ou determinará providências que assegurem o resultado prático equivalente ao do adimplemento. § 1º A conversão da obrigação em perdas e danos somente será admissível se por elas optar o autor ou se impossível a tutela específica ou a obtenção do resultado prático correspondente. § 2º A indenização por perdas e danos se fará sem prejuízo da multa (art. 287, do Código de Processo Civil). § 3º Sendo relevante o fundamento da demanda e havendo justificado receio de ineficácia do provimento final, é lícito ao juiz conceder a tutela liminarmente ou após justificação prévia, citado o réu. § 4º O juiz poderá, na hipótese do § 3º ou na sentença, impor multa diária ao réu, independentemente de pedido do autor, se for suficiente ou compatível com a obrigação, fixando prazo razoável para o cumprimento do preceito. § 5º Para a tutela específica ou para a obtenção do resultado prático equivalente, poderá o juiz determinar as medidas necessárias, tais como busca e apreensão, remoção de coisas e pessoas, desfazimento de obra, impedimento de atividade nociva, além de requisição de força policial.

[808] Sobre la multa el '*Superior Tribunal de Justiça*' de Brasil ya ha dicho que "*Ao contrário do Código de 39, a lei vigente não estabelece limitação para o valor da multa cominada na senteça, (...)*", en Revista do Superior Tribunal de Justiça, nº 111, p. 197. De acuerdo con el Tribunal, esta multa, *astreintes*', "*podem ser fixadas pelo juiz de ofício, mesmo sendo contra una 'persona jurídica de derecho público*', STJ-RF 370/297, 6ª T., Rec. Especial 201.378. Esta multa puede ser aplicada conjuntamente con otras, *e. g.*, art. 14, pár. único, art. 18, *caput*, art. 601, *caput*, entre otras. En la ausencia expresa de disposición legal a respecto el destinatario de la multa será el solicitante de la medida o el Estado cuando cumulada con la multa prevista en el art. 14, pár. único.

[809] Para un estudio detallado de la concretización de la tutela específica en el derecho comparado me remito a mi trabajo *A concretização da tutela específica no direito comparado*. In: Instrumentos de coerção e outros temas de direito processual civil. Coord. por José Maria R. Tesheiner, Mariângela G. Milhoranza y Sérgio G. Porto. Rio de Janeiro: Forense, 2007, cap. IX, p. 125 y ss.

[810] Que es una medida cautelar, prevista en el art. 839, del CPC.

por lo tanto, declarativa. Tiene también eficacia de ejecución,[811] ya que permite la anticipación de la tutela, (pár. 3°, del art. 461).

No es difícil concluir que esta reforma ha permitido que las sentencias relativas a las obligaciones de hacer o no hacer, no se realicen más según las reglas de la *actio iudicati* autónoma, más sí en *simultaneus processus*. Por cierto que las obligaciones de hacer o no hacer que nacen de un contrato y no de una sentencia, necesitan realizarse a través de una demanda ejecutiva autónoma (*actio iudicati*), debiendo seguir el procedimiento previsto en el art. 632 *et seq*, del CPC.

2.4.3. Tercera fase: obligaciones de dar

En un tercer momento, el derecho brasileño ha dado el mismo tratamiento para las obligaciones de dar que había dado a las obligaciones de hacer o no hacer. Esta modificación se operó a través de la ley n° 10.444, de 07.05.2002, por lo tanto, casi ocho (8) anos después del suceso obtenido para la realización de las obligaciones de hacer o no hacer sin necesidad de una ejecución *ex intervallo*.

La previsión legal de esta modalidad de tutela está inserida en el art. 461-A, del CPC, y está así redactada:

Art. 461-A. Na ação que tenha por objeto a entrega de coisa, o juiz, ao conceder a tutela específica, fixará o prazo para o cumprimento da obrigação.

§ 1º Tratando-se de entrega de coisa determinada pelo gênero e quantidade, o credor a individualizará na petição inicial, se lhe couber a escolha; cabendo ao devedor escolher, este a entregará individualizada, no prazo fixado pelo juiz.

§ 2º Não cumprida a obrigação no prazo estabelecido, expedir-se-á em favor do credor mandado de busca e apreensão ou de imissão na posse, conforme se tratar de coisa móvel ou imóvel.

§ 3º Aplica-se à ação prevista neste artigo o disposto nos §§ 1º a 6º do art. 461.

Hoy, sin lugar a duda, se puede afirmar, con base en la ley, que su naturaleza es de una pretensión de ejecución, ya que la eficacia preponderante o mayor pretendida por la parte reside en la "orden de reposición del titular en la propiedad o posesión de la cosa, independientemente de un proceso de ejecución 'ex intervallo'".[812] De este modo, la tutela jurisdiccional deberá ser específica.

Vale decir, caso ocurra o incumplimiento voluntario por parte del demandado, el juez, en el mismo proceso, expide una orden de busca y aprensión o de emisión (ingreso) en la posesión, según pár. 2°, del art. 461-A, del CPC. Aquí no hace falta una nueva demanda ejecutiva para realizar el comando de la sentencia, una *actio iudicati*, pues ella misma trae consigo elementos suficientes para

---

[811] Para un mejor entendimiento de la pretensión de ejecución y de mandamiento me remito a mi trabajo *La pretensión procesal y la tutela judicial efectiva*, ob. cit. especialmente n° 9.5.3.2, p. 186 y ss.

[812] *La pretensión procesal y la tutela judicial efectiva*, ob. cit., p. 190.

DA TUTELA JURISDICIONAL ÀS FORMAS DE TUTELA

garantizar la realización fáctica de su comando, en los moldes de la *executio per officium iudicis*.[813]

Actualmente, tras la ley 11.232, de 22.12.2005 (que introdujo la cuarta fase), esta especie de obligación puede ser ejecutada por medio del procedimiento denominado *cumplimiento de la sentencia* (art. 475-I *caput*), donde, una vez estimada la pretensión, el juez "fixará o prazo para o cumprimento da obrigação", art. 461-A *capuz in fine*.

Además de aplicarse subsidiariamente el art. 461 y sus párrafos, según determina el par. 3°, del art. 461-A, también aplicase aquí las reglas del cumplimiento de la sentencia, contenidas en el art. 475-I *et seq*.

Cabe aquí al igual que para las obligaciones de hacer o no hacer, la tutela inhibitoria, que está destinada a impedir, de forma inmediata, la violación de un derecho, razón por la cual es preventiva y tiene como eficacia preponderante o mayor la de mandamiento, traducida en la expedición de una orden.

Por supuesto que si el acreedor tiene un titulo basado en un contrato, y por tanto, extrajudicial su realización necesariamente deberá ser hecha a través de una demanda ejecutiva autónoma, *actio iudicati*, y deberá seguir los procedimientos del art. 621 *et seq*, del CPC.

2.4.4. Cuarta fase: cumplimiento de la sentencia

De todas las reformas habidas en el proceso de ejecución hasta el momento, la más importante de todas fue, sin lugar a dudas, aquella que acabó definitivamente con la *actio iudicati* para realizar el comando de una sentencia de condena.[814] Esta revolución fue operada a través de la ley 11.232, de 22.12.2005. Vale decir, actualmente el derecho brasileño ha desprestigiado casi totalmente la sentencia de condena, como mínimo en su conceptuación tradicional,[815] valorando

---

[813] Sobre este tema cumple destacar la posición del '*Superior Tribunal de Justiça*" que ya dice: "*Recaindo a tutela específica sobre obrigação constante de título judicial, não há falar em possibilidade de ajuizamento de embargos à execução, mediante depósito da coisa*", STJ-4ª T., REsp 595.950, Min. Rel. Fernando Gonçalves, j. 23.11.04, DJU 13.12.04, p. 371.

[814] En el derecho brasileño aún existen títulos ejecutivos judiciales que necesitan de una demanda ejecutiva autónoma para realizarse, son ellos, de acuerdo con la ley, sentencia penal de condena firme (art. 475-N, II, del CPC), sentencia arbitral (art. 475-N, IV, del CPC), acuerdo extrajudicial, de cualquier naturaleza, reconocido en juicio (art. 475-N, V, del CPC) y sentencia extranjera reconocida por el STJ (art. 475-N, VI, del CPC).

[815] El concepto de pretensión de condena es muy controvertido en la doctrina, en que pese su naturaleza no ser, ya que esta pretensión se caracteriza por el hecho del demandante buscar esencialmente "*la creación o constitución del título ejecutivo que le confiere el derecho a una nueva pretensión, la ejecutiva, y justamente por ello esta pretensión encuentra en el título ejecutivo su presupuesto, ya que nulla executio sine titulo. Por ello CALAMANDREI afirmó que el título ejecutivo debe ser considerado como 'la llave indispensable para abrir la puerta de la ejecución, o mejor como la tarjeta de entrada sin la cual no es posible atravesar el umbral del proceso ejecutivo'. De ahí concluye CHIOVENDA que el 'quid pluris' de la sentencia de condena en relación con la meramente declarativa está en el hecho de que ella 'veramente dà vita ad un 'nuovo' comando', esto es, 'la sentenza di condanna produce l''azione esecutiva'*", *La pretensión procesal y la tutela judicial efectiva*, ob. cit., p. 183. Para profundizar mejor el estudio de la pretensión de condena me remito a mi trabajo *La pretensión procesal y la tutela judicial efectiva*, ob. cit. especialmente n° 9.5.3.1.3, p. 182 y ss.

sobremanera las sentencias de ejecución y de mandamiento,[816] con eso el derecho brasileño ha confirmado, de forma indiscutible, la clasificación quinaria de las pretensiones.[817]

En razón de la inmensa complejidad que esta ley produjo en el ordenamiento procesal brasileño, que hasta hoy viene produciendo cambios, nos limitaremos a tratar del tema desde el punto de vista inicial, es decir, solamente serán apuntadas las alteraciones más profundas y directamente relacionadas al cambio de paradigma cognición-ejecución.

Al igual de lo ocurrido con la satisfacción de las obligaciones de hacer o no hacer, dar o no dar, las obligaciones dinerarias ahora también deben procesarse a través de un proceso sincrético, eso es, la satisfacción del derecho subjetivo del acreedor, reconocido en la sentencia de condena, se realiza en la misma relación procesal declarativa por medio de una fase distinta llamada de *cumplimiento de la sentencia*. Todo de acuerdo con el art. 475-I, del CPC, que dice: "O cumprimento da sentença far-se-á conforme os arts. 461 e 461-A desta lei ou, tratando-se de obrigação por quantia certa, por execução, nos termos dos demais artigos deste Capítulo".[818]

Esta expresión, *cumplimiento de la sentencia*, escogido por el legislador, es utilizada hoy de manera indistinta para toda sentencia de condena que tenga como contenido una obligación de cualquier naturaleza. Su objetivo es solamente distinguir la fase de satisfacción del derecho del proceso autónomo de satisfacción del derecho, llamado proceso ejecutivo. Con eso se evita toda y cualquier confusión entre estos dos fenómenos procesales operacionalmente distintos.

Inicialmente cumple destacar la posición fundamental defendida por el Ministro de la Justicia en la Exposición de Motivos de la citada ley: "a 'efetivação' forçada da sentença condenatória será feita como etapa final do processo de conhecimento, após um 'tempus iudicati', sem necessidade de um 'processo autônomo' de execução (afastam-se princípios teóricos em homenagem à eficiência e

---

[816] Sobre estas dos formas de sentencia me remito a mi trabajo *La pretensión procesal y la tutela judicial efectiva*, ob. cit. especialmente n° 9.5.3.2.1 y 9.5.3.2.2, p. 188 hasta 200.

[817] En este sentido, JAQUELINE M. SILVA y JOSÉ TADEU N. XAVIER, *Reforma do processo civil*, Porto Alegre: Verbo Jurídico, 2006, p. 88; GUILHERME RIZZO AMARAL *et al.*, *A nova execução*, Rio de Janeiro: Forense, 2006, p. 102 hasta 110 y ARLETE I. AURELLI, *As principias alterações no regime da execução por quantia certa contra devedor solvente referente a título judicial, trazidas pela lei 11.232, de 22.12.2005*. In: Aspectos Polêmicos da Nova Execução. Coord. Teresa Arruda A. Wambier, ob. cit., p. 28 y ss. Para profundizar en el estudio de la clasificación quinaria me remito a mi trabajo *La pretensión procesal y la tutela judicial efectiva*, ob. cit. especialmente n° 9.5.3.2, p. 186 y ss.

[818] Afortunadamente predomina en la doctrina brasileña el entendimiento según el cual la expresión *cumplimiento de la sentencia* también se aplica para el cumplimiento de una decisión que anticipa la tutela *in limine litis* (auto), como consecuencia la expresión *sentencia* contenida en el art. 475-N, numeral I, engloba también las resoluciones interlocutorias. Así, LUIZ R. WAMBIER, TERESA ARRUDA WAMBIER y JOSÉ MIGUEL MEDIDA, *Breves comentários à nova sistemática processual civil.2*, São Paulo: RT, 2006, p. 138; ARAKEN DE ASSIS, *Cumprimento da sentença*, Rio de Janeiro: Forense, 2007, p. 23 y SÉRGIO SHIMURA, *A execução da sentença na reforma de 2005*. In: Aspectos Polêmicos da Nova Execução. Coord. Teresa Arruda A. Wambier. ob.cit., p. 552, inclusive sosteniendo que cabe la aplicación de la multa del art. 475-J, *caput*, en caso de incumplimiento.

brevidade; processo 'sincrético', no dizer de um autorizado processualista. Assim, no plano doutrinário, são alteradas as 'cargas de eficácia' da sentença condenatória, cuja 'executividade' passa a um primeiro plano".[819]

Las alteraciones más significativas de esta reforma pueden ser así resumidas:

a) Ha cambiado el concepto de sentencia, contenido en el pár. 1º, del art. 162, del CPC,[820] que afirmaba haber sentencia siempre que la decisión del juez terminaba con la relación procesal. Ahora, su concepto puede ser entendido, en que pese serias divergencias, como *"o ato do juiz que implica alguna das situações previstas nos arts. 267 e 269 desta Lei"*.[821] Esta mudanza era necesaria pues si la sentencia terminara con la relación procesal, la realización del derecho del actor necesitaría de una demanda autónoma ejecutiva y no se daría a través de una fase ejecutiva, como es hoy.

b) Uno de los cambios más complejos fue introducido por el art. 475-J, caput, que determina: "Caso o devedor, condenado ao pagamento de quantia certa ou já fixada em liquidação, não o efetue no prazo de quinze dias, o montante da condenação será acrescido de multa no percentual de dez por cento e, a requerimento do credor e observado o disposto no art. 614, inciso II, desta Lei, expedir-se-á mandado de penhora e avaliação". De esta redacción podemos extraer que:

b.1) El deudor, tras ser condenado al pago de cuantía en dinero cierta o ya fijada en liquidación, tendrá un plazo de 15 días para cumplir la sentencia.[822] Caso cumpla en estos 15 días, no incidirá la multa de diez por ciento sobre la totalidad de la condena;

b.2) El deudor que incumplir esta resolución del juez, sea sentencia o auto, tendrá que pagar una multa de 10 por ciento sobre el valor total de la condena que es aplicada automáticamente, es decir, sin necesidad de requerimiento por parte del ejecutante ni con posibilidad de alteración por parte del juez;[823]

---

[819] En este particular, no podemos dejar de criticar el punto de vista del legislador procesal que acredita que puede simplemente cambiar las eficacias como se muda un artículo de ley. Eso no es posible, salvo para aquellos que no están familiarizados con las respectivas eficacias, una vez que la precisión conceptual es indispensable para un adecuado entendimiento, pues quien no conoce la naturaleza de las pretensiones no sabe correctamente pedir y, a su vez, quien no sabe correctamente pedir muchas veces no sabe como recurrir de una sentencia que no respetó el principio de la congruencia. Por ello afirma acertadamente CARNELUTTI que: *"Conviene que los teóricos del Derecho se den cuenta de la función y de la importancia de la clasificación e igualmente comprendan cómo y por qué si la observación no va seguida de la clasificación, no sirve para nada"*, Metodología del derecho. Trad. de Angel Osorio. México: Uteha, 1962, 2ª ed., p. 52.

[820] La redacción revocada decía: *"Art. 162. Os atos do juiz consistirão em sentenças, decisões interlocutórias e despachos. § 1º Sentença é o ato pelo qual o juiz põe termo ao processo, decidindo ou não o mérito da causa"*.

[821] El art. 267, del CPC dice que: *"Extingue-se o processo, sem resolução de mérito: (...)"*, mientras que el art. 269, afirma: *"Haverá resolução de mérito: (...)"*.

[822] O la decisión que anticipa la tutela *in limine litis* (auto). En el mismo sentido, SÉRGIO SHIMURA, *A execução da sentença na reforma de 2005*. In: Aspectos Polêmicos da Nova Execução. Coord. Teresa Arruda A. Wambier. ob.cit., p. 552.

[823] Esta multa no existe autónomamente en relación a obligación impuesta por la resolución judicial. Así, estimado el recurso de la parte la multa no más existirá. Esta multa es distinta de la multa contenida en los pár. 5º y 6º, del art. 461, del CPC, que permite al juez *ex officio* imponerla y alterarla.

b.3) Problema controvertido en la doctrina y jurisprudencia se refiere a saber cual el *dies a quo* para incidencia de la multa. Ven predominando en la doctrina y jurisprudencia el entendimiento según el cual el plazo inicial debe ser contado a partir del momento en que la sentencia se convierte en firme, independiente de la notificación personal del deudor, conforme el § 1°, del art. 475-J, del CPC.[824].

b.4) En que pese la actividad ejecutiva se desarrollar en una fase distinta y sucesiva de la fase de cognición, esta nueva fase necesita ser incoada a través de un pedido del acreedor, no pudiendo el tribunal iniciarla de oficio.[825] Vale decir, esta nueva fase necesita ser incoada mediante la presentación del correspondiente escrito, que se denomina "requerimiento" y no petición inicial,[826] ya que debe ser menos complejo que los requisitos formales de una petición inicial;

c) No hay más citación[827] del demandado en esta fase ejecutiva sino simple notificación,[828] como determina el pár. 1°, del art. 475-J, según el cual: "Do auto de penhora e de avaliação será de imediato intimado o executado, na pessoa de seu advogado (arts. 236 e 237), ou, na falta deste, o seu representante legal, ou pessoalmente, por mandado ou pelo correio, podendo oferecer impugnação, querendo, no prazo de quinze dias". Si aún existiera el emplazamiento seria necesaria una demanda ejecutiva autónoma, pero como la ley exige solamente una notificación, la actividad ejecutiva puede ser ejercida dentro de la misma relación procesal, más en una fase distinta.

c.1) Con base en este pár. 1°, combinado con el *caput*, del art. 475-J, existe una gran polémica sobre la "intimação" (*rectius*, notificación) del ejecutado y sus consecuencias. Sobre este grave problema el Superior Tribunal de Justicia ya se

---

[824] Conforme decisión del Superior Tribunal de Justicia en el apartado b.1, especialmente la nota 73. Entre los autores que sostienen este punto de vista podemos citar NELSON NERY JÚNIOR y ROSA MARIA NERY, *Código de Processo Civil Comentado*, São Paulo: RT, 2007, 10ª ed., p. 735 y GUILHERME RIZZO AMARAL, *A nova execução*. Coord. Carlos Alberto Alvaro de Oliveira. Rio de Janeiro: Forense, p. 112. Para otros, la notificación del deudor es imprescindible, CASSI SCARPINELLA BUENO, *Variações sobre a multa do 'caput' do art. 475-J do CPC na redação da lei 11.232/2005*, In: Aspectos Polêmicos da Nova Execução. Coord. Teresa Arruda A. Wambier. ob.cit., p. 138 y ss. Otros aún afirman que el plazo de 15 días empieza de la notificación de la sentencia, THEODORO JÚNIOR, *Curso de Direito Processual Civil*, ob. cit., n° 649, p. 53, o cuando la misma sea exigible, ARAKEN DE ASSIS, *Cumprimento da sentença*, ob. cit., n° 79, p. 212.

[825] De forma diferente ocurre en la ejecución del proceso del trabajo que puede ser incoado de oficio por el juez, según art. 878 de la Consolidación de las Leyes del Trabajo (CLT), que dice: "*A execução poderá ser promovida por qualquer interessado, ou 'ex officio' pelo próprio juiz ou Presidente ou Tribunal competente, nos termos do artigo anterior*".

[826] En igual sentido, JAQUELINE M. SILVA y JOSÉ TADEU N. XAVIER, *Reforma do processo civil*, p. 92. En sentido contrario ARAKEN DE ASSIS, que sostiene que la palabra 'requerimiento' es sinónimo de petición inicial, con los requisitos de los arts. 282, 283 y 614, todos del CPC, *Cumprimento da sentença*, ob. cit., n° 95, p. 243. De igual modo NELSON NERY JÚNIOR y ROSA MARIA NERY, *Código de Processo Civil Comentado*, ob. cit., p. 734; DANIEL AMORIM A. NEVES *et al.*, *Reforma do CPC*, São Paulo: RT, 2006, p. 222 y 223; y THEODORO JÚNIOR, *Curso de Direito Processual Civil*, ob. cit., n° 805, p. 284.

[827] En el derecho brasileño, la citación significa, según el art. 213, del CPC "*o ato pelo qual se chama a juízo o réu ou o interessado a fim de se defender*".

[828] Traducimos 'intimação' por notificación. En el derecho brasileño, la 'intimação' es, según el art. 234, del CPC, "*o ato pelo qual se dá ciência a alguém dos atos e termos do processo, para que faça ou deixe de fazer alguma coisa*".

manifestó afirmando que el inicio del plazo empieza con la notificación del abogado que se realiza a través de la imprenta oficial, debiendo el abogado comunicar su cliente que hubo la condena, pero, según el Ministro Gomes de Barros, *"Se o causídico, por desleixo omite-se em informar seu constituinte e o expõe à multa, ele deve responder por tal prejuízo"*.[829]

d) De acuerdo con el art. 475-L, del CPC,[830] no existe más la oposición del ejecutado a través de los denominados "embargos do devedor" (*rectius*, oposición a la ejecución), que se constituían en una demanda autónoma,[831] en el cumplimiento de la sentencia el ejecutado podrá defenderse a través de la *impugnación*, que exige la "segurança do juízo"[832] y no suspende la ejecución, salvo por determinación judicial[833] o oponerse a través del instituto denominado *"exeção de executividade"* que sirve a principio para el ejecutado alegar motivos relativos a presupuestos y requisitos procesales, es decir, toda materia de orden pública que el juez, por supuesto, podría conocer *ex officio*;

e) La liquidación de títulos ilíquidos que antes de la reforma necesitaba de una demanda autónoma para descubrir su importe líquido, ahora ha pasado para una simple fase intermediaria entre la fase de cognición y ejecutiva. Esto quedó claro cuando el art. 475-H dice que: *"Da decisão de liquidação caberá agravo de instrumento"*, es decir, esta resolución es interlocutoria, puesto que cabe recurso de reposición, que en nuestro sistema, es presentado directamente al Tribunal de segundo grado para revisar la decisión del juez. Su procedimiento está previsto en los arts. 475-A hasta el 475-H, del CPC.

En Brasil, la ejecución dineraria puede darse de acuerdo con el siguiente cuadro:

---

[829] STJ-3ª T., REsp 954.859/RS, Min. Rel. Humberto Gomes de Barros, j. 16.08.2007, DJU 27.08.07, p. 252. Esta decisión de la Corte Superior ha generado una inmensa polémica en los medios jurídicos, primero porque los abogados no quieren ser notificados personalmente y asumir todos los riesgos que esta comunicación genera; en segundo, porque temen que su cliente desaparezca y ellos, abogados, queden expuestos a responder por los perjuicios. Esta resolución paradigmática del STJ está resumida así: "LEI 11.232/2005. ARTIGO 475-J, CPC. CUMPRIMENTO DA SENTENÇA. MULTA. TERMO INICIAL. INTIMAÇÃO DA PARTE VENCIDA. DESNECESSIDADE. 1. A intimação da sentença que condena ao pagamento de quantia certa consuma-se mediante publicação, pelos meios ordinários, a fim de que tenha início o prazo recursal. Desnecessária a intimação pessoal do devedor. 2. Transitada em julgado a sentença condenatória, não é necessário que a parte vencida, pessoalmente ou por seu advogado, seja intimada para cumpri-la. 3. Cabe ao vencido cumprir espontaneamente a obrigação, em quinze dias, sob pena de ver sua dívida automaticamente acrescida de 10%.".

[830] La redacción es la siguiente: *"Art. 475-L. A impugnação somente poderá versar sobre: (...)"*.

[831] Esta modalidad de defensa autónoma del ejecutado aún permanece en las ejecuciones de títulos no judiciales, conforme el art. 736 y ss, del CPC.

[832] La 'segurança do juízo' es una garantía que el ejecutado debe dar para que pueda oponerse a la ejecución, vale decir, el ejecutado solamente puede utilizar la oposición a la ejecución se garantizar el crédito del acreedor a través del embargo ejecutivo.

[833] Establece el art. 475-M, que: *"A impugnação não terá efeito suspensivo, podendo o juiz atribuir-lhe tal efeito desde que relevantes seus fundamentos e o prosseguimento da execução seja manifestamente suscetível de causar ao executado grave dano de difícil ou incerta reparação. § 1º Ainda que atribuído efeito suspensivo à impugnação, é lícito ao exeqüente requerer o prosseguimento da execução, oferecendo e prestando caução suficiente e idônea, arbitrada pelo juiz e prestada nos próprios autos. § 2º Deferido efeito suspensivo, a impugnação será instruída e decidida nos próprios autos e, caso contrário, em autos apartados"*. En este sentido la LEC, según art. 556.2.

2.5. CONCLUSIÓN

Para que se pueda construir un edificio sólido de la justicia capaz de soportar las más crueles vicisitudes humanas, es necesario la renuncia de viejos dogmas con los cuales estamos desgraciadamente acostumbrados a vivir.

Así como advierte Platón en el mito de la alegoría de las cavernas, nosotros, vinculados que estamos con la *actio iudicati*, estuvimos durante siglos como prisioneros de conceptos nebulosos.

Imaginemos los estudiantes, los abogados, los jueces y en especial los juristas, que se encuentran desde la niñez "atados por los pies y el cuello, de tal modo que hayan de permanecer en la misma posición y mirando tan solo hacia adelante, imposibilitados como están por las cadenas (de los conceptos abstractos) de volver la vista hacia atrás (es decir, hacia la realidad de la vida). (...) ¿Qué crees que podría contestar ese hombre si alguien le dijese que entonces solo veía bagatelas y que ahora, en cambio, estaba más cerca del ser y de objetos más verdaderos?. (es decir, la realidad del mundo) (...) Y si, por añadidura, se le forzase a mirar a la luz misma, ¿no sentiría sus ojos doloridos y trataría de huir, volviéndose hacia las sombras que contempla con facilidad y pensando que son ellas más reales y diáfanas que todo lo que se le muestra?".[834]

Señores dejemos esta cómoda posición de mirar las sombras de los conceptos como se estuviéramos mirando la esencia del derecho. Vivimos en un mundo que clama por justicia, que clama por efectividad. Nuestras constituciones claman por soluciones justas y efectivas para los problemas del día a día. Nosotros, los procesalistas aquí reunidos, tenemos el deber de no engañar los demás, de no retirarles la esperanza de vivir en un mondo más justo, capaz de atender sus necesidades más básicas de justicia. Por todo ello, creo sinceramente que la *actio iudicati* ya no representa estos valores con los cuales todos nosotros soñamos.

No olvidemos las palabras del gran poeta latino VIRGILIO, conocedor de la naturaleza humana y quizás preocupado con los destinos de la humanidad que solamente pueden ser cambiados por aquellos que conocen la esencia de las cosas, que ha dicho sencillamente *Felix qui potuit rerum cognoscere causa*, vale decir, feliz de quien puede conocer la causa de las cosas.

---

[834] Platón, *Obras completas*. Trad. Maria Araujo, Francisco G. Yagüe, Luis Gil, José A. Miguez, Maria Rico, Antonio R. Huescar y Francisco P. Samaranch. Madrid: Aguilar, 1993, Lib. VII, p. 778.

3. La tutela judical del crédito en el Código Procesal Civil modelo para iberoamerica: desde la perspectiva del proceso de ejecución, cautelar y monitorio[835]

3.1. ANTECEDENTES HISTÓRICOS

El código procesal civil modelo para Iberoamérica, de aquí en adelante denominado simplemente "Código Tipo' o 'Código Modelo",[836] es resultado de la necesidad de un proceso de integración, que, como es sabido, se inicia en el campo económico para, posteriormente, evolucionar hacia las más variadas formas de integración político-institucional. Y Latinoamérica no podría estar alejada de este movimiento integracionista que se observa, principalmente, en el continente europeo.

En el campo jurídico, este fenómeno integracionista puede ser observado, dentro del Continente Latinoamericano, a través de los Tribunales de Justicia Supranacionales, especialmente el Tribunal del Pacto de Cartagena y el Tribunal de San José de Costa Rica: Corte Interamericana de Derechos Humanos.

El Instituto Iberoamericano de Derecho Procesal, fundado en Montevideo, en las 'Primeras Jornadas Latinoamericanas de Derecho Procesal', realizadas en 1957, en homenaje a la memoria de Eduardo J. Couture, a partir de sus IVª Jornadas, realizadas en Caracas y Valencia, en 1967, empezó a trabajar en la preparación de 'Códigos Modelos' para el proceso civil y penal con alcance en todo el continente Latinoamericano. Solamente en las XIª Jornadas, realizadas en Río de Janeiro, en mayo de 1988, fue presentado y aprobado el Anteproyecto de Código Tipo para el proceso civil.

La relevancia de estos estudios, llevados a cabo principalmente pelos Profs. Vescovi y Bidart, culminó con la celebración de un Congreso Internacional, realizado en Roma, en septiembre de 1988, dedicado exclusivamente al análisis

---

[835] Conferencia pronunciada en el curso de Doctorado de la Universidad Autónoma de Barcelona, en 27 de noviembre de 2001. Publicado originalmente em Revista de la Facultad de Derecho. Universidad Católica Andrés Bello, Caracas, 2003.

[836] Sobre la diferencia semántica entre estas dos expresiones, vid. BIDART, Código-tipo y reforma del proceso en América Latina: entre derecho común o uniforme, en *Un "Codice Tipo" di Procedura Civile per L'America Latina*, Cedam, Padova, 1990, p. 55.

del *Código Tipo de Proceso Civil para América Latina*, cuyas conferencias se encuentran recogidas en el libro *Un Codice Tipo di Procedura Civile per L'America Latina*, Edit. Cedam, Padova, 1990.

3.2. LÍNEAS BÁSICAS

Este "Código Modelo" encuentra sus líneas básicas, por un lado, en la exigencia social de mejora de la justicia latinoamericana, que, en cierto sentido, presenta instrumentos cada vez más inadecuados para alcanzar los resultados sociales deseables,[837] y por otro, en diversos factores, entre los cuales cabe destacar determinadas instituciones de origen compartida, además de factores geográficos e históricos comunes.[838]

La finalidad del "Código Modelo" es servir, como lo hizo el Código de Bustamante en materia de Derecho Internacional, de base para futuras reformas procesales en el continente latinoamericano, es decir, no se trata de un texto que tenga la pretensión de imperar en ningún país en forma efectiva, sino solamente, como bien destaca Vescovi, valer como "un 'modelo' (o 'tipo') para contribuir al mejor trabajo de las reformas del Servicio de Justicia que prácticamente hoy proyectan todos los países del área".[839]

---

[837] De acuerdo con la acertada opinión de BIDART, la exigencia de cambiar puede ser justificada con base, esencialmente, *en "el 'alejamiento' cada vez mayor 'de la realidad', que no captan directamente ni las partes ni, principalmente, el juez", Código-tipo y reforma del proceso en América Latina: entre derecho común o uniforme,* en *Un 'Codice Tipo' di Procedura Civile per L'America Latina,* ob. cit., p. 44. Como consecuencia directa de esta causa, el autor indica *"el tiempo inútilmente consumido, en la realización de actividades que, en definitiva, nada aportan al objeto del proceso y la prolongación indefinida de los trámites procesales; (...) la 'pluralidad de textos procesales'",* y la opción *"por un proceso ordinario y muy 'variados procesos especiales' que, en general, no responden a peculiaridades exigidas por la aplicación del procedimiento y establecen una confusión entre naturaleza del objeto procesal y forma del procedimiento", Código-tipo y reforma del proceso en América Latina: entre derecho común o uniforme,* ob. cit., p. 44 y 45.

[838] En este sentido, VESCOVI, *Interventi di saluto,* en *Un 'Codice Tipo' di Procedura Civile per L'America Latina,* ob. cit., p. 5. El autor desarrolla mejor sus argumentos en su libro *Elementos para una Teoría General del Proceso Civil Latinoamericano,* UNAM, México, 1978. Para profundizar mejor en el estudio de los elementos tradicionales del proceso civil iberoamericano abarcados en el Código Tipo, vid. ORTELLS RAMOS, *Código tipo y reforma del proceso entre derecho común y derecho uniforme en América Latina,* en *Un 'Codice Tipo' di Procedura Civile per L'America Latina,* ob. cit., p. 91 y ss.

[839] *Interventi di saluto,* ob. cit., p. 5. De igual modo es la opinión de los autores del 'Anteproyecto' de Código tipo, según la cual: *"el Código Modelo no tiene la pretensión de regir en ningún país en forma efectiva. Es solo lo que su nombre dice, un 'modelo', que recoge múltiples instituciones comunes (con diferencia de nombres) y trata de introducir otras receptadas por el trabajo común de la doctrina y jurisprudencia iberoamericanas, especialmente", El código procesal civil modelo para Iberoamérica. Historia. Antecedentes. Exposición de motivos,* Secretaría General del Instituto Iberoamericano de Derecho Procesal, Montevideo, 1988, p. 17 y 18. En el mismo sentido, BERIZONCE, cuando afirma que: *"El Código-tipo pretende erigirse en un modelo paradigmático en el cual pueden espejarse las sentidas – y demoradas – transformaciones de los ordenamientos procesales de las naciones iberoamericanas; ha sido pergeñado, también, como instrumento eficiente para la 'integración jurídica del subcontinente y la necesaria cooperación judicial' que se persigue", Código-tipo y reforma del proceso en América Latina: entre el derecho común y el derecho uniforme,* en *Un 'Codice Tipo' di Procedura Civile per L'America Latina,* ob. cit., p. 35. Así se expresan, también, entre otros, BIDART, *Código-tipo y reforma del proceso en América Latina: entre derecho común o uniforme,* ob. cit., p. 56; ORTELLS RAMOS, *Código tipo y reforma del proceso entre derecho común y derecho uniforme en América Latina,* ob. cit., p. 88; y FAIRÉN GUILLÉN, *La sistemática del proyectado código procesal civil,* en *XII Jornadas Iberoamericanas de Derecho*

Las principales directivas del Código Tipo pueden ser encontradas en las sólidas justificativas desarrolladas por Bidart, entre las cuales cabe destacar, por su generalidad, la *unidad* o *unificación*, que representa, según el autor, "la finalidad principal perseguida con la redacción del Código-Tipo".[840]

3.3. La tutela judicial del crédito en el Código Tipo desde el punto de vista de la ejecución provisional y definitiva

3.3.1. El crédito, la sentencia y su ejecución: apreciación histórica

Desde el derecho romano el crédito siempre estuvo ligado a la *obligatio*,[841] que a su vez siempre estuvo unida a la *actio in personam*,[842] y toda *actio*, originalmente, finalizaba con una *condemnatio* (*con* significa "unido a", y *damnum* es igual a "perjuicio", de ahí la palabra *condemnatio* que significa aquél que está unido al daño, aquél a quien le corresponde el daño).[843]

Procesal, Ministerio de Justicia, Madrid, 1990, p. 785 y 786. Sobre este particular, COSTANTINO afirma que: *"Si trata, piuttosto, di porre in evidenza la scelte di valore sottese alla disciplina contenuta nell''Anteproeycto de código procesal para América latina', al fine di verificare in che misura esso consenta di enucleare e, quindi, di diffondere quei principi fondamentali, che fanno del processo civile uno strumento di attuazione della volontà concreta della legge, di realizzazione effettiva dei diritti soggettivi e, in questa prospettiva, di diffusione della democrazia"*, La disciplina dell'esecuzione forzata nel progetto di 'codice tipo' di procedura civile per l'America Latina, en Un 'Codice Tipo' di Procedura Civile per L'America Latina, ob. cit., p. 304. Al respecto de los valores del proceso abarcados por el Código Tipo, vid. FAZZALARI, Il codice tipo e i valori del proceso, en Un "Codice Tipo" di Procedura Civile per L'America Latina, ob. cit., p. 103 y ss.

[840] *Código-tipo y reforma del proceso en América Latina: entre derecho común o uniforme*, ob. cit., p. 57.

[841] Una de las definiciones más conocidas de *obligatio* es aquella descrita por JUSTINIANO en sus *Instituciones*, III, 13: *"Obligatio est iuris vinculum, quo necessitate adstringimur alicuius solvendae rei, secundum nostra civitatis iura* (Obligación es un vínculo del derecho, por el cual somos compelidos á pagar alguna cosa, según las leyes de nuestra ciudad)", (traducción de Ismael Calvo y Madroño), Góngora, Madrid, 1915, p. 197. Para profundizar mejor en el estudio de la *obligatio* en el derecho romano, vid. BETTI, *La struttura dell'obbligazione romana e il problema della sua genesi*, Mercuri-Miconi, Camerino, 1919, p. 2 y ss; BONFANTE, *Corso di diritto romano*, Guiffrè, Milano, 1979, v. IV, p. 17 y ss; SAVIGNY, *Le droit des obligations*, (traducción de T. Hippert), A. Durand & Pedone Lauriel, Paris, 1873, t. I, § 2°, p. 6 y ss; y principalmente § 3°, p. 11 y ss; y LAN-TELLA, *Note semantiche sulle definizioni di 'obligatio'*, en *Studi in Onore di Giuseppe Grosso*, Giappichelli, Torino, 1971, v. IV, p. 167 y ss.

[842] Esta modalidad de acción y su vinculación con la *obligatio* es descrita por GAYO, en las *Inst.*, IV, 2: *"In personam actio est, qua agimus, quotiens 'litigamus' cum aliquo, qui nobis uel ex contractu uel ex delicto obligatus est, id est, cum intendimus DARE FACERE PRAESTARE OPORTERE* (Una acción es personal cuando reclamamos contra el que nos está obligado a causa de un contrato o de un delito; es decir, cuando pretendemos que DEBE DAR, HACER o PRESTAR)", (traducción de Alvaro d'Ors y Pèrez-Peix), Instituto Francisco de Vitoria, Madrid, 1943, p. 167. En el mismo sentido, entre otros, IHERING, al decir: *"la de una 'obligatio' que se ha de perseguir por medio de una 'actio in personam'"*, El espíritu del derecho romano, (traducción de Enrique Príncipe y Satorres), Edit Comares, Granada, 1998, t. IV, § 64, p. 925; SAVIGNY, cuando se refiere a la definición de Celso: *Actio est jus persequendi in judicio quod sibi debetur*, afirma que: *"En esta definición se indica la característica de que 'actio' concierne sólo a las obligaciones"*, Metodología jurídica, (traducción de J. J. Santa-Pinter), Depalma, Buenos Aires, 1979, p. 19; GROSSO, para quien existe un *"stretto rapporto tra l''obligatio' e l''actio'"*, Obbligazioni: contenuto e requisiti della prestazione, obbligazioni alternative e generiche, Giappichelli, Torino, 1955, 2ª ed., p. 5, y BETTI, *La struttura dell'obbligazione romana e il problema della sua genesi*, ob. cit., p. 51.

[843] En el periodo formulario, para llegar a la *condemnatio*, las partes deberían realizar antes un *pacto procesal ante testigos* denominado *litis contestatio* (*litis* es igual a litigio, y *con-testatio* es igual a 'con testigos', ya

230

Cuando el *vinculum iuris* creado a través de la *obligatio* no era respetado, el acreedor se valía de la *actio in personam* para pedir al pretor la *condenmatio* del deudor a un *oportere*,[844] y acto seguido, en el caso en que no hubiera el cumplimiento espontáneo del deudor, ejecutaba privadamente su derecho; es decir, para que el acreedor realizara su derecho era necesario solamente una relación procesal. Pero, posteriormente, en la época de la *cognitio extra ordinem*, el acreedor que quería satisfacer su derecho contenido en una *sententia*, independientemente de la voluntad del deudor, debía valerse de una nueva *actio* denominada *iudicati*,[845] por lo que debía iniciar una nueva relación procesal con

que, según IHERING, *testis* significa *"el que asiste"*, *El espíritu del derecho romano*, ob. cit., t. I, § 13, p. 115. De este modo, *litis contestatio* significa, de acuerdo con SCIALOJA, *"invocar testigos para que certifiquen la existencia de la litis y el contenido de ella"*, *Procedimiento civil romano*, (traducción de Santiago Sentís Melendo y Marino Ayerra Redin), Ejea, Buenos Aires, 1954, § 15, p. 157), que era el punto culminante y la esencia misma de esta forma de procedimiento. Para ROYO, el pacto procesal (*litis contestatio*) incluía acuerdos sobre: *"El juez que habría de dictaminar; la aceptación previa de la sentencia y la definición del asunto que enfrentara a las partes: la aportación de los datos en que cada uno apoyara la calidad de su poder sobre el asunto controvertido y sus implicaciones. Como consecuencia del acuerdo de las partes, el pretor habría de redactar un pequeño documento conocido como 'formula'. De ese documento se puede afirmar con seguridad que se trata de: a) una orden imperativa del pretor dirigida al elegido como juez mediante la que le ordena: – que actúe como juez en ese caso, – que condene o no a una de las partes en función de la investigación (prueba) de los hechos que subyacen al conflicto; b) un escrito cuya estructura sintáctica es igual a la de la norma abstracta; c) una norma substantiva para las partes en cuanto incluye las afirmaciones, excepciones y argumentos contradictorios incluidos en el acuerdo de la 'litis contestatio'; y d) una orden de condena o no, según un criterio alternativo: – sea a la devolución de cosa o a una actividad en favor de la otra parte (...), – sea al pago de una cantidad de dinero: o concreta, fijada previamente, o a concretar según apreciación del juez"*, *Palabras con poder*, Marcial Pons y Universitat de Barcelona, 1997, cap. IV, p. 96 y 97. Una vez realizado el pacto procesal ante testigos, el juez debía únicamente *decir* el derecho, pues, de acuerdo con la opinión de IHERING, *"el juez del derecho antiguo no impone nada al demandado, no le da ninguna orden en nombre del Estado: no hace más que dar á las partes el auxilio de sus conocimientos jurídicos. El idioma ha expresado exactamente la relación que existe entre la acción del juez y la del demandante. El juez debe únicamente decir el derecho ('dicere'); de aquí su nombre de 'judex', y lo hace dando su consejo ('sententia')"*, *El espíritu del derecho romano*, ob. cit., t. I, § 15, p. 137. Pues, según el autor, *"la raíz 'dic' significa en latín, como en sánscrito y en griego (deicunmi), señalar, mostrar (por ejemplo, 'dicis causa, digitus, indicare'); 'dicere', decir, es mostrar verbalmente"*, *El espíritu del derecho romano*, ob. cit., t. I, § 14, p. 129, nota 109. Para profundizar mejor en el estudio de la influencia de la *litis contestatio* en las diversas legislaciones, principalmente la española, vid. por todos, FAIRÉN GUILLÉN, *El juicio ordinario y los plenarios rápidos*, Bosch, Barcelona, 1953, principalmente p. 35 y ss.

[844] De acuerdo con la opinión de GROSSO, el *vinculum iuris* *"si presenta come espressione di una 'necessitas' di adempiere la prestazione, di un 'oportere', per cui in primo piano si dice che il debitore debe compiere la prestazione"*, de ahí que *"questo 'oportere' ha da essere un 'prius', a cui l'actio' stessa fa richiamo"*, *Obbligazioni: contenuto e requisiti della prestazione, obbligazioni alternative e generiche*, ob. cit., p. 7.

[845] De acuerdo con la opinión de BIONDI, en el periodo de la *cognitio* *"spunta il concetto di esecuzione della sentenza come attributo dell'autorità statale. La sentenza non contiene alcuna 'obligatio' a carico del reo, ma enuncia piuttosto un comando, la cui esecuzione è devoluta e trova il suo fondamento nello stesso potere che lo ha imposto. La esecuzione della sentenza non è più adempimento volontario di una 'obligatio' privata, ma bensì un compito dello Stato: il magistrato impone un determinato comportamento e provvede per la sua esecuzione"*, *Appunti intorno alla sentenza nel processo civile romano*, en *Studi in Onore di Pietro Bonfante*, Fratelli Treves, Milano, 1930, v. IV, n° 25, p. 77. De este modo, con *"Giustiniano la 'condemnatio' ha per oggetto senz'altro la restituzione dello schiavo, e questa sentenza viene eseguita coattivamente dal giudice"*, *Appunti intorno alla sentenza nel processo civile romano*, ob. cit., n° 29, p. 84. En este periodo la *actio iudicati* asume la función de realizar coactivamente la sentencia, pues, según BIONDI, *"l''actio iudicati' nella sua funzione classica (che era quella di affermare in giudizio la 'obligatio iudicati') è scomparsa del tutto; sussiste invece nella compilazione, ed è menzionata ancora da Giustiniano, ma con altro contenuto: essa ha lo scopo di dare esecuzione coattiva alla sentenza; importa, in altri termini, l'esercizio di quei mezzi giuridici che la legge appresta al vincitore in*

el fin de realizar coactivamente la sentencia, a través del *exsecutor*.[846] Aquí, el acreedor que quería satisfacer su derecho debía servirse de dos relaciones procesales distintas, sucesivas y complementarias.

Esta breve digresión histórica sirve para evidenciar la verdadera vocación de las pretensiones de crédito, es decir, con la proposición de una pretensión de condena el acreedor busca obtener una sentencia de condena, y a través de ella, la creación o constitución del *título ejecutivo*[847] que le confiere el derecho a una nueva pretensión, la ejecutiva,[848] y justamente por ello esta pretensión encuentra en el título ejecutivo su presupuesto, ya que *nulla executio sine titulo*.[849] Esta es la razón por la cual la doctrina suele afirmar que "la caratteristica della sentenza di condanna è trovata non tanto in quello che essa è, quanto in quello che essa 'prepara'", en palabras de Calamandrei.[850]

---

giudizio per l'adempimento coattivo del giudicato", Appunti intorno alla sentenza nel processo civile romano, ob. cit., n° 31, p. 89. Para SCIALOJA, en la época de la *extra ordinem*: "*De la sentencia nace la 'actio iudicati', dirigida a la ejecución de su contenido, esto es, de la condena; pues, naturalmente, en el caso de absolución no puede haber 'actio iudicati'. La 'actio iudicati' es el medio de dar ejecución a la sentencia", Procedimiento civil romano,* ob. cit., § 57, p. 414.

[846] Para BIONDI, "*gli 'exsecutor' non sono altro che i comuni 'apparitores', cioè organi materiali di cui si avvale il magistrato nell'esercizio del suo potere di coercizione. (...) Nel processo 'extra ordinem' l'*'exsecutor' *diventa un organo stabile ed autonomo dell'amministrazione statale, che ha appunto la funzione di 'iudicatae rei vigorem ad effectum adducere', come attesta già Diocleziano (c. 8 C. 7, 53). Non è più dunque un esecutore di ordini, ma piuttosto un organo, che nella gerarchia imperiale occupa un grado piuttosto elevato, ed agisce in modo autonomo e indipendente in virtù della stessa attribuzione di poteri che la legge gli conferisce. Così, già in una costituzione di Costanzo, sono gli 'execcutores' che procedono di propria iniziativa alla 'pignoris capio'. Non basta. L'*'exsecutor' *nel nuovo processo acquista carattere e funzioni giudiziarie, inquantochè è un organo che entro i limiti della sua funzioni ha una particolare giurisdizione", Appunti intorno alla sentenza nel processo civile romano,* ob. cit., n° 30, p. 86 y 87.

[847] Para profundizar mejor en el estudio de las diversas teorías sobre el título ejecutivo, vid. por todos MANDRIOLI, *L'azione esecutiva*, Giuffrè, Milano, 1955, n° 59 y ss, p. 327 y ss.

[848] Al respecto, afirma MOLARI, que "*una volta individuati i cardini dell'esecuzione forzata nell'azione esecutiva, nel potere dell'organo esecutivo e nello stato di soggezione a questo dell'esecutato, il processo esecutivo va delineato come un rapporto processuale autonomo ed astratto dal rapporto sostanziale. Così come, in altri termini, l'azione esecutiva sussiste indipendentemente dal sussistere del rapporto sostanziale, correlativamente anche il potere dell'organo esecutivo di attuare gli atti esecutivi e la responsabilità, processualmente configurata come soggezione al potere esecutivo, prescindono dall'esistenza di un rapporto di debito-credito", La tutela penale della condanna civile*, Cedam, Padova, 1960, p. 154.

[849] Nadie desconoce que la ejecución forzosa puede iniciarse con base en un título ejecutivo judicial o extrajudicial, en donde el primero es construido a través de una sentencia de condena, mientras que el segundo lo es privadamente entre las partes, y por consiguiente, sin la intervención judicial. Este privilegio de las partes en función del cual pueden crear títulos ejecutivos extrajudiciales, según RAMOS MÉNDEZ, "*está destinado a garantizar la seguridad del tráfico*", pues, "*la seguridad del tráfico no está en el título realmente. La seguridad del tráfico está en que lleva aparejada ejecución, es decir, en la promesa de acción ejecutiva", Los títulos ejecutivos: presente y futuro*, en Rev. Justicia, 1996, n° 3-4, p. 489. Con una visión más restrictiva de los títulos ejecutivos extrajudiciales, el art. 520, de la LEC 1/2000, y con una visión bastante amplia de estos títulos, encontramos el art. 474, del C.P.C. italiano; y principalmente el art. 585, del C.P.C. brasileño.

[850] *La condanna*, en *Opere Giuridiche*, Morano, Napoli, 1972, t. V, p. 491. Al respecto, afirma acertadamente RAPISARDA, que "*la correlazione necessaria tra condanna ed esecuzione forzata è il frutto di una visione repressivistica di tale rimedio, che non può non porsi in contrasto con una tecnica di tutela, come quella inibitoria, che svolge una funzione preventiva anche nelle ipotesi in cui venga impiegata per impedire (non già la commisione, bensì) la ripetizione o la continuazione di una violazione in parte già commessa. La concezione della condanna come tutela repressiva esprime il punto di vista piú diffuso tra la dottrina processualistica tradizionale", Profili della tutela civile inibitoria*, Cedam, Padova, 1987, cap. V, n° 2, p. 188.

Por ello, la doctrina define la sentencia de condena más por sus *efectos* que por sus características intrínsecas.[851]

3.3.2. La ejecución provisional dentro del Código Tipo

La ejecución provisional,[852] dentro del código tipo, esta regulada en los art. 230.1, 230.2 y 321.1-4. De acuerdo con la opinión de Costantino: "Non sembra, invece, che siano direttamente pertinenti con la problematica dei processi esecutivi le disposizioni contenute negli artt. 321.1, 321.2, (...). Poiché, come si è rilevato, non è dedotto nel titolo il diritto certo, ma è certo il diritto dedotto nel titolo, la previsione dell'art. 321.1 suscita perplessità".[853]

Son distintas las razones que pueden llevar al legislador a regular esta especie de ejecución. Podemos destacar, como ejemplo, dada su actualidad, los motivos utilizados por el legislador español para reglamentar esta materia, que están en el apartado XVI de la exposición de motivos, según los cuales: "La nueva Ley de Enjuiciamiento Civil representa una decidida opción por la confianza en la Administración de Justicia y por la importancia de su impartición en primera instancia y, de manera consecuente, considera provisionalmente ejecutables, con razonables temperamentos y excepciones, las sentencias de condena dictadas en ese grado jurisdiccional".[854]

Sobre la ejecución provisional, es conveniente resaltar, en línea general:

a) *La necesidad de iniciársela a instancia de parte.* Esta exigencia está prescrita en el art. 230.1, que dice: "Las sentencias definitivas de condena recurridas, podrán ser ejecutadas provisionalmente, siempre que la parte interesada así lo solicite dentro del plazo de seis días a contar del siguiente a su notificación, (...)".

---

[851] En este sentido, entre otros, MANDRIOLI, cuando afirma que una sentencia "è di 'condanna', quando, oltre ad accertare il diritto, accerta l'esigenza della sua ulteriore tutela mediante esecuzione forzata, nonché la sussistenza dei presupposti per far luogo a tale esecuzione forzata", Corso di diritto processuale civile, Giappichelli, Torino, 2000, v. I, § 68, p. 245. En el derecho español, MONTERO AROCA asevera que: "La sentencia de condena produce un doble efecto: es un título ejecutivo y, además, contiene una declaración irrevocable del derecho", Derecho jurisdiccional, Tirant lo Blanch, Valencia, 1998, v. I, Lección 18ª, p. 305. Por ello, SATTA afirma que: "Piuttosto, è il caso di notare che i risultati della nostra indagine escludono che si possa parlare di azione di condanna, almeno nello stesso senso nel quale si parla delle azioni di accertamento ecc. L'azione di condanna resta assorbita completamente dalla azione esecutiva, rispetto alla quale essa rappresenterebbe piuttosto un onere che un'azione, come abbiamo detto", Premesse generali alla dottrina della esecuzione forzata, en Riv. Dir. Proc., 1932, p. 358.

[852] Sobre este particular, FEDERICO CARPI escribe que: "Per esecuzione provvisoria si intende l'anticipazione dell'efficacia esecutiva della sentenza o di altri provvedimenti giudiziali", La provvisoria esecutorietà della sentenza, Giuffrè, Milano, 1979, p. 3. Pero, admite que "di conseguenza l'esecuzione non è provvisoria, ma è basata su titolo provvisorio", La provvisoria esecutorietà della sentenza, p. 6, razón por la cual la denominación del instituto, "con maggior esattezza potrebbe essere sostituita da quella di esecutorietà o esecutività provvisoria", La provvisoria esecutorietà della sentenza, p. 7.

[853] La disciplina dell'esecuzione forzata nel progetto di 'codice tipo' di procedura civile per l'America Latina, ob. cit., p. 307 y 308.

[854] Según la opinión de MONTERO AROCA, "en general la ejecución provisional se regula por el legislador para evitar que los recursos sean usados con fines ajenos a los que le son propios", El nuevo proceso civil, Tirant lo Blanch, Valencia, 2001, cap. 31º, p. 696.

Dentro del espíritu innovador y paradigmático a que se presta el Código Tipo, esta exigencia legal, data venia, no me parece la más acertada, ya que existe dentro de algunas legislaciones un avance más significativo sobre esta materia, es decir, la regla general es la de que toda sentencia de condena definitiva (esto es, no firme, de acuerdo con la terminología de la LEC 1/2000, contenida en el art. 207.1) es automáticamente ejecutable de forma provisional, sin necesidad de iniciársela a instancia de parte, como ocurre, e. g., en el 'juizado especial' de Brasil (art. 43 c/c el nº IV del art. 52, de la Ley 9.099, de 26.9.95).

b) *La necesidad del demandante caucionar*. También aquí el Código Tipo no atiende de forma satisfactoria los reclames de la doctrina más actual, una vez que exige del demandante la prestación de caución, según art. 230.1. Utilizamos como ejemplo vanguardista, el art. 526 de la LEC 1/2000, según el cual: *"Salvo en los casos a que se refiere el artículo anterior, quien haya obtenido un pronunciamiento a su favor en sentencia de condena dictada en primera instancia podrá, sin simultánea prestación de caución, pedir y obtener su ejecución provisional conforme a lo previsto en los artículos siguientes"*.

3.3.3. La tutela del crédito en el Código Tipo a través de la Ejecución Definitiva

En virtud de la gran complejidad que comporta el análisis de un Proceso de Ejecución, nos limitaremos, por una cuestión de tiempo y finalidad, al examen de su estructura y algunos principios generales bajo los cuales se organiza el proceso ejecutivo en el Código Tipo.

a) La estructura del proceso ejecutivo es la misma del proceso monitorio,[855] es decir, el proceso ejecutivo tiene estructura monitoria, en la medida en que "presentada la demanda (acompañada, necesariamente, del título ejecutivo) el Tribunal realiza un examen preliminar de su admisibilidad y de fundabilidad; y, de concluir que se cumplen con los presupuestos exigibles, dicta inaudita altera parte, sentencia despachando ejecución, mandando trabar embargo y citar de excepciones al deudor. La eficacia del mandato de ejecución queda librada a la actitud que asuma el deudor: firmeza y consecuente ejecución, si no se oponen excepciones admisibles; no adquisición de esta firmeza y apertura de una etapa de cognición, si se oponen tales excepciones, debiéndose, entonces, estar a lo que se resuelva en la sentencia sobre el excepcionamiento, luego de la sustanciación del caso (art. 313.3 a 7)".[856]

Como puede ser observado, la opción realizada por el Código Tipo está basada en el principio de la singularidad o de la unidad procesal, según el cual la oposición debe plantearse dentro del propio proceso de ejecución y mediante acto

---

[855] Vid. *infra* nº 5.

[856] Exposición de motivos, *El código procesal civil modelo para Iberoamérica. Historia. Antecedentes. Exposición de motivos*, ob. cit., p. 79 y 80.

que la habilite (notificación al ejecutado para que deduzca su defensa dentro de un plazo perentorio). Siguiendo la opinión de Vescovi, *"es éste, sin duda, el punto más polémico"*.[857]

Existen sistemas en los cuales la oposición esta fuera de la ejecución, como en Portugal, donde la oposición no tiene efecto suspensivo, o como en Alemania, Francia y Italia, en que el efecto suspensivo depende de la discrecionalidad del juez.[858] En España, la regla general es que la oposición no suspende la ejecución, según art. 565.1, que dice: "Sólo se suspenderá la ejecución en los casos en que la Ley lo ordene de modo expreso, o así lo acuerden todas las partes personadas en la ejecución".[859] A partir de ahí el Código Tipo se ha inclinado, de acuerdo con Vescovi, "por la solución de la suspensión preceptiva (y consecuente trámite singular) no solamente por la razón teórica del respeto al debido proceso, sino también por la razón práctica de que, en los sistemas de la suspensión facultativa, el resultado es, en los hechos, el mismo; desde que por natural tendencia de los jueces a otorgar las máximas garantías, es muy difícil que frente a defensas serias y fundadas – como las que postulamos como únicas admisibles – no se disponga una tal suspensión".[860]

b) El Código tipo adopta el principio de la jurisdiccionalidad de la ejecución, según el cual la ejecución debe ser ordenada y dirigida, desde su inicio hasta su fin, por un juez.[861]

c) El principio de la unidad de competencia para la ejecución y la cognición fue acogido por el Código Tipo. Esto significa decir que el mismo juez que interviene en la ejecución es el que debe conocer de la eventual oposición del

---

[857] *Proceso ejecutivo*, en *Un 'Codice Tipo' di Procedura Civile per L'America Latina*, ob. cit., p. 294.

[858] El derecho brasileño, que también adopta el régimen de ejecución pura, se caracteriza por la imposibilidad de abrir el contradictorio dentro de la misma relación jurídica, sino únicamente en otro juicio separado, es decir, el ejecutado sólo puede oponerse a la ejecución a través de una demanda impugnativa por separado, denominada '*embargos do devedor*' (arts. 736 y ss del CPC), que sólo serán admitidos después de que el deudor '*segure o juízo*' (art. 737 de CPC). De acuerdo con la ley, art. 739, § 1°, "*Os embargos serão sempre recebidos com efeito suspensivo*".

[859] Las excepciones legales a esta regla son: a) la pendencia de demanda de revisión o de rescisión de sentencia firme dictada en rebeldía (art. 566); b) situaciones concursales (art. 568); y c) prejudicialidad penal (art. 569).

[860] *Proceso ejecutivo*, ob. cit., p. 295.

[861] Se inclina en sentido contrario RAMOS MÉNDEZ, cuando afirma, basado en la sobrecarga de servicio y el menor afecto que los Juzgados dispensan a ejecución, que *"fuera útil considerar la introducción en el proceso de ejecución de ayudas externas. Podrían ser determinados profesionales, podrían ser órganos 'ad hoc', podría, en fin, simplemente requerir la colaboración de particulares en temas puntuales. No se trata de privatizar la ejecución. No se trata de abandonar el control judicial de la ejecución. Se trata de liberar al Juez de determinadas funciones que la práctica ha demostrado le es difícil cumplir y en la que otras soluciones de iniciativa privada compiten abiertamente y con éxito. Por ello no debemos aferrarnos a una absoluta judicialización de cualquier actividad instrumental de ejecución. Aparte de ser una entelequia y una denuncia de que muchos preceptos del Código son en la práctica letra muerta, hay que introducir algún criterio de eficacia material, sin merma de las garantías, que pueda realmente ayudar a la ejecución a dar un paso al frente"*, El proceso de ejecución en el anteproyecto de código procesal civil modelo para Iberoamérica, en *Un 'Codice Tipo' di Procedura Civile per L'America Latina*, ob. cit., p. 299 y 300. A estas razones, VESCOVI contesta afirmando que *"el argumento del agobio de tareas de los jueces no es, en este sentido, válido para cohonestar su reemplazo por funcionarios de otra categoría; si las actuales deficiencias se deben, en parte, a ese factor, debe procurarse se corrección por la vía apropiada y no por soluciones jurídicas impropias"*, Proceso ejecutivo, ob. cit., p. 294.

ejecutado. En algunos países del continente europeo que acogen la ejecución pura, especialmente Francia y Alemania, la competencia relativa a la ejecución esta regulada con base en la naturaleza de los bienes, mientras que lo referente a la oposición, por reglas que corresponden a cognición.

d) Según Vescovi, el Código Tipo también adopta "el principio de la unidad de competencia en la misma ejecución, conforme al cual esa competencia debe regularse, por los mismos principios generales (naturaleza, monto y lugar de cumplimiento de la prestación), de modo que cada título dé lugar a un solo proceso de ejecución, en vez de determinarse por la naturaleza de los bienes, como ocurre – salvo en Austria y Portugal – en la ejecución pura europea; con la consecuente posibilidad de múltiples ejecuciones para una misma prestación".[862]

e) También podemos destacar como principio moralizador de toda actividad ejercida dentro de la ejecución, la facultad que tiene el Tribunal, incluso *ex officio*, para imponer *astreintes* en cualquier etapa del proceso.

El Código Tipo regula estas 'conminaciones económicas o personales' en los arts. 320.1-3. Las conminaciones económicas una vez fijadas, según los criterios legales, "pasarán a un Fondo Judicial" (art. 320.2).[863] Las conminaciones personales "consistirán en el traslado por la fuerza pública ante el Tribunal de los encargados judiciales, incluso testigos, que no concurran espontáneamente una vez convocados; en el arresto, que no podrá exceder de 48 horas, en los casos que expresamente fije la ley y para logra la entrega de elementos necesarios para la ejecución dispuesta en la respectiva etapa del proceso" (art. 320.3).

3.4. La preservación del crédito en el Código Tipo desde una perspectiva cautelar

El Código Tipo designa, en el Título II, del Libro II, ocho artículos para regular el '*Proceso Cautelar*', arts. 274 a 281. De acuerdo con la opinión de los autores del Código, expresada en la exposición de motivos, "en la regulación de este proceso, se han seguido las orientaciones de los más modernos Códigos del área o la de aquellos que les han servido de modelo",[864] entre los cuales cabe citar, por su avance en esta materia, el código brasileño. Sobre este particular, es conveniente señalar que el código brasileño es el único que dedica al Proceso Cautelar un Libro propio, al lado de los de Conocimiento y Ejecución.

En líneas generales, podemos destacar, en materia cautelar, como puntos positivos para la protección del crédito:

---

[862] *Proceso ejecutivo*, ob. cit., p. 294.

[863] Lo mismo ocurre en el sistema alemán, a diferencia del sistema francés. Al respecto vid. CHIARLONI, *Misure coercitive e tutela dei diritti*, Giuffrè, Milano, 1980, p. 90; y R. GOLDSCHMIDT, *Las astreintes, las sanciones por contempt of court y otros medios para conseguir el cumplimiento de las obligaciones de hacer o de no hacer*, en *Scritti Giuridichi in Onore della Cedam*, Cedam, Padova, 1953, v. I, p. 72.

[864] El *código procesal civil modelo para Iberoamérica. Historia. Antecedentes. Exposición de motivos*, ob. cit., p. 77.

a) *La amplitud de la tutela.* La tutela cautelar en el Código Tipo es concebida con amplitud,[865] en la medida en que, por un lado, prevé la posibilidad de medidas indeterminadas, art. 279, que dice: "El Tribunal podrá disponer las medidas que estime indispensables, entre otras, la prohibición de innovar, la anotación preventiva de la 'litis', los embargos o secuestros, la designación de veedor o auditor, la de interventor a cualquier otra idónea que tienda a cumplir la finalidad cautelar", y por otro, no se limita a las tradicionales formas meramente asegurativas, permitiendo a la parte solicitar la anticipación de los efectos finales de la sentencia, art. 280, que establece: "Fuera de los casos regulados en los artículos anteriores podrá el Tribunal adoptar las medidas provisionales y anticipativas que juzgue adecuadas para evitar que se cause a la parte, antes de la sentencia, una lesión grave o de difícil reparación o para asegurar provisionalmente los efectos de la decisión sobre el fondo".[866]

Además, como resalta el art. 274: "Las medidas cautelares podrán adoptarse en cualquier proceso tanto contencioso como voluntario", y también: "Se adoptarán en cualquier estado de la causa e incluso como diligencia preliminar de la misma. (...)".[867]

b) La posibilidad del juez, en los casos autorizados por ley, acordarlas de oficio. Esta posibilidad está prevista en el art. 274.3, que dice: "*Las medidas cautelares se decretarán siempre a petición de parte, salvo que la ley autorice a disponerlas de oficio, y se adoptarán bajo la responsabilidad de quien las solicite*".[868]

c) La facultad del tribunal, no sólo para modificar la medida solicitada por la parte, haciéndola menos gravosa, sino también para reformar la decisión ya adoptada. Esta elección está concretada en el nº 4 del art. 276, que permite al Tribunal "disponer de oficio o a petición de parte la modificación, sustitución o cese de la medida cautelar adoptada, siguiéndose en el caso de la petición y para su sustanciación, el procedimiento de los incidentes".

---

[865] En igual sentido, ORTELLS RAMOS, *Código tipo y reforma del proceso entre derecho común y derecho uniforme en América Latina*, ob. cit., p. 95.

[866] Esta influencia ha permitido especialmente en Argentina que se desarrollen formas de tutela más allá de las cautelares o anticipadas, son las denominadas '*medidas autosatisfactivas*'. Para profundizar mejor en el estudio de estas medidas, consultar en el derecho español PICÓ Y JUNOY, *De las medidas cautelares a las medidas autosatisfactivas ¿un avance del derecho procesal?*, en La Ley, nº 5393, de 10 de octubre de 2001, p. 1 y ss.

[867] Al respecto, el art. 796 del CPC brasileño, que es de 1973, ya decía: "*O procedimento cautelar pode ser instaurado antes ou no curso do processo principal e deste é sempre dependente*". Esta posibilidad también está prevista, si bien de forma menos perfecta, en el art. 730, de la LEC 1/2000.

[868] A este respecto, el art. 797 del CPC brasileño, que ciertamente sirvió de inspiración para los autores del Código Tipo, prevé que: "*Só em casos excepcionais expressamente autorizados por lei, determinará o juiz medidas cautelares sem a audiência das partes*". De acuerdo con la opinión de OVÍDIO B. DA SILVA, las medidas contenidas en este artículo "*são simples 'medidas cautelares', sem conteúdo de ação, decretáveis sempre no curso de outro processo*", *Do processo cautelar*, Forense, Rio de Janeiro, 1998, 2ª ed., p. 94 y 95. En sentido contrario, el art. 721.2 de la LEC 1/2000, dispone que: "*Las medidas cautelares previstas en este Título no podrán en ningún caso ser acordadas de oficio por el Tribunal, sin perjuicio de lo que disponga para los procesos especiales. Tampoco podrá éste acordar medidas más gravosas que las solicitadas*".

Y como puntos negativos, básicamente:

a) La exigencia, como regla general, de la caución para el solicitante de la medida. El n° 5 del art. 276, establece para el Tribunal la obligación de *"exigir la prestación de contracautela, salvo el caso excepcional de que existan motivos fundados para eximir de ella al peticionario"*.[869] En nuestra opinión, creemos que esta exigencia legal, con carácter general, no atiende, de forma satisfactoria, a los objetivos pretendidos por los autores del citado Código, pues, si el juez recibe amplios poderes de dirección del proceso,[870] como se ve en el art. 33, no es admisible que no le sea permitido valorar, delante del caso concreto, sobre la necesidad o no de la caución. Imagínese la hipótesis, bastante común, en que el solicitante de la tutela cautelar demuestre, de forma sobrada, la verosimilitud de su alegado derecho, es decir, realice una prueba documental hartamente convincente capaz de reducir al mínimo, por un lado, las posibilidades de éxito del demandado, y por otro, su posibilidad de sufrir un daño, y aún así el juez debe exigirle la caución.[871] Esto equivale decir que el juez no puede sopesar las probabilidades opuestas para precisar adecuadamente, delante del caso concreto, cual es la verdadera necesidad de la caución. De ahí que para nosotros, la necesidad de la caución debe ser basada en un criterio judicial y no legal, como correctamente destaca el art. 804 del CPC brasileño.[872]

b) La utilización de la expresión *medidas cautelares* en vez de '*tutela cautelar*'. Esta opción demuestra la falta de precisión conceptual de los autores pudiendo producir, para utilizar las palabras de Ortells Ramos, *"desviaciones de la utilización de la tutela cautelar"*[873].

Hay una distinción conceptual bastante grande entre las expresiones *tutela cautelar*, *proceso cautelar*, *acción cautelar* y *medidas cautelares*. Cuando hablamos de *tutela cautelar* nos estamos refiriendo a un derecho sustancial de cautela, que es diverso de la expresión *proceso cautelar* que sirve para designar el instrumento utilizado por la parte para hacer valer en juicio su derecho sustancial de cautela, que, todavía, tampoco puede ser confundido con la *acción cautelar* o demanda cautelar que es, según Fairén Guillen, "el derecho a excitar la actividad ju-

---

[869] En términos similares, el art. 728.3 de la LEC 1/2000, cuando dispone que: *"Salvo que expresamente se disponga otra cosa, el solicitante de la medida cautelar deberá prestar caución suficiente para responder, de manera rápida y efectiva, de los daños y perjuicios que la adopción de la medida cautelar pudiera causar al patrimonio del demandado"*. Para profundizar mejor en el estudio de la caución en la nueva LEC 1/ 2000, vid. ORTELLS RAMOS, *Las medidas cautelares*, La Ley, 2000, cap. III, n° 8, p. 184 a 210.

[870] De acuerdo con la exposición de motivos, esta postura representa una de las principales directivas del Código Tipo, *El código procesal civil modelo para Iberoamérica. Historia. Antecedentes. Exposición de motivos*, ob. cit., p. 49 y ss.

[871] Al respecto, vid. CALAMANDREI, *Introducción al estudio sistemático de las providencias cautelares*, (traducción de Santiago Sentís Melendo), Bibliográfica Argentina, 1945, n° 16, p. 63 y ss.

[872] Así, *"É lícito ao juiz conceder liminarmente ou após justificação prévia a medida cautelar, sem ouvir o réu, quando verificar que este, sendo citado, poderá torná-la ineficaz; caso em que poderá determinar que o requerente preste caução real ou fidejussória de ressarcir os danos que o requerido possa vir a sofrer"*.

[873] *Las Medidas Cautelares. Análisis Crítico del Borrador de Anteproyecto de Ley de Enjuiciamiento Civil*, en *Jornadas Nacionales sobre el Anteproyecto de Ley de Enjuiciamiento Civil*, Murcia, 1997, p. 535.

risdiccional del Estado; se trataría de un derecho público y subjetivo procesal",[874] es decir, se trata de un derecho constitucional de petición, que también no puede ser confundido con una *medida cautelar*, comúnmente llamada por la doctrina de *poder genérico de cautela* que puede ser entendida, conforme las conocidas palabras de Calamandrei, como un poder de *policía judicial* que el juez tiene dentro del proceso, es decir, como un grupo de poderes que el juez ejerce para disciplinar la buena marcha del proceso, preservándole de todos los posibles inconvenientes que puedan perjudicarle la función y utilidad de su resultado.[875] Ese *poder general de cautela* presenta una naturaleza discrecional, como todo acto de juzgar,[876] que no significa arbitrariedad, puesto que hay una libertad para escoger y determinar dentro de los límites de la ley. Estas *medidas cautelares*, sin contenido de acción, son invariablemente *incidentales*, junto a la demanda principal y jamás preparatoria, es decir, antes de la demanda. Este compromiso también se refleja en la autonomía de estas medidas.

c) La falta de sistematización de la *Tutela Anticipatoria*. Si la finalidad principal del Código Tipo es servir de *guía* para las futuras reformas procesales en el Continente Americano, no nos parece que pueda cumplir, satisfactoriamente, con este objetivo, dando las espaldas a la doctrina más actualizada, una vez que esta ya realiza una clara diferencia entre las diversas formas de tutela de urgencia.[877]

---

[874] *Doctrina General del Derecho Procesal*, Bosch, 1990, p. 81 y 82.

[875] Sobre este particular, CALAMANDREI afirma acertadamente que: "*La misma se dirige, pues, como las providencias que el derecho inglés comprende bajo la denominación de 'Contempt of Court', a salvaguardar el 'imperium iudicis', o sea a impedir que la soberanía del Estado, en su más alta expresión que es la de la justicia, se reduzca a ser una tardía e inútil expresión verbal, una vana ostentación de lentos mecanismos destinados, como los guardias de la ópera bufa, a llegar siempre demasiado tarde. Las medidas cautelares se disponen, más que en interés de los individuos, en interés de la administración de justicia, de la que garantizan el buen funcionamiento y también, se podría decir, el buen nombre*", *Introducción al estudio sistemático de las providencias cautelares*, ob. cit., n° 46, p. 140.

[876] En ese sentido KARL ENGISH, *Introdução ao Pensamento Jurídico*, (traducción de J. Batista Machado), Fundação Calouste Gulbenkian, Lisboa, 1988, 6ª ed., p. 222. También FORSTHOFF define el poder discrecional como "*um espaço de liberdade para a acção e para a resolução, a escolha entre várias espécies de conduta igualmente possíveis (...) O direito positivo não dá a qualquer destas espécies de conduta preferência sobre as outras*", *apud* Karl Engish, ob. cit., p. 217. A este respecto, consultar lo que escribí en *Provas atípicas*, Livraria do Advogado, Porto Alegre, 1998, n° 2.3, p. 66 y 67.

[877] Al respecto, merece destacarse, por su claridad, el art. 273 del CPC brasileño, que fue introducido por la Ley 8.952, de 13.12.1994 y regula la tutela anticipatoria: "*O juiz poderá, a requerimento da parte, antecipar, total ou parcialmente, os efeitos da tutela pretendida no pedido inicial, desde que, existindo prova inequívoca, se convença da verossimilhança da alegação e: I – haja fundado receio de dano irreparável ou de difícil reparação; ou II – fique caracterizado o abuso de direito de defesa ou manifesto propósito protelatório do réu. § 1° Na decisão que antecipar a tutela, o juiz indicará, de modo claro e preciso, as razões do seu convencimento. § 2° Não se concederá a antecipação da tutela quando houver perigo de irreversibilidade do provimento antecipado. § 3° A execução da tutela antecipada observará, no que couber, o disposto nos incisos II e III do art. 588. § 4° A tutela antecipada poderá ser revogada ou modificada a qualquer tempo, em decisão fundamentada. § 5° Concedida ou não a antecipação da tutela, prosseguirá o processo até final julgamento*". Sobre el alcance de esta forma de tutela de urgencia, vid. los trabajos monográficos de MARINONI, *A Antecipação da tutela*, Malheiros, São Paulo, 2000, 6ª ed., p. 35 y ss.; ZAVASCKI, *Antecipação da tutela*, Saraiva, São Paulo, 2000, 2ª ed., p. 72 y ss.; BEDAQUE, *Tutela cautelar e tutela antecipada: tutelas sumárias e de urgência (tentativa de sistematização)*, Malheiros, São Paulo, 1998, cap. VI, p. 274 y ss; CARREIRA ALVIM, *Tutela antecipada na Reforma Processual*, Juruá, Curitiba, 1999, 2ª ed., p. 35 y ss; FRIEDE, *Tutela antecipada, tutela específica e tutela cautelar*, Del Rey, Belo Horizonte, 1999, 5ª ed., p. 25 y ss.; GUSMÃO CARNEIRO, *Da antecipação de tutela no*

Como ejemplo basta citar la conocida distinción realizada por Carpi entre *tutela cautelar, tutela interinal, y tutela anticipada.*[878]

3.5. LA PROTECCIÓN DEL CRÉDITO EN EL CÓDIGO TIPO DESDE LA ÓPTICA MONITORIA

De acuerdo con la opinión de Vescovi, "la necesidad de encontrar fórmulas más ágiles de ejecutar los documentos de crédito, en general los papeles de comercio, diversas de las que el proceso ordinario (o aún el sumario) propiciaba en un sistema judicial caracterizado por la lentitud e ineficacia",[879] hizo que surgiera la estructura monitoria, y no el proceso monitorio como quiere el autor, una vez que el clásico proceso monitorio sirve, exclusivamente, para crear, de forma más rápida, el título ejecutivo y no ejecutarlo. Por ello, Ramos Méndez afirma correctamente que: "El proceso monitorio clásico se distingue claramente del proceso ejecutivo, pues éste empieza donde el otro acaba".[880]

La importancia de la estructura monitoria, y nótese que no hablo de proceso monitorio, puede ser percibida tanto en la exposición de motivos del Código Tipo, cuando dice que "la estructura monitoria, se propone no sólo para la ejecución de los títulos extrajudiciales (títulos ejecutivos) sino también para los judiciales (sentencias). Y no sólo para este juicio, sino para varios otros que pueden adoptar, con ventajas, esa estructura, (...)",[881] como en el art. 311, que establece: "El proceso de estructura monitoria se aplicará en los casos especialmente previstos por la ley y además en los siguientes procesos: 1) ejecutivos; 2) desahucio o desalojos; 3) entrega de la cosa; 4) entrega efectiva de la herencia; 5) resolución por falta de pago o escrituración judicial de promesas inscriptas en los respectivos registros (compra-venta de inmueble o de establecimiento o de empresa comercial o de unidad en propiedad horizontal)".

---

processo civil, Forense, Rio de Janeiro, 1999, 2ª ed., p. 15 y ss.; GUERRA, *Estudos sobre o processo cautelar*, Malheiros, São Paulo, 1997, p. 81 y ss.; DINAMARCO, *A reforma do Código de Processo Civil*, Malheiros, São Paulo, 1995, p. 138 y ss.; y los trabajos en los obras colectivas de OVÍDIO B. DA SILVA, *A anticipação da tutela na recente reforma processual*, en *A reforma do Código de Processo Civil*, obra coordinada por Sálvio de Figueiredo Teixeira, Saraiva, São Paulo, 1996, p. 129 a 142; y FABRICIO, *Breves notas sobre provimentos antecipatórios, cautelares e liminares*, en *Inovações do Código de Processo Civil*, obra coordinada por José Carlos Teixeira Giorgis, Livraria do Advogado, Porto Alegre, 1996, p. 20 y ss. De igual modo, me remito al más de medio centenar de estudios reseñados por THEOTONIO NEGRÃO, en su obra: Código de Processo Civil, 30ª edic., Saraiva, São Paulo, 1999, p. 334 a 336.

[878] *La tutela d'urgenza fra cautela, sentenza aticipata e giudizio di merito*, en *La Tutela d'Urgenza*. Maggioli, Rimini, 1985, p. 57 y ss.

[879] *Proceso ejecutivo*, ob. cit., p. 287y 288.

[880] *El proceso de ejecución en el anteproyecto de código procesal civil modelo para Iberoamérica*, ob. cit., p. 297.

[881] *El código procesal civil modelo para Iberoamérica. Historia. Antecedentes. Exposición de motivos*, ob. cit., p. 46. VESCOVI, que es uno de los autores del Código Tipo, también repite esta idea cuando afirma que "*nos pronunciamos por darle al proceso ejecutivo una estructura monitoria*", *Proceso ejecutivo*, ob. cit., p. 291.

Atendiendo a la opinión de la doctrina más autorizada,[882] el Código Tipo dispone el proceso monitorio, correctamente, dentro del Libro II, Título IV, que pertenece al '*Proceso de Conocimiento*'.

A través del presupuesto contenido en el art. 312.1, que establece: "*En todos los casos se requerirá documento auténtico o autenticado judicialmente en la etapa preliminar respectiva*", podemos percibir que el Código Tipo adopta el proceso monitorio documental en detrimento del monitorio 'puro'. Pero, no el monitorio documental existente en Italia, ya que en este país es demasiado amplio la admisión de la prueba escrita.[883] Por eso, destaca Vescovi, "preferimos el sistema propuesto, que se funda en prueba escrita calificada, en cada caso, por la ley, la que además, permite adoptar de modo inmediato medidas de seguridad (embargo ejecutivo) y en el que la oposición se formaliza mediante excepciones resueltas en el mismo proceso".[884]

Dentro de las diversas características del proceso monitorio existente en el Código Tipo, podemos destacar como las más significativas, además de las anteriormente citadas:

a) La limitación de la cognición, en la medida en que la exposición de motivos del propio Código afirma que se ha establecido ésta limitación "al preceptuarse que sólo podrán oponerse las excepciones taxativamente enumeradas por las leyes especiales propias de cada tipo de título ejecutivo y el rechazo de plano de las inadmisibles; por lo que el proceso es verdaderamente sumario (art. 313-4)".[885]

b) La introducción de una audiencia oral independientemente de existir o no excepción del demandado, según prevé el art. 313.6: "Si no se oponen excepciones u opuestas las mismas y una vez contestadas o vencido el plazo para hacerlo,

---

[882] Al respecto, vid. la excelente monografía de CORREA DELCASSO, *El proceso monitorio*, Bosch, Barcelona, 1998.

[883] En igual sentido, VESCOVI, *Proceso ejecutivo*, ob. cit., p. 291.

[884] *Proceso ejecutivo*, ob. cit., p. 291. Siguiendo la opinión autorizada de CORREA DELCASSO, podemos decir que en España el proceso monitorio "*recoge fundamentalmente la filosofía del modelo alemán (incorporando, eso sí, el requisito de la documentalidad en aras de una mayor seguridad jurídica), configurando una oposición amplia y abierta que se tramita por los cauces del declarativo ordinario correspondiente por razón de la cuantía y que 'se sustituye' – como diría CALAMANDREI – al mandato o requerimiento de pago dictado por el juez*", con lo que "*el documento que se aporta junto con el escrito de petición inicial no constituye más que un simple 'principio de prueba' que corresponde valorar al juez en cada caso y que sólo a él y a nadie más ha de convencer en un primer momento*", *El proceso monitorio de la nueva ley de enjuiciamiento civil*, Marcial Pons, Madrid, 2000, p. 127 y 128. De forma más amplia es el sistema brasileño, en la medida en que el art. 1.102a del CPC prevé: "*A ação monitória compete a quem pretender, com base em prova escrita sem eficácia de título executivo, pagamento de soma em dinheiro, entrega de coisa fungível ou de determinado bem móvel*". En el sistema español, según resalta CORREA DELCASSO, "*la Ley circunscribe el ámbito de este proceso única y exclusivamente a la reclamación de deudas dinerarias, excluyendo por consiguiente de sus causes la reclamación de deudas fungibles, la entrega de bienes o incluso el ejercicio de una acción constitutiva o mero-declarativa, también ejercitables a través del proceso monitorio en opinión de un ilustre autor*", *El proceso monitorio de la nueva ley de enjuiciamiento civil*, ob. cit., p. 61 y 62. El ilustre autor a que se refiere el procesalista español es Calamandrei, que expone su opinión en *El procedimiento monitorio*, (traducción de Santiago Sentís Melendo), Ejea, Buenos Aires, 1954, p. 28.

[885] *El código procesal civil modelo para Iberoamérica. Historia. Antecedentes. Exposición de motivos*, ob. cit., p. 80.

el Tribunal convocará a audiencias". La convocación para esta audiencia oral, de acuerdo con la exposición de motivos del citado Código, "en el caso de haberse opuesto excepciones, es similar al de la audiencia preliminar y complementaria de prueba del proceso ordinario; en el caso de no haberse opuesto excepciones, el objeto de la audiencia es concertar los medios para el cumplimiento del mandado de ejecución".[886]

c) *La limitación de apelabilidad* a los casos expresamente previstos en el art. 314.1.

d) La admisión de la vía del juicio ordinario posterior como medio de revisión de lo decidido en el proceso ejecutivo, según el art. 315, que establece: "Dentro de los seis meses de cumplida o ejecutada totalmente la sentencia, cabrá el proceso ordinario de revisión de lo decidido en el proceso ejecutivo, el cual se tramitará ante el mismo Tribunal que entendió en la primera instancia del referido proceso".[887]

Por último, quisiera destacar, como punto negativo, la confusión existente en el Código Tipo entre estructura monitoria y proceso monitorio, anteriormente analizados.

---

[886] *El código procesal civil modelo para Iberoamérica. Historia. Antecedentes. Exposición de motivos*, ob. cit., p. 80.

[887] Sobre este particular, merece destaque las justificativas llevadas a cabo por parte de la comisión redactora del Código Tipo, una vez que entre lo miembros del Instituto Iberoamericano no existió una coincidencia cuanto a la necesidad de esta vía impugnativa. Por ello, *"la comisión redactora entendió conveniente regular la garantía que supone el juicio ordinario posterior revisivo del ejecutivo; especialmente justificado, en el caso, por haberse establecido una limitación a las excepciones admisibles y ser necesario acordar al deudor la debida oportunidad procesal para plantear, en otro proceso, las defensas que no le fueron admitidas en el ejecutivo. Igualmente y por entender conveniente esperar al resultado del proceso ejecutivo para habilitar el planteo del proceso ordinario posterior, se determinó el momento preciso, a partir del cual se puede promover este último, estableciéndose, además, un plazo de caducidad para su proposición"*, El código procesal civil modelo para Iberoamérica. Historia. Antecedentes. Exposición de motivos, ob. cit., p. 80 y 81.

4. O Processo Cautelar no Mercosul[888]

4.1. NOÇÕES GERAIS

Estamos num tempo de mudanças onde a onda é, sem dúvida, o *acesso à justiça*,[889] isto é, o acesso a uma ordem jurídica justa, consubstanciada num processo célere, mas sem se olvidar das garantias constitucionais. O processo atual toma rumos *sociais*, *institucionais*, como um verdadeiro *instrumento* de realização da justiça. Nesta dimensão o processo é visto em seu conceito mais amplo, como um verdadeiro *instrumento que o Estado coloca a disposição das partes para que elas busquem a jurisdição*. Avulta-se, assim, a perspectiva publicista do processo, não só a nível teórico-doutrinário como também a nível prático-legislativo.

Estas mudanças se deram devido a inegável realidade social no final do séc. XX, pois modernamente não se concebe mais conflitos exclusivamente individuais, ou seja, uma tutela jurisdicional singular que resolva os problemas do autor e do réu, herdada dos romanos. Hoje temos conflitos coletivos, individuais homogêneos e difusos, todos com a característica da universalidade do juízo, tanto no pólo ativo como no pólo passivo, bem como os conflitos internacionais, cada vez mais presentes face à mundialização[890] e à institucionalização do Mercosul. Resultado destas características é a necessidade de um *redimensionamento* dos institutos processuais.[891] Tanto é verdade que já em 1979, na cidade de Montevidéu, os Governos dos Estados-Membros da OEA, Organização dos Estados Americanos, resolveram firmar um documento sobre o cumprimento de medidas cautelares, denominado de *Convenção Interamericana sobre o cumprimento de Medidas Cautelares*. Hodiernamente, os países do Mercosul também celebraram, em 1994, através do Conselho do Mercado Comum, um Protocolo de Medidas Cautelares, que salienta no seu preâmbulo: "Convencidos da importância e da necessidade

---

[888] Palestra proferida no *VII ENCONTRO INTERNACIONAL DE DIREITO DA AMERICA DO SUL*, realizado em Florianópolis.

[889] Mas, segundo CAPPELLETTI: "*É preciso que se reconheça, que as reformas judiciais e processuais não são substitutos suficientes para as reformas políticas e sociais*", Acesso à Justiça, ed. SAFE, 1988, p.161.

[890] Esta expressão refere-se ao fato de estarmos vivenciando nos dias de hoje uma união cada vez mais estreita entre os Estados, que em tempos anteriores não seria possível imaginar. Dita expressão diferencia-se da já conhecida e bastante difundida *Globalização*, pelo simples fato de que essa expressão somente deve ser utilizada na acepção de plano econômico, ou seja, uma Sociedade Mundial economicamente ligada.

[891] Conforme já escrevi *in* REPRO nº 75 e AJURIS nº 60, p. 270s.

DA TUTELA JURISDICIONAL ÀS FORMAS DE TUTELA

de oferecer ao setor privado dos Estados Partes, um quadro de segurança jurídica que garanta soluções justas às controvérsias privadas e torne viável a cooperação cautelar entre os Estados Partes do Tratado de Assunção".

Com o surgimento desses conflitos internacionais surgiu a necessidade de uma cooperação Internacional entre os Estados que se origina, segundo G. Tunkin, "na necesidad económica y política de la colaboración entre los Estados a fin de garantizar la paz y la seguridad internacionales y llevar adelante las fuerzas productivas, la cultura, etc.".[892]

4.2. NATUREZA JURÍDICA DAS NORMAS DO MERCOSUL

É mister que se averigúe, mesmo que perfunctoriamente, a natureza jurídica das normas no âmbito do Mercosul, visto que a interpretação referente a qualquer decisão do Conselho do Mercado Comum, *e.g.*, Protocolo de Ouro Preto, pode ser entendida por alguns como norma de *Direito Comunitário* e por outros como norma de *Direito da Cooperação*.[893]

Para que a norma seja de Direito Comunitário é necessário certos requisitos, tais como: a) *Princípio da Primazia*, ou seja, gozam de supremacia frente aos ordenamentos jurídicos-nacionais, pois possuem caráter *supranacional*, tendo os Estados-Partes interesses em comum e não justapostos;[894] b) *Princípio da Autonomia*, que nas palavras de Pérez Otermin, significa: "estar integrado de manera que sus miembros no representen a ningún Estado, que se encuentren desvinculados de sus nacionalidades y que respondan nada más que a los intereses comunitarios, sin recibir instrucciones de ningún Gobierno";[895] c) *Autoaplicabilidade*, que é

---

[892] *Curso de Derecho Internacional*, libro 1, ed. Progreso, 1979, trad. do Russo Federico Pita, p.202. Em sentido contrário a essa teoria CLOVIS BEVILÁQUA: "*A theoria da reciprocidade deve ser inteiramente banida do direito, porque substitue a idéia de justiça pela de conveniencia, autoriza iniquidades manifestas, e empresta ás relações internacionaes uma extranha feição de ameaça e hostilidade.*" Princípios Elementares de Direito Internacional Privado, Freitas Bastos, 1938, 3º ed., p. 38.

[893] Que são espécies do gênero *Direito da Integração*. Essa expressão é utilizada pelos juristas para identificar aquele ramo do direito que regula as experiências integracionistas, das quais fazem parte a experiência da União Europeia e a experiência do Mercado Comum do Sul – Mercosul.

[894] Neste sentido VICTORIA ABELLÁN HONRUBIA, BLANCA VILÀ COSTA (dirección), *Lecciones de Derecho Comunitario Europeo*, Ariel, 3ª ed., 1998, p. 121 e 122, quando nos diz: "*su primacía con respecto a los Derechos de los Estados miembros...*", e também na página 167; JORGE PÉREZ OTERMIN, *El Mercado Común del Sur desde Asunción a Ouro Preto*, Montevidéu, 1995, p. 23; DEISY F. LIMA VENTURA, *A Ordem Jurídica do Mercosul*, ed. Livraria do Advogado, 1996, p. 31; ADROALDO FURTADO FABRICIO, *A Prejudicialidade de Direito Comunitário nos Tribunais Supranacionais*, in Rev. AJURIS nº 69, p.21; HORÁCIO WANDERLEI RODRIGUES, *Mercosul: alguns conceitos básicos necessários à sua compreensão*, contido no Livro *Soluções de Controvérsias no MERCOSUL*, org. Horácio Wanderlei Rodrigues, Liv. Do Advogado, 1997, p. 29. De forma mais tímida JOSÉ DE MOURA ROCHA, *Comunidade Européia, Mercosul, Jurisdição*, contido no livro *Estudos de Direito Processual em Memória de Luiz Machado Guimarães*, Coord. José Carlos Barbosa Moreira, Forense, 1997, p.231. De forma indireta, MARIA JOSÉ RANGEL DE MESQUITA pois trata da autoridade de um acórdão proferido no âmbito do Direito Comunitário, *in Efeitos dos Acórdãos do Tribunal de Justiça das Comunidades Européias proferidas no âmbito de uma Ação por Incumprimento*, Almedina, 1997, nº 11, p. 39.

[895] *Ob. cit.*, p. 23. En igual sentido BLANCA VILÀ, ob. cit., p. 151, quando salienta que: "*El principio de autonomía institucional y de procedimiento configura así una tercera premisa esencial de la construcción comunita-*

a possibilidade de as normas se incorporarem automaticamente aos ordenamentos jurídicos dos Estados-Partes sem previa aprovação interna, possuindo aplicação imediata, ou como bem diz Blanca Vilà, sobre seu fundamento ser, "la aplicabilidad directa y la producción de efectos directos de las normas comunitarias".[896]

Estes requisitos podem ser encontrados na União Europeia (UE) que apresentam normas comunitárias, porque são supranacionais, autônomas e auto-aplicáveis. Aqui há uma ordem jurídica comunitária, com um Tribunal de Justiça próprio, que possui poder diferente do poder dos Estados que a integram e serve exclusivamente aos valores ou interesses comuns definidos.

Diferentemente ocorre no âmbito do Mercosul onde não há uma ordem jurídica comunitária,[897] inexiste um Tribunal de Justiça capaz de impor sanções,[898] e as decisões do Conselho do Mercado Comum *não adquirem superioridade hierárquica*, na medida em que o Mercosul não possui caráter supranacional, isto é, não existe uma *soberania compartilhada, nem são autônomas*, porque não apresentam um conjunto de regras diferenciadas dos ordenamentos jurídicos dos Estados-Partes capazes de proteger-se contra interesses nacionais contrários e *menos ainda são auto-aplicáveis*, porquanto necessitam ser incorporadas ao ordenamento interno de cada Estado-Parte,[899] por força do próprio Protocolo de Ouro Preto que em seu artigo 40 exige: "... a sua incorporação ao ordenamento jurídico nacional...".

4.3. PROTOCOLO DE MEDIDAS CAUTELARES

O Protocolo de Medidas Cautelares foi aprovado pelo Conselho do Mercado Comum em dezembro de 1994, através da Decisão nº 27/94. No Brasil foi aprovado pelo Decreto Legislativo nº 192, de 15.12.95 e publicado no DOU em 18.12.95, estando pendente de promulgação. A ratificação, que já ocorreu, gera

---

ria". Igualmente DEISY F. LIMA VENTURA, ob. cit., p. 32; PIERRE PESCATORE, *Le Droit de l'intégration*, Genève, IHUEI, 1972, p. 51.

[896] Ob. cit., p. 152. Neste sentido encontramos JORGE PÉREZ OTERMIN, ob. cit., p. 23; DEISY F. LIMA VENTURA, ob. cit., p. 30s; HORÁCIO WANDERLEI RODRIGUES, ob. cit., p. 29.

[897] Que tem como característica essencial, segundo DEISY F. LIMA VENTURA, *"sua primazia em relação aos direitos dos Estados membros assim como o efeito direto de toda uma série de disposições aplicáveis a seus cidadãos e a eles mesmos"*, ob. cit., p.35, e também às ps. 76, 77 e 125; HORÁCIO WANDERLEI RODRIGUES, ob. cit., p. 29; LUIZ FERNANDO ZAKAREWICZ, *Paralelismo entre o MERCOSUL e a União Européia – Grau de Integração e a Construção Política*, in Revista Consulex nº 2, Fev. de 1997, p.52.

[898] Em igual sentido BEATRIZ PALLARÉS Y ENRIQUE ARAGÓN, *Problemas Procesales en el Ambito del Mercosur. El Acceso a la Jurisdicción*, in Del Mercosur, Coord. Miguel Anzel Ciuro Caldane, ed. Ciudad Argentina, 1996, p. 275; ROBERTO RUIZ DÍAZ LABRANO, *Problemas Procesales en el Mercosur*, in Del Mercosur, Coord. Miguel Anzel Ciuro Caldane. ed. Ciudad Argentina, 1996, p. 281; DEISY F. LIMA VENTURA, ob. cit., p. 125.

[899] ROBERTO RUIZ DÍAZ LABRANO, *Problemas Procesales en el Mercosur*, in Del Mercosur, Coord. Miguel Anzel Ciuro Caldane, ed. Ciudad Argentina, 1996, p. 291; DEISY F. LIMA VENTURA, ob. cit., p. 77 e 125; ORLANDO CELSO DA SILVA NETO e SUZANA SOARES MELO, *Considerações sobre Cooperação Jurisdicional no âmbito do Mercosul*, contido no Livro *Soluções de Controvérsias no MERCOSUL*, org. Horácio Wanderlei Rodrigues, Liv. Do Advogado, 1997, p. 85; HORÁCIO WANDERLEI RODRIGUES, ob. cit., p. 29.

uma obrigação *externa* e a promulgação, ainda não ocorrida, gera uma obrigação *interna*, isto é, só após a promulgação o juiz interno fica vinculado. Na Argentina foi aprovado pela Lei nº 24.579, de 25.10.95, sendo depositado o instrumento de ratificação em 14.3.1996. No Paraguai foi aprovado pela Lei nº 619/95 e depositado o instrumento de ratificação em 12.9.95.

4.3.1. Noções gerais

Toda ordem jurídica visa dar segurança aos seus jurisdicionados, quer pela composição dos conflitos quer pela prevenção dos mesmos. Esta *segurança jurídica* pode se dar, segundo exposição de motivos do Código de Processo Civil, cap. IV, nº 11, pelo processo de conhecimento, pelo processo de execução ou pelo processo cautelar. Com efeito nota-se que a jurisdição não se esgota no declarar (*cognitio*) ou realizar *(executio)* o direito. A jurisdição se exerce também assecurativamente, cautelarmente. Tendo Carnelutti salientado que o processo cautelar era *o tertium genus* do processo contencioso.[900] Nesse diapasão, encontramos o voto brilhante do Doutor Fayt, ao dizer: "... La defensa en juicio y el debido proceso no se agotan en el cumplimiento formal de los trámites previstos en las leyes adjetivas, sino que se extiende a la necesidad de obtener una rápida y eficaz decisión judicial que ponga fin a los conflictos y situaciones de incertidumbre, evitando dentro de los límites de lo razonable y conforme a las circunstancias de cada caso, una dispendiosa y eventualmente inútil actividad jurisdicional ... Que este derecho a la jurisdicción reconoce raíces universales", Corte Suprema de Justicia de la Nación, no caso "Manauta, Juan José y otros c/ Embajada de la Federación Rusa sobre daños y perjuicios".[901]

Como é consabido, a parte busca o seu *bem da vida* através do processo, que demanda, inexoravelmente, um momento temporal que medeia da petição inicial à sentença.

O direito da parte, algumas vezes, reclama a si uma urgência, a fim de evitar um dano irreparável ou uma difícil reparação. E, o juiz[902] deve prestar a tutela jurisdicional, senão imediatamente pelo menos num tempo brevíssimo.

---

[900] *Derecho y Proceso*, EJEA, 1977, nº 234, p. 413. Discordando deste posicionamento que classifica a tutela cautelar como *tertium genus* encontramos CALAMANDREI que afirma: "*las providencias cautelares no constituyen un* tertium genus, *que se pueda contraponer en el mismo plano lógico a las providencias de cognición y a las de ejecución, de modo que, al calificar una providencia como* cautelar, *se excluya con esto que la misma sea declarativa o ejecutiva.*" in Las Sentenças Declarativa de Quiebra, contina no livro Introducción ..., ob. cit., apêndice II, p. 191.

[901] JAVIER ALBERTO TONIOLLO, *Reflexiones acerca de la Función Jurisdiccional en el Mercosur*, in Del Mercosur, Coord. Miguel Anzel Ciuro Caldane, ed. Ciudad Argentina, 1996, p. 243.

[902] É interessantíssimo notar o porque as partes procuram o juiz, porque segundo ARISTÓTELES "*recorrer ao juiz é recorrer à justiça, pois a natureza do juiz é ser uma espécie de justiça animada; e procuram o juiz como um intermediário, e em alguns Estados os juízes são chamados de mediadores, na convicção de que, se os litigantes conseguirem o meio-termo, conseguirão o que é justo. O justo, pois, é um meio-termo já que o juiz o é.*" Ética a Nicômaco, in *Os Pensadores*, Nova Cultural, 1987, nº 1132a 20, p. 86.

É ponto pacífico na doutrina que não existe um dogma da completude no ordenamento jurídico, isto é, o direito apresenta um espaço jurídico vazio,[903] tanto isso é verdade, que Calvosa assevera que "proprio l'imperfezione della tutela giurisdizionale, la sua inidoneità a restituire, sempre e in ogni caso, *in integrum* le situazioni soggettive violate, pone l'esigenza d'una tutela cautelare".[904]

O processo cautelar é uma necessidade decorrente da própria ideia do monopólio da jurisdição, com isso o Estado criou para si um custo muito grande, a fim de manter a paz social, colocando certos direitos em perigo, isto é, de modo que a ideia de processo preventivo e cautelar *é um ônus que o Estado assumiu quando vedou, ao lesado no seu direito, a oportunidade de, pelas próprias mãos, buscar a satisfação desse direito lesado.* Em razão disso, fica difícil se conceber uma ordem jurídica estatal sem uma proteção preventiva, porque ou ele não me protege ou me protege tardiamente. É isto que se nota no preâmbulo deste Protocolo: "Convencidos da importância e da necessidade de oferecer ao setor privado dos Estados Partes, um quadro de segurança jurídica que garanta soluções justas às controvérsias privadas e torne viável a cooperação cautelar entre os Estados Partes do Tratado de Assunção".

A essência da tutela cautelar, segundo Calamandrei, é que: "Las providencias cautelares representan una conciliación entre las dos exigencias, frecuentemente opuestas, de la justicia: la de la celeridad y la de la ponderación; entre hacer las cosas pronto pero mal, y hacerlas bien pero tarde, las providencias cautelares tienden, ante todo, a hacerlas pronto, dejando que el problema de bien y mal, esto es, de la justicia intrínseca de la providencia, se resuelva más tarde, con la necesaria ponderación, en las reposadas formas del proceso ordinário".[905]

4.3.2. Objeto

O artigo 1º do Protocolo de Medidas Cautelares tem por objeto "regulamentar entre os Estados Partes do Tratado de Assunção, o cumprimento de medidas cautelares destinadas a impedir a irreparabilidade de um dano em relação às pessoas, bens e obrigações de dar, de fazer ou de não fazer".

Fica evidente que o objetivo do presente Protocolo é *regulamentar o cumprimento de medidas cautelares*, como também o foi a *Convenção Interamericana*

---

[903] Assunto muito bem tratado por NORBERTO BOBBIO, *Teoria do Ordenamento Jurídico*, ed. POLIS e UNB, 1989, Cap. 4, p. 115s.

[904] Ob. cit., p. 08, e especialmente nas p. 123s. Para um melhor aprofundamento ver DARCI GUIMARÃES RIBEIRO, *Aspectos Relevantes da Teoria Geral da Ação Cautelar Inominada*, in Tutela de Urgência, Síntese, 1997, p. 159s.

[905] *Introducción al Estudio Sistemático de las Providencias Cautelares*, Ed. Bibliografica Argentina, 1945, Trad. Santiago Santis Melendo, nº 7, p 43. E para CARNELUTTI a essência da tutela cautelar em relação ao processo ordinário é que "*entre lo rápido y lo bien, el proceso cautelar prefiere lo rápido, mientras el proceso principal prefiere lo bien; el segundo aspira, mientras el primero renuncia a la infalibilidad. El programa del proceso principal se resume en la investigación de la 'verdad', que es una fórmula ambiciosa; el proceso cautelar se contenta con buscar la 'probabilidad', que es una fórmula mucho más modesta.*", Derecho y Proceso, EJEA, Trad. Santiago Santis Melendo, 1971, nº 241, p. 425.

sobre o cumprimento de Medidas Cautelares.[906] Mas se torna necessário algumas noções dos requisitos das *medidas cautelares*, mesmo que já se tenha visto anteriormente qual a sua função.

O conceito de medidas cautelares já foi objeto de decisao perante o Tribunal de Justiça da Comunidade Europeia, que a definiu como "las medidas que, en las materias incluidas en el ámbito de aplicación del convenio, están destinadas a mantener una situación de hecho o de derecho a fin de salvaguardar los derechos cuyo reconocimiento se demanda al juez de fondo".[907]

Um dos requisitos fundamentais das *medidas cautelares*, como bem disse o citado artigo, é: "...impedir a irreparabilidade de um dano...", ou seja, deve ser evitado a ocorrência do dano que possa ser irreparável, pois se o dano puder ser reparado não caberá nenhuma *medida cautelar*, tendo em vista ser essa supletiva da insuficiência normativa, como visto anteriormente. Também deve ser frisado que para se "...impedir a irreparabilidade de um dano...", esse não poderá ter ocorrido, será sempre uma probabilidade ou possibilidade de dano,[908] consequentemente para o juiz conceder uma medida cautelar não poderá exigir uma prova total e acabada acerca do *perigo,*[909] mas justificação, demonstração de plausibilidade da ocorrência do risco, de vez que pelas características peculiares da tutela cautelar, a análise objetiva feita pelo juiz da causa terá que ser rápida e sumária, sempre anterior a precipitação dos fatos, isto é, a perda, o grave dano que o interesse possa sofrer, deve ser ulterior ao nascimento deste direito.

Ocorrerá o perigo, elemento ocasionador da concessão da medida, quando houver, segundo Ugo Rocco, "Ia potencia o Ia idoneidad de un hecho para ocasionar el fenómeno de Ia pérdida o disminución de un bien, o el sacrificio, o Ia restricción, de un interés, sea éste tutelado o la forma de un derecho subjetivo, o en la de un interés jurídico".[910]

4.3.3. Espécies

Serão admitidas, segundo artigo 3º do citado Protocolo, "... medidas cautelares preparatórias, incidentais de uma ação principal e as que garantam a execução de uma sentença".

---

[906] Sobre esta Convenção consultar NEGI CALIXTO, *O processo cautelar no Direito Internacional Privado*, in Revista de Informação Legislativa, Brasília, nº 124, out/dez 1994, p. 191s.

[907] Conforme Sentença TJCE (sala5ª) de 26 março de 1992, Assunto C-261/90, Recueil 1992, p. 2149-2186.

[908] No que se refere a possibilidade de dano observa OVÍDIO BAPTISTA, *"com efeito, por definição, o dano continua sendo um simples 'risco' e, neste terreno, jamais a parte poderá demonstrar a veracidade absoluta do que alega, a não ser no momento em que o 'risco de dano', transformando-se de uma mera potencialidade em atualidade, deixa de ser risco, para ser fato. Neste caso, como é curial, a medida cautelar já seria inócua, pois o dano que se pretendeu evitar acaba de ocorrer"*, As Ações Cautelares e o Novo Processo Civil, Forense, 1980, nº 14, p. 71 e 72.

[909] Para MARIO DINI, *"Mentre per l'azione in genere occorre una violazione del diritto, per l'azione cautelare occorre l'esistenza di un pericolo per il diritto stesso, di cui l'interessato deve dare la prova."* I Provvedimenti D'Urgenza, Giuffrè, 1957, nº 39, p. 161.

[910] *Tratado de Derecho Procesal Civil*, DEPALMA, 1977, v. V, p. 48.

Segundo Galeno Lacerda, "Os processos cautelares, do ponto de vista meramente formal de sua posição no tempo em relação ao processo principal, se classificam em antecedentes e incidentes. Os primeiros, prévios, assumem sempre caráter preventivo. Os segundos, propostos no curso do processo principal, podem ser preventivos ou repressivos.".[911] As cautelares incidentais poderão ser solicitadas, segundo artigo 2º do referido Protocolo, "em processos ordinários, de execução, especiais ou extraordinários, de natureza civil, comercial, trabalhista e em processos penais, quanto à reparação civil".

As medidas cautelares, no direito brasileiro, quando forem preparatórias, exigem para a continuidade de sua eficácia a propositura, dentro de trinta dias, do processo principal, conforme art. 806 do CPC.[912] O Protocolo de Medidas Cautelares manteve essa regra, conforme se depreende do art. 13, "A interposição da demanda no processo principal, fora do prazo previsto na legislação do Estado requerente, produzirá a plena ineficácia da medida cautelar preparatória concedida". A especialidade aqui se refere ao prazo, que deverá ser o da legislação processual do Estado *requerente*.

A maior importância desta distinção reside no problema da legitimação para a causa, visto que sendo medidas *antecedentes*, só poderão figurar como partes os mesmos possíveis titulares do direito da ação principal ou, eventualmente, seus sucessores, devendo ocupar obrigatoriamente o mesmo pólo, sob pena de carência de ação.[913] Já nas medidas *incidentes*, a legitimação se amplia e a posição das partes pode sofrer inversão em relação à causa principal já em desenvolvimento, pois quem é autor da ação cautelar pode ser autor ou réu da ação principal. Abre-se, também, a possibilidade à terceiros intervenientes e detentores do interesse jurídico, bem como o Ministério Público e aos substitutos processuais, nos casos previstos em lei, inclusive para propor medidas antecedentes.[914]

Quando o artigo 3º deste Protocolo menciona a existência de "medidas cautelares que garantam a execução de uma sentença", ele está fazendo referência a chamada tutela antecipatória, que está prevista no direito brasileiro, artigo 273 do CPC, uma vez que usa a conjunção aditiva *"e"*, existindo, portanto, três formas diferentes de medidas cautelares: as antecipatórias, as incidentes e as que garantam a execução de uma sentença.

---

[911] *Comentários ao Código de Processo Civil*, Forense, 1990, nº 5, p.18.

[912] E as razões para a existência do prazo, conforme preleciona GALENO LACERDA, são duas, porque, *"primeiro, as medidas cautelares, em princípio, são provisórias, e, segundo porque podem importar constrangimento à liberdade de disposição do réu, fatores que impedem permanência indefinida da segurança."* ob. cit., p. 371 e 372.

[913] MARIO DINI, ob. cit., nº 39, p. 162. Se bem que não faça a distinção entre cautelar antecedente e incidente.

[914] MARIO DINI, ob. cit., nº 39, p. 162; GALENO LACERDA, ob. cit., nº 8, p. 44 e nº 47, p. 301; em sentido contrário encontramos OVÍDIO BAPTISTA DA SILVA: *"Contudo, face aos estreitíssimos limites impostos pelo art. 6º do C.P.C., cremos que seria difícil a fundamentação, em tal caso, de uma medida cautelar postulada para defesa de direito de terceiro, sobre que teríamos apenas interesse reflexo, de natureza econômica, como ocorreria no arresto de bens de terceiro, devedor de nosso devedor."* Comentários ..., ob. cit., p. 187.

4.3.4. Princípio *locus regit actum*

O Protocolo de Medidas Cautelares, no artigo 4º, consagrou o princípio *locus regit actum*, não se distanciando da norma contida no Código de Direito Internacional Privado, mais conhecido como Código de Bustamante, que prevê a prevalência do Direito Processual do Estado-Parte requerido, art. 319: "Aquele que recebe a carta ou comissão rogatória se deve sujeitar, quanto ao seu objeto, à lei do deprecante e, quanto à forma de a cumprir, à sua própria lei". O princípio também se encontra no art. 12 do Protocolo de Cooperação e Assistência Jurisdicional em Matéria Civil, Comercial, Trabalhista e Administrativa, Decreto nº 2.067, de 12.11.1996.

Este princípio, reconhecido internacionalmente, prioriza a forma extrínseca do ato, ou seja, o seu revestimento externo, que nas palavras de Clóvis Beviláqua chama-se *formalidades habilitantes.*[915] Foi consagrado pelo Direito brasileiro no § 1º, do art. 9º, da Lei de Introdução ao Código Civil: "... § 1º Destinando-se a obrigação a ser executada no Brasil e dependendo de forma essencial, será esta observada, admitidas as peculiaridades da lei estrangeira quanto aos requisitos extrínsecos do ato.".

Explicação difícil de ser encontrada entre os autores de Direito Internacional Privado é o porquê de priorizar-se a eficácia territorial das leis sobre a forma dos atos? Em primeiro lugar, para determinar qual a jurisdição aplicável. Em segundo lugar, conforme nos esclarece Clóvis Beviláqua, porque: "Os actos juridicos são declarações de vontade, feitas de accôrdo com a lei. Esta é que, dando-lhes a fórma, a 'visibilidade' juridica, lhes imprime força operante e valor social. É a lei que lhes dá vida, podemos repetir com o illustre Merlin. Enquamto nos mantemos no terreno do direito interno, nenhuma difficuldade apparece. Penetrando no vasto circulo do direito internacional privado, a situação permanece a mesma: *é ainda aqui a lei que dá vida aos actos. Esta lei será, normalmente, a do logar, onde o acto se realizou, porque ahi*, nesse ponto, que para a sociedade internacional tanto póde ser o paiz A como o paiz B, *se deu a fecundação da vontade individual pelo influxo da lei*".[916] (grifo nosso)

Este Protocolo regula a matéria do art. 4º ao art. 8º. Prevê o primeiro artigo que: "As autoridades jurisdicionais dos Estados Partes do Tratado de Assunção darão cumprimento as medidas cautelares decretadas por Juízes ou Tribunais de outros Estados Partes, competentes na esfera internacional, adotando as providências necessárias, de acordo com a lei do lugar onde estejam situados os bens ou residam as pessoas objeto da medida."

Em matéria de Direito Internacional Processual toda ação proposta deve ser analisada sob dois ângulos distintos, a saber: *sob a ótica interna do ato praticado admissibilidade e mérito, e sob a ótica externa do ato praticado execução.*

---

[915] Ob. cit., p. 240.
[916] Ob. cit., p. 245 e 246.

No que tange à ótica interna, admissibilidade e mérito da medida cautelar, o art. 5º do presente Protocolo ressalta que: "A admissibilidade da medida cautelar será regulada pelas leis e julgada pelos Juízes ou Tribunais do Estado requerente", isto é, a análise dos pressupostos processuais (admissibilidade), da competência, do fumus boni iuris e do dano iminente e irreparável (mérito) para a concessão liminar da medida ou para a sentença, bem como do julgamento da oposição, que é o nomen iuris dado pelo Protocolo à defesa do presumido devedor, conforme art. 9º, serão aplicáveis as leis do Estado-Parte requerente.

Quanto à ótica externa, execução da medida cautelar, o art. 6º nos diz que: "A execução da medida cautelar e sua contracautela ou respectiva garantia, serão processadas pelos Juízes ou Tribunais do Estado requerido, segundo suas leis", ou seja, para todas as questões referentes a execução da medida, tais como: penhora, depósito, contracautelas, garantias, recebimento da oposição (art. 9º), bem como àquelas previstas no art. 7º: a) as modificações que ocorrerem no curso do processo; b) as sanções decorrentes de litigância de má-fé, que no Brasil podem ser aplicadas de ofício (art. 18 do CPC); c) as questões relativas a domínio e demais direitos reais, que no Brasil tem competência exclusiva (art. 89 do CPC e § 1º do art. 12 da LICC),[917] serão aplicáveis as leis do Estado-Parte requerido. Poderá, todavia, o Estado-Parte requerido recusar o cumprimento ou determinar o levantamento da medida, quando verificada a sua absoluta improcedência, nos termos deste Protocolo, conforme arts. 8º e 17, ou quando, no Brasil, ofenderem a soberania nacional, a ordem pública e os bons costumes, segundo art. 17 da LICC.[918]

Os artigos 7º e 8º deste Protocolo, não obstante os intensos esforços para uma real integração entre os membros do Mercosul, mantiveram intacta a soberania dos Estados-Partes.[919]

4.3.5. Autonomia da cooperação cautelar

A cooperação cautelar estabelecida no Protocolo de Medidas Cautelares não retirou a *autonomia* dos Estados-Membros, quer quanto a avaliação das decisões proferidas, tanto no processo cautelar como no processo principal, quer quanto a soberania dos sistemas legais interno de cada Estado-Parte. É o que prevê o art. 10 deste Protocolo, "O cumprimento de uma medida cautelar pela autoridade jurisdicional requerida não implica o compromisso de reconhecimento ou execução da sentença definitiva estrangeira proferida no processo principal.". Em igual sentido a norma do art. 9º, da Convenção Interamericana sobre Carta Rogatória.

---

[917] Também é competente a autoridade brasileira quando a obrigação tiver de ser cumprida no Brasil, consoante art. 12 da LICC. Nesse sentido RT, 580:70-1 e MARISTELA BASSO TAMAGNO, *Da Aplicação do Direito Estrangeiro pelo Juiz Nacional*, Saraiva, 1988, p. 56.

[918] Neste é o sentido da recente decisão do Pleno do STF, DJU de 13.11.1992, Agravo Regimental nº 5.815-2, *in* J.S.T.F., Lex, v. 171, p. 79.

[919] Também ADRIANO KALFELZ MARTINS, *Medidas Cautelares no MERCOSUL. In: Mercosul: seus efeitos jurídicos, econômicos e políticos nos Estados-Membros,* org. Maristela Basso, ed. Liv. do Advogado, 1997, p. 529.

A ideia de autonomia das decisões é bastante comum no direito processual, e não se diferencia muito no direito internacional processual. No primeiro caso, o juiz que conceder uma liminar cautelar, baseado no princípio da verossimilhança, *fumus boni iuris*, não fica jungido a essa decisão na hora de sentenciar e, muito menos, no momento da sentença ser proferida no processo principal, já que aqui a sentença está baseada noutro princípio, o da certeza. No segundo caso, direito internacional processual, o princípio é o mesmo, porque se a autoridade jurisdicional requerida cumprir determinada medida cautelar, isto não pode implicar o compromisso desta mesma autoridade em ter de reconhecer ou executar uma sentença definitiva estrangeira no processo principal. Pois, as razões e os requisitos que levaram a autoridade judiciária estrangeira a cumprir a medida cautelar, não serão iguais para o cumprimento da sentença estrangeira definitiva.

4.3.6. Cautelares *ex officio*

Como visto anteriormente, a pretensão à segurança é a finalidade de uma "medida cautelar", e para que esta segurança possa ser alcançada é mister que o juiz ou o tribunal, em algumas situações urgentes, se valha de um poder de polícia para resguardar a incolumidade de bens e pessoas, ou salvaguardar, segundo art. 1º deste Protocolo, "obrigações de dar, de fazer ou de não fazer.". E, conforme Galeno Lacerda, "a cautela de-ofício, do art. 797, constitui providência de natureza administrativa, emanada de autêntico poder de polícia do juiz, no resguardo de bens e pessoas confiados por lei à sua autoridade".[920]

Essas medidas cautelares de ofício só poderão ser decretadas incidentalmente, vale dizer, no curso de um outro processo.[921]

Andou bem o Protocolo quando previu essa forma de medida cautelar em seu art. 11, "O Juiz ou Tribunal, a quem for solicitado o cumprimento de uma sentença estrangeira, poderá determinar as medidas cautelares garantidoras da execução, de conformidade com as suas leis". Como visto anteriormente, vigora, dentro do direito internacional processual, o princípio locus regit actum, logo, o juiz ou tribunal requerido será o competente para, no cumprimento de uma sentença estrangeira, determinar medidas garantidoras da execução.

4.3.7. Procedimento

A medida cautelar será formulada através de uma Carta Rogatória ou *Exhorto,*[922] conforme art. 18 deste Protocolo, e deverá observar, quanto aos requisitos de admissibilidade e mérito, os pressupostos exigidos pela legislação interna do Estado-Membro *requerente*. De igual forma para a concessão da liminar ou da

---

[920] Ob. cit., p. 114.

[921] OVÍDIO BAPTISTA DA SILVA, ob. cit., p. 108 e GALENO LACERNA, ob. cit., p. 115.

[922] Termos considerados de igual valor tanto para a Convenção Interamericana sobre Cartas Rogatórias (art. 1º), quanto para o Protocolo de Medidas Cautelares (art. 18).

sentença(art. 5°), isto é, os critérios determinantes do deferimento ou não da medida, dependerão do cumprimento ou não dos requisitos da legislação interna do Estado-Parte requerente, tudo isto a critério do juiz (do Estado requerente).

Deferida a medida cautelar, o Cartório judicial lavrará a Carta Rogatória ou *Exhorto*, que deverá conter os seguintes requisitos:

a) cópia da petição (e, se houver, da demanda principal) com que se tiver iniciado o procedimento no qual se expede a carta rogatória,[923] bem como sua tradução[924] para o idioma do Estado-Parte requerido;[925]

b) cópia, sem tradução, dos documentos que se tiverem juntado à petição;[926]

c) cópia, sem tradução, das decisões jurisdicionais que tenham determinado a expedição da carta rogatória;[927]

d) a identificação e o domicilio do juiz ou tribunal que determinou a ordem;[928]

e) informação acerca das normas que estabeleçam algum procedimento especial que a autoridade jurisdicional requeira ou solicite que se observe;[929]

f) se o preferir, poderá o interessado indicar a pessoa que no Estado requerido deverá arcar com os gastos e custas judiciais devidas,[930] salvo as exceções

---

[923] Art. 21, letra "b", do Protocolo sobre Medidas Cautelares; art. 8°, letra "a", da Convenção Interamericana sobre Cartas Rogatórias; art. 3°, letra "a", do Protocolo Adicional à Convenção Interamericana sobre Cartas Rogatórias; art. 6°, letra "c", do Protocolo de Cooperação e Assistência Jurisdicional em Matéria Civil, Comercial, Trabalhista e Administrativa.

[924] Deve ou não a tradução ser juramentada? Entendo que não. São três os argumentos utilizados: primeiro, nenhum dos Protocolos exige tal formalidade, porque as suas intenções visam a desburocratizar e não complicar; segundo, a credibilidade emprestada ao documento traduzido é conferida pela cópia autenticada do documento original que deverá se fazer presente; terceiro, o simples fato de ser medida cautelar exige maior celeridade, principalmente na fase da tramitação, sob pena de o bem a ser protegido sofrer um dano irreparável, se assim não fosse estaríamos sacrificando o conteúdo em detrimento da forma. Por estas razões não deve ser aplicado, subsidiariamente, o art. 392 do Código de Bustamente. Em sentido contrário, exigindo a tradução, ADRIANO K. MARTINS, ob. cit., p. 531.

[925] Art. 23 do Protocolo sobre Medidas Cautelares; art. 3°, letra "a", do Protocolo Adicional à Convenção Interamericana sobre Cartas Rogatórias; art. 10 do Protocolo de Cooperação e Assistência Jurisdicional em Matéria Civil, Comercial, Trabalhista e Administrativa.

[926] Art. 21, letra "c", do Protocolo sobre Medidas Cautelares; art. 3°, letra "b", do Protocolo Adicional à Convenção Interamericana sobre Cartas Rogatórias; art. 8°, letra "a", da Convenção Interamericana sobre Cartas Rogatória.

[927] Art. 21, letra "d", do Protocolo sobre Medidas Cautelares; art. 3°, letra "c", do Protocolo Adicional à Convenção Interamericana sobre Cartas Rogatórias; art. 6°, letra "c", do Protocolo de Cooperação e Assistência Jurisdicional em Matéria Civil, Comercial, Trabalhista e Administrativa; art. 8°, letra "a", da Convenção Interamericana sobre Cartas Rogatória.

[928] Art. 21, letra "a", do Protocolo sobre Medidas Cautelares; art. 8°, letra "b", da Convenção Interamericana sobre Cartas Rogatória; art. 6°, letra "a", do Protocolo de Cooperação e Assistência Jurisdicional em Matéria Civil, Comercial, Trabalhista e Administrativa.

[929] Art. 21, letra "e", do Protocolo sobre Medidas Cautelares; art. 6°, letra "g", do Protocolo de Cooperação e Assistência Jurisdicional em Matéria Civil, Comercial, Trabalhista e Administrativa.

[930] Art. 21, letra "f", do Protocolo sobre Medidas Cautelares; art. 5° do Protocolo Adicional à Convenção Interamericana sobre Cartas Rogatórias, que prevê inclusive a possibilidade de o interessado juntar à carta rogatória um cheque da quantia fixada.

previstas no artigo 25,[931] visto que o art. 24 deste Protocolo determina: "As custas judiciais e demais despesas serão de responsabilidade da parte solicitante da medida cautelar";[932]

g) formulário elaborado de acordo com o Modelo B do Anexo ao Protocolo Adicional à Convenção Interamericana sobre Cartas Rogatórias, Decreto 2.022, 7.10.1996, e do qual conste a informação essencial para a pessoa ou autoridade a quem devam ser entregues ou transmitidos os documentos;[933]

h) formulário elaborado de acordo com o Modelo C do Anexo ao Protocolo Adicional à Convenção Interamericana sobre Cartas Rogatórias, Decreto 2.022, 7.10.1996, e no qual a autoridade central deverá certificar se foi cumprida ou não a carta rogatória;[934]

i) individualização do expediente, com especificações do objeto e natureza do juízo e do nome e domicílio das partes.[935]

As cópias referidas acima deverão estar devidamente autenticadas, conforme art. 8º, letra "a", da Convenção Interamericana sobre Cartas Rogatórias.

Cumpridas as exigências de formalização da Carta Rogatória, deverá esta ser transmitida para o Estado-Parte requerido, nos moldes do art. 19 deste Protocolo: "A carta rogatória relativa ao cumprimento de uma medida cautelar será transmitida pela via diplomática ou consular, por intermédio da respectiva Autoridade Central ou das partes interessadas". Denotam-se, claramente, três caminhos apontados, que podem ser escolhidos pela parte requerente a sua vontade. O primeiro, *por via diplomática ou consular*; o segundo, *por intermédio da Autoridade Central*, prevista no art. 20 do referido Protocolo, e que, consoante art. 2º do Protocolo de Cooperação e Assistência Jurisdicional em Matéria Civil, Comercial, Trabalhista e Administrativa, "cada Estado Parte indicará uma Autoridade Central encarregada de receber e dar andamento às petições de assistência jurisdicional em matéria civil, comercial, trabalhista e administrativa. Para tanto as Autoridades Centrais se comunicarão diretamente entre si, permitindo a intervenção de outras autoridades respectivamente competentes, sempre que seja necessário"; o terceiro, *por via da própria parte interessada*, que deverá, em mãos, encaminhar à Embaixada ou consulado do Estado-Parte requerido a medida pleiteada; o quarto, *de forma direta quando se tratar de zonas fronteiriças* entre os Estados-Partes, sem necessidade de legalização. Nos dois primeiros caminhos se tem a vantagem

---

[931] Este dispositivo ressalva as medidas cautelares de alimentos provisionais, localização e restituição de menores, bem como àquelas em que o solicitante goze do benefício da justiça gratuita no Estado-Parte requerente. Prevê o art. 12, da Convenção Interamericana sobre Cartas Rogatória: *"O benefício da justiça gratuita será regulado pela lei do Estado requerido"*.

[932] Art. 12 da Convenção Interamericana sobre Cartas Rogatória; art. 5º do Protocolo Adicional à Convenção Interamericana sobre Cartas Rogatórias.

[933] Art. 3º, letra "d" do Protocolo Adicional à Convenção Interamericana sobre Cartas Rogatórias.

[934] Art. 3º, letra "e" do Protocolo Adicional à Convenção Interamericana sobre Cartas Rogatórias.

[935] Art. 6º, letra "b", do Protocolo de Cooperação e Assistência Jurisdicional em Matéria Civil, Comercial, Trabalhista e Administrativa.

de dispensar a legalização, o que não ocorre se for dada a opção pelo terceiro, devendo ser legalizada perante os agentes diplomáticos ou consulares do Estado requerido, conforme ensina o citado artigo.

Na transmissão da carta rogatória, reza o art. 19 deste Protocolo, "Não será aplicado no cumprimento das medidas cautelares o procedimento homologatório das sentenças estrangeiras", só que encontramos no direito brasileiro dispositivos constitucionais e leis federais em sentido contrário, tais como: art. 102, I, letra "h" da CF, que prevê competência originária do STF para processar e julgar, a homologação das sentenças estrangeiras e a concessão do *exequatur* às cartas rogatórias;[936] arts. 211 e 483 do CPC e os arts. 225 e seguintes do RISTF, mais a agravante de ser a medida cautelar uma medida constritiva.[937] Temos aqui uma aparente antinomia, na medida em que o artigo 102 da CF goza de uma superioridade, dentro do ordenamento jurídico brasileiro, em relação ao art. 19 do Protocolo de Medidas Cautelares, até porque anteriormente foi dito que decisões do Conselho do Mercado Comum, por ausência de uma ordem jurídica superior, não são auto-aplicáveis, nem gozam de superioridade, devendo para tanto serem incorporadas ao ordenamento jurídico interno do Estado-Membro, conforme art. 40 do Protocolo de Ouro Preto.[938] Além do mais, a homologação é, conforme Orlando Celso da Silva Neto e Suzana Soares Melo, "... a adequação da sentença estrangeira a certos requisitos legais, quais sejam: autenticidade, inteligibilidade, competência do tribunal, citação regular do réu, força de coisa julgada e não ofensa à ordem pública".[939]

Deferida, expedida e cumprida a carta rogatória poderão o presumido "devedor" ou terceiros interessados opor-se (art. 9°), devendo esta oposição ser entregue perante o Estado-Membro requerido, porém o julgamento deverá ser feito segundo as leis do Estado-Parte requerente, conforme salientado acima.

Cumprida a medida o juiz ou tribunal requerido comunicará, imediatamente, ao Estado-Parte requerente, a data em que foi dado cumprimento à medida cautelar solicitada, ou não sendo esta cumprida, deverá o Estado-Parte requerido comunicar as razões pelas quais não as realizou (art. 15), a não ser que faltem requisitos, documentos ou informações considerados fundamentais para o seu cumprimento (art. 21).

---

[936] De acordo com a Emenda Constitucional n° 45/2004, a competência para homologar as sentenças estrangeiras e conceder *exequatur* às cartas rogatórias passou a ser do STJ, de acordo com o art. 105, inc. I, letra 'i', da CF.

[937] Conforme esclarece BARBOSA MOREIRA: *"De maneira alguma se concederá 'exequatur' a carta rogatória que vise à execução, no território brasileiro, de decisão de órgão judicial estrangeiro. A inadmissibilidade abrange o cumprimento de providências acaso decretadas a título cautelar – v.g., arresto ou seqüestro de bem situado no Brasil. Em hipóteses tais, o único meio de alcançar o resultado pretendido consiste em submeter a homologação pelo Supremo Tribunal Federal a sentença que se quer fazer cumprir aqui."* Problemas relativos a litígios internacionais. *In* Temas de Direito Processual – quinta série, Saraiva, 1994, 150.

[938] Neste sentido FABIANA MARCON e KÁTIA RADJÁ CARDOSO DA COSTA, *Competência Internacional no Brasil e no Mercosul*, contido no Livro *Soluções de Controvérsias no MERCOSUL*, org. Horácio Wanderlei Rodrigues, Liv. do Advogado, 1997, p.74.

[939] Ob. cit., p. 101.

DA TUTELA JURISDICIONAL ÀS FORMAS DE TUTELA

Este dever de informar é imperioso, tendo em vista a necessidade da contagem do prazo, que deve ser feita a partir da efetivação da medida, dentro do qual a ação principal deve ser interposta, conforme revela o art. 14, letra "a", do referido Protocolo.

Conclui-se que a liminar cautelar, pela própria natureza, associada à estrutura deste Protocolo depende somente do *exequatur*, enquanto a sentença cautelar, em face do art. 102, I, letra "h", da CF, necessita da homologação do STF. Mesmo que seja demorado o processo de homologação de sentença estrangeira o *bem da vida* estará assegurado pela liminar cautelar, cumprindo, assim, sua função protetiva.